世紀転換期の憲法論

赤坂正浩

世紀転換期の憲法論

学術選書
101
憲　法

信山社

はしがき

本書は、私が主として一九九〇年代から二〇〇〇年代にかけて、さまざまな機会に公表した論稿を集めた論文集である。『世紀転換期の憲法論』という書名は、初出論文の発表の時期が、前世紀の終わり一〇年から今世紀の初め一〇年＝世紀転換期 Jahrhundertwende を中心としているという単純な理由にもとづく。

その意味では、本書は羊頭狗肉の最たるものだが、「目次」をご覧いただくとわかるように、取り扱ったテーマはかなり多岐にわたっている。東西冷戦の終結、バブル経済の崩壊で始まった一九九〇年代から、安保法制の暑い夏を迎えた二〇一〇年代半ばの現時点に至る四半世紀は、日本国憲法の解釈・運用にとっても、大きな変化の時期だったと言えるだろう。私は、元来、こうした時代の変化に対するアンテナの感度がおそろしく鈍い人間だが、いくつかの法律雑誌の企画や共同研究に参加を許され、そこで割り振られたテーマについて、短期間の準備でも、ともかく締め切りまでに最善を尽くして何かまとめるという仕事を続けるうちに、いつのまにか本書に集めたような論稿がたまった。安全保障問題や司法制度改革のような重要な憲法問題が、本書では取り上げられていないのも、このような事情による。しかし、敢えて強弁すると、感度の鈍い私自身のアンテナに従わなかったことがかえって幸いして、本書所収の諸論稿は、この時期に日本国憲法が直面してきた社会的・政治的変動をある程度多様な角度から映し出す鏡となっていると思う。その意味では、『世紀転換期の憲法論』という書名は、体を表していないとは必ずしも言えないと考えている。

はしがき

私の第一論文集『立憲国家と憲法変遷』（信山社、二〇〇八年）と同様、本書も統治機構論・人権論・憲法基礎論という憲法学の伝統的な三分野を意識した三部構成をとった。第一部「統治機構の変容」に収録した論稿は、国家機能の民営化、官に対する政の優位の主張、首相公選や住民投票による直接民主制への要求、女性・女系天皇の容認問題などを取り扱っている。いずれも、五五年体制の崩壊、国の財政破綻などの制度疲労が惹起した政治問題・政策課題にまつわる憲法問題である。第二部「人権問題の諸相」でも、先端生命科学と憲法、子どもの保護と自律、公務員制度改革と公務員の人権、一票の較差の是正問題など、とりわけ九〇年代以降、新たな動きがみられた人権問題が考察対象となっている。第三部所収の論文のうち、「憲法の概念」「憲法の規範力」に関する二論文は、本来まさに憲法基礎論そのものを対象とするものだ。しかし、前者は、社会的にはコップのなかの嵐だとしても、法学教員にとってはきわめて切実である法科大学院教育とのかかわりで書かれ、後者は二〇一一年の東日本大震災を機縁として書かれたという点で、やはり優れて時代の産物だと思っている。このように時論的なテーマも多いため、今回論文集としてまとめるにあたって、必要に応じて各章末に、初出論文公表後の動きや新たな文献などをフォローする〔補遺〕を付加した。

前著『立憲国家と憲法変遷』には、ドイツの憲法理論を研究対象とした諸論稿を集めたのに対し、本書は、二三の例外を除いて、すべて日本法プロパーの論稿から成っている。私にとっては、全体として前著が基礎研究、本書がその応用研究の意味をもつが、憲法変遷、制度保障、立法概念、集会の自由など、前著と本書が基礎と応用の対応関係に立つテーマもある。そういう意味で、前著と本書は、私のなかでは姉妹編の意味をもつ。いずれにせよ、私の研究の実践的な関心は、市民や政治家の高い自覚によってはじめて支えられる繊細な構造物であると同時に、日本国憲法を改正するといっても、けっして他の選択肢があるわけではない立憲民主主義体制を、時代の変化のなかでいかに最適化し維持発展させるかという点にある。日本国憲法の立憲民主制の真価が問われているこの時期に、たまたま出版の運びとなったこのささやかな書物も—出来はともあれ—やはりこのような問題関心の所産である。

公刊に際しては、今回も信山社の袖山貴社長と今井守さんに大変お世話になった。採算をまったく度外視して、このような書物の出版を引き受けてくださる勇気には、いつものことながら御礼の言葉を失う。最後に、私の職業生活とぴったり重なるこの三〇年の人生の盟友・赤坂くみ子に、本書を捧げることをお許しいただきたい。

二〇一五年晩夏

著　者

目　次

第三部　憲法の概念・規範力・変遷・改正

世紀転換期の憲法論

第一部　統治機構の変容

I　国家の役割と民営化の憲法問題

一　国家の役割としての「公共財」の提供

(1)　国家と憲法

憲法の教科書を開いてみると、たいていその冒頭部分で、次のような説明がある。憲法は国家の基礎法である。ここにいう国家とは、人民・領土・統治権力を構成要素とするひとつの団体である。(1)

一定の場所に定住している人々によって形成され、それらの人々を包括的に支配する権力機構を備えた団体、これが広い意味の国家である。この考え方は、一九世紀末〜二〇世紀初頭のドイツの憲法学者ゲオルク・イェリネックが唱えた国家三要素説として有名だ。(2) しかし、単に一学者の見解というわけではなく、一九三三年のモンテビデオ条約一条が明示しているように、今日の国際社会も、こうした国家理解を前提としている。(3)

しかし、国家という言葉は、広義の国家を構成する三要素の一つ、すなわち統治権力(国家の権力機構＝広い意味の政府)のことを指して使われる場合も多い(狭義の国家)。(4) 憲法は、実際には主としてこの狭義の国家の組織・権限の基本事項を内容とする法である。いまの日本でいえば、国会も内閣も最高裁判所も、けっして自然現象と同じ意味でわれわれの「所与」なのではない。国会という国家機関を設置し、これに一定の権力を与えることを決めたルールがあり、このルールに従って実際に人々が行動することを通じて、はじめて国会は実在物となるのである。こうしたルールの中心が憲法だ。

(2)　国家の目的

ここまでは、どんな憲法の教科書を開いても、だいたい異口同音に書いてあることだが、では人間は、何のために国家などというものを組織したのか、国家の目的・任務は一体何なのか。この問題に、正面からまとまった説明を与える憲法の教科書は非常に少ない。憲法が国家（広義の政府）組織の基本法である以上、憲法学が国家の任務を論じないのは奇妙な話だともいえるが、第二次大戦後の日本の憲法学にとって、「国家目的論」がトレンドでなかったことは明らかだ。

こうした現状の貴重な例外のひとつが、長谷部恭男『憲法』である。そこでは、こう述べられている。「本書は、国家の必要性と正当性は、国家や民族あるいは社会等の集団そのもののもつ価値からではなく、個人の権利や利益から導かれるとの考え方から出発している。ここでは、国家の主要な任務として、三つのものをとりあげて説明する。第一は調整問題の解決であり、第二は公共財の提供であり、第三が人権の保障である(5)」。

上記の説明のなかで特に関心を惹かれるのは、国家の任務として「公共財」の提供があげられている点だ。

(3)　「公共財」の提供

ここにいう「公共財」の意味と、国家が「公共財」を提供する必要性に関する長谷部の説明は、次のようなものである。「警察、消防、防衛などの公共財は、通常の私的な財と異なり、消費について排除性・競合性が働かないため、市場においてこれらのサービスを対価と引換えに供給しようとしても、そのサービスの利益は対価を支払わない人々にも一般的に及ぶ。そのため、自己の効用の最大化を目指す『合理的』な個人はいずれも、他人の費用負担にただ乗り（free-ride）しようとするはずである。しかし、すべての人がこのような行動をとれば、公共財を対価に応じて提供する事業は立ち行かなくなり、結局市場を通じて公共財が提供されることはなくなる。……このような場合、多数人の私的なイニシァティヴにつきまとう社会的協調の困難を解決するためには、国家を通じて公共財を提供することが適切だとされる」[6]。

この説明からわかるように、長谷部の「公共財」は、公共経済学にいう「公共財」である。公共経済学では、人々が供給を望む財ではあるが、対価を支払わない人をその財の消費から排除できず（非排除性）、対価を支払った人によって消費されても他の人による同一の消費が妨げられない（非競合性）という、二つの性質をもつ財を「純粋公共財」とよぶ[7]。

たとえば、マンションの特定の住人が、警備会社と契約を結んでマンションの入口の警備をしてもらえば、費用を負担していない他の住人も同じ警備サービスを受けることになり（非排除性→フリーライド）、入口を警備してもらうというサービスを契約者だけで消費することはできない（非競合性）。あるいは、一般道路のすべてについて通行料を徴収し、不払者の通行を禁止することは、そのためのコストを考えると非現実的であり（非排除性）、誰かが道路を通行することで、別の誰かの通行が不可能となるわけではない（非競合性）。そこで公共経済学によれば、防犯警察や一般道路は、市場を通じた適切な供給が望めない財という意味で「公共財」であり、その提供は国家の任務だということになる。

しかし、たとえば道路について考えてみると、何かの理由で大渋滞が生じれば、道路を利用できない人が出てくるし（競合性）、特定の道路に限れば、有料化することも十分可能である（排除性）。つまり、「公共財」かどうかは実際にはかなり相対的な問題であり、公共経済学も、純粋な「公共財」と純粋な「私的財」との間に、多くの「準公共財」のグラデーションが存在することを認めている。

二　指定管理者制度の導入

(1) 指定管理者制度導入の経緯

ところで日本国家（中央および地方政府）は、これまで、市民に対していろいろな「公共サービス」を提供してきた。たとえば、地方自治法二四四条は、地方公共団体が「住民の福祉を増進する目的をもってその利用に供するための施設」、すなわち「公の施設」を設置するものとしており、この規定にもとづいて、「実際に、道路・公園・学校・図書館・博物館・保育所・幼稚園・上下水道・病院・市民会館・公会堂・公民館・コミュニティ施設・公共交通機関・スポーツ施設等、……が、自治体によって設置・管理され住民の用に供されて」きた。(8)

こうした「公の施設」の管理について、当初はそれを第三者に委託できるとする規定はなかったが、一九六三年の地方自治法改正によって、地方公共団体は、他の「公共団体」および「公共的団体」（農協・生協・商工会議所など）に限って、管理業務を委託できる「管理委託制度」が導入された。(9)

ところが、二〇〇三年の地方自治法改正（二四四条の二）は、この管理委託制度を抜本的に改めて、「公の施設」の管理業務を民間企業やＮＧＯのような民間団体に開放することを可能にした。これが「指定管理者制度」である。内閣府に設置された総合規制改革会議が、二〇〇二年七月の「中間とりまとめ」や同年一二月の「第二次答申」において、規制緩和策の一環として、公共サービス部門への民間参入を強く求めたことが、指定管理者制度導入の直接の契機となった。その背景に、バブル経済崩壊後に生じた巨額の財政赤字から脱却するために、「民間でできるものは民間にゆだねる」ことによって、「効率的な行政」を目ざすという、「小さな政府」論があることはいうまでもない。(10)

(2) 指定管理者制度の特徴

こうして導入された指定管理者制度は、たとえば以下のような点で、これまでの管理委託制度とは異なっている[11]。いま述べたように、これまでは認められなかった民間企業やボランティア団体などに管理業務を委託できることになった（法二四四条の二第三項）。指定管理者の指定は、地方議会の議決を経た行政行為であり、従来の管理委託制度のような契約関係ではない（法二四四条の二第六項）[12]。利用料金制を導入し、徴収した料金を指定管理者の収入とする収益事業化が認められることとなった（法二四四条の二第八項・第九項）[13]。地方公共団体は、指定管理者に対して、一般利用者の使用を許可する権限を付与できることとなった（二四四条の二第四項）。

最後の点を補足しておくと、地方自治法二四四条の二第四項は、指定管理者の「業務の範囲」を条例で定めるものとしている。総務省の通達によれば、これには一般利用者の使用許可権を指定管理者に与えることも含まれる[14]。たとえば、東京都練馬区の「指定管理者制度の導入に係る当面の方針」は、利用許可に関する業務の実施を、原則として指定管理者に委ねるとしているし、現に「川崎シンフォニーホール条例」のように、「ホールの施設等を利用しようとする者は、指定管理者の許可を受けなければならない」と規定する条例も制定されている[15]。

指定管理者制度は二〇〇三年に導入されたが、現在は移行期間とされ、各地方公共団体は、今年〔二〇〇六年〕九月までに、従来の管理委託業務を指定管理者への委託に切り替えるか、直営事業に戻すかの選択を迫られている。二〇〇四年三月に発表された総務省の調査によれば、民間企業への委託率が高い「公の施設」としては、下水道終末処理施設・ごみ処理施設・都市公園・病院など、公共的団体への委託率が高い施設としては、駐車場・駐輪場・体育施設など、町内会のような住民団体への委託率が高い施設としては、コミュニティーセンター・市区町村民会館などがあげられるという。これらを外部委託している理由として、地方公共団体が共通に指摘しているのは「人件費の節減等経費の効率化」であり、施設によっては民間企業の専門的ノウハウを利用する必要性や、緊急時・時間外の柔軟な対応の可能性もあげられている[16]。

三　国家目的論と公共サービスの民間委託

(1)　国家目的と憲法

それでは、指定管理者制度は、総合規制改革会議が想定するように、本当に成熟社会における市民の多様なニーズに応えるとともに、行政の簡素化・効率化の実をあげる仕組みであろうか。市民のニーズに応えるとともに行政の効率化を図るという政策目標は肯定できるとしても、手段としての指定管理者制度が、この目的の実現にとって有効か否かは、実際に検証されなければならない別の問題である。(17) しかし、この章の趣旨は、直接そのような課題に取り組むことではなく、こうした規制緩和政策の憲法的意味を探ることである。

その前提として、ここでは、国家の基礎法である憲法は、国家目的に言及する明文規定をもたなくても、あるいはそうした規定は断片的なものにすぎなくても、一定の国家目的を当然の前提としていると考えよう。そうだとすると、そのような国家目的に反する国家行為は違憲だということになる。

(2)　「公共財」の提供と憲法

もし、「公共財」の提供が、国家の唯一の目的だとすれば、国家が「公共財」の提供を放棄することのみならず、「公共財」の提供にあたらない「公共サービス」を提供することも、国家目的に反して、違憲だと評価されることになりそうだ。

従来、地方公共団体が、「公の施設」の設置・管理を通じて市民に提供してきた「公共サービス」のなかには、公共経済学にいう「公共財」ではないものも含まれる。上の立場に立てば、こうしたサービス業務の民間委託は違憲状態の是正への第一歩であり、憲法上の理想は、こういう分野からの地方公共団体の完全な撤退だということになる。

しかし、日本国憲法が、そこまで「最小の政府」を想定し要求していると理解する憲法学者はいないだろう。リバタリアン的な立場から日本国憲法を読み解き、憲法学者のなかではおそらく最も「最小の政府」を憲法の要請とみなす阪本昌成も、公共経済学的な「公共財」の供給を「自由な国家の主な存在理由」と位置づけるにとどまり、プラス・アルファの国家任務があることを承認している(18)。

また、すでに紹介したように、長谷部恭男は、あくまで国家の主要な任務として、公共経済学にいう「公共財」の提供を、調整問題の解決、人権保障とともにあげているにすぎない。したがって、長谷部の叙述は、第一に、「純粋公共財」とはいえない多くの「準公共財」の提供も国家の任務に含まれうること、第二に、国家が「私的財」を供給することも、直ちに国家の任務外、したがって違憲だとはいえないこと、これらの留保を含むものと読むことができるだろう。

(3)「公共財」の提供と人権保障

他方、長谷部に限らず一般に憲法学説は、人権の保障が、日本国憲法上の国家目的であることを当然の前提としてきた。国家による人権保障とは、第一義的には、国家による人権侵害の禁止である。伝統的な自由権のイメージに立てば、人権侵害の禁止は市民生活に対する不干渉の要請であるから、「公共財」の提供とは区別される。しかし、自由の現実化のためには、国家による財の提供が不可欠となる場合も多い。たとえば、現代社会における集会の自由は、国家が市民の集会に干渉しないだけではなく、道路・公園・ホールなど、集会可能な施設を提供し、あるいは集会参加者の安全を保護しなければ、現実のものとならない。つまり、国家がこれらの財を適切に供給しないことは、人権侵害を意味することになる。しかも、国家による適切な供給がおこなわれないことが、人権侵害行為と解釈されるような財は、公共経済学にいう「(純粋)公共財」に限定されない。たとえば、医療・教育サービスなどは、防衛や一般道路のように「非排他性」と「非競合性」をもつ財とはいえないが、それらの提供から国家が全面撤退すれば、日本国憲法の下ではそれもやはり人権侵害行為と評価されることになるだろう。

(4) 国家の「融解」と人権保障

「公共財」の提供を国家の任務とする学説の立場を前提とすれば、「公の施設」のうち「公共財」にあたる財の提供から、地方公共団体が全面撤退することは、国家目的違反という意味で違憲となる。こうした財は、市場では適切に供給されないわけだから、実際の不都合も生じるはずである。これに対して、指定管理者制度は、国家（自治体）が提供してきた一定の財の管理を、場合によっては利用許可の決定や料金設定を含めて、民間団体に委託する仕組みだ。このような、国家による財の直接提供と、国家の全面撤退（市場化）との中間形態の選択は、制度の具体化如何によっては憲法問題を生じるとしても、それ自体がただちに「公共財」の提供拒否や人権侵害という意味で、国家目的に反する違憲の行為であるとはいえないだろう。

しかし、国家管理と市場化とのこうした中間形態は、人権保障という国家目的との関係で、独特の問題を生じさせる。伝統的な人権論は、人権の名宛人として国家を想定してきた。しかし、指定管理者制度は、公権力の行使も民間団体に委託できるとすることによって、人権の名宛人としての国家の外延をあいまいなものにし、指定管理者となった民間団体に対して、人権主体であると同時に人権の名宛人でもあるという、緊張をはらんだ双面性を付与することになった(19)。

日本では従来から研究の進んでいるドイツの憲法を見ると、そこには「高権的 hoheitsrechtlich 権能の行使は、公法上の勤務関係および忠誠関係に立つ官吏に付託されなければならない」という規定がある（ドイツ基本法三三条四項）(20)。この種の制限があれば、指定管理者制度は、公権力の行使を民間団体に委託できるとする点で憲法違反となりうるだろう。しかし、日本国憲法は、国家の任務の範囲についてこうした条項をもっていない。

また、地方自治法では、指定管理者の指定には契約ではなく行政行為の形式をとることとし（法二四四条の二第六項）、利用権に関する指定管理者の処分については、利用者は地方公共団体の長に対して不服申立をおこなうことができるとするなど（法二四四条の四第三項）、指定管理者の公権力性に対応する一定の手当もおこなわれている。[21]

しかし、主として経済効率の観点から導入されたこの種の制度には、民間団体を国家の「下請け機関」化する側面があり、利用者の人権保護の観点からは、指定管理者に対する自治体の監督が厳格におこなわれるのが望ましい反面、指定管理者となった民間団体も人権主体であり、その創意と自由が認められないと制度目的が達成されないという緊張関係がある。公共サービスの民間委託が、公権力の主体、人権の名宛人としての国家を「融解」させ、新たな人権侵害の原因となりうることには、注意を払っていく必要があるだろう。

（1）芦部信喜・高橋和之補訂『憲法・第三版』（岩波書店、二〇〇二年）三頁、佐藤幸治『憲法・第三版』（青林書院、一九九五年）五四―五五頁、野中＝中村＝高橋＝高見『憲法Ⅰ・第四版』（有斐閣、二〇〇六年）三―四頁（高橋和之執筆）。
（2）G・イェリネック（芦部信喜ほか共訳）『一般国家学』（学陽書房、一九七四年）一四五―一四六頁。
（3）藤田久一『国際法講義Ⅰ』（東京大学出版会、一九九三年）一四五頁。
（4）内野正幸『憲法解釈の論点・第四版』（日本評論社、二〇〇五年）七頁。
（5）長谷部・前掲書八頁。ほかには、阪本昌成『憲法理論Ⅰ・補訂第三版』（成文堂、二〇〇〇年）二一―二八頁、松井茂記『日本国憲法・第二版』（有斐閣、二〇〇二年）三九―四五頁。憲法学全般を視野に入れても、「国家目的」を直接のテーマとする専門的研究はほとんどみあたらない。数少ない例として、栗城壽夫「ドイツ国家目的論史小考」同『一九世紀ドイツ憲法理論の研究』（信山社、一九九七年）三五七頁、石村修「今日の憲法国家における国家目的」法学新報一〇三巻二・三号（一九九七年）六九頁、工藤達朗『憲法の勉強』（尚学社、一九九八年）三頁、小山剛「国家目的と国家目標規定」小山剛＝駒村圭吾編『論点探究憲法』（弘文堂、二〇〇五年）一一頁、手島孝『学としての公法』（有斐閣、二〇〇四年）第七章参照。
（6）長谷部恭男『比較不能な価値の迷路』（東京大学出版会、二〇〇〇年）七頁。

(7) 奥野信宏『公共経済学・第二版』(岩波書店、二〇〇一年)二八―三〇頁、常木淳『公共経済学・第二版』(新世社、二〇〇二年)三六―三九頁、土居丈朗『入門公共経済学』(日本評論社、二〇〇二年)二二―二三頁。

(8) 稲葉馨「公の施設法制と指定管理者制度」東北大学・法学六七巻五号(二〇〇三年)四一頁。

(9) 稲葉・前掲論文四四頁。

(10) 三野靖『指定管理者制度』(公人社、二〇〇五年)一―五頁、地域協働型マネジメント研究会編著『指定管理者制度ハンドブック』(ぎょうせい、二〇〇四年)二頁、一一―一二頁、小林真理「制度の概要と導入の問題点」文化政策提言ネットワーク編『指定管理者制度で何が変わるのか』(水曜社、二〇〇四年)一〇―一一頁。

(11) 三野・前掲書一四頁、二一―二四頁。

(12) 三野・前掲書六〇頁によれば、指定管理者制度は、指定管理者が使用許可権を行使できる制度とされたために、従来の管理委託制度の設定とは異なって、契約ではなく行政行為の形式が選択されたという。指定管理者と一般利用者との関係も、契約と使用許可とが混在する制度となった。

(13) 利用料金制は、一九九一年の法改正で管理委託制度についてもすでに導入されていたが、十分活用されてこなかったといわれる。地域協働型マネジメント研究会編著・前掲書一三七頁。

(14) 地域協働型マネジメント研究会編著・前掲書二五頁。

(15) 地域協働型マネジメント研究会編著・前掲書五四―五五頁、三野・前掲書六三頁。

(16) 三野・前掲書六一―一三頁。総務省ホームページ　http://www.soumu.go.jp/gai_itaku01.html

(17) 指定管理者制度の負の側面を批判的に検討する研究として、西谷敏＝晴山一穂＝行方久生編著『公務の民間化と公務労働』(大月書店、二〇〇四年)第一章「構造改革下の公務員制度とその改革」(晴山一穂)、第四章「自治体アウトソーシング」(城塚健之)参照。

(18) 阪本昌成『憲法理論Ⅲ』(成文堂、一九九五年)二八三―二八四頁。手島孝・前掲書二一二頁も参照。

(19) これはもちろん、指定管理者制度だけの話ではない。民間団体が公権力の一部を担うという指定管理者制度とはちょうど逆方向だが、公法人の人権主体性をどう考えるかという問題もある。たとえば、ドイツの公共放送協会の法的地位について、鈴木秀美『放送の自由』(信山社、二〇〇〇年)二〇六―二〇七頁参照。
なお、人見剛・演習行政法(法学教室三〇八号、二〇〇六年五月)一二〇頁は、指定管理者による使用許可証の行使と、集会の自由の問題を取り上げている。

(20)　ドイツ基本法三三条四項に関する日本で唯一ともいえる研究として、米丸恒治『私人による行政』（日本評論社、一九九九年）五〇―五一頁、七〇―七一頁、一五六―一五七頁、一六六―一六七頁、一七六頁、三〇二―三〇三頁参照。

(21)　稲葉・前掲論文五〇頁、小林・前掲論文九―一〇頁。

〔補遺〕　初出論文発表後、民営化の憲法問題について特に目にとまった研究として、榎透「民営化の憲法問題に関する覚書―憲法の適用範囲からの考察」専修法学論集一一一号（二〇一一年）一六三頁以下がある。

Ⅱ　内閣機能の強化と首相公選論

一　はじめに

行政権は内閣に属する（憲六五条）。その場合の行政とは、国家の作用から立法・司法を除いた残りすべてである（いわゆる「控除説」）。内閣は、その首長である内閣総理大臣（首相）と、その他の国務大臣（閣僚）によって構成される（六六条一項）。首相は国会議員の中から国会の議決によって指名され（六七条一項）、閣僚は首相によって任免される（六八条）。内閣は行政権の行使について、国会に対して連帯責任を負う（六六条三項）。衆議院が内閣不信任を表明したときは、内閣は衆議院の解散か、自らの総辞職を選択しなければならない（六九条）。

以上のような憲法規定を総合して、日本国憲法は内閣を最高行政機関とし、内閣が国会（特に衆議院）の信任に基礎を置く議院内閣制を採用したと理解されてきた。極論すれば、憲法教科書の説明は、長い間ほとんどこれに尽きていたといってもよい。

ところが近年、議院内閣制の現状に対する批判や危機意識から、憲法学者の間でも、内閣組織のあり方、内閣と首相の権限、さらにその前提となる憲法上の行政概念について、さまざまな議論がおこなわれるようになった。また、抜本的な制度改革の提言として、これまでにも主張されたことのある首相公選論が、小泉内閣発足直後に再び脚光を浴び、憲法学者の発言も相次いだ。この章では、こうした憲法学界の動きについて、ちょっとした現場レポートを試みたい。

二　状況認識

まず、内閣の状況の何が問題なのか。なぜ問題なのか。この点について代表的な見方を確認しておこう。

⑴　何が問題なのか

第一は、内閣を構成する政治家と、内閣の下に設置された「行政各部」（憲七二条）＝中央省庁の高級官僚との関係、いわゆる政官関係の問題である。有権者から選挙された国会に基礎を置き、民主的な正当性を持つ「政治職」である内閣（首相と閣僚）が、選挙によらない専門職である行政官僚を指揮命令して政策を遂行する。これが憲法の想定する制度イメージだと考えた場合、事務次官を頂点とする各省庁の高級官僚が政策の形成・遂行の主役となっている現実は、この想定とはかけ離れているのではないか。こうした批判が憲法学者の中からも提起されるようになった。(1)

第二は、各大臣による行政事務の分担管理体制、いわゆる「縦割り行政」の問題である。行政事務分担管理体制の由来は、明治憲法時代にまでさかのぼる。日本の内閣制度は、明治憲法の制定に先立つ一八八五（明治一八）年、太政官達第六九号によって創設され、さらに憲法制定直後の一八八九（明治二二）年に、勅令「内閣官制」によって手直しされた。しかし、天皇親政の建前をとる明治憲法には内閣の規定がなく、「国務各大臣」が同時に各省の長官として、所管事務について単独で天皇を「輔弼」するものとされた（明憲五五条一項）。内閣官制でも、首相は各大臣の「首班」、すなわち同僚中の筆頭格と位置づけられるにとどまった。これに対して日本国憲法は、行政権は内閣に属するとし、首相を内閣の首長と規定して閣僚の任免権を与えた。これには、軍部の暴走を許す一つの要因ともなった明治憲法時代の行政各部割拠体制を清算する意図があった。(2)しかし現実には、アメリカ占領軍の間接統治の下で、日本の官僚組織とその強固な縦割り行政が生き残った。近年、その弊害を指摘する声が憲法学者の間でも高まっている。(3)

第三は、これらと密接に関連した首相のリーダーシップの問題である。自民党長期政権の下で、派閥力学によって党総裁→首相が決まり、閣僚も必ずしも首相の意図どおりではなく、当選回数順に派閥順送りで任命される慣習が続いた。このため、首相に対する閣僚の忠誠心は薄く、在任期間が短いこともあって官僚機構に対する統制力も弱く、閣僚は省益の代弁者にすぎなかった。その結果、縦割り行政と高級官僚の意向がストレートに内閣に持ち込まれ、首相の指導力も実際にはきわめて弱体だったことが指摘されている(4)。

(2) なぜ問題なのか

ではなぜ、長い経緯を持つ縦割り行政、政治に対する官僚の優位、弱い首相職が、一九九〇年代になってこれまでにないほど強い批判の対象となり、あまりこうした論点に触れることのなかった憲法学者の関心事にもなったのか。代表例として、佐藤幸治の状況判断を見ておこう。佐藤は、中央省庁の整理統合を柱とする一九九九年行政改革を主導した首相の諮問機関「行政改革会議」に、ただ一人の憲法学者として参画し、企画・制度問題小委員会の主査として改革の基本構想をまとめ上げた。彼の判断はこうである。冷戦の終焉とグローバル化の展開によって、日本を取り巻く環境は大きく変化した。こうした中で、高度成長期には顕在化しなかったような課題、「すなわち、異なる価値観や政策目的間の対立や矛盾を基本的な国政方針の下で的確かつ積極的に調整していくという課題」がますます重要になってきた。「内外の著しい環境の変化は、国家の統治能力の質の向上を求めている」。ところが、「この半世紀の日本国憲法下の統治構造がこうした環境変化に充分適応しうるものでないこともいよいよ明白になりつつある」。一九九〇年代の「社会経済的困難の状況、平成七年（一九九五年）一月に発生した阪神・淡路大震災で露になった危機管理体制の貧弱さ等々は、従来の行政各部中心の行政（体制）観、行政事務の各省庁による分担管理原則に深刻な反省を迫らずにはいなかった(5)」。

こうした状況判断に対して、憲法学者の中からは、一九九〇年代行革は、内閣機能・首相権限の強化を通じて危機管理国家化への道を目指すものだという、強い危惧の念も表明されている。(6) しかし、具体的な処方箋では立場を大きく異にする憲法学者の間で、これまでの議院内閣制と官僚制のあり方に対する佐藤のような問題意識が、かなりの程度共有されていることも確かであろう。(7)

三　憲法理解

憲法学者のこのような問題意識は、憲法が想定する内閣・首相の権限を、統治機構の全体像の中で再考する動きとも連動するものであった。とりわけ、「行政権は、内閣に属する」とする憲法六五条の理解が、憲法解釈の一つのトピックとして浮上してきた。

(1)　執政権説

①執政権説の内容

冒頭で述べたように、それまで憲法学説では、六五条は、立法・司法を除くすべての国家作用＝行政が、内閣を頂点とする行政機関に割り振られたことを示す規定だと理解されるにとどまっていた。(8) しかし、一九九〇年代になって、この規定を、内閣の権限を特に指示するものとして再読する試みが現れた。(9) 例えば阪本昌成は、行政学の概念を受容して、広い意味での行政には「執政」「行政」「業務」という三つの作用が含まれ、憲法六五条が内閣に割り振った「行政権」は、広義の行政のうち、「執政権」と理解されるべきだと主張する。阪本は、一定の基本方針の下に特定の人物・組織の利益の極大化を目指す活動が「政治」であり、国家が国家目的を一元的に実現するために、ルールに従って行う権力的支配が「統治」だと定義する。そして「執政」とは、「政治過程を統治の過程に移行させるために、全体としての行政機関を統轄し、行政機関が法律を誠実に執行しているかどうか監督する作用」だとする。そこで、国家には、こうした統治の基本方針を決定する国家機関＝執政府が必要であり、六五条の英文が「行政権」をadministrationではなくexecutive powerと表現していることにも示されているように、日本国憲法では内閣が執政府なのだという。阪本によれば、憲法上、内閣は「国政の大綱・施政方針の決定」「行政運営体制の確立」「公共目的の設定と優先順位の決定」「行政各部の督励と指揮監督」「法律案の策定、予算・政令等の決定」「行政各部の政策や企画の承認」「行政各部の総合調整」「国事行為に対する助言と承認」「国家的レヴェルの危機管理等々」を決定する機関だとする。(10)

②執政権説と控除説

このように憲法六五条が内閣に付与した権限を「執政権」と理解する説は、佐藤幸治、長谷部恭男などの憲法学者や、行政法学者の中川丈久などによっても支持されている。(11) 確かに、伝統的通説である控除説には、こうした視点は乏しかったといえよう。しかし、控除説は、立法・司法に含まれない国家作用はすべて行政に分類されるとするだけで、行政作用の内容について特に分析するものではないので、執政権説と必ずしも排他的な関係に立つわけではない。現に控除説に立つ芦部信喜も、「行政権は内閣に属するが、それは、あらゆる行政を内閣が自ら行うということではな」く、「一般的には、行政権は行政各部の機関が行使し、内閣は行政各部を指揮監督し、その全体を総合調整し統括する地位に立つ」と説明している。(12)

また、執政権説が説かれるようになってからは、控除説はそもそも執政権説を織り込み済みだとする高見勝利のような応答も現れている。(13) とはいえ、六五条の行政権について控除説に立ちつつ、内閣の執政権を認める高見、長谷部のような論者と、阪本、中川のように六五条を内閣の執政権の規定と読む「新執政権説」の論者との間には、前者が内閣に対して執政権以外の「狭義の行政」や「業務」を行う可能性も認めることになるのに対して、後者は内閣の権限を（他の憲法規定で認められていない限り）執政権に限定するという相違がある。

(2) 法律執行権説

①法律執行権説の内容

執政権説の出現を契機として、六五条の行政権とは、あくまで法律＝国会制定法を執行する権限であり、かつそれに限定されるという対極的な見解も改めて説かれるようになった。これが「法律執行権説」とよばれる考え方である。

例えば高橋和之は、日本国憲法が立脚する国民主権原理に従えば、主権者国民を直接代表する国会が中心的な国家機関とみなされるべきだから、立法作用こそ控除説的に理解されなければならないとする。つまり、国家作用のうち、司法と行政を除外した残りはすべて立法と解釈されるというのである。これと対応して、行政作用は法律の執行と定義される。高橋によれば、「この定義の狙いは、行政権のあらゆる行為に対し、法律の根拠を要求することである」。内閣を含む行政権は、「究極的に法律の根拠を提示しえない行為」を行うことは許されない(14)。

法律執行権説は、松井茂記、毛利透などの憲法学者によって支持されている(15)。たとえば松井はこう述べている。「憲法が内閣に付与しているのは、行政権（executive power）であるが、これは近代権力分立原則の発達の中では『執行権』と捉えられてきたものである。それは、本質的には法律の執行であり、法を犯した者を起訴し、裁判を執行することである。六五条によって内閣に付与され、それゆえ国会によっても裁判所によっても行使することのできない固有の憲法上の権限としての行政権は、これに尽きると考えるべきであろう」。

②法律執行権説と内閣の執政権

これらの説明からすると、法律執行権説の論者は、内閣が国政の基本方針を決定したり、行政各部の総合調整をおこなったりすることを一切認めないように見えるかもしれないが、実はそうでもない。法律執行権説の主張は、内閣の執政権的機能を憲法六五条から導き出すことはできないというにとどまるのである。国会が法律を制定してこの種の権限を内閣に付与することは否定されていないし（松井）、憲法七三条一号に内閣の職務として掲げられている「国務を総理する」が、内閣の政治的リーダーシップの根拠になるともいわれる（毛利）。

このような法律執行権説の中でも、高橋和之の議論はさらに独特である。高橋は、「行政を法律の執行と捉えるということは、内閣に政治のイニシャティヴを否定することではない。現実に国政の中心となるのは内閣なのであり、内閣の積極的なイニシャティヴなしには、好ましい国政運用は成り立たない」と述べる(16)。それでは、内閣の権限を法律の執行に限定する見解と、内閣の政治的イニシャティヴを承認する見解とは、どのようにして両立するのか。高橋によれば、日本国憲法の基礎にある「法の支配」の理念は、政治の領域と法の領域の区別を前提とし、政治的決定は法的言語に翻訳されなければならない。内閣は、自己の政策遂行（政治の領域）のために必要な法律の制定を国会に働きかけ、法律の執行という形式で政策を遂行しなければならない（法の領域）のだとされる(17)。

こうした議論に対しては、次のような疑惑がわいてくる。法律の制定を国会に働きかける行為は、法律の執行といえるのか。内閣が一定の政策を決定し、その実現を目指して立法の準備もおこなうのは、憲法六五条ではなく七三条一号など別の憲法規定に根拠をもつのか。それは、そういう別の規定がなければ認められない行為なのか。そもそも、「政治の領域」に属する内閣の行為を根拠づける憲法規定は何なのか。「政治の領域」は、憲法によって規律されない憲法外的領域なのか。内閣による基本政策の決定は、単なる事実的行為ということで、法律はおろか憲法の根拠さえ必要としないというのが、「法律」執行権説の意味なのか。しかし、ここでは差し当たり、執政権説と法律執行権説とでは、内閣の政治的リーダーシップについての考え方に、実は大きな相違は存在しないことだけを確認しておこう。

四　処方箋

政に対する官の優位、各省庁縦割り行政、弱い内閣・首相という従来の統治構造が、冷戦終結後の内外情勢に対応できなくなったという状況認識と、本来憲法は、内閣がリーダーシップをとって、国政の基本方針を策定・実施していくことを予定しているという憲法理解とを、仮に共有するとした場合、次に問題となるのは、ではどうしたら統治構造の現実と憲法の想定とのギャップを埋めることができるのか、である。

(1)　国民内閣制論

一つの処方箋は、高橋和之の「国民内閣制」論のうちに見いだされるだろう。高橋によれば、憲法が予定する民主政治とは、国民の多数派が求める政策体系を遂行する政治である。そのためには、選挙は、国民の多様な意見をそのまま国会に反映するのではなく、国民の多数派が一つの政策プログラムを選択するためのものでなければならない。それにには小選挙区制が適合的であり、政党システムも、国民の多様な意見を最終的には二つのプログラムに収斂させる二党制ないし二大勢力となることが望ましい。こうして形成された国会内の多数派が内閣を形成し、選挙で承認された政策を実現してゆく。これが議院内閣制のあるべき姿だとするのである。こうして高橋は、憲法が想定する統治のメカニズムを、《国会による決定》→《内閣による執行》という図式ではなく、《内閣による統治》←《国会によるコントロール》という図式でとらえる内閣中心構想を提唱した(18)。

イギリス、ドイツの議会選挙が、有権者による事実上の首相選挙として機能し、二大政党の政策の選択として機能しているという認識を前提とする国民内閣制論は、内閣機能の強化によって、官の優位を是正することも意識したものである。高橋はこう述べている。「私の『国民内閣制』の議論は、……議会と内閣の関係に焦点を当てたものである。しかし、官僚制の統制という問題を見失っていたわけではない。そのポイントは、内閣を官から政に取り戻し、政の中心に内閣を据えて、そのような構造の政を強化して官の統制を実効化しようというにある。……政の構造を、内閣が統治し議会がコントロールするというイメージで捉えたとき、はじめて官に対する政の強化が可能となるのである。もちろん、政の強化のためには、国民の支持が必要である。……したがって、政が官を統制していくために最も重要なことは、国民（多数派）の政策意思（政策プログラムの選択）が明確に表明されることであり、それを可能とするシステムを作り上げることである。それこそが、国民内閣制の目ざすものなのである」[19]。

仮に、有権者→国会→内閣という多数派形成・政策選択の直流構造が、官の優位と縦割り行政の解消、内閣の機能強化に有効だとして、このような直流構造を実現するためには何が必要か。国民内閣制論がそのために用意した唯一ともいえる制度改革の提案は、小選挙区制の導入であった。しかし、政党単位の選挙戦がおこなわれるのはむしろ比例代表制であり、小選挙区制での選挙戦は、選挙区内で一議席を争う政治家同士の個人的な競争の色彩がより強いともいえる。イギリスの政党のように、強力な規律と体系的な政策プログラムをもって、党指導部中心に選挙戦を戦う組織政党が成熟していなければ、小選挙区制こそ、政策ではなく人物中心の情実選挙となる危険性が高いのではないか。自民党だけが三〇％台の支持率を獲得し、他の政党がいずれも有権者の数パーセントの支持しか得られない状況で、純粋な小選挙区制が導入されると、少なくとも短期的には自民党が八〇〜九〇％の議席を獲得して、国会（衆議院）内に有効な野党が存在しなくなるのではないか。こうした疑念に国民内閣制論が十分な答えを用意しているとは必ずしもいえないようだ[20]。

(2) 首相公選論

①首相公選論の内容

国民内閣制論が、議院内閣制の運用レベルの議論であるのに対して、首相の指導力と内閣の機能を強化するドラスティックな制度改革の提案は、いうまでもなく首相公選論である。首相公選論を早い時期に唱えたのは、元首相の中曽根康弘だ。小泉首相も政権発足直後に、首相公選制導入の可能性について検討する私的懇談会を設け、この「首相公選制を考える懇談会」は、二〇〇二年八月に報告書を提出している。[21] このように政治家が首相公選論を唱える動機には、憲法改正の突破口をねらうとか、自民党内の少数派閥を基盤として政権獲得をねらうなど、さまざまな政治的思惑があり、メディアがそれを大きく取り上げる背景には、自民党内の不透明な総裁選び→政権成立に対する国民の欲求不満がある。しかし、小泉政権発足後の首相公選論議には、こうした政治的コンテクストに加えて、一九九四年の選挙制度改革・一九九九年の行政改革と共通する首相・内閣の統治能力向上の要請もあると考えてよいだろう。

ひとくちに首相公選制といっても、それにはさまざまな制度構想がありうる。憲法改正のハードルが高いことから、国会による首相指名という現在の手続を維持したまま、その前提として首相候補者を国民投票で決定するという、憲法改正を伴わない改革案も提唱されてきた。[22] しかしここでは、憲法六七条等の改正を前提とした有権者による首相の直接公選案の中から、小泉首相の私的懇談会が可能性の一つとして提示した案を紹介しておきたい。[23]

その概略は以下のとおりである。首相・副首相候補各一名がペアとなり、一定数の国会議員の推薦を得て立候補し、国民の直接選挙によって指名される。首相・副首相の任期は四年とし、三選は禁止される。衆議院選挙も首相選挙と同時におこなう。行政権は首相に属するものとし、首相は国民に対して直接責任を負う。首相には、大臣・副大臣・政務官を始め広範な行政官の人事権を与える。首相・副首相・大臣・副大臣・政務官は国会議員と兼職できない。衆議院は三分の二の多数で首相不信任を決議することができる。その場合、首相・副首相の再選挙と衆議院の解散総選挙が同時に行われる。衆議院は、首相が重大な違法行為を犯したと判断するときは、三分の二の多数で首相の弾劾を決議することができる。決議がおこなわれた場合には、一定数の衆参両院議員・最高裁裁判官から構成され、最高裁長官が議長を務める弾劾裁判所が裁判をおこなう。

一見してわかるように、これは日本国憲法を改正して、基本的にはアメリカ大統領制型の統治機構を導入しようという提案である。ただし、首相と国会との対立が激化して、政治が暗礁に乗り上げることを回避するために、衆議院の特別多数による首相の不信任決議を認め、その場合には首相選挙と衆議院選挙を同時に実施することで、民意による解決を求める点がアメリカの制度とは異なっている。

②首相公選論に対する批判

首相公選制は本当に首相と内閣の強力なリーダーシップを実現するのに有効な処方箋なのか。この点については、従来からシャープな批判があって、論点はすでに出尽くした感がある。なかでも、最もよく指摘されるのは、有権者が首相と議会を別々に選挙すると、議会の多数派と首相の政治勢力とが一致しなかったり、議会内に首相を支える有効な多数派が形成されなかったりすることで、かえって首相の指導力が極端に弱体化する可能性があるという点だ(24)。

公選大統領と議会多数派とが一致しない現象は、アメリカではよく生じ、第五共和制フランスでも経験された。アメリカの場合には、民主・共和二大政党の党内規律が弱く、ある法案についての賛否が同一政党内で分かれるクロス・ヴォーティングもしばしば起こる。こうした独特の政治文化が、大統領と議会多数派との対立が暗礁に乗り上げるのを防いできたといわれる。フランスの場合は、公選大統領のほかに、議会多数派に基礎をもつ内閣と首相職も置かれている。「二元型議院内閣制」ないし「半大統領制」とよばれる制度である。この制度の下で、これまでミッテラン大統領とシラク大統領が、自らの在任中に与党が下院の多数を失う事態に直面した。二人はいずれも反対党のリーダーを首相に任命し、苦しい政権運営を甘受する選択を行った（コアビタション＝保革共存政権と呼ばれる）。コアビタションの下では、公選大統領よりも、下院の支持に基礎を持つ首相のほうがむしろ政治をリードした。

他方、一九九六年に導入され、期待とは全く逆の結果に終わって、二〇〇一年に廃止されたイスラエルの首相公選制は、首相を支える議会多数派が消滅してしまった例として生々しく引き合いに出される。イスラエルで首相公選制が失敗した背景には、この国が世界各地からのユダヤ系移民に加え、アラブ系住民まで含む宗教的・民族的モザイク国家で、もともとユダヤ教原理主義政党・ロシア系移民政党など、特殊利益を代表する小政党の乱立状態だったこと、議会選挙には相当小規模の政党にも議席が配分される純粋比例代表制が採用されていることなど、特有の事情もあった。こうした事情の下で、首相公選制の導入によって議会選挙と首相選挙の二票を得た有権者は、首相には指導力のある大政党のリーダーを選びながら、議会選挙では逆に自分の特殊な利害を代弁する小政党にますます投票するようになり、議会の小党分立が一層進行した。そのため、せっかく直接公選された首相も、組閣段階では多くの政党との連立工作を強いられ、少数政党の動向に振り回されて自党の政策を犠牲にするなど、まったく指導力を発揮できない状況となったわけである。[25]

もちろん、外国で起こったことが、日本でも再現されるとは限らない。先ほどの有識者懇談会の提案には、首相公選制批判論を意識して、大衆的な人気は抜群だが、政治的な経験も基盤も持たない人物が首相に選出されないように、立候補者には国会議員の署名を要求するとか、首相と衆議院との対立を調整するため、衆議院に内閣不信任権を与え、その場合には首相と衆議院の同時選挙を実施するといった制度的工夫も含まれている。しかし、仮に首相公選制と衆議院選挙の小選挙区制を同時に導入すれば、有権者は衆議院選挙ではますます地元利益優先の投票をおこない、イスラエルの場合と同様、公選された首相は特殊利益に断片化された衆議院に直面するおそれもあるという指摘[26]や、議会運営に苦慮する公選首相の眼前には、国民から直接選ばれた強力な民主的正当性のゆえに、クーデタの誘惑がちらつくという警告[27]にも、決して一笑に付すことのできないリアリティがある。国民の中に、自分たちの政治的リーダーは自分たちの手で、という要求があることは理解できる。しかし首相公選論は、それに対する一見わかりやすい回答に見えて、実は深刻な副作用も覚悟しなければならない劇薬だということだろう。

　議会内に安定多数が存在し、首相が与党内部で党首としてのリーダーシップを十分発揮できるならば、本来、議院内閣制ほど、議会に対しても行政官僚に対しても、行政権のトップの政治的指導力が強力な体制はほかにないはずなのである。これまで日本の議院内閣制がそうでなかったとすれば、岡田信弘も示唆するように、その原因は議院内閣制の制度枠組み以外のところに探し求められなければならない。

(3)　内閣機能強化のための統治構造全体の見直し

①統治構造の再検討

　要するに、もし内閣機能と首相の指導力の強化が必要だとすれば、処方箋はその実現を阻害してきた日本の統治構造のさまざまな要因を検討して書かれる必要があるということだ。憲法学者によるそうした試みとして、大石眞の仕事を挙げることができるだろう(28)。

　大石は、たとえば次のような指摘をおこなっている。定期的な選挙は民主政治の要だが、あまり頻繁に議会選挙がおこなわれると、一定期間統治を託す政権選びという緊張感が、かえって有権者から失われてしまう。日本の現状は、似たような選挙制度の下で、ほぼ一年半おきに衆議院選挙と参議院選挙が交互に実施されており、内閣の命運は参議院選挙にも潜在的に依存している。多様な民意を極端に切り捨てることなく、同時に安定した多数派を形成して責任ある政治をおこなわせるためには、衆議院選挙には二回投票式の小選挙区制を採用することが望ましい。また、参議院が過度に政治化している現状を改善するために、参議院の選挙制度の抜本的な変更、参議院の首相指名権（憲六七条）の廃止、参議院議員が閣僚に任命された場合には、直近の選挙で衆議院に立候補する慣習の形成、政府人事承認権を独占させることによる参議院の政府監視機能の強化などが検討される必要がある。

さらに大石によれば、首相のリーダーシップを強化するためには、たとえば次のような工夫が考えられる。自民党の有力政治家が閣外から政策決定に強い影響力を行使する「官邸と与党」の二重支配構造を是正するために、与党による法案の事前審査制度を廃止する。現在は与党の国会対策委員長が握っている野党との政治折衝の権限を、「国会関係調整大臣」を設置して内閣側に取り戻す。重要法案については、内閣に対する信任を法案の可決とリンクさせて与党内を引き締める「信任問題」制度の導入や、重要法案の国民投票制度を考える、などである。

②政官関係の逆転と縦割り行政是正の制度的工夫

行政官僚に対する内閣の優位を回復し、首相の指導力を強化するために、一九九九年の行政改革でも、省庁の統合、内閣府設置など首相補佐体制の強化、政務次官に代わる政治任用職としての副大臣・政務官の設置、国会における官僚答弁（政府委員制度）の原則的廃止、閣議における首相の基本政策発議権の明文化などがおこなわれた。その効果のほどはいま少し観察する必要があるが、ドイツ法に関する知見を基礎として、こうした制度改革の実効性に疑問を呈する毛利透の指摘を最後に紹介しておこう(29)。

毛利の研究のうち、官に対する政の優位と首相の指導力を確保するドイツの制度・慣行の紹介として、ここで注目しておきたいのは次の三点である。第一に、日本国憲法とは異なって、ドイツ基本法には首相の基本政策決定権が明文化されており（基本法六五条）、初代首相のアデナウアー以来、内閣の基本政策の決定・遂行に首相が単独で責任を負う運用が定着している（「宰相民主主義」）。第二に、首相は行政組織編成権を握り、各大臣の所管を変更することもできる。とりわけ、連邦首相府には日本と異なって各省別の担当官が配置され、常時各省との連絡調整をおこない、首相の基本政策の実現度をチェックする体制が整えられている。第三に、ドイツの行政官僚制では、政治職である政務次官が官僚制のヒエラルヒーの中に組み込まれ、事務次官は各省に複数置かれて政務次官に直属する体制がとられている。その上、事務次官・局長等の高級官僚はいつでも休職させられる「政治的官吏」とされ、実際政権交代時には大幅な入替えがおこなわれる。

毛利によれば、内閣の連帯責任規定が置かれ（六六条三項）、国務の総理も内閣の権限とされている（七三条一号）日本国憲法では、首相の法的権限はドイツ基本法よりも弱い。しかし、政治の優位と内閣・首相の指導力強化を実現するためには、一九九九年行政改革で打たれた手だけでは不十分で、ドイツの制度に学び、少なくとも以下の二点について官僚制の改革を検討する価値があるという。一つは、統合されて一省の所管事務が拡大したのを機会に、一名の事務次官が事務方のトップとして省内を束ね、大臣に直属する体制を改めて、各省に所管の限定された複数の事務次官を置き、担当副大臣の指揮命令を仰ぐこととして、従来の行政官僚制のヒエラルヒーに風穴を開けること。いま一つは、事務次官も政治的任用の特別職化することである。

五　おわりに

憲法学者と行政法学者が所属する日本公法学会の一九九四年度総会に、ゲスト・スピーカーとして招かれた行政学者の西尾勝は、憲法学のあり方に次のような苦言を呈した。「行政学の観点からすると、憲法学界での議論は……、専ら議会と内閣の関係に関心を集中させていて、任命職の行政官（官僚・行政職員）から構成されている官僚制に対する統制の問題をほとんど完全に無視している点が遺憾に思われる」(30)。このクレームから一〇年、憲法学界においても、今回かいま見たように、国民―政党―国会―内閣―行政官僚制の全体を視野に入れた、しかも個別の具体的な制度改革提言まで含む、多様な議論の応酬と蓄積が見られるようになってきた。

他方、実務の世界でも、一九九〇年代には政治改革・行政改革が推進された。しかし、その成果は必ずしも所期の目的を達成するものとはいえないようだ。月並みな言い方だが、多くの提言をどのように受け入れて実現していくかを決定し、その効果を見定めて、必要とあればさらに改革の手を打つ仕事は、最終的には立法者と有権者しか果たせないのである。

(1) 高橋和之『国民内閣制』再論(下)」ジュリ一一三七号(一九九八年)九三―九四頁、佐藤幸治『日本国憲法と「法の支配」』(有斐閣、二〇〇二年)二三七頁、岡田信弘「内閣総理大臣の地位・権限・機能」公法研究六二号(二〇〇〇年)七〇―七二頁。

(2) 明治憲法時代の、国務大臣=各省大臣=所管行政の絶対責任者という発想が、内閣や首相の地位が大きく変わった日本国憲法の下でも生き延びて、これが弱い首相職や閣議の全会一致方式という運用につながっていることを示す興味深い研究として、上田健介「内閣総理大臣の内閣運営上の権限について」奈良法学会雑誌一四巻一号(二〇〇一年)七一頁以下がある。この論文は、上田健介『首相権限と憲法』(成文堂、二〇一三年)二四〇頁以下に再録されている。

(3) 佐藤・前掲注(1)二二八―二三三頁。

(4) 岡田・前掲注(1)七六頁参照。小泉首相は、内閣発足時にも、その後の内閣改造人事でも、派閥による閣僚推薦というこれまでの慣習に従わなかった。これが小泉首相の個性に由来する一過性の現象なのか、それとも自民党政権の構造変化の兆しといえるのかは、今後も観察していく必要がある。

(5) 佐藤・前掲注(1)二〇九頁・二三三頁。

(6) たとえば、本秀紀「内閣機能の強化」法時七〇巻三号(一九九八年)五六―六〇頁。

(7) 高橋・前掲注(1)、岡田・前掲注(1)、高見勝利「『この国のかたち』の変革と『議院内閣制』のゆくえ」公法研究六二号(二〇〇〇年)三頁参照。

(8) 伊藤正己『憲法・第三版』(弘文堂、一九九五年)五一一―五一四頁、芦部信喜(高橋和之補訂)『憲法・第三版』(岩波書店、二〇〇二年)二九三―二九四頁。

(9) 先駆的業績として、吉田栄司「内閣の対国会責任について」関西大学法学論集三七巻二・三号(一九八七年)九九頁以下(吉田栄司『憲法的責任追及制論Ⅰ』(関西大学出版部、二〇一〇年)一一五頁以下に再録されている)、宮井清暢「『行政権』と『執行権』のあいだ(1)(2・完)」愛知学院大学論叢・法学研究三四巻三・四号(一九九二年)一三三頁以下、同三五巻一・二号(同年)六五頁以下参照。

(10)　阪本昌成「議院内閣制における執政・行政・業務」佐藤幸治＝初宿正典＝大石眞編『憲法五十年の展望Ⅰ』（有斐閣、一九九八年）二〇九―二一一頁・二六一頁、同『憲法１―国制クラシック』（有信堂高文社・第二版・二〇〇四年）一九四―一九六頁。
(11)　佐藤・前掲注（1）、長谷部恭男『憲法・第三版』（新世社、二〇〇四年）三七八―三七九頁、中川丈久「行政活動の憲法上の位置づけ」神戸法学年報一四号（一九九八年）一二五頁以下。
(12)　芦部（高橋補訂）・前掲注（8）二九四頁。
(13)　高見・前掲注（7）七頁。長谷部・前掲注（11）三七八―三七九頁も、控除説に立ちつつ、内閣の職務は法律の執行に限定されず、統一的な政策の決定や行政各部の総合調整を含むという考え方である。
(14)　高橋和之「立法・行政・司法の観念の再検討」ジュリ一一三三号（一九九八年）四四頁。
(15)　松井茂記『日本国憲法・第二版』（有斐閣、二〇〇二年）二〇九―二一〇頁、毛利透「行政概念についての若干の考察」ジュリ一二二二号（二〇〇二年）一三二頁以下。
(16)　高橋・前掲注（14）四五頁。
(17)　高橋和之「議院内閣制」ジュリ一一九二号（二〇〇一年）一七三頁、同『立憲主義と日本国憲法』（放送大学教材、二〇〇一年）一九三―一九四頁・二二三―二二六頁。
(18)　高橋和之『国民内閣制の理念と運用』（有斐閣、一九九四年）一七―四四頁、同「『国民内閣制』再論（上）」ジュリ一一三六号（一九九八年）六五頁以下、同・前掲注（1）九二頁以下。
(19)　高橋・前掲注（1）九四頁。
(20)　高見勝利「国民内閣制論についての覚え書き」ジュリ一一四五号（一九九八年）四〇頁以下参照（高見勝利『現代日本の議会政と憲法』（岩波書店、二〇〇八年）五三頁以下に再録されている）。一九九四年の公職選挙法改正で、従来の中選挙区制を廃止して衆議院に小選挙区・比例代表並立制が導入されてから、三回目の衆議院総選挙が二〇〇三年一一月に行われた。この選挙の結果、二大政党制の傾向が顕著になってきたといわれる。二〇〇四年一二月現在、衆議院四八〇議席の会派別議席数は、自由民主党二四九、民主党・無所属クラブ一七七、公明党三四、日本共産党九、社会民主党・市民連合六、無所属三、欠員二である。しかし、こうした傾向が高橋和之の期待する国民内閣制的な憲法運用につながっていくのかは、仮に国民内閣制論の立場に立つとしても、なお観察していく必要があろう。

(21) 中曽根康弘が、一九六一年に「高度民主主義民定憲法案」と題する限定配布文書で最初に提唱したアメリカ大統領制的な首相公選制導入案は、憲法学者の水島朝穂によって再発見され、一九九七年に公表された。水島朝穂「議院内閣制」法セ五一七号（一九九八年）八四頁参照。小泉首相の私的諮問機関「首相公選制を考える懇談会」の報告と解説は、大石眞＝久保文明＝佐々木毅＝山口二郎編著『首相公選を考える』（中公新書、二〇〇二年）として公刊された。

(22) 小林昭三『首相公選論入門・改訂版』（成文堂、二〇〇一年）第四章。

(23) 大石＝久保＝佐々木＝山口・前掲注(21)一六〇頁以下。

(24) 首相公選論批判としては、例えば長谷部恭男「首相公選論　何が問題か」世界二〇〇一年七月号四六―五三頁、岡田信弘「首相公選論を考える」ジュリ一二〇五号（二〇〇一年）四一―四三頁、毛利透「首相公選論を考える」ジュリ一二〇五号（二〇〇一年）五三―五五頁など。

(25) 池田明史「イスラエルの首相公選制度とその蹉跌」議会政治研究五八号（二〇〇一年）七一―七七頁参照。

(26) 長谷部・前掲注(24)四九頁。

(27) 毛利・前掲注(24)五四頁。

(28) 例えば、大石眞「国民の政治参加の途をどう広げるか」大石＝久保＝佐々木＝山口・前掲注(21)二八―五〇頁。

(29) 毛利透「ドイツ宰相の基本方針決定権限と『宰相民主政』」筑波法政二七号（一九九九年）七三頁以下、同「内閣と行政各部の連結のあり方」公法研究六二号（二〇〇〇年）八〇頁以下。この二つの論文は、毛利透『統治構造の憲法論』（岩波書店、二〇一四年）に、第三章・第四章として再録されている。

(30) 西尾勝「議院内閣制と官僚制」公法研究五七号（一九九五年）二九頁。

〔補遺〕今日でも維新の党は、その憲法改正案で、首相公選制の導入を提案している。私は、初出論文の段階においても、首相公選制には否定的であったが、小泉政権から民主党政権を経て安倍政権に至るこの十数年を経験した現時点では、日本におけるウェストミンスター・モデル（小選挙区制・二大政党制・マニフェスト選挙）の追求に対しても、一層懐疑的にならざるをえない。その意味で、二〇〇〇年代以降の日本の議会制・政党制・政治状況に関する憲法学的視点からの分析としては、『現代日本の議会政と憲法』（岩波書店、二〇〇八年）と『政治の混迷と憲法』（岩波書店、二〇一二年）にまとめられた高見勝利教授の一連の業績が一層味読に値すると感じている。

Ⅲ　立法の概念と基本法の奔流

一　憲法四一条の立法の概念に関する憲法学説

　憲法学説は、憲法四一条後段の「立法」を「実質的意味の法律の制定」と理解する点で、ほぼ一致してきた。したがって、四一条後段の立法の概念を問うことは、実質的意味の法律の概念を問うことに等しい。実質的意味の法律を理解する出発点は、いうまでもなく「法規」の観念、すなわち「国民の権利を制限し、国民に義務を課する成文の一般的法規範」という観念である。法規のこうした理解を、ここでは仮に「一般的権利制限規範説」とよんでおく。しかし現実には、四一条後段の解釈にあたって、一九世紀ドイツ公法学に由来すると言われる一般的権利制限規範説を採用する論者はいないと言ってよい。もっとも、実務は、内閣法一一条、内閣府設置法七条四項、国家行政組織法一二条三項にみられるように、一般的権利制限規範説に立つと言われている。[1]

　憲法学説は、日本国憲法は国民主権原理に立脚し、議会の地位・権限を明治憲法よりも飛躍的に強化したという理解を前提として、実質的法律概念の拡張的理解に努めてきた。

　こうした拡張の一つの極が、「一般的規範説」である。一般的規範説は、国民の権利義務に関係すると否とを問わず、およそ一般的抽象的法規範の定立はすべて国会の権限だと考える。一九九〇年代以降に出版されたものを中心として、主だった憲法体系書・注釈書を見てみると、たとえば佐藤功・芦部信喜・杉原泰雄・樋口陽一・浦部法穂・阪本昌成・辻村みよ子の諸教授の著書がこの立場をとっている。[2]

拡張のもう一つの極は、権利の制限だけに限定せず、広く国民の権利義務に関係する法規範を実質的法律に含める見解である。この見解は、規範の一般性を実質的法律の概念要素と考えず、例外的ではあっても国会による個別具体的法規範の定立も当然四一条の立法のうちに含まれると考える点で、一般的規範説よりも実質的法律概念を広く捉える面をもつ。出発点となる一般的権利制限規範説から、一般性という要素を除外し、権利の制限という要素を権利関係性にまで拡張したという意味で、「権利関係規範説」と名づけておきたい。(3)この立場に立つ数少ない体系書としては、伊藤正己教授の『憲法』をあげることができよう。(3)また、新正幸教授のモノグラフィー『憲法と立法過程』も、同様の立場に立つものと理解できる。(4)

この二つの極の中間に、実質的法律を「国民の権利に関係する一般的抽象的法規範」と捉える学説が位置する。この説は、一般性という概念要素を維持しつつ、権利制限規範の要素を権利関係規範にまで拡張し、一般的規範性と権利関係性の双方を実質的法律のメルクマールとするので、仮に「一般的権利関係規範説」とよぶことが許されよう。この説を支持する体系書・解説書としては、たとえば清宮四郎・佐藤幸治・戸波江二・長谷部恭男・内野正幸の諸教授の著書をあげることができる。(5)年来立法概念を研究してこられた堀内健志教授もこの考え方に立っている。(6)

この三つの学説のほかに、四一条後段は、国会に対して、他の憲法規定に抵触しないかぎりどのような内容の形式的法律も制定する権限を与えたという解釈もありうる。これまで、こうした「形式的法律概念一元説」を主張する論者はほとんどいなかったが、私見によれば、高橋和之教授・松井茂記教授が近年出版された教科書は、一元説を展開するものと解される。(7)

以上の学説整理に関連して、三点の補足をおこなっておきたい。冒頭で実質的法律理解の出発点は、「国民の権利を制限する一般的法規範」という意味での伝統的法規概念だと述べた。しかし、明治憲法下においても、たとえば穂積八束は帝国議会の協賛を必要とする立法事項を憲法上個別の明文規定がある場合に限定し、美濃部達吉は法規概念に一般性の要件を含めず、市村光恵は逆に一般的規範の定立すべてを立法と捉えるなど、主要な憲法学者間に見解の対立があった(8)。そこで、補足の第一点目は、明治憲法下においても、上述の法規概念が憲法学の通説だったとは言えないということである。

補足の第二点目は、一般的規範説はしばしば今日の憲法学界の多数説だとされるが(9)、主だった憲法体系書の叙述に即した場合、必ずしもそうは言えないということだ。むしろ学説の分布状況は、一般的規範説と一般的権利関係規範説とが拮抗しており、少数説ながら、権利関係規範説と形式的法律一元説も無視できないと要約するほうが適切だろう。

補足の第三点目は、一般的規範説の内容に関してである。一般的規範説は、国会が措置法とか処分的法律と称される個別具体的な法規範を定立することは許されるかという論点について、例外的には許されるとする学説(10)と、許されないとする学説(11)とにさらに分かれる。しかし言うまでもなく、一般的規範はすべて国会で定めなければならないという主張と、国会は一般的規範しか定めることができないという主張とでは、次元が異なる。実質的法律概念論が前提としているのは、「実質的法律の定立は必ず形式的法律によらなければならない」という四一条後段解釈である。つまり、実質的法律概念論は、国会だけが決定できる事項の議論、国会の専属的所管事項の議論である。したがって、一般的規範の定立は国会の専管事項だと解釈しても、そこからただちに国会が、他の国家機関との競合的所管事項として、個別的規範を定立することは許されないという結論が導かれるわけではないことに注意を要する(12)。

二　法律の留保に関する行政法学説

ところで日本国憲法下の憲法学説は、憲法の解釈論の領域から「法律の留保」という用語を完全に追放した観がある。たしかに、日本国憲法の権利規定の多くは法律の留保の文言を伴っておらず、明治憲法のように形式的法律をもってすれば憲法上の権利を実際上いかようにも制限できるということにはならない。しかし、同時に憲法学説は、憲法上の権利には限界が存在すること、この限界を画する任務は第一次的には国会制定法に委ねられていることも当然の前提としてきた。このことは、四一条後段の解釈にあたって、多くの学説が権利の制限を実質的法律概念の出発点と捉えてきたことにも示されている。すなわち、実質的法律の概念如何という憲法学の問いと、法律の留保の範囲如何という行政法学の問いとは、本来重なり合うものなのである。(13)

そこで次に、行政法学における法律の留保論を簡単にふりかえっておこうと思う。まず確認しておきたいのは、一般に行政法の解説書では、法規範の内容が行政との関係という観点から、「組織規範」「規制規範」「根拠規範」に分類される点である。(14)第一の組織規範とは、行政事務を行政機関に配分する法規範だと言われる。内閣法・内閣府設置法・国家行政組織法などに含まれる法規範の多くは組織規範と性格づけられている。第二の規制規範とは、行政機関がある行政活動をおこなえることを前提として、その適正な行使を図るために設けられる法規範を指す。よくあげられる例は「補助金等に係る予算の執行の適正化に関する法律」（補助金適正化法）であるが、手続的規範もここに言う規制規範の一種だとされる。この文脈での規制規範は、一般国民の行動を規制する法規範ではなく、行政機関の権限行使の態様を規制する法規範であることに注意しておく必要がある。そして第三の根拠規範とは、行政機関がある行政活動をおこなう根拠を提供する法規範である。

行政法学者によれば、「法律による行政」の原理の部分原則である「法律の留保」は、以上の三種類の法規範のうち、さしあたり根拠規範に関して要請される原則である。(15)この考え方を前提とした場合、そこからさらに、憲法は行政活動の根拠規範について、どこまで法律の留保を要求しているのかという疑問と、組織規範や規制規範には法律の留保の要請は及ばないのかという疑問が生じる。

そこでまず、行政活動の根拠規範はどの範囲で法律に留保されているのか、すなわち国会制定法で定めなければならないのか、という問題である。この点について行政法の解説書では、学説を「侵害留保説」「全部留保説」「社会留保説」「権力留保説」「重要事項留保説（本質性理論）」の五つに分類するのがふつうである。いうまでもなく侵害留保説は、一般に国民の自由と財産を侵害する行政活動には個別の法律の根拠を必要とするという考え方であり、これに対して他の四説は、法律の留保の範囲を拡張的に理解することが日本国憲法に適合的だと考える学説である。すなわち、全部留保説は行政活動の全部に法律の根拠を要求する学説、社会留保説は国民の権利自由を侵害する行政活動に加えて、社会保障上の給付活動にも法律の根拠を要求する学説、権力留保説は侵害的か授益的かを問わず、権力的行政活動には法律の根拠が必要だとする学説、重要事項留保説（本質性理論）は、権力的であれ非権力的であれ、侵害的であれ授益的であれ、重要事項については議会自身が決定しなければならないとする学説だと要約することが可能だろう。[16]

これらのうちで、伝統的な侵害留保説をとる行政法学者は今日ではほとんどいないようだが、[17]実務は現在でも侵害留保説に立つと言われる。[18]拡張説のうち、社会留保説に対しては、社会保障給付の分野だけを法律の留保領域に取り込むことで十分なのかという批判があり、[19]権力留保説に対しては、補助金交付や社会保障給付のような授益的行政活動は本来非権力的なので、権力留保説によれば法律留保の範囲外となってしまうのではないかという疑問が提起されている。[20]また、全部留保説は変化する行政需要に対応できないので貫徹困難な学説だと評され、[21]重要事項留保説は議会自身で決定すべき重要事項のメルクマールが不明確性だという指摘を受けている。[22]門外漢が行政法学の趨勢に言及するのは軽率であろうが、参照した若干の体系書では重要事項留保説への支持が広がりつつあるように見受けられた(23)。

それでは、こうした行政法学上の法律留保論と憲法学上の実質的法律概念論との関係をどう理解すべきか。双方の出発点にある侵害留保説といわゆる一般的権利制限規範説とは結局同一物と理解することができると思う。いずれも伝統的な法規概念に立脚し、私人の自由と財産を規制する行政活動には一般的な議会制定法の根拠を要すると考える。しかし、行政法学における法律留保の拡張論が基本的には行政活動の根拠規範の領域を念頭に置いたものであるのに対して、憲法学における実質的法律概念の拡張論はより抽象的な理念論である点に相違が見られる。以下では実質的法律に含まれるかどうかが問題となる代表的な法規範を取り上げて、それらが実質的法律概念論および法律の留保論とどのような関係に立つかを試論的に探り、あわせて憲法四一条の解釈上の帰結についても考察してみたい。

三　組織規範

実質的法律概念および法律の留保との関係が不明確な代表的な領域は、いわゆる組織規範である。そこでまず、組織規範に関する行政法学の議論にごく簡単に触れておく。行政法学では、組織規範・規制規範・根拠規範の三分類を前提として、組織規範の定立はどこまで国会制定法の守備範囲なのかが論じられてきた。この点に関する行政法学説は、いわゆる作用法的アプローチと組織法的アプローチとに大別することができる(24)。

作用法的アプローチとは、法律の留保が本来根拠規範の問題であることを出発点として、組織規範のなかでも「直接国民に対して行動する権限」を行政機関に付与する法規範の定立、言い換えると「私人の権利義務に直接の影響を及ぼすような権限を有する行政機関の設置・廃止」については国会に留保されるという発想である(25)。作用法的アプローチは、組織規範の一部が同時にいわゆる法規（ないし権利関係規範）でもあることを認める考え方であるから、このアプローチは古典的な侵害留保説から導かれうる。

これに対して組織法的アプローチとは、現行憲法が明治憲法一〇条の官制大権を廃止し、国会による行政の民主的コントロールを意図していることを基礎として、私人に対する直接の権限の有無にかかわらず、民主的コントロールの必要性の見地から、行政組織に関してありうべき国会関与のあり方を考えていく発想である(26)。組織法的アプローチのなかには、行政組織法律主義を、法律留保論の問題としてではなく、むしろ、四一条前段(最高機関規定)や、憲法六六条一項、七三条四号から類推される法律留保とは別個の憲法原理と位置づける考え方もあれば(27)、重要事項留保説(本質性理論)の立場から、行政組織の基本決定を法律の留保論で捉える整理の仕方もある(28)。

いずれにせよどの学説も、現行法制は内閣府設置法・国家行政組織法・各省設置法などによって、行政組織の内容を相当詳細に規定している点で、憲法の要請を満たすものだとしている。また、各省庁の内部部局の設置および所掌事務の決定を政令に委任した一九八三年改正の国家行政組織法七条四項・五項も合憲だと考えられている。もっともこの場合議論されているのは、こうした内部部局の設置が国会の立法事項であることは前提とした上で、法律による委任のあり方が適切かどうかというレベルの問題である。

では、国会制定法による委任なしに行政独自に行政組織を定めることが憲法上許されるのか。純粋な作用法的アプローチからは、かつて柳瀬良幹教授や杉村敏正教授が説いたように、国民の権利義務に直接関係しない規範は法律留保の範囲外であるから、そのかぎりで行政独自の組織権も憲法上容認されることになるだろう(29)。これに対して組織法的アプローチに立てば、国会による実効的コントロールの確保という機能的要請が判断基準とされる。たとえば、組織法的アプローチをとる塩野教授は(教授自身は「民主的統治構造説」と名づける)、組織の単位を分割し、各単位の所掌事務を指定する組織法の上位規範と下位規範との関係は、作用法の場合のように必ずしも委任関係では捉えられないとしながら、委任や執行の概念で説明しきれない行政組織法制の現状を、だからといって違憲とみなすわけではない。その際、合憲の根拠の一つとして教授は、国家行政組織法二五条が民主的統制手段として定める行政組織状況の国会への報告制度を評価している[30]。

次は憲法学である。憲法体系書にも、実質的法律概念との関連で組織規範の問題に言及するケースは見られる。しかし、記述は一般にきわめて簡略で、根拠規範・規制規範・組織規範という行政法学の三分類も意識されてきたとは言えない。一般に組織規範の位置づけに言及する体系書においては、組織規範は実質的法律の一種とみなされるのがふつうである。言い換えると四一条後段の「唯一の立法機関」の規定にもとづく国会の専属的所管事項とみなされるのがふつうだということだ。たとえば、一般的規範説では佐藤功・樋口陽一教授、一般的権利関係規範説では佐藤幸治・戸波江二・長谷部恭男教授、そして権利関係規範説に立つ伊藤正己教授がこの見解を明示する例である[31]。ただしこれらの著書は、その理由づけの点ではさらに二説に分類できる。

第一は、一般性を実質的法律の概念要素とした上で、組織規範を一般的法規範の一種と捉えることによって、組織規範も実質的法律に含まれると主張する説である。たとえば佐藤功教授が、「一般的・抽象的法規範である限り、いかなる事項についても（国民の権利義務や行為に限らず国家の作用や国家の機関の組織などについても）立法の対象と」することができると述べるのは、この例と解されよう[32]。

第二は、規範の一般性ではなく、権利関係性の観点から、組織規範を実質的法律に含める説である。「国家機関内部の問題であっても国家と国民との関係に関連することがありうるのであり、これらを国会の立法権から除くことは、現代の法治主義の建前からいっても適当であるまい[33]」。このように述べる伊藤正己教授の体系書がその典型であるが、佐藤幸治教授・長谷部恭男教授もこの点に関しては伊藤教授と同旨と思われる。

伊藤説の発想は、上述した行政法学の「作用法的アプローチ」と同一とみなすことができよう[34]。これに対して、組織規範を一般的規範の一種と捉える理解は、日本の行政法学者の発想にはないと思われる。たとえば玉井教授は、「組織法律はその性質上、一般性を持ちえない」と明言している[35]。その意味で、組織法一般的規範説は、憲法学界のオリジナルと言えるかもしれない。日本の行政法学の通念に縛られないとすれば、組織規範を一般的規範の一種とみなすことは不可能ではないと思われる[36]。

しかし、組織規範を実質的法律と解するならば、組織規範の制定は国会の専属的所管事項となるから、法律による委任の法理で説明できない行政内部の組織規範はすべて違憲という結論になる。必ずしも現状とそぐわないこうした帰結を回避するという意味で、行政組織法律主義を、四一条の実質的法律概念の問題としてではなく、行政法学の組織法的アプローチと同様に、国会の最高機関性や憲法六六条一項・七三条四号からの類推によって基礎づける堀内健志教授や内野正幸教授の発想は注目されるべきだろう[37]。いずれにせよ、組織規範の定立権の問題が、実質的法律概念論において十分に意識され整理されてきたとは言えない点は、改めて指摘しておきたい。

四　政策立法

組織規範と同様、実質的法律概念論や法律の留保論との関係が不明確であり、しかも国会の立法活動中重要な意味をもつ法領域として、いわゆる政策立法をあげることができる。特定の政策課題を実現するために今日国会が制定する法律にはさまざまなものがあるが、ここではその典型として基本法を取り上げてみる。現在、××基本法という標題をもつ国会制定法は、一九四七年制定の「教育基本法」から二〇〇四年一二月制定の「犯罪被害者基本法」まで、合計二七本存在する。「教育基本法」制定後、一九五〇年代には「原子力基本法」が制定され、さらに一九六〇年代には六一年の「農業基本法」をはじめとして、「災害対策基本法」「観光基本法」「中小企業基本法」「林業基本法」「公害対策基本法」「消費者基本法」の七本の基本法が制定された。

七〇年代から八〇年代にかけては、「心身障害者対策基本法」（一九七〇）、「交通安全対策基本法」（一九七〇）、

「土地基本法」（一九八九）の三本が制定されるにとどまったが、一九九〇年代以降は、まさに基本法量産時代の幕開けの観を呈している。すなわち、一九九三年に「公害対策基本法」に代わって「環境基本法」、「心身障害者対策基本法」を発展的に解消して「障害者基本法」が制定されたのをはじめとして、一九九五年には「科学技術基本法」と「高齢社会対策基本法」、一九九八年には「中央省庁等改革基本法」、一九九九年には「ものづくり基盤技術振興基本法」と「男女共同社会参画基本法」、二〇〇〇年には「循環型社会形成推進基本法」と「高度情報通信ネットワーク社会形成基本法」、二〇〇一年には「水産基本法」「文化芸術振興基本法」「特殊法人等改革基本法」、二〇〇二年には「エネルギー政策基本法」と「知的財産基本法」、二〇〇三年には「食品安全基本法」と「少子化対策基本法」、そして二〇〇四年に「犯罪被害者等基本法」といった具合である。さらにまた、いわゆる「青少年社会環境対策基本法」の制定を推進する政治的な動きもある。

基本法をテーマとする個別研究は行政法学の分野でも数少ないようだが、一九九三年に発表された小早川光郎教授の論文によると、九三年段階で存在した一二本の基本法のうち、政策立法としての共通の型が形成されたのは三番目の農業基本法からだという。(38) このタイプの基本法は、第一義的には「中央政府の政策活動に方向づけを与えることを目的としており、当該分野の政策目標・政策理念の提示、これを実現するための基本的な施策の項目列挙、審議会など当該分野の政策策定・調整のための特別な機構の設置を主な内容とする。(39)」また基本法には国・地方公共団体・事業者・国民などの責務規定が置かれるのがふつうだが、これらは法的義務づけを伴わない訓示規定である。(40) 基本法では一般に、政府に対して法制上・財政上必要な措置をとる権限を付与する規定が置かれ、さらに私人の権利義務の規律を必要とする場合について、別の法律への委任規定が設けられることもある。(41) こうした特徴は、小早川論文以降制定された一五本に上る基本法にも共通している。

これらの基本法は、当然のことながら法形式の点では他の国会制定法と同格である。しかし、当該政策の遂行を具体化する諸法律、いわゆる実施法は、基本法の趣旨に従って制定されることが予定され、上述のように基本法には形式上同格である他の法律への委任規定が含まれることもあり、基本法は実施法の解釈準則とみなされている。これらの点で基本法は、憲法と通常の法律との中二階的なきわめて特異な法律群なのである。(42)

さて、実定法律としての各基本法をひとつのユニットとして考えた場合、基本法を構成する規範の大部分は、法的拘束力をもたないプログラム的な規範であるが、上述のように審議会などの機関の設置と権限を定める組織規範も含まれている。また、たとえば、特殊法人等改革基本法は、行政改革という政策の実現を目指す政策立法であると同時に、事柄の性質上、条文の大半は組織規範とも見なすことができるし、二〇〇六年三月三一日で失効することが附則で規定された時限法律でもあるので、措置法的な性格もあわせもっている。このように基本法は、極論すれば、直接私人の権利義務に関係する規範だけは含まず、それ以外のあらゆる規範を含むとさえ言えるような実定法律であるから、実質的法律概念に関する権利関係説的立場や、侵害留保説・社会留保説・権力留保説といった法律留保論をとった場合には、実質的法律ではない、法律留保の範囲内ではない、ということになりそうだ。また、どの基本法も例外なく組織規範を含む点や、時に措置法的性格をもつことから考えれば、一般的規範説や全部留保説に立った場合でも、単純に実質的法律だと言い切ることはできない。このように基本法は、既存の実質的法律概念論・法律留保論の枠内にすっきりとは納まらない規範群なのである。しかし、学説上の法律概念にぴったりあてはまるかどうかにかかわらず、現代日本の国会制定法のなかで、基本法などの政策立法が占める比重と、その政治的重要性を無視することは、到底できないと思われる。

五　国会の専管事項と競管事項の区別、必要的立法事項と任意的立法事項の区別

このように、これまでの実質的法律概念論が国会による立法活動の現状を十分反映していないとすれば、新たな

立法概念の提示が憲法学に課せられた課題なのかもしれない。しかし、議論を整理するためには、むしろ国会制定法の専属的所管事項と競合的所管事項との区別、および必要的立法事項と任意的立法事項との区別をもう一度確認しておくことが先決ではないかと考えられる。(43)

憲法が形式的法律だけに決定を委ねている国会制定法の専属的所管事項には三つのグループがある。第一は、三〇項目を超える憲法明文上の個別の法律事項である。第二に、通説は四一条後段の唯一の立法機関規定を、「実質的法律は形式的法律によらなければならない」という意味に理解するわけだから、実質的意味の法律の定立は国会制定法の専属的所管事項である。第三に、いったん法律が制定されると、その改廃も国会制定法の専属的所管事項となる。

国会制定法の専管事項は、会計検査院の設置規定（九〇条二項）のように憲法上法律制定が義務づけられた必要的立法事項と、たとえば各種の営業規制のように国会の判断に委ねられた任意的立法事項に、さらに区別することができる。

しかし、国会制定法の専属的所管事項の存在を承認することは、他の国家機関との競合的所管事項の存在を否定するものではない。新正幸教授も述べるように、実質的法律概念を限定的に捉えても「そのことによって、必ずしも法律の所管事項それ自体が限定されるわけではない。なぜなら、右の限定によって除外された事項も、憲法が他の国法形式の専属的所管としていないかぎり、国権の最高機関たる国会が法律によって規律しうる競合的所管事項として、法律によって定めるのがふさわしいと認めた場合には、いつでもそう」することができるはずだからである。(44)

現行憲法上の国会の立法権について、このように専属的所管事項と競合的所管事項の区別、および必要的立法と任意的立法の区別があることを考えれば、一般性を実質的法律の不可欠の概念要素とする「一般的規範説」「一般的権利関係規範説」、実質的法律概念の解釈論上の必要性を否定する「形式的法律概念一元説」、法律留保に関する「重要事項留保説」には、それぞれ難点があるように思われる。

すなわち第一に、規範の一般性の要請は、今日でも国家権力の統制と平等保障の観点から、きわめて重要な理念であることに変わりはない。しかし、現代国家の議会に期待される立法の内容は非常に多様化し、現実に制定されている法律の多くは、名宛人やケースの範囲が相当程度限定されたものであることも事実だ。この点を考えると、規範の一般性を実質的法律の概念要素と捉えることは、実質的法律概念論としてはむしろ狭きに失しており、まして競合的所管事項としても国会による個別的規範の定立を一切認めない厳格な一般的規範説は、硬直的に過ぎるように思われる。

第二に、形式的法律概念一元説は、国会制定法の専属的所管事項と競合的所管事項の区別、および必要的立法事項と任意的立法事項との区別をあいまいにし、国会制定法の最小限の守備範囲の理論的考察を放棄する結果にならないかと思われる。

第三に、法律留保論における重要事項留保説ないし本質性理論は、これを実質的法律概念論として表現し直せば、「実質的法律とは、議会自身の決定にふさわしい重要な規範である」と主張していることになる。重要事項留保説は、重要な規範の定立は国会制定法の専管事項であり、しかもそれらはすべて国会による法律制定が義務づけられる必要的立法事項だと主張している点で、専管事項にも国会に一定の裁量権があることを無視することにならないかと疑われる。

これらの諸点を考慮した上で、以下のような暫定的な結論をとっておきたい。第一に、実質的法律は、「私人の権利義務に直接関係する、原則として一般的な、しかし場合によっては個別的な規範」と定義されるべきである。このような法規範の定立は、憲法四一条の「唯一の立法機関」条項により、国会の専属的所管事項である。第二に、行政組織の大綱の決定も国会の専属的所管事項だが、その根拠は四一条後段ではなく、四一条前段および六六条一項・七四条四号に求められる。第三に、憲法は、国の政策の基本方針など国会が適宜形式的法律を制定できる国会制定法の競合的所管事項の領域も広く認めている。こうした競合的所管の根拠は、四一条前段の最高機関規定に求めることができる。しかし、四一条後段も、実質的法律は形式的法律でのみ定められるという専管的立法権の授権規定であると同時に、最高機関規定と競合して、概念上は実質的法律に含まれない規範の競合的定立権を授権した規定と読まれるべきであろう。

(1) 芦部信喜「現代における立法」(同『憲法と議会政』東京大学出版会、一九七一年所収)二五五—二五六頁参照。
(2) 佐藤功『ポケット註釈全書・憲法・新版・下』(有斐閣、一九八三年)六二八頁、芦部信喜(高橋和之補訂)『憲法・第三版』(岩波書店、二〇〇二年)二七〇頁、杉原泰雄『憲法Ⅱ』(有斐閣、一九八九年)二二四頁、樋口陽一『憲法Ⅰ』(青林書院、一九九八年)二二四頁、浦部法穂『全訂憲法学教室』(日本評論社、二〇〇〇年)五二八頁、阪本昌成『憲法理論・補訂第三版』(成文堂、二〇〇〇年)二七七頁、辻村みよ子『憲法・第二版』(日本評論社、二〇〇四年)四一四—四一五頁。
(3) 伊藤正己『憲法・第三版』(弘文堂、一九九五年)四二一頁。
(4) 新正幸『憲法と立法過程』(創文社、一九八八年)二三九頁。
(5) 清宮四郎『憲法Ⅰ・第三版』(有斐閣、一九七九年)二〇四頁、佐藤幸治『憲法・第三版』(青林書院、一九九五年)一四四—一四七頁、戸波江二『憲法・新版』(ぎょうせい、一九九八年)三六四頁、長谷部恭男『憲法・第三版』(新世社、二〇〇四年)三三六頁、内野正幸『憲法解釈の論点・第四版』(日本評論社、二〇〇五年)一三二頁。
(6) 堀内健志『憲法・改訂新版』(信山社、二〇〇〇年)二三五頁。
(7) 高橋和之『立憲主義と日本国憲法』(放送大学教育振興会、二〇〇一年)二一五—二一六頁、松井茂記『日本国憲法・第二版』(有斐閣、二〇〇二年)一五七頁。
(8) 穂積八束『憲法提要・下』(有斐閣、一九一〇年)八〇六頁、美濃部達吉『憲法撮要・訂正四版』(有斐閣、一九二

九年）三九七頁。市村光恵『帝国憲法論・改訂一三版』（有斐閣、一九二七年）は、実質的意味の法律は一般的抽象的規範と理解すべきだとしつつ、明治憲法の諸規定に見られる「法律」はすべて形式的意味だとして、明治憲法の解釈論のレベルでは「形式的法律概念一元説」に立っている（七二八―七三三頁）。

（9）たとえば、辻村・憲法（前掲注2）四一四頁、玉井克哉「国家作用としての立法」法学教室二三九号（二〇〇〇年）七二頁参照。

（10）芦部・憲法（前掲注2）二七〇―二七一頁など、「一般的規範説」のなかでは多数説であろう。

（11）措置的法律の制定は憲法上許されないとする少数説としては、樋口・憲法Ⅰ（前掲注2）三三二頁、浦部・教室（前掲注2）五二八―五二九頁、阪本・理論Ⅰ（前掲注2）二七七―二七八頁をあげることができる。

（12）玉井・前掲注（9）論文七六頁、内野・論点（前掲注5）一三三頁参照。

（13）大橋洋一＝毛利透「行政立法」法学教室二五一号（二〇〇一年）八七頁の毛利発言参照。

（14）塩野宏『行政法Ⅰ・第四版』（有斐閣、二〇〇五年）六四―六六頁、藤田宙靖『行政法Ⅰ・第四版』（青林書院、二〇〇四年）五六―五八頁、阿部泰隆『行政の法システム・新版・下』（有斐閣、一九九七年）六八八―六九〇頁以下、小早川光郎『行政法・上』（弘文堂、一九九九年）一一五―一一六頁、宇賀克也『行政法概説Ⅰ』（有斐閣、二〇〇四年）二六―二七頁以下、大橋洋一『行政法』（有斐閣、二〇〇一年）二九頁。なお、行政関係の法律はすべて、この三つのどれかに分類されるのかどうか、この点についての行政法学説の理解は必ずしも明確ではない。阿部・システム下六九一頁だけは、法律がこの三種類に限定されるわけではないことを明言している。

（15）塩野・行政法Ⅰ（前掲注14）六六頁。

（16）塩野・行政法Ⅰ（前掲注14）六四―七二頁、藤田・行政法Ⅰ八一―八九頁、阿部・システム下（前掲注14）六九二―六九六頁、大橋・行政法（前掲注14）三二―三九頁など。

（17）芝池義一『行政法総論講義・第四版』（有斐閣、二〇〇一年）四九頁。

（18）塩野・行政法Ⅰ（前掲注14）六六頁。

（19）阿部・システム下（前掲注14）六九三頁。

（20）芝池・総論（前掲注17）四九頁、大橋・行政法（前掲注14）三四頁。

（21）塩野・行政法Ⅰ（前掲注14）六七頁。

(22) 藤田・行政法Ⅰ(前掲注14)八七頁注3。
(23) 主唱者である大橋教授の行政法(前掲注14)三四頁をはじめとして、たとえば、阿部・システム下(前掲注14)六九六頁、宇賀・行政法Ⅰ(前掲注14)三二頁が重要事項留保説をとっている。塩野・行政法Ⅰ(前掲注14)七一頁注7も、この説に好意的である。
(24) 稲葉馨『行政組織の法理論』(弘文堂、一九九四年)二五九―二六五頁。
(25) 藤田宙靖『行政組織法・新版』(良書普及会、二〇〇一年)六五頁、稲葉・行政組織(前掲注24)二六〇頁、松戸浩「行政組織と法律との関係・上」自治研究七八巻一号(二〇〇二年)九三頁。
(26) 藤田・組織法(前掲注25)六六頁、塩野宏『行政法Ⅲ・第二版』(有斐閣、二〇〇一年)一〇頁。
(27) 塩野・行政法Ⅲ(前掲注26)一〇頁、小早川光郎「組織規定と立法形式」芦部信喜先生古稀記念『現代立憲主義の展開・下』(有斐閣、一九九三年)四七三―四七六頁。
(28) 大橋洋一「制度的留保理論の構造分析」金子宏先生古稀記念『公法学の法と政策・下』(有斐閣)、二六一―二六三頁。
(29) 杉村敏正『全訂行政法講義・上』(有斐閣、一九六九年)七八頁。稲葉・行政組織(前掲注24)二四六頁―二四七頁の紹介検討も参照。
(30) 塩野・行政法Ⅲ(前掲注27)一二頁。
(31) 佐藤功・註釈憲法下(前掲注2)六二八頁、樋口・憲法Ⅰ(前掲注2)二一二頁、佐藤幸治・憲法(前掲注5)一四四頁、戸波・憲法(前掲注5)三六五―三六六頁、長谷部・憲法(前掲注5)三二六頁、伊藤・憲法(前掲注3)四二一頁。
(32) 佐藤功・註釈憲法下(前掲注2)六二八頁。戸波・憲法(前掲注5)三六五頁は、「実質的意味の法律を、国民の権利義務に関する法規範と解するか、一般的抽象的法規範と解するかは、行政組織・作用に関する規定が法律事項となるかどうかという点を除いて、実質的に大きな違いはない」と指摘している。本稿の整理に即すると、「一般的規範説」と「一般的権利関係規範説」の相違は、組織規範を実質的法律に含めるか否かである、ということになる。
(33) 伊藤・憲法(前掲注3)四二一頁。
(34) 松戸・前掲注(25)論文九三頁参照。

(35)　玉井・前掲注(9)論文七四頁。

(36)　一般的規範・個別的規範という視点は、たしかに元来は対国民の国家作用を念頭に置くものであろう。また、たとえば各省の設置法は、財務省・外務省など個別の具体的な行政機関の設置という点に着目すれば、個別具体的法規範のようにも解される。しかし、設置法の適用を受ける財務省・外務省などの職員には入れ替わりがあるので、適用される人の範囲は開かれており、この意味では、設置法は少なくともいわゆる「業法」並みには一般的法規範だと理解する余地もある。

(37)　堀内健志『続・立憲理論の主要問題』(信山社、一九九七年)一九七頁、二五〇―二五一頁、内野・論点(前掲注5)一三三頁参照。

(38)　管見するところ、基本法を対象とした論説には次のようなものがある。法律時報一九七三年六月号の特集「日本の基本法制」に収められた長谷川正安・菊井康郎・永井憲一・渡辺洋三・星野安三郎・宮坂富之助・中尾英俊・清水誠・小川政亮の諸教授の論文(基本法一般を取り上げるのは長谷川論文・菊井論文のみで、永井論文以降は「教育基本法」などこの時期に存在した八本の基本法の個別的な紹介検討である)。小早川光郎「行政政策過程と〝基本法〟」成田頼明退官記念『国際化時代の行政と法』(良書普及会、一九九三年)五九―七六頁以下、川崎政司「立法の常識2」国会月報一九九六年二月号六二―六五頁、成田頼明「基本法ブームへの疑問」国会月報二〇〇二年六月号一頁、橘幸信「実務から見た最近の法律の特徴的な傾向」法学セミナー五九九号(二〇〇四年)三八―四二頁。

(39)　小早川・前掲注(38)論文六二頁。

(40)　菊井・前掲注(38)論文二三頁。

(41)　小早川・前掲注(38)論文六三頁。たとえば、原子力基本法二〇条、消費者保護基本法六条一項参照。

(42)　菊井・前掲注(38)論文二〇頁、阿部・システム下(前掲注14)六九七頁。

(43)　国会制定法の専属的所管事項と競合的所管事項の区別については、新正幸・立法過程(前掲注4)二四四頁、必要的立法事項と任意的立法事項の区別については、西谷剛「政策の立法判断(二・完)」自治研究七一巻一二号(一九九五年)三―八頁参照。

(44)　新正幸・立法過程(前掲注4)二四四頁。

〔補遺〕　初出論文では、一九四七年制定の「教育基本法」から二〇〇四年制定の「犯罪被害者等基本法」まで、合計二七本の基本法を示しておいた（四三―四四頁）。「電子政府」の法令索引から法律の表題によって確認したところでは、その後、二〇〇五年から二〇一五年の間に、さらに二二本の基本法が制定されている。たとえば、二〇一五年に制定された「女性活躍推進法」（女性の職業生活における活躍の推進に関する法律）のように、必ずしも「基本法」の名称を付していないが、基本法と同様の性格をもつ法律があることも考慮すると、二〇〇〇年代に入ってから、諸基本法を中心とする政策指針立法の量産傾向は、ますます強まっているといえるだろう。

二〇〇五年以降の二二本の基本法を、制定順に列挙しておこう。「食育基本法」（二〇〇五年）、「観光立国推進基本法」（二〇〇六年）、「がん対策基本法」（二〇〇六年）、「自殺対策基本法」（二〇〇六年）、「住生活基本法」（二〇〇六年）、「地理空間情報活用推進基本法」（二〇〇七年）、「海洋基本法」（二〇〇七年）、「国家公務員制度改革基本法」（二〇〇八年）、「生物多様性基本法」（二〇〇八年）、「宇宙基本法」（二〇〇八年）、「肝炎対策基本法」（二〇〇九年）、「バイオマス活用推進基本法」（二〇〇九年）、「公共サービス基本法」（二〇〇九年）、「スポーツ基本法」（二〇一一年）、「東日本大震災復興基本法」（二〇一一年）、「アルコール健康障害対策基本法」（二〇一三年）、「強くしなやかな国民生活の実現を図るための防災・減災等に資する国土強靭化基本法」（二〇一三年）、「交通政策基本法」（二〇一三年）、「サイバーセキュリティ基本法」（二〇一四年）、「小規模企業振興基本法」（二〇一四年）、「水循環基本法」（二〇一四年）、「都市農業振興基本法」（二〇一五年）である。

注(38)に示したように、従来、基本法を対象とする法学研究はかなり手薄であったが、初出論文公表後、三本の本格的な研究が公刊された。すなわち、①川崎政司「基本法再考（一）」（自治研究八一巻八号二〇〇五年四八頁以下）、「同（二）」（自治研究八一巻一〇号二〇〇五年四七頁以下）、「同（三）」（自治研究八二巻一号二〇〇六年六五頁以下）、「同（四）」（自治研究八二巻五号二〇〇六年九七頁以下）、「同（五）」（自治研究八二巻九号二〇〇六年四四頁以下）、「同（六・完）」（自治研究八三巻一号二〇〇七年六七頁以下）、②塩野宏「基本法について」学士院紀要六三巻一号（二〇〇八年）一頁以下（のちに塩野『行政法概念の諸相』有斐閣、二〇一一年二三頁以下に再録）、③毛利透「基本法による行政統制」公法研究七二号（二〇一〇年）八七頁以下（毛利透『統治構造の憲法論』岩波書店二〇一四年一七頁以下に再録）である。

また、立法の概念に関する個別研究としては、高田篤「法律事項」小山剛＝駒村圭吾編『論点探究憲法・第二版』

（弘文堂、二〇一三年）三一四頁以下、川崎政司「『唯一の立法機関』の法的な意味・射程――意味することとしないことの再考」法学研究（慶應義塾大学）八七巻二号二八三頁以下が目にとまる。私自身は、一九九九年に発表した論文で、ドイツ憲法上の法律の一般性に関する議論も紹介検討したことがある。赤坂正浩『立憲国家と憲法変遷』（信山社、二〇〇八年）第Ⅷ章参照。

Ⅳ　代表民主制と国民投票・住民投票

一　はじめに

民主制にはいろいろな形態がある。代表民主制と直接民主制は、その中でも最もポピュラーな分類だ。ここで代表民主制とは、有権者が議員を選出し、議員が立法を行う政治制度を意味し、直接民主制とは、有権者が自ら立法を行う政治制度を意味する。(1)それでは、代表民主制と直接民主制にはそれぞれどのような利害得失があるのか。代表民主制と直接民主制は、日本国憲法にはどのような形で組み込まれているのか。日本国憲法の下では立法の国民投票・住民投票は可能か。これがこの章のテーマだ。

二　代表民主制擁護論と直接民主制擁護論

代表民主制と直接民主制にはどのような利害得失があるのだろうか。この問題に関する代表的な見解を、古典的な文献の原文から拾ってみる。

(1)　代表民主制の論理

①代表民主制擁護の古典

まず、日本の憲法学あるいは政治学に大きな影響を与えた代表民主制擁護論者として、モンテスキュー、ケルゼン、シュムペーターの名前をあげておこう。

(ア)モンテスキュー『法の精神』。「自由な国家においては、自由な魂をもつとみなされるすべての人間はみずからによって統治されるべきであるから、団体としての人民が立法権をもつべきであろう。しかし、それは大国では不可能であり、小国でも多くの不都合を免れないから、人民はみずからなしえないことは、代表者によって行わねばならない。……代表の大きな利点は、彼らが政務を議論する能力をもっているということである。人民は、まったくそれに適していない。そのことが民主制の大きな欠陥の一つをなしている。……古代共和国の大部分に一つの大きな欠点があった。それは人民がなんらかの執行を要する能動的な決定を行う権利をもっていたことである。これは人民のまったくなしえないことである。人民は、その代表を選ぶためにしか政治に参加すべきではなく、それは、人民のきわめてよくなしうることである。なぜならば、人の能力の正確な度合を知る人はほとんどいないにしても、各人は、一般に、自分が選ぶ者が他の大部分の者より識見があるかどうかは知ることができるからである(2)」。

(イ)ケルゼン『デモクラシーの本質と価値（第二版）』。「たしかにデモクラシーと議会制とは同一物ではない。しかしながら、現代国家では直接デモクラシーは実際上不可能なので、議会制が今日の社会的現実のなかでデモクラシーの理念を充足する唯一の現実形態であることを、まじめに疑うことはおそらく許されないだろう。」「議会制原理においても、自由の理念は、その本来の力を妨げる二重の拘束を受けて現れる。その第一は多数決原理である。……第二の要素は、意思形成の間接性、すなわち国家意思が人民自身によって直接創造されるのではなくて、人民によって作られた議会によって創造されるという事実である。ここでは自己決定の思想としての自由の思想は、労働分業・社会的分化への放棄できない欲求という、民主的自由理念の本来の基本的性質とは相容れない傾向の拘束を受ける。なぜなら、民主的自由の理念だけに従えば、国家意思の全体はその多様な表現のすべてについて、投票権をもつ市民全員からなるただ一つの集会によって直接形成されなければならないだろうからである。国家という有機体の労働分業にもとづくあらゆる分化、すなわち国家の何らかの機能を人民以外の機関に委ねること、これは必然的に自由の制限を意味する。かくして議会制は、自由へのデモクラシーの要請と、あらゆる社会技術的進歩の条件となる細分化された労働分業原理との妥協なのである(3)」。

(ウ)シュムペーター『資本主義・社会主義・民主主義』。「古典的学説についてのわれわれの主要な難点が次の命題に集められていたことは、いまだ記憶に新たなところであろう。すなわち、『人民』はすべての個々の問題について明確かつ合理的な意見をもち、さらに進んで……その意見の実現につとめる『代表』を選ぶことによって、自己の意見を実行に移さんとするものであるとの命題がこれである。かくてこの説によれば、民主主義的装置の第一義的な目的は、選挙民に政治問題の決定権を帰属せしめることにあり、これに対し代表を選ぶのはむしろ第二義的なこととされる。さてわれわれは、この二つの要素の役割を逆にして、決定を行なうべき人々の選挙を第一義的なものとし、選挙民による問題の決定を第二義的たらしめよう。これをやや言い替えるならば、われわれはここで、人民の役割は政府をつくること、ないしはあらためて国民的行政執行府または政府をつくり出すべき中間体をつくることにある、という見解に立つことになる。」「この定義に具体化された理論は、主導力《リーダーシップ》なる生き生きした事実についての本来の認識のために必要と思われるあらゆる余地を残している。古典的学説はこの余地を認めないで、すでにみたごとく、選挙民にまったく非現実的な程度にまで創意を帰属せしめているので、実際には主導力を無視する結果になってしまった。」「われわれのとった見解に従えば、民主主義とは人民が実際に支配することを意味するものでもなければ、また意味しうるものでもない。……民主主義という言葉の意味しうるところは、わずかに人民が彼らの支配者たらんとする人を承認するか拒否するかの機会を与えられているということのみである。しかるにこの決定でさえまったく非民主主義的な仕方でなされうるのであるから、われわれはこの定義を限定するために、民主主義的であるか否かを識別するためにさらに一歩を進めた基準を付加せねばならぬ。すなわち、指導者たらんとする人々が選挙民の投票をかき集めるために自由な競争をなしうるということ、これである(4)」。

②代表民主制擁護の論拠

この三つの著作に示された代表民主制の擁護論、裏返していえば直接民主制の批判論は、互いに補完しあう四つのポイントを含んでいる。すなわち第一は、直接民主制は規模の大きい国家では技術的に不可能だということ（モンテスキュー、ケルゼン）。第二は、一般市民には自分で立法を行う能力はないが、誰が代表者＝立法者にふさわしいかを判断する能力はあるということ（モンテスキュー）。第三は、一般市民には個々の法案の内容を審議する時間的なゆとりも意欲や知識も期待できないので、そういう仕事を専業的に行う機関として議会を設けることが、近代社会における労働分業原理の必然的な帰結だということ（ケルゼン）。第四は、有権者から選出された代表者と、代表者が選任する政府が政治的リーダーシップを発揮して、常に明確で合理的な意思を持っているわけではない有権者をリードしていける点に代表制のメリットがあること（シュムペーター）。この四点である。

(2)　直接民主制の論理

①直接民主制擁護の古典

これに対して、直接民主制を強い調子で擁護する代表的な思想家はルソーである。ルソーの『社会契約論』の次の一文は大変有名だ。

「主権は代表されえないが、それは、主権を譲り渡すことができないのと同じ理由による。主権は、本質上、一般意志のなかに存する。ところで、意志というものはけっして代表されはしない。意志は同じもの［＝同じ主体に属する意志］であるか、そうでなければ別のもの［＝別の主体に属する意志］であって、そこには中間というものはない。だから、人民の代議士は、人民の代表者ではないし、代表者たりえない。彼らは、人民の代理人であるにすぎない。彼らは何ごとをも最終的に取り決めることはできない。人民がみずから承認したものでない法律は、すべて無効であり、断じて法律ではない。イギリス人民は、自分たちは自由だと思っているが、それは大間違いである。彼らが自由なのは、議員を選挙するあいだだけのことで、議員が選ばれてしまうと、彼らは奴隷となり、何ものでもなくなる。自由であるこの短い期間に、彼らが自由をどう用いているかを見れば、自由を失うのも当然と思われる。

代表者という着想は近世のものである。それは封建政体、すなわち不正で不条理な政体から今日に受け継がれている。この政体のもとでは、人間は堕落しており、人間という名称も［臣下を意味していたので］屈辱的なものであった。古代の共和国においては、いや君主国においてさえ、人民はけっして代表者を持たなかった」(5)。

②代表民主制擁護論への応答

こうしたルソーの人民主権論は、フランス革命期以降のヨーロッパの政治と思想に大きな影響を与え、さらには第二次大戦後の日本の憲法学においても、一つの有力な潮流を形成している。ルソー的な人民主権論の高邁な理念は、人々を大いに魅了してきた。しかし、ルソーの議論は、代表民主制の擁護論者が主張するような直接民主制への批判や懐疑に対して、直接応答するものとはいえないようだ。

そこでここでは、直接民主制を擁護する興味深い研究として、現代イギリスの政治学者イアン・バッジの『直接民主政の挑戦』を取り上げてみたい(6)。これは、古くはジェームズ・マディソン、現代ではロバート・ダールなど、主として英米の代表民主制擁護論を取り上げて、これに理論と実証の両面から逐一反論を試みた研究書である。それでは、先ほど述べた代表民主制擁護の四つの論点に対しては、どのような応答が可能か。バッジの議論から拾い出してみよう。

(ア)直接民主制は大規模な国家では技術的に不可能だという主張について。インターネットを始めとする現代の情報技術を前提とすれば、遠隔地の多数人の間でも双方向的なコミュニケーションはもはや不可能ではなくなった。したがって、技術的な問題は直接民主制を排斥する根本的な理由とはなりえない。

(イ)一般市民には立法に携わる能力が欠けているという主張について。一般市民には法案の善し悪しを判断する能力はないが、法案を審議決定する人物を選択する能力はあるという主張は、バッジによれば首尾一貫していない。市民よりも議員の方がそんなに優れているなら、市民が議員を定期的に選びなおす制度にも合理性はないことになる。市民による政策選択を信頼できないのであれば、市民による政治家の選択を信頼する理由もないはずだから、結局この種の主張を突き詰めれば、民主制一般の否定に行きつく。

(ウ)代表者に立法をゆだねることが、社会的分業の観点から合理的だという主張について。この問題に関係するバッジの議論としては、次の三点を挙げておきたい。(a)第一に、一般市民は法案や政策について議論する時間とエネルギーを持ち合わせていないといわれるが、これは現代社会では必ずしも事実ではない。むしろテレビ番組のかなりの部分がニュースや時事解説にあてられていることは、政治的なテーマへの人々の関心の高さを裏づける。その延長線上に、IT技術を利用した政策決定への市民参加を想定することは、それほど非現実的とはいえない。(b)第二に、一般市民は、政策や法案の複雑な内容を理解できないから、専門家に任せるのが得策だという議論にも疑問がある。政治的決定が必要となるのは、例えば原子力発電所の安全性のように、実は専門家の間にも対立のあるテーマであることが多い。当然のことながら、職業政治家もあらゆる技術的な問題の専門家ではないから、複数の専門家の判断を相互に比較し、論点を単純化し、政治的な利益衡量を行って決断を下すにすぎない。この点で、政治家と一般市民の間に専門家と素人の格差が存在するとはいえない。政策決定への市民参加が、市民にとって学習効果を持つことを考えればなおさらである。(c)第三に、一般市民の反応は多分に情緒的で不安定なので、職業政治家ではなく市民の多数派が政策を決定するのは危険だという指摘もある。バッジは、この危惧は傾聴すべきだが、こうした弊害を防止する「安全装置」を直接民主制に組み込むことは可能だという。たとえば、法案の国民投票に際して、一定の留保つきの賛成や反対、六か月後の再投票の提案など、単純な賛否以外の選択肢も組み入れて、ニュアンスのある選択を可能にするなどである。

(エ)代表民主制こそ、合理的な判断や意思形成を必ずしも行うことができない一般市民を、政治がリードするのに適したシステムだという主張について。バッジによれば、代表民主制論者は無意識のうちに、有権者が何の媒介もなしに直接投票で国政について決定するシステムを直接民主制と理解し、その非現実性と危険性を主張するのだが、これは誤解だ。現代国家においては、代表民主制と同じく直接民主制の場合にも、とりわけ政党が政策を形成し提案し、有権者に働きかけてその投票を指導し組織する役割を果たすことを否定する理由はない。その意味で、まったく無媒介の人民投票という直接民主制のイメージは変更される必要がある。

③直接民主制の利点

バッジは、直接民主制によって代表民主制を完全に置き換えることを主張するわけではなく、いずれにしても政党の役割を大変重視している。しかし、政党の媒介機能をこのように強調するなら、政党民主制的な代表民主制に加えて、さらに政党民主制的な直接民主制を志向する理由はどこにあるのだろうか。バッジの答えはこうである。三年か五年に一度の総選挙の際に、政党のきわめて複合的な政策パッケージに投票する以外、有権者が公式に自分たちの意向を表明できないシステムよりも、個別政策に対する直接選択の機会が存在するシステムの方が、政権政党を有権者の選好により敏感にさせ、一般市民への応答性を高めるという意味で、民主主義には一層大きな可能性が広がる。[7]

これらの指摘に一定の説得力を認めて、十分に成熟した政党システムが存在し、IT技術を適切に利用しながら、情緒に流される多数派の横暴を抑制する安全装置にも配慮すれば、直接民主制も決して絵空事ではないと仮定してみよう。しかしその場合、さらに検討しなければならないのは、実現可能性とは別次元の問題、すなわち日本国憲法は直接民主制に対してどのような態度をとっているのかという、規範レベルの問題である。

三　日本国憲法と代表民主制・直接民主制

代表民主制と直接民主制は、日本国憲法にはどのような形で組み込まれているのか。憲法は立法についての有権者の直接投票を認めているのか。そこで次にこの問題を、憲法が定める統治機構を中央政府と地方政府に分けて検討してみよう。(8)

(1)　中央政府の民主制と立法の国民投票制

①中央政府の民主制

日本国憲法前文は、「日本国民は、正当に選挙された国会における代表者を通じて行動し、……この憲法を確定する」と宣言した上で、「そもそも国政は、国民の厳粛な信託によるものであって、その権威は国民に由来し、その権力は国民の代表者がこれを行使し、その福利は国民がこれを享受する」と述べている。普通、これらの箇所を直接の根拠として、代表民主制が憲法上の原則だと説明される。(9)もっとも日本国憲法は、特に一章を割いて（第四章「国会」）、有権者の選挙で選ばれる国会という政府機関を設置し、その権限として立法権等を定めているのだから、前文の一節がなくても、日本国憲法が想定する中央の政府機構を「代表民主制」と性格づけることに別に困難はない。

同時に日本国憲法は、「地方特別法」の住民投票（九五条）、憲法改正の国民投票（九六条一項）という直接民主制の制度も取り入れている。したがって、有権者の政策決定権を完全に排除した純粋な代表民主制が、中央政府機構に採用されたとはいえないこともまた確かである。

従来、日本国憲法のこのような構造は、フランス憲法理論の概念枠組みに従って評価されるのが一般的だった。フランスの憲法理論では、有権者と立法権との関係が、①有権者の権限は代表者を選挙することに限定され、立法権は代表者独自の意思で独占的に行使される「純粋代表制」、②有権者は代表者を選挙するだけだが、代表者は可能な限り有権者意思を反映して立法活動を行うべきだとの理念が支配する「半代表制」、③議員選挙とは別に、法案の国民発案制度（イニシアティヴ）や国民投票制度（レファレンダム）を備えた「半直接制」、④有権者が常に自分で立法をおこない、議会は存在しない「直接制」の四つに分類されてきた。[10] このような四分類を前提として、日本国憲法が規定する中央政府機構は半代表制だとか、あるいは半直接制だといわれたりするのである。[11]

しかし、もちろん、日本国憲法上の有権者と立法権との関係を、どうしてもフランスの憲法理論の枠組みに従って理解しなければならない理由はない。たとえば、日本で紹介されてきたフランスの半代表制論・半直接制論は、有権者が確認可能な明確な政治的意思を常に持っているという前提に立って、代表機関（議会）はこの意思を忠実に反映すべきものだとしてきた。しかし、こうした「鏡像」的な代表観とは異なる代表観も想定可能だ。議会や政府が政治的「主導力」を発揮して、不定形の有権者意思を凝集させる機能を果たしうることこそ、代表制の利点だとみなすシュムペーターの代表観はその一例である。日本国憲法が、こういう代表観を明確に排除したと考える根拠もない。[12]

②立法の国民投票制

いずれにせよ、憲法解釈上のより実際的な論点は、九五条の場合以外について、国会が法律で立法の国民発案制度や国民投票制度を設けたり、国会の発議で特定法案を有権者による賛否の投票に付すことが、果たして現行憲法上許されるかである。

(ア)多数説と有権解釈。この点については、日本国憲法前文が代表民主制を謳っていること、四一条が国会を「国の唯一の」立法機関と規定していること、五九条では衆参両院の議決のみで法律が成立するとされていること、これらの規定を根拠として、有権者の投票に法的拘束力を認めるような立法の国民投票制を導入することは違憲だとするのが多数説である。もっとも多数説は、国会が特定の法案について、法的な拘束力を持たない諮問的な国民投票を実施して、立法の参考にすることは憲法違反ではないとしている。一九七八年二月三日の衆議院予算委員会における質疑の中で、当時の真田秀夫内閣法制局長官も同趣旨の答弁を行った。すなわち、多数説の考え方は内閣の有権的憲法解釈でもある(13)。

(イ)少数説。しかし、日本国憲法の国民主権原理をルソー的な人民主権を意味すると理解して、代表民主制はあくまで直接民主制の代用物にすぎないから、憲法が明確に代表民主制を規定している場合以外は、原則にもどって直接民主制的制度の導入が可能だとする少数説もある。たとえば、手島孝はこう述べている。「代表制は、実は、人民主権のむしろ本則たるべき直接制の代行制度にほかならないとするならば、憲法所定代表制の基本構造を崩さぬかぎり、かつ社会技術的に可能なかぎり、とくに規定がなくとも憲法は直接民主主義的な国家意思決定方式を許容しているし、否むしろ積極的に要請してさえいる、といえるであろう。かくて、重要な国政上の決定をレフェレンダム（国民投票・住民投票）に付するのは、何も憲法改正と地方自治特別法の場合……にかぎらず、国会で適宜定めうるであろうし、さらに各種のイニシアティヴ（国民発案・住民発案）を採用することも可能ということになる(14)」。

(ウ)日本国憲法の諸規定をごく普通に読むかぎり、立法の国民投票制は予定されていないと考えるのが自然であろう。しかし日本国憲法が、法的拘束力を持つ立法の国民投票制の採用を、九五条の場合以外は一切禁止したとまで理解すべきかは疑問である。

確かに日本国憲法四一条は、国会を「国の唯一の立法機関」と定めているが、これは、かつて広範に認められていた天皇の副立法権（法律の委任なしに国民生活を規制できる明治憲法九条後段の「独立命令」、帝国議会閉会中に法律に代わるものとして制定できる明治憲法八条の「緊急勅令」）のような制度の禁止に主眼を置く規定である。したがって、有権者との関係を直接念頭に置いたものではないと考えることも可能だ。同じく四一条が、国会を「国権の最高機関」と定めていても、それは三権それぞれの頂点に立つ内閣・最高裁判所に対する国会の「格」を表現したもので、有権者に対して国会が上位に立つ趣旨ではないと理解されているのと同様である。

これに対して、衆参両院の議決だけで法律が成立すると定める日本国憲法五九条が、国民発案制度はともかく、拘束的な国民投票制度を禁止した規定だと考えれば、立法の国民投票制の導入には、五九条の改正が必要となる。しかし、一定の場合、国会の議決によって法案を国民投票に付すことができ、国会は国民投票に拘束されて、国民投票の結果どおりに法案を改めて可決ないし否決しなければならないとする制度の導入は、五九条の下でも考慮可能ではないだろうか。五九条は、やはり明治憲法（六条）が天皇に認めていたような国家元首や行政機関の法律裁可権を否定することに主眼のある規定で、四一条と同様、有権者との関係を直接念頭に置くものとは必ずしもいえないし、国民投票への付託の発議は国会自身がおこなうのだから、この場合国会の自律性は十分尊重されていると考えられる。このように、憲法改正というコストを回避して新たな制度の導入可能性を探る提言は、実は首相公選制や憲法裁判所制度に関してすでに試みられてきたことなのである。(15)

(2)　地方政府の民主制と政策の住民投票制

①地方政府の民主制

次は地方政府についてである。日本国憲法は、第八章に「地方自治」という独立の章を設けた。そして、その冒頭の九二条では、「地方公共団体の組織及び運営に関する事項は、地方自治の本旨に基いて、法律でこれを定める」と規定し、続く九三条一項では、「地方公共団体には、法律の定めるところにより、その議事機関として議会を設置する」と規定している。

このように九三条が議会の設置を定めていることから、憲法は地方政府についても原則として代表民主制を採用したことになる。しかし地方自治法では、条例の制定・改廃請求権、事務の監査請求権、議会の解散請求権、長・議員等の解職請求権など、中央政府機構では認められていない「住民の直接請求」制度も導入された（一二条・一三条）。これらは、住民の投票によって条例そのものを制定改廃する制度ではないので、本章の言葉使いからすると、厳密には直接民主制とはいえないが、一般には直接民主制の諸制度ととらえられている。いずれにせよ、地方政府に関しては、中央政府には存在しない一般市民の政治参加のルートが、法律で広く設けられていることは間違いない。また、地方自治法九四条は、町村が、憲法九三条一項の定める議会に代わって、有権者資格を持つ町民・村民全員で構成する「町村総会」を設けることを認めている。これは、議会を置かずに住民自身が立法者になるという意味で、まさに直接民主制そのものだ[16]。

地方自治法の規定する住民の直接請求制度と町村総会制度が、憲法の代表民主制の原則に反するという違憲論はまったく聞かれない。その憲法規範的な根拠は、九二条の「地方自治の本旨」である。地方自治の本旨、すなわち地方自治の基本原則には、「住民自治」の原則が含まれる。憲法が地方自治に関して要求する住民自治の原則によって、市民の日常生活に密着した事務を扱う地方政府については、直接民主制的な制度の許容限度が中央政府の場合よりもさらに広がる。こう考えられているわけである。

つまり、日本国憲法は、地方政府機構についても直接民主制（的な諸制度）で補完された代表民主制を採用しているが、中央政府機構の場合に比べると、直接民主制的な諸制度による補完を一層広く認めている。これが、国会と学説が立脚する憲法理解なのである。

②政策に関する住民投票制

(ア)諮問型の政策住民投票

ところで上述のように、現行の地方自治法は、その地方公共団体の有権者たる住民の五〇分の一の連署によって、議会に対して条例の制定改廃を請求することを認めているが（七四条以下）、住民自身が直接投票で条例を制定したり、特定の政策を決定する制度は設けていない。しかし、近年では、原子力発電所の建設、産業廃棄物処理施設の建設、米軍基地の縮小問題、市町村合併など、住民の生活に重大な影響を及ぼす政策問題について、議会や首長が多数意思を反映していないと考える住民側から、住民投票を要求する動きが起こっている。

そういう住民の声に押されて、議会が個別の政策について、住民の賛否を問うための単発の条例を制定する例や、これに基づいて実際に住民投票が実施される例も出てきた。(17) これらはすべて、首長・議会がその結果に法的に拘束されるのではなく、住民投票条例上「有効投票の過半数の意思を尊重する」と規定されるにとどまり、仮に尊重しなくても政治的な責任が問われるにすぎない「諮問型」の住民投票である。こうした個別政策ごとの諮問型の住民投票は、憲法にも地方自治法にも違反しないと考えられている。

諮問型の住民投票は、その地方公共団体の権限に厳密には属していない事項についても実施が可能であり、また、公職選挙法の適用も受けないので、二〇歳未満の住民にも投票資格を認めるといった柔軟性を発揮できる。(18) しかし、その反面、公職選挙法が適用されないため投票の勧誘が過熱したり、住民意思が明確に示されながら、その結果が必ずしも実現されないことで、かえって民主主義の理念を傷つけるおそれもある。

(イ) 拘束型の政策住民投票

それでは、首長や議会が投票結果に法的に義務づけられる「拘束型」の住民投票の実施は許されるだろうか。この点については、「地方自治の本旨」に従って憲法上は許容されているが、明文規定を置いていない地方自治法には違反するという「合憲違法説」が多数説だ。(19)「法律で権限を首長や議会に与えたということは、自分の責任で行使する義務を課したものであって、それを勝手に住民投票に委任することを禁止する趣旨」だとされるのである。(20)

このように、条例や政策に関する拘束的な住民投票制は、立法の国民投票制とは異なって、憲法上の障害は存在しないと考えられているのだから、地方自治法を改正すれば導入可能だということになる。確かに、拘束的な政策住民投票制の制度設計には、諮問型とちょうど裏腹の難しさがある。すなわち、首長・議会を法的に義務づける以上、投票の対象は当該地方公共団体の法的権限内の事項に限定されるであろうし、投票対象として適切な事項（ポジティヴ・リスト）ないし不適切な事項（ネガティヴ・リスト）をあらかじめリストアップする作業が必要となるが、これにも困難が伴う。その反面、投票結果に従って政策が決定実行されるという意味で、制度の位置づけは明確であり、諮問型以上に民主主義の理念に適合するともいえるのである。

結局のところ、首長・議会選挙と既存の直接請求制度だけでは、自分たちの意思を地方政治に十分反映できないと感じる住民の閉塞感が現に無視できない程度に存在する以上、次のような指摘は、傾聴に値するものといえそうだ。「特定の事案に限定した拘束的住民投票制度と諮問型（非拘束的）住民投票を条例で実施できる旨を、それぞれ地方自治法に規定することが望ましい」(21)。

四　おわりに

直接民主制を妨げる技術的障害が解消されつつある今日、代表制の機能や直接民主制の可能性に関する憲法学のこれまでの議論は、見直しの時期にさしかかっているのかもしれない。国民意思の正確な反映を代表制の理念としながら、同時にルソー的な「一般意志」、すなわち「現にある民意」ではない「あるべき民意」も援用する論理が通用しなくなる時代には、日本国憲法の解釈論として、どのような民主制論が模索されるべきなのであろうか。

（1）　大石眞『立憲民主制』（信山社、一九九六年）九六頁。
（2）　モンテスキュー（井上尭裕訳）『法の精神』第一一篇第六章「イギリスの国家構造について」井上幸治責任編集『世界の名著（34）モンテスキュー』（中央公論社、一九八〇年）四四六—四四七頁。
（3）　ハンス・ケルゼン（西島芳二訳）『デモクラシーの本質と価値・改版』（岩波文庫、一九六六年）五七頁、五八—五九頁。ただし、訳文は適宜変更した。二〇一五年に出版された長尾龍一・植田俊太郎の新訳『民主主義の本質と価値』（岩波文庫）では四四頁、四六頁である。

（4）ヨーゼフ・シュムペーター（中山伊知郎＝東畑精一訳）『資本主義・社会主義・民主主義』（東洋経済新報社、一九六二年）五〇二―五〇三頁・五〇四頁・五三三―五三四頁。

（5）ルソー（作田啓一訳）「社会契約論」（『ルソー全集第五巻』白水社、一九七九年）二〇三―二〇四頁。

（6）イアン・バッジ（杉田敦＝上田道明＝大西弘子＝松田哲訳）『直接民主政の挑戦』（新曜社、二〇〇〇年）。以下、バッジの議論の紹介は同書第二章・第三章による。

（7）バッジ・前掲注（6）第七章参照。

（8）いうまでもなく、ここで中央政府・地方政府とは、行政府のことではなく三権を含む広義の政府を意味している。

（9）宮沢俊義（芦部信喜補訂）『全訂日本国憲法』（日本評論社、一九七八年）三三二頁、芦部信喜（高橋和之補訂）『憲法・第三版』（岩波書店、二〇〇二年）二六〇頁、佐藤幸治『憲法・第三版』（青林書院、一九九五年）一三六頁、中村睦男『論点憲法教室』（有斐閣、一九九〇年）二一九頁。

（10）岡田信弘「代表民主制の構造」高橋和之・大石眞編『憲法の争点・第三版』（有斐閣、一九九九年）一八頁参照。岡田によれば、フランスには、純粋代表制・半代表制・直接制の三分類をとる学説もある。

（11）日本国憲法の代表制を、たとえば杉原泰雄『憲法Ⅱ』（有斐閣、一九八九年）一六六頁以下は、過渡期的と位置づけながら、一九世紀末フランスの憲法学者エスマンのいう半代表制と理解し、大石・前掲注（1）一〇八頁・一六六―一七〇頁は半直接制と解釈し、岡田・前掲注（10）二〇頁は、大石説に疑問を提起しながら、半代表制と半直接制の間の代表民主制という位置づけも可能だとしていて、フランスの理論に準拠する学説の間にも一致が見られないのが現状である。

（12）初宿正典「政治的統合としての憲法」佐藤幸治＝初宿正典＝大石眞編『憲法五十年の展望Ⅰ』（有斐閣、一九九八年）三八―四〇頁は、シュムペーター的な代表観に立って、日本国憲法の代表制を読み直そうとする注目すべき試みと理解できる。ただし、直接民主制についても政党の統合機能を重視するバッジの批判は、初宿の直接民主制懐疑論にもあてはまることになるだろう。

（13）学説としては、芦部・前掲注（9）二三八頁、佐藤幸・前掲注（9）一〇六―一〇七頁、中村・前掲注（9）二三二頁、大石・前掲注（1）一七〇―一七一頁参照。政府見解については、浅野一郎＝杉原泰雄監修『憲法答弁集』

（信山社、二〇〇三年）三四八―三四九頁。

(14)　手島孝『憲法解釈二十講』（有斐閣、一九八〇年）四八頁。棟居快行も、人民主権論に立つならば、国会が法案の国民投票を発議した場合、拘束力を持つ国民投票も認められるはずだという。棟居『憲法学の発想Ⅰ』（信山社、一九九八年）六一―六五頁、同『憲法講義案Ⅱ』（信山社、一九九三年）七七―八二頁。これに対して、人民主権論の主唱者ともいえる杉原泰雄は、憲法が禁止していない直接民主制はいつでも導入可能だとしつつ、拘束的な国民投票制は、「四一条や五九条との関係で困難だと思われる」とする。杉原・前掲注(11)二二一頁。人民主権論をとることによって、立法の国民投票制と憲法との関係について、一義的な解答が得られるわけではないことがわかる。

(15)　憲法改正を経ずに、首相公選制を実質的に導入する提案として、小林昭三『首相公選論入門・改訂版』（成文堂、二〇〇一年）第四章参照。やはり憲法改正を経ずに、憲法裁判所制度を実質的に採用するための制度的工夫の提案として、笹田栄司「違憲審査活性化は最高裁改革で」紙谷雅子編『日本国憲法を読み直す』（日本経済新聞社・二〇〇〇年）一四八頁以下、特に一六〇―一六三頁（のちに笹田『司法の変容と憲法』有斐閣、二〇〇八年三頁以下に再録されている）、畑尻剛「憲法裁判所設置問題も含めた機構改革の問題」公法六三号（二〇〇一年）一一〇頁以下、特に一二二頁参照。

(16)　現行地方自治法の下での町村総会としては、かつて東京都八丈支庁管内の宇津木村にその例があっただけだという。松本英昭『逐条地方自治法・新版第二次改訂版』（学陽書房、二〇〇四年）三一八頁。

(17)　政策に関する住民投票については、新藤宗幸編著『住民投票』（ぎょうせい、一九九九年）、今井一『住民投票』（岩波新書、二〇〇〇年）、古川俊一編著『住民参政制度』（ぎょうせい、二〇〇三年）第三章〔久保田治郎執筆〕参照。なお、雑誌の特集号などについては、赤坂正浩「地方自治体の政策決定における住民投票」法教二一二号（一九九八年）一二頁（本書八〇頁）の注2も参照。

(18)　二〇一五年六月の公職選挙法改正（二〇一六年六月一九日施行）によって、選挙権年齢は一八歳に引き下げられた。

(19)　稲葉馨「住民参加、住民投票はどうなっているか」法セ五〇七号（一九九七年）四七頁。

(20)　阿部泰隆「住民投票制度の一考察」ジュリ一一〇三号（一九九六年）四八頁注(4)。

(21)　古川俊一編著・前掲注(17)一三八頁〔久保田治郎執筆〕。

V　地方自治体の政策決定における住民投票

一　政策的住民投票の現状

一九九六年八月四日に、新潟県巻町で原子力発電所建設への賛否を問う住民投票が実施されて、建設反対派が勝利して以来、条例にもとづく政策的住民投票が、マス・メディアでもにわかに脚光を浴びるようになった。その後も、九六年九月八日に沖縄県で日米地位協定の見直しと米軍基地の整理縮小への賛否を問う住民投票、九七年六月二二日に岐阜県御嵩町で産業廃棄物処分場の建設をめぐる住民投票、九七年一一月一六日に宮崎県小林市で同じく産廃処分場建設への賛否を問う住民投票、九七年一二月二一日に沖縄県名護市で普天間基地返還に伴う代替ヘリポート建設への賛否を問う住民投票、そして今年二月八日には岡山県吉永町でやはり産廃処分場の建設をめぐる住民投票がおこなわれた。地方自治体の政策に対する賛否を問うための住民投票条例（政策的住民投票条例）で、現に制定・施行され、あるいは投票が実施されたものは、全国で一三ある。(1)

こうした状況を踏まえて、学界や実務家の間でも、政策的住民投票をめぐってさまざまな議論が展開されている。(2)政策的住民投票条例の制定・実施には憲法・法律上どのような問題があるのか、法的な問題をクリアしたとしても、政策的住民投票は望ましいものなのか、さらには、どのような制度が賢明なのか。ここでは法律論と政策論の両面から、いくつかの論点についてこれまでの議論を整理してみたい。

二　政策的住民投票と現行法

(1)　ひとくちに政策的住民投票条例といっても、いろいろなタイプがあり、条例の態様・法的効果の観点からは次のような区別が可能である。条例は、政策的住民投票の制度化を意図して、住民投票の対象・手続・効果などを一般的に規定するものなのか、それとも、特定の個別問題について、単発的な住民投票の実施を定めたものなのか（一般的住民投票条例と個別的住民投票条例）、条例の規定によると、住民投票の結果は長や議会を法的に拘束するものなのか、それとも諮問的なものなのか（拘束的住民投票条例と諮問的住民投票条例）。

この二つの要素の組合せによって、政策的住民投票に関する条例を、①一般的・拘束的住民投票条例、②個別的・拘束的住民投票条例、③一般的・諮問的住民投票条例、④個別的・諮問的住民投票条例の四つに分類することができる。それぞれについて、憲法との関係と、地方自治法との関係とが問われるから、細かく言えば八つの法的な問題があることになる。つまり、①は合憲か、②は合憲か、③は合憲か、④は合憲か、①は適法（地方自治法に反しない）か、②は適法か、③は適法か、④は適法か、である。

(2)　この問題に関する学説の考え方を検討する前に、まず憲法・地方自治法の関連規定を念のために確認しておこう。

日本国憲法は「主権が国民に存する」ことを宣言すると同時に、国家「権力は国民の代表者がこれを行使」するとして間接民主制の採用にも触れ（前文）、さらに中央のレベルでは、国会による立法権の独占を定めている（四一条）。他方で、最高裁判所裁判官の国民審査（七九条）・憲法改正国民投票（九六条）という限られた場合についてではあるが、直接民主制的な制度も設けている。

また、地方のレベルについては、「地方公共団体の組織及び運営に関する事項は、地方自治の本旨に基いて、法律で」定めるという原則規定を置いた上で（九二条）、「議事機関として議会を設置」することを定めて、間接民主制を採用している（九三条）。同時に、一つの地方自治体だけに適用される、いわゆる地方特別法を国会が制定する場合には住民投票を実施することにして（九五条）、直接民主制の手法も取り入れた。しかし、憲法には、これ以外の場合について、法律にもとづくにせよ条例にもとづくにせよ、政策的住民投票を明確に認める規定も禁止する規定も存在しない。

次に地方自治法は、議会の組織・権限（八九条以下）と、長の地位・権限（一三九条以下）とに関する詳細な規定を置き、あわせて住民の直接請求制度も設けている（七四条以下）。また、町村については、議会に代わる町村総会を設置できることも定めている（九四条・九五条）。しかし、政策的住民投票については、やはり明確に認める規定も禁止する規定も含んでいない。

(3)　憲法にも法律にもはっきりした規定がない以上、さきほど述べた四つのタイプの政策的住民投票条例がそれぞれ合憲・適法かどうかは、すぐれて解釈問題ということになる。そこでまず、憲法上の間接民主制的要素と直接民主制的要素との関係をどう読むかについて、これまでの学説を概観してみると、そこにはおおざっぱに言って三つの傾向が見られる。(3)

第一は、憲法の定める中央と地方の統治機構を統一的に捉えた上で、どちらについても憲法は間接民主制を原則とし、直接民主制的制度はそれを補完するために、あくまで例外的に採用されているにすぎないと見る説である。多数説と考えてよいだろう。(4) この説の論者は、原田尚彦のように、政治や行政も複雑な専門的分業によって営まれている現代社会では、間接民主制はけっして直接民主制の「代替物」ではないことを強調する人もいる。(5)

第二は、やはり、中央・地方の統治機構に関する憲法の制度原理を統一的に理解するが、第一説とは逆の見方をとる説である。杉原泰雄に代表されるこの説は、憲法が宣言する「国民主権」をフランス憲法学説の言う「プープル（人民）主権」、つまり有権者の主権、有権者の最高決定権と理解し、日本国憲法のもとでは直接民主制があくまで原則で、間接民主制の諸制度はその代替物にすぎないと考える。そこから、憲法が間接民主制の採用を特に明示している場合以外は、原則にもどって直接民主制的な制度の導入が憲法上可能だと主張する。(6)

第三は、憲法の制度原理を中央と地方に分けて考えようとする説である。通説にしたがえば九二条の「地方自治の本旨」は住民自治の原理を含むこと、九三条が定める住民による長の直接公選制は、議院内閣制という中央政府の仕組みとは異なって、住民に対する行政の直接責任の発想に立つと見られること、これらを根拠にこの説は、地方自治体については間接民主制と直接民主制とを並立させることが憲法の制度原理だと考える。兼子仁の説である。仲哲生の立場もこれに近い。(7)

憲法上の制度原理に関するこれら三つの見解は、地方自治法の読み方にも影響を及ぼすことが推測される。しかし、第二説・第三説も、地方自治法（をはじめとする現行の法律）に、政策的住民投票を定めた規定がないのは憲法違反だと主張しているわけではない。つまり、どの学説も、政策的住民投票制度を創設せよ、という強い規範的意味を憲法から読み取る「要請説」ではなく、政策的住民投票の導入を憲法は禁止していないとする「許容説」にとどまる点では共通していることになる。(8)

(4)　もっとも、これまでの研究が、政策的住民投票条例の四つのタイプごとに、憲法・法律との関係を詳細に検討してきたとは言えない。現に主張されてきた主な見解には次のようなものがある。

ひとつの考え方は、四つのタイプの政策的住民投票条例をすべて合憲・適法とするものである。杉原泰雄の見解である。プープル主権論の立場からは、憲法・法律に特定の直接民主制的制度を禁止する明文規定がないことは、その制度を認める趣旨と見なされること、憲法が地方自治体については四一条のような議会による立法権独占を定めていないこと、逆に地方特別法の住民投票制を置いていること、地方自治法は町村総会の設置を認め、これに関する違憲論もないこと、これらが主な根拠である。(9)

第二の考え方は、一般的であれ個別的であれ拘束的住民投票条例の制定は、たしかに憲法上は可能であるが（合憲）、地方自治法で禁止されている（違法）とするものである。拘束的住民投票を実施するためには地方自治法の改正が必要だと考えるこの説が、今日の多数説であろう。[10] 長の解職請求成立後におこなわれる現行の住民投票のように、拘束的住民投票も法律で規定すれば可能とされてきたこと、一九七八年に内閣法制局長官が国会答弁で、国レベルでも諮問的国民投票ならば憲法に反しないとしたこと、これらが地方レベルの諮問的住民投票が合憲・適法とされるひとつの傍証である。[11] 他方、法律に明文のない拘束的住民投票の違法性は、典型的には次のように説明される。「法律で権限を首長や議会に与えたということは、自分の責任で行使する義務を課したものであって、それを勝手に住民投票に委任することを禁止する趣旨」である。[12]

三番目の考え方は、個別的・諮問的住民投票条例以外はすべて地方自治法に反するとするものである。たとえば兼子仁は、諮問的なものでも一般的住民投票条例を「現行法律上の間接民主制と全く矛盾しないと考えることは」、憲法の定める地方自治について、直接民主制を間接民主制と「並立的基本原理と解した程度では、なお困難であろう」としている。[13]

最後は、四つのタイプの政策的住民投票条例をすべて違憲・違法とする見解である。八〇年代の原田尚彦の主張はそのように理解できる。しかし、原田も最近では、諮問的住民投票であれば適法だというのは「いささか形式的詭弁論で釈然としない」としながらも、それが違憲・違法とまでは考えていないようだ。[14]

(5)　以上のように、個別的・諮問的住民投票条例が合憲・適法なことには学説の一致がある。多数説はさらに、一般的・諮問的住民投票条例も合憲・適法とする。これに対して少数説は、現状でも拘束的住民投票条例の制定が可能であり、それがむしろ憲法の趣旨に一層かなうと見ている。

憲法規定は、中央・地方のいずれについても間接民主制を中心として、直接民主制的制度でこれを補完する趣旨と読むのが素直なこと、直接請求の諸制度を定めながら、政策的住民投票について沈黙する地方自治法は、善し悪しは別として拘束的な政策的住民投票の禁止を合意すると理解できること、これらから、やはり多数説の見方が穏当なように思われる。

いずれにせよ、制定・実施された政策的住民投票条例は、どれも特定の個別政策への賛否を問うものであり、またすべての条例が諮問的なものであるから[15]、現状はどの説に立っても合憲・適法なわけである。

三　政策的住民投票の「制度設計」

(1)　一般に人民投票に対しては、懐疑論も根強く説かれてきた。たくみな宣伝に誘導され、あるいは一時的なムードや感情に流された大衆が、結果として賢明でない選択をおこなったり、為政者を免責し、独裁政治を正当化する危険性が懸念されてきたのである。この危険性を過小評価することはできない。また、政策的住民投票は、仕組みによっては同じテーマについて何度も議論が蒸し返され、投票のたびに僅差で結果が変わったり、隣接する複数の自治体で、同じ問題について異なる住民意思が示されるといった混乱要因も含んでいる。

とはいえ、近年顕著な政策的住民投票条例の制定・実施要求の高まりは、これまで中央の政策決定にあたって、利害関係をもつ特定の地方自治体・住民の参加手続がきわめて不備だったこと、自治体の長と議会が、特定の問題について住民の利害や意見を必ずしも十分に反映していない場合もあったこと、つまり間接民主制の機能不全の証明でもある。現実先行の様相を呈している政策的住民投票の問題について、理論の側もただ従来の懐疑論を繰り返すのではなく、より賢明な制度の「設計」を考えるべき時期に来ていることが、最近では多くの論者によって指摘されている[16]。

具体的な「制度設計」に関しても、たとえば以下のように、さまざまな論点がある[17]。①政策的住民投票制度を一般的に創設すべきか、問題となった個別の政策ごとにそのつど条例を制定する方法がよいか、②投票結果には法的拘束力をもたせるべきか、現状のように、長・議会は「有効投票の過半数の意思を尊重する」といった諮問型の規定が賢明か、③どのような事項を住民投票の対象とすべきか、④一定の事項については住民投票の実施を義務づけるべきか、そうでない場合には誰に発案権を与えるか（住民自身が発案権をもつ「イニシアティブ」型と、長・議会が発案権を握る「レファレンダム」型のどちらが適切か、あるいはそれらをどう組み合わせるか、イニシアティブ型の場合、発案に必要な要件をどう定めるかなど）、⑤投票区域、投票資格者、設問の作り方、住民への関連情報の公開、許される事前運動の範囲など実施方法をどう定めるべきか、⑥これらの点をどこまで法律で制度化することが適切か、等々である。

①②の論点については、どういう制度が賢明かという政策論以前に、どういう制度が現行法上許されるかという法律論も大きな問題である。この点については前項でやや詳しく触れた。これら「制度設計」の具体的な論点すべてについてこれまでの議論をフォローすることは、スペース的にもとうてい無理なので、この項では重要な問題のひとつである住民投票の対象事項について、最近の議論を紹介することにしたい。

(2)　現に制定され、あるいは実施された政策的住民投票条例が対象としている事項を見ると、原子力発電所の建設（高知県窪川町、三重県南島町、同紀勢町、宮崎県串間町、新潟県巻町）、産業廃棄物処分場の建設（岐阜県御嵩町、宮崎県小林市、岡山県吉永町）、干拓計画（鳥取県米子市）、米軍基地問題（沖縄県、沖縄県名護市）、一般的な政策的住民投票制度の創設（大阪府箕面市）となっている。[18] このほか、住民投票条例制定の直接請求や提案はあったが、議会で否決されたものも含めて、環境と開発にかかわるテーマが最も多い。[19]

政策的住民投票条例に限らず、条例には憲法・法律の枠があるから、政策的住民投票条例の対象事項についても、法的に許される限界がある。しかし、法的な問題に加えて、どのようなテーマが住民投票になじむかという政策的判断についても、やはりさまざまな考え方がある。近年ではアメリカやドイツの住民投票制度について詳細な研究が公表されており[20]、対象事項に関する論議でもこれが参考にされることが多い。本章でも、市町村の政策的住民投票制度を設けたドイツ各州の市町村法に見られる一般条項方式、対象となる事項を列挙するポジティブ・リスト方式、逆に対象から除外される事項を列挙するネガティブ・リスト方式[21]を参考に、日本の議論を三つの局面に分けて概観しておく。

(3)ⓐ　現に実施された政策的住民投票が、国のエネルギー政策・安全保障政策・環境政策に深くかかわるテーマを対象としていたため、この種のテーマが住民投票になじむかが問題となった。この点について辻村みよ子は、国に固有の事務は住民投票の対象外としながら、巻町・沖縄県のケースについて次のように述べている。「いずれも、一面では、国の固有の政策に関するものであるとはいえ、他面では、当該地方住民の利益や権利と深くかかわり、国は地方に協力を求める立場であるため、地方の対応如何が住民投票の対象となる事例であった[22]」。

一般論としては、次のことを指摘しておきたい。そもそも権限のない事項について、長や議会を義務づけることは混乱を招くだけだから、拘束的住民投票の場合には、対象は当該自治体の法的権限に属する事項に厳密に限定される必要が出てこよう。しかし、諮問的住民投票については、厳密な権限の有無とは一応別に、地元に関係の深いテーマであれば、自治体の意向を国にアピールしたり、住民の意向を自治体の長・議会にアピールする政治的効果をねらった住民投票も事実上可能であり、また有益な場合もあろう。

ⓑ　中央・地方の現行法上の権限分配を前提にした場合、政策的住民投票の対象に何がふさわしいか。具体的な「ポジティブ・リスト」を提案した例は、それほど多くないようである。

たとえば『東京都住民参加制度研究会報告書』は、住民投票に法的拘束力を認める制度を念頭に、次のようなものをあげている[23]。①当該地方自治体の存立の基礎的条件に関する事項（例、行政区域の変更や地方自治体の名称の変更、地方自治体の合併、分離)、②特定の重大施策(例、大規模公共施設の設置・廃止)、③事業実施経費にかかる住民の特別の負担(例、法制度上可能であることを前提として、課税、起債等)、④重要な案件について議会と首長が対立している場合、⑤地方自治体の将来を長く決定する事項に関して住民の意見が二分されている場合。

また、阿部泰隆も、同じく拘束的住民投票の導入を念頭に、市町村合併・都道府県合併、住居表示、地方債の起債、減税案件、議員の歳費・定数・選挙区、公務員の給与、重大案件について長と議会が対立している場合などを例示し、現行法のもとでの許容性と適切性とを検討している。[24]

もう一例だけ紹介しておくと、福井康佐は、今後自治体では、「迷惑施設」の建設がますます争点になると予想し、法的効果の問題とは別に、次のような分類をおこなった上で検討を加えており注目される。[25]①ゴミ処理場・火葬場・下水処理場など、自治体内に必要な施設の建設問題、②場外車券売場や博覧会の誘致など、自治体にとって必要性の薄い施設の建設問題、③空港・高速道路・刑務所・知的障害者のための施設など、社会全体としては必要な施設の建設問題、④基地・原発など、社会全体としての必要性に議論のある施設の建設問題。いずれにせよ、対象にふさわしい事項の論議は、学界でも始まったばかりだと言ってよいだろう。

ⓒ　「ネガティブ・リスト」についても状況は同様である。地方自治体の法的権限の問題以外に、たとえば「少数者の人権侵害や個人の思想・良心の自由の侵害に通じる問題は対象から除外すべき」だという提言が見られ、[26]それ自体はもっともだが、具体的な諸問題の検討は今後の課題として残されている。地方自治法の改正がテーブルにのぼれば、対象事項に関しても、さらに煮詰まった議論がいやおうなしにおこなわれることになろう。

四　おわりに

諮問的住民投票の場合、かりに長や議会が投票結果に反する行動をとったとしても、その行為が法的に無効となるようなことはなく、ただ選挙やリコール請求を通して政治責任が問われるにとどまると解される。[27] 本文で確認したように、個別的・諮問的住民投票の合憲性は、これまでほぼ自明視されてきた。しかし、いったん明示された民意のその後の取扱い方次第では、むしろ憲法の民主主義理念に反する可能性もあり、[28] その点の理論的解明が十分なされてきたとは言えない。その意味でも、衆知を集めて地方自治法を改正し、拘束的な政策的住民投票を制度化することが望まれる。

（1）横田清編『住民投票Ⅰ』（公人社、一九九七年）八一頁以下の表、今井一編著『住民投票』（日本経済新聞社、一九九七年）二二二頁以下の表などから。

（2）単行書としては、『東京都住民参加制度研究会報告書』（一九九六年）と、注（1）にあげた二冊が目にとまる。政策的住民投票に関する雑誌の特集では、都市問題八七巻一号（一九九六年）に五本の論説、ジュリ一一〇三号（一九九六年）には座談会を含めて六本の論説、都市問題八八巻二号（一九九七年）に七本の論説が掲載されている。それ以外に最近公表された論稿には、秋田周・法政理論二八巻四号（一九九六年）、榊原秀訓・法セミ一九九六年一一月号、三辺夏雄・ジュリ一一〇〇号（一九九六年）、森田朗・都市問題研究四九巻三号（一九九七年）、杉原泰雄・法教一九九七年四月号、古川純・岩波講座『現代の法3　政治過程と法』（一九九七年）、福井康佐・学習院大学法学会雑誌五号（一九九七年）、福岡英明・高岡法学九巻一号（一九九七年）、竹花光範・駒沢大学法学論集五六号（一九九七年）、藤原静雄・法教一九九八年二月号などがある。

（3）福岡・注（2）四二頁以下参照。

（4）たとえば、芦部信喜『憲法・新版』（岩波書店、一九九七年）二六〇頁、佐藤幸治『憲法・第三版』（青林書院、一九九五年）七八頁。

（5）原田尚彦『地方自治の法としくみ・全訂二版』（学陽書房、一九九五年）七九頁以下。

（6）杉原・注（2）二一―二二頁。

（7）兼子仁・東京都立大学法学会雑誌三二巻一号（一九九一年）一六―二二頁。仲哲生・都市問題八七巻一号一九―二〇頁。

(8)　第二説に立つ杉原教授や辻村教授は、住民投票の制度化が「積極的に求められる」（杉原・注（2）二二二頁）、「憲法原理上の要請として肯定される」（辻村みよ子・ジュリ一一〇三号三七頁）とも述べるが、現状を違憲と主張しているわけではない。

(9)　杉原・注（2）二二一―二二三頁。

(10)　稲葉馨・法教一九九六年一二月号三頁。

(11)　たとえば、稲葉・注（10）三頁、岡田信弘・ジュリ一一〇三号一九頁参照。

(12)　阿部泰隆・ジュリ一一〇三号四八頁注（4）。

(13)　兼子・注（7）三二頁。

(14)　塩野宏＝原田尚彦『行政法散歩』（有斐閣、一九八五年）二三二頁、原田尚彦・都市問題八七巻一号五頁。

(15)　東京都企画審議室調査部編『住民投票条例集』、横田編・注（1）など。ただし、一九九七年三月三一日公布の「箕面市市民参加条例」だけは、一般的に市民投票制度を創設するものである。しかし、この条例でも、個別テーマについて市民投票を実施する場合には、そのつど別に条例を制定するものとしている（八条）。

(16)　稲葉・注（10）三頁、藤原静雄・都市問題八八巻二号七九―八〇頁、磯部力・ジュリ一一〇三号一一頁参照。

(17)　たとえば藤原・注（16）、福岡・注（2）参照

(18)　古川純・注（2）二九四頁。

(19)　注（1）に掲げた文献中の表を参照。

(20)　『東京都住民参加制度研究会報告書』、横田編・注（1）第二章、稲葉馨・自治研究七二巻五号～七三巻八号、同・法学志林九四巻四号など。

(21)　稲葉・自治研究七三巻二号三三頁、七三巻八号二二一―二四頁。

(22)　辻村・注（8）三九頁。

(23)　『東京都住民参加制度研究会報告書』四五頁。

(24)　阿部・注（12）四四―四七頁。

(25)　福井・注（2）二一―二五頁。

(26)　辻村・注（8）三九頁。
(27)　三辺・注（2）四二―四三頁は、現行の条例にも一定の法的拘束力が認められるとする。これに対する批判として、阿部・注（12）四二頁。
(28)　稲葉・注（10）三頁参照。

〔補遺〕　注(15)で述べたように、初出論文公表の時点では、「一般的住民投票条例」は、一九九七年制定の大阪府箕面市市民参加条例だけであったが、その後、小長井町まちづくり町民参加条例（長崎県小長井町、二〇〇〇年）、愛知県高浜市住民投票条例（二〇〇二年）、広島市住民投票条例（二〇〇三年）、和光市市民参加条例（埼玉県和光市、二〇〇四年）、川崎市住民投票条例（二〇〇九年）などが制定されているという。

また、二〇一一年には、住民投票の結果に法的拘束力を認める地方自治法の改正案が国会に提出される予定だったが、地方六団体との調整がつかず、結局見送られたとのことである。

一九九七年には、「名護市における米軍のヘリポート基地建設の是非を問う市民投票に関する条例」にもとづく住民投票で、反対が賛成を上回ったにもかかわらず、市長がこれに従わなかったため、市長の行為が公権力の行使にあたり、条例等に違反するとして、住民が国家賠償請求訴訟を提起する事件があった。しかし、裁判所は住民投票の法的拘束力を認めなかった（那覇地判平成一二・五・九判時一七四六号一二二頁）。

また、二〇一〇年には、広島市住民投票条例にもとづいて、住民が旧広島市民球場解体の賛否を問う住民投票の実施を請求したところ、市側は、条例が投票実施の要件としている「市政運営上の重要事項」に当たらないとして却下する事件があった。これに対して、住民側が提起した取消訴訟では、一審（広島地判平成二三・九・一四判タ一三八一号一三〇頁）、控訴審（広島高判平成二四・五・一六判例集未登載）のいずれも、市長の判断について裁量権の逸脱・濫用を認めなかった。

以上については、宇賀克也『地方自治法概説・第六版』（有斐閣、二〇一五年）三五三―三五五頁、人見剛＝須藤陽子編『ホーンブック地方自治法・第三版』（北樹出版、二〇一五年）九三―九六頁参照。

Ⅵ　皇位の継承と女性天皇

一　憲法典が掲げる原則

憲法典はその第二条において、「皇位は、世襲のものであって、国会の議決した皇室典範の定めるところにより、これを継承する」と規定している。すなわち皇位継承に関して憲法典の掲げる基本原則は、内容の面では「世襲」であること、形式の面では「国会の議決した皇室典範」によることの二点である。

(1)　世襲原則の採用

通常、皇位の世襲とは、単に天皇の地位が将来特定の血統に属する者によって受け継がれていくことを意味するのみならず、これまで天皇の地位を代々占めてきた血統（皇統）に属する者が、今後とも引き続きその地位に即くべき趣旨を示すものと解されている。その傍証として、憲法典の公定英文では「世襲」の語が dynastic とあり、現王朝 dynasty 継続の指示と読みとれる点が挙げられることもある。（参照、小嶋「『女帝』論議」）。現行憲法は国民主権原理に立脚しつつ明治憲法下の天皇の地位・権能に根本的な変革を加えたが、同時に、天皇の名称をもつ国家機関を置き、これに従来の皇統に属する者が即くことを定めたという意味で天皇制を存置したわけである。もっとも、憲法典は具体的にどの家系によって皇位が世襲されるべきかを明文で規定しているわけではない。そこで、現天皇［昭和天皇］が皇位を占めていることは現行憲法上の合法的根拠を欠き、「裕仁天皇」は合法的皇位就任者の登場まで、憲法第一〇三条の経過規定に基づいて「事務管理」的に行為を占めるにすぎないとする見解もある（参照、山下「憲法第一章の規範科学的考察」）。

およそ世襲制一般が平等主義とは対立するものであるから、世襲の天皇制を存置した憲法第二条は、第一四条の平等原則に対して憲法典自身が認めた例外規定ということになる。したがって、皇位の世襲との関連で天皇・皇族に一般国民とは異なる法的取扱いをなすこと（たとえば皇族男子の婚姻について両性の合意のほかに皇室会議の議を経ることを要求すること）は憲法の容認するところといえよう（参照、宮沢・全訂日本国憲法）。

(2)　国法二元主義の否定　明治憲法も皇位継承に関しては第二条に「皇位ハ皇室典範ノ定ムル所ニ依リ皇男子孫之ヲ継承ス」という規定を置くにとどまり、その詳細は皇室典範（以下、明治典範）に譲っていたが、それは皇位継承等皇室に関係する事項を皇室の自律的決定に委ね（皇室自律主義）、「将来に臣民の干渉を容れざる」（伊藤博文・憲法義解）ためであった。この趣旨を受けて明治典範は天皇によって勅定され、その改正には憲法典と異なって帝国議会の議を要しないとされたのみならず、当初は皇室の家法と考えられて大臣副署も公布もなされなかった。しかし明治四〇年制定の公式令は、典範の改正にも副署公布を要することを定めて、典範が単なる皇室の家法ではなく国家法に属することを認めた。そこで明治憲法下の通説的見解によれば、典範と憲法典とは、皇室に関する事項と国務に関する事項とを縦割で所管するそれぞれ独立最高の国法形式として並立するものと考えられていた。このように皇室典範を最高法とする皇室関係諸法の系列と、憲法典を最高法とする一般国務関係諸法の系列に国法が二分されるあり方を、宮務法と政務法の二元主義という。

現行憲法に、皇位継承は「国会の議決した皇室典範」の定めるところによるとあるのは、この国法二元主義の清算を意味する。皇室典範という名称をもつ制定法は、現行憲法の下では戦前のように憲法典と並ぶ最高法ではなく、国会の議決する通常の法律にすぎない。したがってその内容は憲法典と抵触しえず、その改正は国会における通常の法律制定手続に従うのである。因みに現行憲法制定の過程で総司令部側は、皇室典範を国会のコントロールの下に置くのでなければ国民主権の宣言は単なるリップサーヴィスになってしまうと述べ、皇室典範が国会の議決によることは基本原則であるとしていた（参照、高柳＝大友＝田中・日本国憲法制定の過程Ⅰ）。

二　皇室典範の内容

皇位継承に関して憲法典自身が掲げる原則は以上の二点に尽き、その他の点は憲法典の委任に基づいて通常の法律である皇室典範が規定している。以下では典範に即して皇位継承の具体的内容を概観し、あわせて議論の分かれる若干の論点を整理しておくことにする。

(1)　皇位継承の法的性質　皇位継承は法律行為ではない。継承原因が発生したときには時間的な切れ目なく直ちに、皇嗣（法定の皇位継承第一順位者）が皇位に即いたものとみなされる（典範四条）。特別の手続・儀式・皇嗣の承諾等いかなる行為も要しない。

(2)　皇位継承原因　①現行典範中継承原因に触れているのは、直接には即位についての規定である第四条のみである（「天皇が崩じたときは、皇嗣が、直ちに即位する」）。これは、典範が継承原因を天皇の崩御に限定し、生前譲位を認めない趣旨であると解されており、異説は存在しないようである。

②生前譲位を認めるか否かについては、立法論の次元では議論が分かれる。(ア)天皇の戦争責任問題との関係もあって、現行典範の審議過程においても譲位についての論議があった。譲位肯定説の根拠は、史上譲位の例が多いこと、不治の重患のある場合に退位を認めぬ理由がないこと、天皇の自由意思は尊重されるべきであり、道徳的理由に基づく退位は国民道徳上も認めるのが好ましいこと、の諸点であった。これに対して否定説は、退位強制や上皇の威権など史的には譲位の弊害が大きかった、不治の重患の場合にも皇位を云々せずに摂政を置くことで足りる、退位の自由意思を認めれば均衡上即位の自由意思も認めざるをえず、極論すれば世襲制そのものが否定されることにもなる、退位せず地位を全うすることも道徳的責任のとり方である、という諸点を挙げて反論した（参照、

渡辺「皇室典範及び皇室経済法」)。(イ)学説は、現行典範上譲位は認められていないと述べるにとどめることで消極的に譲位を否定する説(法学協会、宮沢ら)と、「退位を必要とする事態が生ずることは予想される」(清宮)、「天皇に違憲行為がある場合、最悪の場合には退位を考えてよいのではあるまいか」(小嶋)など強制退位を認める趣旨の説とに分かれている。いずれにせよ譲位を認めるか否かは法律事項であり、どちらを選択しても違憲の問題は生じないと考えられる。

(3)　**皇位継承資格**　皇統に属すること、男系の男子であること、皇族であることを要する(典範一条、二条二項)。自然的血統を重んじて、天皇・皇族が養子をすることは認められない(同九条)。また典範第一条は女帝及び女系による継承を明文で否定しており、譲位の否認と並んでこの点でも明治典範に従う結果となっているが、明治典範・現行典範いずれの制定過程においても女帝の認否については議論が分かれていたし、今日でもそうである。ここでは紙幅の関係から、議論の現状について一応の整理をおこなうにとどめたい。

①女帝肯定説。(ア)肯定説はさらに、女帝のみを認める説(清宮、結城、小林(直)ら)と女系による継承をも認める説(たとえば横田)とに分かれ、また女帝あるいは女系の否認を違憲とみなす見解(中山、横田)と立法論上好ましくないとする見解(清宮、小林(直))とに区別される。(イ)女帝を認める根拠としては、わが国の歴史にも外国にも女帝の例があること、現行典範も摂政については女子の就任を認めていること、なども挙げられているが、女帝・女系肯定説一般に共通する中心的論拠は、何といっても男子主義・男系主義が男女平等原則と相容れないということである。この論旨を一貫して説く論者によれば、女帝否認論の掲げる女帝の配偶者の選考や待遇の困難性、女帝の先例の例外性といった理由も、前者は女性が配偶者に支配されるという偏見に基づくものであり、後者の場合むしろ女帝が例外でしかなかった事実自体が男女差別社会を象徴するものであって、いずれにせよ女帝否認の合理的理由とはいえないことになる(参照、横田「皇室典範をめぐる諸問題」)。

②女帝否定説。㈠肯定説が、皇室関係も含めた、できる限り広範囲にわたる男女平等理念の実現という精神論を基調とするのに対して、否定説は、女帝承認にまつわる具体的問題点の検討を経たうえで、消極的結論を採る。その論拠をまとめておこう（以下参照、小嶋「『女帝』論議」）。㈡世襲制を前提とする以上、女帝の承認は必然的に女系の承認を意味する。これを回避しようとすれば、女帝に限ってその子孫の皇位継承を否認するか、あるいは日本の古例のように女帝に配偶を認めない以外にないが、これは継承順位をいたずらに複雑にするうえに不自然でもあり、かつ憲法典の要求する世襲原則に反する疑いもある。㈢そこで女系を認める場合であるが、イギリスなど「ゲルマン法系」の国においては、その前提として同等婚原則が採られている。明治典範・現行典範ともに、生まれによる皇族と婚姻による皇族待遇とを区別していないためにこの点は見過ごされがちであるが、日本では古来男系のみを皇族となし、皇族の配偶者は婚姻によってはじめて皇族待遇を受けるのに対し、「ゲルマン法系」の国ではそもそも婚姻自体が（外国王族を含めた）王族間でなされ、王族同士の婚姻に基づく子孫に限って男系女系を問わず王位継承資格を有するものとされてきた。わが国で女系の皇位継承資格を承認するとすれば、異姓の方への継承を無条件に認めるか、同等婚的なあり方を採用して、皇族の外国王族との婚姻を考えるか、あるいは皇族同士の婚姻のため優生学的見地から多数の遠系を皇族として存置することが必要となろう。憲法典による世襲天皇制の採用は伝統的価値の承認を意味するのであり、そもそも特定血族による世襲制には伝統の尊重のほかに「政治制度論的合理性」を見出しえないとすれば、伝統からこれほど離れて女帝女系制を導入する意味がはたしてあるのかというのが、否定説の問いかけである。

(4)　皇位継承順序　典範第二条により争いの余地なく明瞭に規定されている。庶子庶系を皇族と認めないことによって、その継承資格を否認したほかは明治典範を受け継ぎ、直系主義・最近親主義・長系主義・長子主義に基づいて順序が法定されているが、皇嗣に不治の重患があるときには皇室会議の議により順序の変更が認められる（典範三条）。

〔参考文献〕（現行典範関係に限る）
渡辺佳英「皇室典範及び皇室経済法」法律時報一九巻三号（一九四七年）／宮沢俊義「皇室典範と皇室経済法」国家学会雑誌六一巻三号（一九四七年）／中山健男「皇室典範第一条の違憲性」名城法学八巻四号（一九五九年）／清宮四郎「皇位の継承」法学教室（第一期）二号（一九六一年）／稲田陽一「皇位」憲法講座1（一九六三年）／横田耕一「皇室典範をめぐる諸問題」法律時報四八巻四号（一九七六年）／山下威士「憲法第一章の規範科学的考察」法政理論一七巻一・二号（一九八四年）／小嶋和司「『女帝』論議」田上喜寿記念・公法の基本問題（一九八四年）

Ⅶ　女系による王位継承と同等性原則

一　はじめに

周知のように現行皇室典範は、その第一条において「皇位は、皇統に属する男系の男子が、これを継承する」と定めている。しかし、このように女子及び女系による皇位継承を否認することについては、これまでにも異論が存在した。(1) また最近では、女子差別撤廃条約の批准に関連して、国会でも典範の男系男子主義が問題となった。(2)

この国会質疑に触発されて、小嶋博士は「『女帝』論議」と題する論稿を発表され、(3) 女帝承認には慎重な考慮を要することに注意を喚起された。その際、博士は、主として明治皇室典範制定過程の論議をふりかえり、なかでも、女帝制を容認していた宮内省立案の「皇室制規」を批判する目的で、井上毅が伊藤博文に提出した「謹具意見」(4) に注目しておられる。

井上の謹具意見に示唆を得て、博士がこの論稿のなかで展開された論旨は、私の理解ではおよそ以下のようなものである。(5)

㈠　世襲制を採用する以上、女帝の承認はその子孫（女系）による皇位継承の承認を含意する。女王を認める「ゲルマン法系」の諸国でも、男女両系による王位継承が認められている。

㈡　ところが、わが国では過去に女帝の例は存在するけれども、いずれも幼い皇太子の成長を待つために、その母や姉が一時皇位に就いた一種の摂位にすぎず、皇位が女系に継承されたことはない。(6)

㈢　女系による王（皇）位継承を容認する「ゲルマン法系」諸国と否認するわが国とでは、じつは王（皇）族の形成原理が異なる。「ゲルマン法系」の諸国においては、子の王族身分取得要件として、両親がともに王族出身者たること、すなわち両親の結婚が「同等」の結婚であることが要求される。その場合には、女王の配偶者もやはり王族であるから、彼らの子（女系）の王位継承権を認めることによって、王位が男系から女系に移ることに「何の支障もない」。これに対して、わが国では、皇族身分取得要件として「父母の同等婚」を要求しないかわりに、父方の子孫のみを皇族とし、女系を厳格に排除してきたのである。

㈣　「ゲルマン法系」と同様に「同等婚」を採用し、「皇配もまた日本『皇族』とされる場合にのみ」、わが国においても女系の継承資格を認める女帝制が可能となる。そしてそのためには、遺伝学的考慮から多数の遠系を皇族として存置する必要が生ずる。しかし、「こうまでして女帝の可能性は実現されなければならないのか。」

概略以上のような博士の問題提起の中心にあるのは、女帝制の前提として、ゲルマン法系の「同等婚」というものを不可欠とする考え方である。ところが、博士の論稿には、「同等婚」なるものの詳細を探究した論述は見出されない。そこで、博士の女帝論の隅石とも評しうる「同等婚」の具体的内容をいささかなりとも解明し、女系による王位継承との関係を考察することが本章の目的である。

すでに明治皇室典範の制定者たちも、ブルンチュリ（J. C. Bluntschli）“Allgemeines Staatsrecht, 3. Aufl., 1863”の翻訳[7]や、シュタイン（L. v. Stein）[8]、ロエスラー（H. Roesler）の教示[9]を通じて、一九世紀ドイツ諸国の君侯私法Privatfürstenrecht に、「同等性原則」Ebenbürtigkeitsprinzip[10]というものが存在することは承知していた。小嶋博士が着想を得たのも、これらの史料によってであるから、博士の女帝論の基礎を確認しようとする本章においても、主として一九世紀ドイツの国法学者たちが説く「同等婚」ebenbürtige Ehe を検討の素材として取り上げることにしよう。

(1) 現行憲法制定過程での論議については清水伸編著『逐条日本国憲法審議録・増訂版・第一巻』（原書房、一九七六年）五八二―五八五頁、学説についてはさしあたり拙稿「皇位の継承（女帝問題、継承資格）」（小嶋和司編『憲法の争点・新版』有斐閣、一九八五年）四〇頁（本書八三頁）参照。

(2) 一九八三年四月四日参議院予算委員会における寺田熊雄議員の質疑（朝日新聞一九八三年四月五日）、さらに、一九八五年三月二七日参議院予算委員会における久保田真苗議員の質疑（朝日新聞一九八五年三月二八日）。政府側は、いずれの場合も「伝統」を理由に、女帝制導入への意思がない旨を答弁している。

(3) 田上穣治先生喜寿記念『公法の基本問題』（一九八四年）五七頁以下所収。のちに『小嶋和司憲法論集二・憲法と政治機構』（本鐸社、一九八八年。以下『憲法論集二』と略記）四五頁以下に再録。引用は後者による。

故小嶋和司先生は、一九八三年度の大学院演習でこの論文の生原稿を朗読され、われわれ受講者の考えを尋ねられたことがあった。この演習の経験が、同等性原則に私が興味を覚える誘因となった。先生のご冥福を心からお祈り申し上げる。

(4) 『井上毅伝・史料篇第二』（国学院大学図書館、一九六八年）六九五―七〇四頁。

(5) 小嶋「『女帝』論議」（『憲法論集二』）五八―六一頁参照。

(6) この点については小嶋「『女帝』論議」（『憲法論集二』）五一―五二頁に引用されている明治一五年嚶鳴社討論筆記「女帝を立るの可否」中の島田三郎の議論を参照。島田の発言は井上「謹具意見」にも紹介されている（『井上毅伝・史料篇第二』六九五―六九八頁参照）。なお、女帝の可否をめぐる嚶鳴社討論筆記の全文は、『日本近代思想大系2 天皇と華族』（岩波書店、一九八八年）二七六―二九九頁に再録されている。

(7) イ、カ、ブルンチュリ著、加藤弘之訳『国法汎論』（明治八年）巻之六ノ中十八―十九には、「同等婚」について以下のような説明がある。「其他各國近今ノ國憲ニ於テハ、多クハ唯同等ノ婚媾…ヨリ生ル、所ノ子ニ非サレハ、敢テ繼位ヲ許サヽル法ナリ、○現ニ君位ニ在ル所ノ氏族、或ハ往時君位ニ在リシ氏族ノ男女、相婚スルヲ稱シテ、同等ノ婚媾トナス、且ツ獨乙ノ國法ニテハ、輓近君權ヲ奪ハレタル高貴族…ト相婚スルモ亦同等ノ婚媾と稱シテ可ナリ、○然ルニ又儘《マヽ》一家憲法ニ於テ、他族ト相婚スルトキハ、縦令ヒ其氏族、國ノ高貴族ニ列スルト雖モ、之ヲ同等ノ婚ト稱セサルモノアリ、此事甚タ頑陋ノ習ニシテ、中古ノ風俗ニモ猶劣レリ、婚媾ノコトニ就テ、此ノ如ク制限ヲ立テシハ、獨乙固有ノ風俗ニシテ、其源ハ私法ヨリ轉シテ、繼位法ニ波及シ、今ニ至リテ其遺習ノ尚存スル者ナレハ、大ニ門閥懸隔ノ風ヲ長スル者ニシテ、開化文明ノ今日ニ於テハ、決シテ緊要ノ事ト爲スニ足ラス、」

(8) 皇室典範の参考草案として、おそらく明治一八年（小嶋博士の推定）にシュタインが明治政府に提出した「帝室家憲」のなかにも、次のような「同等婚」の構想が含まれている。小嶋和司「帝室典則について」（同『憲法論集一・明治典憲体制の成立』木鐸社、一九八八年、一一〇―一一一頁）参照。

「正統ノ結婚ハ左ノ二要件ニ依リ其全キヲ得ルモノトス

一　同等ノ門地ニ生レタル女子

二　皇帝ノ准許

同等ノ門地ニ関シテハ将来ニ於テ左ノ想定ニ依ルヘシ

一　五摂家正統ノ女子

二　正式ニ依リ皇帝ノ勅宣ヲ以テ同等ノ門地ナリト指定セラレタル各公侯爵家ノ女子

三　他国即チ欧羅巴亜細亜亜非利加及亜米利加各王室正統ノ女子」

(9) 國學院大學日本文化研究所編『近代日本法制史料集第四』（一九八一年）一八〇―一八三頁所収の明治一六年一一月一九日ロエスレル答議参照。なおこの答議は、明治二〇年五月出版の「ロエスレル氏王室家憲答議」（『近代日本法制史料集第六』三〇頁以下）にも再録されている（同書五二―五五頁）。

(10) 小嶋「『女帝』論議」（『憲法論集二』）四八頁参照。

二　一九世紀ドイツの王位継承

(1) 王位継承資格の取得要件

「同等婚」の内容を検討する前に、まず一九世紀ドイツ諸国における王位継承の要件を概観しておくことが便宜であろう。(1) 一八一〇年代後半から一八四〇年代にかけて、これらの諸国において相次いで制定された憲法典は、ほぼ共通して、王位継承資格を取得するためには以下の要件の充足が必要であると定めている。すなわち、①男系の男子であること、②合法的結婚の結果生まれた子であること、③君主の承認した結婚によって生まれた子であるこ

と、④同等婚にもとづいて生まれた子であること、の四つである。(2)

「同等婚」を除く他の三要件について、ごく簡単に説明しておこう。

①一九世紀ドイツ諸国では、一般に、男系の男子が優先的に王位継承権を有した。男系に属するとは、最初に王位（あるいはラント高権）を獲得した者の自然的血統を引くことを含意する。古代ローマの皇帝やナポレオン家の家法と異なり、ドイツの君侯私法では養子は認められていなかった。(3)のちに述べるように、通常は男系の男子が絶えたときにかぎって、男系の女子及び女系による継承が副次的に認められている。(4)

②合法的結婚の結果生まれた子とは、法的な手続に従って結婚した夫婦から、その婚姻の継続中に（すなわち婚前でも離婚後でもなく）、当然のことながら妻の姦通によらずに、出生した子のことである。(5)非嫡出子は、父による認知 Legitimation、婚姻による準正（いわゆる Mantelkind）のいずれの手続を履んでも、継承資格を認められなかった。(6)

③王子の結婚は、君主による事前の同意を必要とした。君主の同意なしに結婚がおこなわれた場合、配偶者及びこの結婚によって生まれた子は、当該君侯家の地位・称号・紋章・国庫からの金銭給付に対するいかなる権利も有さず、子には継承資格も認められないのである。君主は、彼の同意なしになされた結婚を事後的に追認することができるが、この追認は遡及効をもたないので、追認前に出生した子の継承資格は承認されないのが普通であった。ただし、たとえばヴュルテムベルク王国の場合、同意なしに結婚した王子自身は継承資格ありとされていた。(7)

以上が王位継承の三要件の概略である。これに加えて、両親の「同等婚」によって生まれた場合にはじめて、その子は憲法上王位継承資格を認められた。この四要件を充足する男子孫が絶えたときには、いま述べたように女子及び女系による王位継承を承認するのが一般であった。そこで次に、女子女系継承の問題にふれておこう。

(2) 女子及び女系による王位継承

①この問題に関しては、一九世紀ドイツ各国の憲法典を、三つのタイプに分けることができる。第一は、女子及び女系による補充的継承を明文で認める憲法群である。一八一八年バイエルン王国憲法、一八一九年バーデン大公国憲法、[8]一八一九年ヴュルテムベルク王国憲法、一八二〇年ヘッセン大公国憲法、一八三一年ザクセン王国憲法、一八四〇年ハノーヴァー王国憲法など、ドイツ同盟を構成する大国の多くがこのグループに属する。[9]第二は、逆に女子及び女系による継承を明文で否定する憲法典で、一八三一年ヘッセン選帝侯国憲法、一八五二年オルデンブルク大公国憲法がこれである。[10]第三に、一八五〇年プロイセン王国憲法のように、女子及び女系継承についての規定をもたない憲法群が存在する。[11]プロイセンに関していえば、一八五〇年憲法第五三条は「王位は、王室家法にもとづき、長子相続権及び男系直系相続権により、王家の男子孫に世襲される」[12]と定め、通説はこの規定を、女子女系による継承を排除する趣旨と解していた。[13]

一九世紀国法学者の説明によると、各国憲法典の態度がこのように異なる背景には、一八〇六年以前（神聖ローマ帝国時代）の慣習法の相違が存在するようである。旧時代における所領相続のあり方は、当該所領の性格に応じて異なっていた。[14]すなわち、封主による授封関係の存しない自由所有地 Allod の場合には、各部族法上、女子及び女系の補充的相続が認められていたが、普通レーエン法の原則によれば、レーエンに関しては女子女系相続が否定されていたといわれる。[15]ただし、いわゆる補充的女性レーエンとして授封された所領では、男系男子が絶えたときの女子女系相続が例外的に認められていた。[16]たとえば、皇帝フリードリヒⅠ世の授封状（一一五六年）にもとづくオーストリア大公領や、皇帝フリードリヒⅡ世の授封状（一二三五年）にもとづくブラウンシュヴァイク＝リューネブルク公領がその例である。[17]

ところで、帝国解体（一八〇六年）後の一般的法状況の理解については、学説の間に対立が存在していた。一方では、皇帝の退位によって封主封臣関係が消滅したために、帝国等族領は理論上すべて自由所有地ということになるから、一八〇六年以降は補充的女子女系継承がドイツ普通君侯法の原則となったと主張されたのに対して、他方では、帝国等族領の自由所有地化 Allodifikation によって、かつての帝国男性レーエンの相続関係は何ら影響を受けず、ただ帝国が解体したことで、各ラント憲法典が女子女系継承を認める明文規定を設けることに、レーエン法上の障害が存在しなくなったにとどまると説明されたからである。[19] 前説を採れば、バイエルンなどの憲法典における女子女系継承規定は確認規定ということになり、後説に立てばそれらは創設規定ということになろう。[18]

②一九世紀ドイツ諸国の憲法典における女子女系継承は、旧時代の伝統に従って、[20] 男系男子の優位によって厳格な制約を受けているが、それにとどまらず、さらに相続契約制度 Erbverbrüderung, Erbvertrag の存在によっても制限を加えられている。一四世紀以降、帝国高級貴族の家相互間において、一方の家の男系男子が絶えた場合には、その家の財産を他方の家の男系男子が取得する旨の契約が、予め締結されるようになった。これが相続契約である。史上有名な事例としては、一三七三年にザクセンとヘッセンの間で締結されて皇帝カールⅣ世の承認を受け、一四五七年にはブランデンブルクも加わり、その後しばしば更新された三者間の相続契約があげられる。[21]

本来私法上の法律行為であった相続契約は、一九世紀に入ってバイエルン王国憲法第二篇第四条第五条、ザクセン王国憲法第七条、ヘッセン大公国憲法第五条などにも取り入れられ、相続契約が締結されている場合には、それにもとづく継承権者は女子及び女系に優先するとされたのである。[22] 女子女系の補充的継承を規定する主な憲法典のなかで、相続契約制度を採用していないのはヴュルテムベルク王国憲法だけのようである。[23] 女子及び女系による王位継承が、きわめて例外的なケースに限定されていることには注意しておく必要があろう。

③男系男子がすべて絶え、かつ相続契約にもとづく継承権者も存在しないなど、所定の要件が満たされた場合に、王位を継承する女子及び女系とは具体的には誰であるのか。

まず第一に、最後に在位していた君侯（先王）の娘及びその子孫と、先王の王位継承時にすでに排除されていた傍系の女子及びその子孫（先王の姉妹などとその子孫たち、いわゆるRegredienterbinnen）とでは、前者の優位を認めるのがドイツ普通法上の原則であるという点で、学説の間には一致がみられる。[24]

第二に、女子女系継承を認める憲法典は、先王の娘及びその子孫のなかでの優先順位については二つの類型に分かれる。第一類型はヴュルテムベルク王国・ヘッセン大公国・ザクセン王国・ハノーヴァー王国の各憲法で、これらの憲法ではこの場合にPrimogeniturordnungを採らず、先王に最近親等の者が王位を継承する旨が定められている（したがって、先王の長女の子と次女とでは、次女が優先する）。同一親等の者が複数存在するときには、自然年齢が上の者を優先させる方式（ヴュルテムベルク・ザクセン・ヘッセン大公国）と、まず長系を優先させ、同一系統内では自然年齢が上の者を優先させる方式（ハノーヴァー）とがある。[25]これに対して、第二類型はバイエルン憲法である。同憲法第二篇第五条は「……最後に在位していた国王の死亡時に現存しているバイエルンの王女、又は性別に関係なくこれらの王女の子孫は、バイエルン王家本来の男系男子たる王子の場合と同様に、長子相続権及び直系相続順位にもとづいて王位を継承する」[26]と規定しており、これは純粋にPrimogeniturに従い、親等を考慮しない趣旨と解されていたのである。[27]

こうして女子及び女系中の特定者が、いったん王位を継承したならば、その後は再びその子孫の系統のうちで、長子及び直系の継承順位に従って男子孫に王位が継承されてゆく。この点では、これらの諸憲法には共通性がみられる。[28]因みに、女子女系の王位継承者も、継承資格取得要件に関する憲法規定の拘束を当然に受けるので、君主の同意を得た合法的な同等婚にもとづいて出生した者であることが要求される。[29]

④以上概観したような、一九世紀ドイツ諸国における女子女系の補充的王位継承制度は、女子女系の継承を一切認めないフランスなどのサリカ法系（"La couronne de France ne tombe en quenouille."）と、イギリス・スペイン・

デンマークに存在する男系親族との競合的女系継承 successio cognatorum promiscua との中間形態と評することができるであろう[30]。

（1）　ここにいう「王」位には、狭い意味での国王 König の地位のみならず、選帝侯 Kurfürst・大公 Großherzog・公 Herzog など、ドイツ同盟（一八一五年）や、さらにはドイツ帝国（一八七〇年）を結成した諸邦の君主の地位がすべて含まれるので、「君位」あるいは「君侯位」とでも称するほうが適切であろう。しかし「君位継承」「君侯位継承」ということばが用語として熟していないように思えるので、ここではこれらの地位すべてを含むものとして「王位継承」の語を用いておく。原語はいずれの場合も Thronfolge である。

（2）　明文で四要件すべての充足を要求している例として、一八一八年バイエルン王国憲法第二篇第二条第三条、一八一九年ヴュルテムベルク王国憲法第七条第八条、一八四〇年ハノーヴァー王国憲法第一二条があげられる。要件①④を掲げるものに一八三一年ザクセン王国憲法第六条、一八三一年ヘッセン選定侯国憲法第三条、要件③④を掲げるものに一八二〇年ヘッセン大公国憲法第五条がある。vgl. hrsg. von E. R. Huber, Dokumente zur deutschen Verfassungsgeschichte, Bd. I, 3. Aufl., 1978,（以下 E. R. Huber, Dokumente I と略記）S. 157, 188, 223, 239, 263 und 306.

（3）　H. Schulze, Das Preussische Staatsrecht, Bd. I, 2. Aufl., 1888,（以下 H. Schulze, PrStR と略記）S. 179 ; M. v. Seydel-R. Piloty, Bayerisches Staatsrecht, Bd. I, 1913, S. 94.

（4）　H. Zöpfl, Grundsätze des gemeinen deutschen Staatsrechts, Bd. I, 5. Aufl., 1863,（以下 H. Zöpfl, Grundsätze I と略記）S. 706, Anm. 9.

（5）　モールによれば、結婚後一八二日以内、離婚後三〇二日以降のいずれかに出生した子は、普通法上非嫡出子とみなされたという。R. v. Mohl, Das Staatsrecht des Königreichs Würtemberg, Bd. I, 2. Aufl., 1840,（以下 R. v. Mohl, Staatsrecht I と略記）S. 159, u. 164, Anm. 3.

（6）　H. Schulze, PrStR, S. 182 ; R. v. Mohl, Staatsrecht I, S. 160.

（7）　以上③については、H. Schulze, PrStR, S. 182f., 183, Anm. 1 ; R. v. Mohl, Staatsrecht I, S. 161f., 166, Anm. 9-11 ; Seydel-Piloty, Bayerisches Staatsrecht I, S. 94f.

（8）バーデン憲法の場合には、王位継承に関する具体的規定は憲法典のうちに存在せず、第四条において、一八一七年一〇月四日制定の家法が、憲法典の不可分の構成要素と宣言されているにとどまる。この家法の第三条が、女子女系の補充的継承を定めているのである。vgl. E. R. Huber, Dokumente I, S. 172.

（9）H. Zöpfl, Grundsätze I, S. 706, Anm. 9.

（10）H. Zöpfl, Grundsätze I, S. 706, Anm. 10.

（11）ツェプフルによれば、プロイセンのほかにザクセン支系、アンハルト支系などの小国がこれに含まれる。H. Zöpfl, Grundsätze I, ebd.

（12）E. R. Huber, Dokumente I, S. 506.

（13）H. Schulze, PrStR, S. 180 ; G. Meyer-G. Anschütz, Lehrbuch des Deutschen Staatsrechts, 1919,（以下 Meyer-Anschütz, Lehrbuch と略記）S. 292, Anm. 2.

（14）vgl. H. Zöpfl, Grundsätze I, S. 685f.

（15）H. Zöpfl, Grundsätze I, S. 705f., 706, Anm. 7 ; H. Schulze, PrStR, S. 180. Allod については、さしあたりミッタイス＝リーベリッヒ（世良晃志郎訳）『ドイツ法制史概説・改訂版』（創文社、一九七一年）二六七頁参照。

（16）H. Zöpfl, Grundsätze I, S. 705 ; Schulze, PrStR, S. 180.

（17）前者（一一五六年の授封状）については H. Zöpfl, Grundsätze I, S. 705f., Anm. 6. 後者（一二三五年の授封状）については H. A. Zachariä, Das Successionsrecht im Gesammthause Braunschweig-Lüneburg etc., 1862,（以下 H. A. Zachariä, Successionsrecht と略記）S. 24ff. 一二三五年授封状のラテン語原文は H. A. Zachariä, Successionsrecht, SS. 203-206.

（18）H. Zöpfl, Grundsätze I, S. 706.

（19）H. Schulze, PrStR, S. 180.

（20）もっとも、ツァハリエが紹介批判しているように、ドイツ各部族法の女子女系相続が、厳格に補充的なものであったという点には反対説も存在する。vgl. H. A. Zachariä, Successionsrecht, SS. 12-15.

（21）H. Schulze, PrStR, S. 190f., 191, Anm. 1.

（22）vgl. E. R. Huber, Dokumente I, S. 157, 263, 222. 通説によれば、これらの憲法規定にもとづいて、各君侯家が新たに相続契約を締結する場合には、議会の同意を必要とした。vgl. Meyer-Anschutz, Lehrbuch, S. 304, u. ebd., Anm. 4. ただし、バイエルン憲法に関しては、国王が相続契約の締結権者であり、議会や男系親族の同意を要しないと解されていた。vgl. Seydel-Piloty, Bayerisches Staatsrecht I, S. 97, u. ebd., Anm. 7.

(23)　一八四〇年ハノーヴァー王国憲法にも相続契約の規定は存在しない。しかし同憲法第一二条によると、王家の男系男子が絶えた場合には、ただちに女子女系継承が認められるのではなく、まずブラウンシュヴァイク＝ヴォルフェンビュッテル家に王位が移るものとされていた。vgl. E. R. Huber, Dokumente I, S. 306.

(24)　Meyer-Anschütz, Lehrbuch, S. 293, u. ebd., Anm. 8 ; H. Zöpfl, Grundsätze I, S. 708.

(25)　H. Zöpfl, Grundsätze I, S. 709f., u. ebd., Anm. 8-10.

(26)　E. R. Huber, Dokumente I, S. 157.

(27)　Seydel-Piloty, Bayerisches Staatsrecht I, S. 98, Anm. 13 ; H. Zöpfl, Grundsätze I, S. 709, u. ebd., Anm. 7.

(28)　このように長子及び長子の系統が次子以下及びその系統に優位し、同一系統内では年長者が優位する単独相続法をPrimogeniturという。マイヤー＝アンシュッツによると、プリモゲニトゥーアは、最初金印勅書（一三五六年）によって選帝侯家に限って導入されたが、やがてドイツの各君侯家一般の基本原則となった。vgl. Meyer-Anschütz, Lehrbuch, S. 280, u. ebd., Anm. 2, 3.

　因みに、明治皇室典範制定過程においても、当初は皇長孫と皇次子の優先順位について明瞭な合意は存在しなかった。ブルンチュリの著書やロエスラーの報告からドイツのプリモゲニトゥーアを知り、これにもとづいて直系主義を主張したのが井上毅である。明治典範には結局彼の見解が採用され、これが現行典範にも受け継がれている（明治典範第三条、現行典範第二条第一項）。この問題をめぐる明治典範制定期の論議に関しては、小林宏「皇位継承をめぐる井上毅の書簡について」国学院法学第一九巻第四号（一九八二年）九頁以下に詳しい。

(29)　一八三一年ザクセン王国憲法第七条にはこの旨の明文規定がある。E. R. Huber, Dokumente I, S. 263. なお参照、R. v. Mohl, Staatsrecht I, S. 164.

(30)　H. Schulze, PrStR, S. 180, Anm. 1 ; H. Zöpfl, Grundsätze I, S. 714. successio cognatorum promiscuaとは、君主の直系子孫のなかでは男子が優位するが、傍系に対しては直系女子に優先権が認められる継承順序である。

三　一八〇六年以前の同等性原則

つづいて、明治典範の制定者たちにも知られていた一九世紀ドイツ君侯法上の「同等性原則」について、その具体的内容を確認しなければならない。まずその前提として、この原則の歴史を概観しておくことが必要であろう。そこでここでは、ヘルマン・シュルツェ（H. Schulze）、ハインリヒ・ツェプフル（H. Zöpfl）という一九世紀ドイツで活躍した二人の国法学者の叙述に従って[1]、神聖ローマ帝国が解体する（一八〇六年）までの同等性原則の歴史をふりかえっておくことにしよう。

いま、仮の定義を与えておくならば、「同等性原則」とは、特定の出生身分相互の通婚を、何らかの法的制裁を以って禁止する法原則である[2]。いかなる身分間の通婚に、いかなる制裁が科せられたかは、時代や場所によっても異なったようであるし、同等性原則の実態の認識には、のちに述べるように論者間にも相違が存在する。

①ゲルマン古代から民族移動を経て、一〇世紀頃までのゲルマン諸民族においては、自由人と非自由人とが二大出生身分を形成していた。自由人のうちには、古くからの声望によって一種の貴族層を構成する家系が存在したけれども、この時代の貴族は、まだ閉鎖的な出生身分ではなかった。そこで、シュルツェとツェプフルが一致して認めるところによれば、同等性原則に反する「不等婚」Missheirathen とみなされたのは、自由人と非自由人との結婚のみであり、貴族と一般自由人との結婚は「同等婚」として取り扱われた[3]。

不等婚の法的効果は部族法ごとに異なっていたようである。たとえば、ランゴバルド法・ザクセン法・リブアリ系フランク法・西ゴート法では、不等婚は死刑を以って禁圧されたという。他の部族法では、結婚が無効とされたり、あるいは配偶者のうちの自由人が非自由人身分に降格されるか、少なくとも不等婚にもとづく子は、両親のうちの低い身分の側の地位を受け継ぐものとされた。この最後者を表わすのが「子は悪い方の手を受け継ぐ」das Kind folgt der ärgeren Hand. という法諺である[4]。

②ところがシェルツェによると、一〇世紀頃から自由人内部の経済的階層分化が進み、そこから、自由人はさらに複数の出生身分へと再編成されていく。一二、三世紀には、神聖ローマ帝国内の領邦君主層である帝国諸侯身分 Reichsfürstenstand を中心に高級貴族身分が確立し、高級貴族と他の自由人との結婚は不等婚とみなされるに至った[5]。

さらにゲルマン古代以来、全自由人の名誉とされてきた軍役にも変化が生じ、費用の嵩む騎馬による軍役を、比較的少数の富裕層が独占するようになる。本来非自由人であったミニステリアーレン[6]のなかにも騎馬武装をする者が現われ、やがて彼らは参審自由人[7]の一部と融合して、新しい出生身分としての騎士身分 Ritterstand が成立した。当初、騎士身分と騎士以外の一般自由人との結婚は同等視されていたが、騎士と非騎士自由人との区別も次第に厳格なものとなっていった[8]。

こうしてシュルツェによれば、「封建的な出生身分の区別がその頂点に達した時点では、婚姻法上の観点においても、結婚は同一身分に属する者 Genosse 同士の間でだけ行われるべきだとする原則が、妥当したのである」[9]（強調原文）。不等婚が絶対に認められなかったわけではないが、不等婚には、(ア)高い身分に属する夫は妻の身分を引き上げることができない、(イ)夫より高い身分出身の妻は夫の身分へと降格される、(ウ)子はつねに悪い身分を受け継ぐ、という法的不利益が随伴した[10]。

一五世紀以降、自由人相互の結婚を、すべて同等で法的に有効なものとみなすローマ法の流入によって、同等性原則にも再び変化が現われる。とりわけ騎士は、騎馬武装が軍事的意義を喪失していったこともあって、出生身分としての厳格性を失っていった。また、一二世紀頃から、ラント高権 Landeshoheit 及び帝国議会議席 Reichsstandschaft[11] の保有が、高級貴族たる二要件であったが、一五世紀初頭以来、皇帝は自らがあらゆる地位・称号の源泉であるという考えから身分昇格権を行使し、ラント高権を有さない騎士層出身者などにも、気に入りの人物には高位の称号を与えて帝国議会議席の保有を認めるようになった。その結果高級貴族層にも動揺が生じた。しかし、高級貴族側は、この危機に対処して身分の閉鎖性を守るために、一六五三年の選挙協約[12]において、帝国議会議席獲得には皇帝による称号付与だけでは足りず、帝国直属領の保有と、選帝侯及び同僚高級貴族の承認を要する旨の規定を盛り込むのである[13]。

このように、ローマ法の継受と皇帝の身分昇格権によって、高級貴族の地位・範囲にも変動がみられたが、貴族側の巻き返しもあり、結局中世後期から神聖ローマ帝国の解体時まで、高級貴族の閉鎖身分制は一貫して維持され、高級貴族と他の身分出身者との通婚は不等婚とされたというのが、シュルツェの判断である[14]。

③以上のようなシュルツェの説（②）とは異なって、ツェプフルの見解では、自由人と非自由人の結婚のみを不等婚とし、自由人同士の結婚をすべて同等とみなすゲルマン古代の伝統は、基本的には一八世紀半ばまで変化しなかったという。一五世紀以降の状況について、ツェプフルが語るところを簡単にみておこう[15]。

一五世紀から一八世紀までの間、学説はほぼ一致して、諸侯 Fürsten と騎士身分や市民身分出身の女性との結婚を完全に有効なものとみなしており、こういう結婚を不等婚と考えるいかなる共通伝統も承認していなかった。「実務についての非のうちどころのない証人[16]」でもあった当時の有力な法学者たちは、このような結婚の結果生まれた子が父の地位・称号の継承権を有することを一致して認めている。見解の対立が存在したのは、低い身分に属する妻は、結婚によってただちに夫のもつ高級貴族の称号を獲得できるのか、それともそのためには、皇帝による特別の身分昇格が必要なのかという点だけであった。

法学者のこの考え方は、皇帝の実務それ自体のうちにも確認されるものである。とりわけ目立つのは、皇帝フェルディナントI世が、彼にとっては不満であった息子オーストリア大公とフィリッパ・ヴェルザー・フォン・アウグスブルクとの結婚について、皇帝としての権力的非常手段に訴え、この結婚にもとづく子孫のオーストリア継承権を否認した事例である（一五六一年）。ツェプフルによれば、もし共通の伝統に従っても高級貴族と下級貴族の結婚が不等婚であるならば、わざわざ皇帝が非常手段に訴える必要はなかったであろうから、皇帝のこの措置は、当時そのような共通の伝統が存在しなかったことの証左なのである。

たしかに一五世紀以来、帝国諸侯の家系の多くで、市民身分の女性や場合によっては騎士身分の女性、それどころか新しい伯の家柄 neugräfliches Geschlecht 出身の女性との結婚を不等婚とみなす家法が制定されている。しかしこれらの家法の内容や法的効果はまちまちなので、そこから共通の伝統を認識することはできない。また皇帝が、騎士出身の女性との結婚を不等婚とするような家法の裁可を、通常は拒絶していたことも見逃せない。

このような学説及び実務の状況を総合的に判断するならば、自由人相互間に不等婚を見出す共通の伝統が存在したとはいえないというのが、ツェプフルの見解である。

④さて、神聖ローマ帝国時代における同等性原則にとって、一つの転機となったのが、ザクセン＝マイニンゲン大公アントン・ウルリヒと、市民出身の女性フィリピーナ・ツェザレア・シュルマンとの結婚であった[17]。大公は、妻の身分昇格と子供たちの継承資格を承認する皇帝カールⅥ世の勅許状 Diplom を一七二七年に獲得した。けれども、従来厳格な同等性原則を主張してきたザクセン家で起こったこの事件は、帝国諸侯の覚醒を促し、一七四二年の選挙協約で、皇帝の身分昇格権に曖昧ながらも一定の枠がはめられる誘因となったのである。一七四二年のカールⅦ世の選挙協約は、第二二条第四節に次のような規定をおいている[18]。

「争いの余地のない顕著な notorisch 不等婚から生まれた帝国等族の子や、このような家系の出身者に対しては、家の衰微を防ぐため、父の称号・名誉・地位は与えられない。まして真の継承者の特別の承認を得ないのに、その利益を犠牲にしてまで、この者に同等性と継承資格が認められることはない。すでにそういうことが行われている場合には、それは無効とみなされる。」

この規定によって、皇帝はこれまでと異なり、「顕著な不等婚」の場合には身分昇格権を行使することができなくなった。そこでさらに、「顕著な不等婚」とは何であるかが問題となる。一七九〇年の選挙協約は、顕著な不等婚の内容を詳細に確定するための帝国決議が速かにおこなわれるべきことを定めたが、結局そのような決議はなされなかった。したがって、一七四二年の選挙協約締結以後も、不等婚概念の確定それ自体は各帝国等族家の慣習に委ねられたのである。(19)

しかしいずれにせよ、「顕著な不等婚」という概念が実定法のなかに出現し、その場合に皇帝の身分昇格権が否定されたことによって、その後の学説においては、この概念の解釈をめぐって厳格説と緩和説とが鋭い対立を示すに至る。ピュッター（J. S. Pütter）に代表される厳格説は、ラント高権と帝国議会議席とをあわせもつ家柄だけを帝国等族とし、帝国等族と下級貴族との結婚をすべて「顕著な不等婚」と解したのに対し、モーザー（J. J. Moser）などの緩和説は、帝国等族の範囲についても厳格説とは理解を異にしたのみならず、帝国等族と下級貴族との結婚を同等婚とみなす論者や、さらには帝国等族と市民身分出身者との結婚すら必ずしもつねに「不等婚」とは考えない論者まで、種々の見解を含んでいた。この対立は、神聖ローマ帝国の解体を経て、さらにのちの時代にまで引き継がれるのである。(20)

以上、シュルツェとツェプフルに依りつつ同等性原則の歴史をスケッチしてきた。これまでの叙述から知られるとおり、中世後期から神聖ローマ帝国解体時（とりわけ一七四二年選挙協約締結時）までの同等性原則の実態認識について、両者には相当の距りが存在する。すなわち、厳格説の系統を引くシュルツェが、帝国等族と他の身分出身者との結婚は基本的にはつねに不等婚とされてきたと解するのに対し、緩和説のなかでも最も緩やかな立場の流れをくむツェプフルは、個別の例外は別として、共通の伝統としては、自由人相互の結婚がおよそ不等婚とみなされてきたとはいえないと主張するのである。

見解の対立は、私のみるところ主として二つの要因から生ずるようである。第一は、ローマ法の影響を強く受けて形成された学説に対する評価の違いである。シュルツェは、一五世紀以来ローマ法学者の説いてきた学説を実態と乖離した空論であるとみ、逆にツェプフルはこれらの学説こそ実務の正確な「証人」であると評価しているからである。第二は、学説の評価と裏腹の関係に立つのであるが、ある結婚を不等婚とした歴史上の事例を、ドイツの共通伝統の表われとみなすか（シュルツェ）、それとも問題となった家柄の特殊性に根ざす例外的事例とみなすか（ツェプフル）という、実務に対する評価の対立である。[21]

本章は、神聖ローマ帝国解体時までの同等性原則について、独自の歴史像を提出する材料をもちあわせているわけではない。しかし、一八一五年以降の同等性原則のあり方からみて、神聖ローマ帝国時代の帝国等族（その範囲について様々の異論があるにせよ）は、お互い同士の間にだけ同格意識を有していたと考えられるので、旧帝国時代、自由人同士の通婚がすべて同等とみなされていたということはできないであろう。ともあれここでは、厳格説の系統と緩和説の系統との間に、歴史認識上の相違が存在することを確認するにとどめ、一九世紀の同等性原則へと話題を転ずることにしたい。

（1） H. Schulze, Ebenbürtigkeit, in : hrsg. von J. C. Bluntschli und K. Brater, Deutsches Staats-Wörterbuch, 3. Bd, 1858,（以下 H. Schulze, Ebenbürtigkeit と略記）SS. 187-197; H. Zöpfl, Grundsätze I, SS. 611-629. 両者の学説史的位置づけについては本節注（20）参照。

（2） シュルツェによれば、広義の同等性原則は、単に通婚可能範囲の限定にとどまらず、異なる身分に属する者の決闘の申込みを受諾する義務を負わない、裁判上の証人となる義務を負わない、などの法的効果を伴う身分原理を意味した。vgl. H. Schulze, Ebenbürtigkeit, S. 191.

（3） H. Schulze, Ebenbürtigkeit, S. 188; H. Zöpfl, Grundsätze I, S. 611.

（4） H. Schulze, Ebenbürtigkeit, S. 189; H. Zöpfl, Grundsätze I, S. 612. ミッタイス＝リーベリッヒ（世良訳）『ドイツ法制史概説』四三頁注（1）参照。

（5） H. Schulze, Ebenbürtigkeit, S. 189f. ミッタイス＝リーベリッヒによると、フランク時代、厳密には帝国諸侯 Reichsfürst の下位身分である帝国伯 Reichsgraf も、結婚に関しては帝国諸侯と同格視され、高級貴族層を形成していた。ミッタイス＝リーベリッヒ（世良訳）『ドイツ法制史概説』三一四―三一六頁。

（6） ミニステリアーレン Ministerialen については、ミッタイス＝リーベリッヒ（世良訳）『ドイツ法制史概説』三〇九―三一一頁参照。ドイツの法制史学界におけるミニステリアーレン理解ついては、桜井利夫「ドイツ中世都市におけるミニステリアーレン層」法学第四六巻第五号（一九八二年）六八―七〇頁をあわせて参照。

（7） 参審自由人 Schöffenbarfreien については、ミッタイス＝リーベリッヒ（世良訳）『ドイツ法制史概説』三一三頁参照。

（8） H. Schulze, Ebenbürtigkeit, S. 190.

（9） H. Schulze, Ebenbürtigkeit, S. 191f.

（10） vgl. H. Schulze, Ebenbürtigkeit, S. 193. 不等婚のこの効果は一九世紀まで引き継がれる。vgl. H. Zöpfl, Grundsätze I, S. 609f.

（11） 中世及び近世ドイツの身分制議会である帝国議会 Reichstag については、さしあたりミッタイス＝リーベリッヒ（世良訳）『ドイツ法制史概説』四六二―四六八頁、F・ハルトゥング（成瀬治・坂井栄八郎訳）『ドイツ国制史』（岩波書店、一九八〇年）五五―五八頁参照。この帝国議会に議席を保有する資格のことを帝国等族身分 Reichsstandschaft という。

（12） 選挙協約 Wahlkapitulation とは、ここでは新しく選出される皇帝が選帝侯たちにおこなった統治方針についての確約を指す。F・ハルトゥング（成瀬・坂井訳）『ドイツ国制史』二七頁〔訳注3〕参照。

（13） H. Schulze, Ebenbürtigkeit, S. 194.

（14） H. Schulze, Ebenbürtigkeit, S. 197.

（15）　以下の叙述はH. Zöpfl, Grundsätze I, SS. 617-623による。

（16）　H. Zöpfl, Grundsätze I, S. 618.

（17）　ツェプフルは相手の女性の名をPhilippina Cäsarea Schurmannと表記しているが（H. Zöpfl, Grundsätze I, S. 623, Anm. 15）、シュルツェによればPhilippine Elisabeth Cäsarinが正しいという（H. Schulze, Ebenbürtigkeit, S. 195.）。因みにツェプフルが引用するピュッターの著書では、Schurmannの娘Philippine Elisabeth Cäsareaとなっている。vgl. J. S. Pütter, Ueber Mißheirathen teutscher Fürsten und Grafen, 1796, S. 235.

（18）　vgl. H. Zöpfl, Grundsätze I, S. 624; H. Schulze, Ebenbürtigkeit, S. 195.

（19）　H. Zöpfl, Grundsätze I, S. 626f.; H. Schulze, Ebenbürtigkeit, S. 195.

（20）　厳格説と緩和説についてはMeyer-Anschütz, Lehrbuch, S. 297f, Anm. Cに詳しい。そこでは、一九世紀の国法文献も含めて学説が四つに分類されている。第一説は、当該君侯国の憲法、当該君侯家の家法、あるいは慣習に特別の定めが存在しないかぎり、およそいかなる下級貴族も、そのレベル如何にかかわらず、支配的君侯家regierende Häuserとの同等性を認められないとする見解である。第一説の立場を採る代表的文献にはJ. S. Pütter, Ueber Mißheirathen teutscher Fürsten und Grafen, 1796がある。そのほかJ. C. Kohler, Handbuch des deutschen Privatfürstenrecht, 1832; Ch. G. Gohrum, Geschichtliche Darstellung der Lehre von der Ebenbürtigkeit, 2Bde, 1846; H. Schulze, Ebenbürtigkeitなど。第二説は、下級貴族も含めて、およそ貴族出身者同士の結婚はすべて、普通法上同等婚とみなされるとする立場である。J. J. MoserがFamilien-Staatsrecht, Bd. IIなどの著書において主張している。A. W. Heffter, Beiträge zum deutschen Staats-und Privatfürstenrecht, 1829も第二説を採る。第三説は、支配的君侯家を旧帝国時代に古い帝国諸侯の家柄altfürstliche Häuserとみなされていた家系と、当時は帝国伯の家柄reichsgräfliche Häuserや新興帝国諸侯の家柄neufürstliche Häuserとみなされていた家系とに区別し、第一説が説くような厳格な同等性が普通法上要求されるのは前者だけであるとする見解である。Struben, Nebenstunden, 1757などが主張するこの説は、〔マイヤー＝アンシュッツによれば〕一八世紀の通説的見解であり、ReichshofratやReichskammergerichtの判決にもこの立場を採用するものが見出される。第四説は、およそ普通法上は、君侯家構成員の結婚について同等性という要件は存在せず、同等性が要求されるのは各家法に特別規定がある場合にかぎられていたとみなす立場である。H. Zöpfl, Grundsätze I; ders., Über Mißheirathen in den deutschen regierenden Fürstenhäusern überhaupt und in dem oldenburgischen Gesammthause insbesondere, 1853; Tezner, Die Sukzessions-und Verwandtenrecht des Prinzen Alexander v. Oldenburg, 1905がこの説に立つ。

本文では、マイヤー＝アンシュッツのいう第一説を厳格説、第二説から第四説を緩和説として説明した。学説の対立については、あわせてH. Schulze, Ebenbürtigkeit, S. 195f.; H. Zöpfl, Grundsätze I, S. 624f., Anm. 3-5を参照。

(21)　vgl. H. Schulze, Ebenbürtigkeit, S. 193; H. Zöpfl, Grundsätze I, S. 618, 620.

四　一八〇六年以降の同等性原則

フランス革命の勃発とそれにつづくナポレオン戦争の動乱のなかで、神聖ローマ帝国は終焉を迎えた。[1]一八〇〇年のマレンゴにおける戦勝の結果、翌一八〇一年三月、ナポレオンはオーストリアとの間にリュネヴィル条約を結び、フランスによるライン左岸の領有を承認させた。これによって損害を蒙った帝国等族に対する領土補償の必要から、一八〇三年二月の帝国代表者主要決議は、聖界諸侯国の廃止Säkularisationと小規模な帝国直属領の大領邦への併合、いわゆる陪臣化Mediatisationにもとづく領邦再編成に着手する。さらに一八〇六年七月には、ナポレオンの保護下に（当初）一六名の帝国諸侯がライン同盟を結成して帝国から離脱した。このような情勢のなかで皇帝フランツⅡ世は、ナポレオンの圧迫を受けて一八〇六年八月六日に帝冠を放棄し、「神聖ローマ帝国は、ほぼ九〇〇年に及ぶ歴史の幕を閉じたのである。[2]」

その後なおつづいた混乱と政治的不安定が収拾されるのは、周知のように一八一五年のドイツ同盟の結成によってであった。本稿のテーマである同等性原則も、神聖ローマ帝国の解体とドイツ同盟の誕生によって新たな局面を迎えることになる。以下においては、一八一五年のドイツ君主制の再編成から、一九一八年に君主制が滅びるまでの同等性原則について、当時の学者たちの説くところを、私なりに整理しておきたいと思う。

①同等性の範囲。ドイツ同盟は三四の主権的君主国と四つの自由都市からなる国家連合であった。[3]これらの君主

国の多くで一九世紀前半に制定された諸憲法典が、王位継承資格の取得要件の一として、「同等婚にもとづく出生」を掲げていたことはすでに述べた。一九世紀のドイツで論じられた「同等性原則」の問題とは、これらの主権的君侯家にとっての「同等性」とは何か、すなわち各憲法典にいう「同等性」とは何かという憲法解釈問題なのである。ところが、これらの憲法典には「同等性」の定義規定は通常存在せず、各君侯家の家法でもこの点に言及するものはまれであったから、詳細は結局慣習に委ねられることになった。(5) 当時の学者は一様に、ドイツ普通法上の gemeinrechtlich 原則について語っている。それによると各主権的君侯家が同等とみなしたのは以下の家系である。(4)

（a）ドイツ国内の家系で相互の同等性が承認されたのは、第一に、一八一五年以降も統治権を行使している支配家系 regierende Häuser、すなわちドイツ同盟を構成する三四の各君侯家である。第二に、陪臣化された旧帝国等族家系にも主権的君侯家との同等性が認められていた。(6) 神聖ローマ帝国時代の貴族は、帝国貴族とラント貴族とに大別され、帝国貴族はさらに帝国等族貴族 reichsständischer Adel、すなわち帝国議会に議席を有する貴族と、帝国騎士身分 Reichsritterschaft（帝国議会に議席をもたない貴族）とに区別された。(7) ところが上述のように、一八〇三年の帝国代表者主要決議の結果、小規模の帝国等族は大領邦に併合されて陪臣化を余儀なくされた。そこでドイツ同盟規約は、陪臣化された旧帝国等族家系の特権的地位を保護するために、第一四条a項において、「これらの侯及び伯の家系は、これまで同様、今後もドイツの高級貴族の一員であり、これらの家系には、同等性の権利が、これまでこの概念が有していた意味において留保される」(8) ことを認めたのである。

この条項によって、同盟を構成する各君侯家が旧帝国等族の同等性を否認することは許されないこととなった。旧帝国時代の皇帝の身分昇格権は消滅しており、同等性を主張しうる家系の数は完全に閉鎖的であった。(9) ただし、同等とみなされる帝国等族家系の具体的範囲については、各主権的君侯家ごとに慣習を異にしていたようである。

たとえば一八〇三年一二月一三日のヴュルテムベルク選帝侯国の家法は、皇帝・国王・帝国諸侯の家系か、少なくとも古伯帝国等族の家系 altgrävliche reichsständische Häuser のみをヴュルテムベルク家にとって同等と規定し[10]、一八〇八年一月一日のヴュルテムベルク王国の家法は、皇帝・国王・大公 Großherzog・現に統治権を行使している公 Herzog の家系のみを同等と規定していた[11]。また、同等婚に関して同様に厳格な慣習を有するプロイセン王家（ホーエンツォレルン家）では、旧帝国時代に下級のラント高権 untergeordnete Landeshoheit しか備えていなかったシェーンブルク家、シュトルベルク家が同等とみなされる一方、帝国議会の伯部会 Grafenbank に登録してはいるが、帝国等族としての領地（帝国直属領）を保有していなかった帝国伯の家柄 reichsgräfliche Personalistenfamilien の同等性は疑問視されている[12]。その一例として、国王フリードリヒ・ヴィルヘルムⅢ世のアウグステ・フォン・ハラッハ女伯 Gräfin との再婚（一八二四年）が、後述する貴賤婚とされた事例をあげることができる[13]。

（b）ドイツ以外の諸国の家系で、ドイツの主権的君侯家から同等性を認められたのは、現にヨーロッパの特定国家を統治しているか、あるいは革命等によって現在では「主権」を喪失しているが、かつてはヨーロッパの特定国家を支配していたクリスチャンの王家である[14]。王朝の古さや統治している国の規模は問題ではないので、ボナパルト家やナポレオンⅠ世の幕僚ベルナドット将軍を祖とするスウェーデン王家も同等性を認められる。

これに対して外国の臣下の家柄は、どれほど光輝ある称号を有する名家であっても同等とは評価されない。すなわちイギリスやフランスの貴族などがそれである[15]。例えば、ブランデンブルク家では、イギリスの古い貴族バークレー伯の令嬢レディ・グレイヴンと、アンシュパッハ＝バイロイト辺境伯との結婚は同等婚とみなされなかった[16]。しかし、ドイツにおけるラント高権と類似の支配権を有することを理由として、例外的に外国の陪臣の同等性が認められてきた事例も存する。リトアニアのラツィヴィル（Radziwill）侯家はブランデンブルク＝プロイセン家によって同等性を承認されており、ブランデンブルク大選帝侯の王子ルートヴィヒとルイーゼ・シャルロッテ・ラツィヴィルとの結婚（一六八〇年）やプロイセンの王女フリーデリケ・ルイーゼとラツィヴィル侯アントンとの結婚（一七九六年）はいずれも同等婚と考えられたが、[17] これはその一例である。

②同等性の判断。同等婚にもとづいて出生した子であるか否かは、その子が属する家系の家法及び慣習に従って判断される。当該家系で同等婚にもとづく子であることが承認されている者は、同等性の範囲に関してその家系より厳格な基準を有する他家によっても、同等婚による子孫として取り扱われることになる。

たとえば、ドイツ同盟の構成国オルデンブルク＝ホルシュタインを含むオルデンブルク家では、数百年来、下級貴族の婦人との結婚が同等婚とみなされてきたので、他家の慣習に従えば本来不等婚にもとづく子孫とみなされるはずのオルデンブルク家の構成員は、他の君侯家からも同等性をもつ者という取り扱いを受けたのである。[18] 同様の例として、イギリス王族のグロセスター公ウィリアム・ヘンリーとエドワード・ウォルポールの庶出の娘でチャールズ・ウォールドグレイヴの未亡人であったレディ・メアリ・ウォールドグレイヴとの結婚（一七六六年）をあげることができよう。これはドイツの伝統によれば明らかに不等婚であるが、イギリスでは完全に有効な結婚とみなされたので、この結婚にもとづく子孫とドイツの君侯との結婚も同等婚と説明されている。[19]

なお、結婚の相手方との同等性を主張するにあたって、自己の家系の創立者にまで遡るような家門証明 stiftsmässige Ahnenprobe は要求されなかった。「すなわち、高級貴族は、父方及び母方について特定の世代にまで遡って〔その地位が〕生得のものであることを証明しうる必要はない」とされていたのである。[20]

③不等婚の救済。同等とみなされる家系の範囲の問題と並んで、われわれの興味を惹くのは、不等婚の救済という慣習が存在したことである。ツェプフルによれば、「不等婚の結果生まれた子の〔王位継承からの〕排除は、もっぱら男系親族の利益を守るために導入されたものであるから、」同盟規約や家法に根拠をもたない、同等婚以外の結婚を承認することも「男系親族の権限に含まれる」。[21] 同じくシュルツェも、「それ自体としては同等でない結婚もすべて、男系親族の事後承諾によって同等婚へと変更されうる」と述べている。[22]

事後承諾の法的効果は各家系の慣習ごとに異なり、不等婚の結果生まれた子が、事後承諾による不等婚の救済によって遡及的に完全な継承資格を取得する場合と、正当な継承権者が絶えたときにかぎって、補充的に継承資格を取得する場合とが存した。第一の事例として有名なのは、デサウ侯レオポルドと薬剤師の娘 Apothekerstochter アンナ・フェーゼンとの結婚である（一六九八年）。この結婚の血統を引くアンハルト＝デサウ家は、ドイツ同盟の構成国でもあった。第二の補充的継承の事例としては、バイエルン公フェルディナントとマリー・ペッテンベックとの結婚（一五八八年）の子孫があげられる。(23)

もっとも、これとは異なる慣習をもつ家系も存在したようである。例えばモールによると、(24) ヴュルテムベルク王家の場合、不等婚自体は（男系親族ではなく）国王の承認によって完全な合法性を獲得し、国王は不等婚の相手方の婦人と子を王室の一員と認めて任意の栄典を授与することができるが、その子の王位継承資格は認められなかったという。これは、国王の事後承諾によって不等婚の法的効果――結婚自体は法的に有効であるが、妻子には夫の身分への昇格は許されず、子には父の地位の継承資格も与えられない――を部分的に解除する趣旨であろう。またザイデルによれば、不等婚の救済という慣習は、バイエルンのヴィッテルスバッハ王家には存在しなかった。(25)

④貴賤婚。同等婚とみなされない結婚のなかには、不等婚とは区別される貴賤婚 morganatische Ehe という概念が存在する。(26) 貴賤婚とは、妻子が、夫であり父である人の地位・身分に与ることなく、子は父の有する統治権を継承しない旨を、予め結婚当事者が結婚証書において確約して成立する結婚である。不等婚と法的効果は基本的には同一である。けれども、そのことを結婚当事者が事前に合意して成立する点が不等婚とは異なる。

ツェプフルによれば、貴賤婚は元来フランク人の慣習であったようである。しかし、一二世紀になってはじめて、ロンバルディアのレーエン法やミラノの慣習などイタリアの法源に現われ、一四世紀以降、ドイツにもその例が見出されるという。(27)

通常、貴賤婚は、最初の結婚ですでに継承資格をもつ子孫が誕生している場合、その子の相続権が、父の再婚による異母兄弟の出生によって侵害されるのを防ぐ意図や、数多い子孫のすべてに父と同一身分にふさわしい生活を維持させる経済的負担を免れる意図で取り結ばれた。例えばメクレンブルク公アドルフ・フリードリヒは、一六五四年にその遺書のなかで、高額の持参金をもつ貴族の女性と結婚する機会が得られないならば、自分としては年下の息子たちが、誠実で慎み深い平民の女性と貴賤婚の形式で結婚することをむしろ望みたいと述べている(28)。

貴賤婚は結婚契約にもとづくものであるから、不等婚と異なって、条件付きで取り結ぶことも可能とされた。すなわち、一定の条件が充足された場合には、当該貴賤婚が完全な結婚となり、したがってその結婚によって出生した子には同等婚の場合と同一の権利が認められる旨を、予め約しておくことができるのである。ドイツ同盟の構成国ともなったバーデン大公家は、辺境伯カール・フリードリヒが再婚した際の、この種の条件付き貴賤婚に由来する家系である(29)。

こうしてわれわれは、ドイツ法のうちに、同一出生身分相互の通婚である「同等婚」ebenbürtige Eheと、異なる出生身分間の通婚である広義の「身分違い婚」unstandesmässige Eheの区別、さらに、同等婚とは異なる法的効果が発生する身分違い婚のうちにも、二つの形態、すなわち「不等婚」Missheirathenと「貴賤婚」morganatische Eheの区別が存したことを知るのである(30)。

⑤ドイツ以外の諸国と同等性原則。以上で、ドイツ法上の同等性原則に関するごくおおざっぱな紹介を終えることにしたい。ドイツ以外の諸国についても、今回多くを知ることができなかった。ただここでは、シュルツェの述べるところにふれて、この点に関する補足としておこう(31)。

シュルツェによれば、「同等性原則は本質的にはドイツの君侯法に属するものであり、けっしてヨーロッパの支配家系全体の一般的伝統ではない。それゆえ、例えばイングランドでは、王家〔の構成員〕の結婚が同等性原則によって制限されるということはない。過去の諸王朝においては、イングランド貴族の家系との結婚がしばしばおこなわれた。ハノーヴァー朝の場合、結婚はたいてい支配家系との間においてのみとりおこなわれているが、たとえばすでに言及した〔王族〕グロセスター公の結婚のように、逆の事例も存在しないわけではない。一七七二年の有名な Rayal Marriage Act も結婚の同等性については何も規定しておらず、王室構成員の結婚には国王の承認が必要とされているにすぎない。」

また、皇帝アレクサンドルI世が、一八二〇年三月二〇日の家法で、支配家系だけを同等とみなす厳格な同等性原則を導入するまでは、「ロシア帝室の結婚もまったく無制約であった。……ピョートル大帝の二人の妻のうち、最初の妻はロシアの女公 Fürstin であり、二度目の妻は農婦 liefländische Bäuerin だったのである。」

（1）　神聖ローマ帝国の終焉についてはミッタイス＝リーベリッヒ（世良訳）『ドイツ法制史概説』五〇七―五一七頁、F・ハルトゥング（成瀬・坂井訳）『ドイツ国制史』二二六―二三二頁、C・F・メンガー（石川敏行他訳）『ドイツ憲法思想史』（世界思想社、一九八八年）一四五―一五二頁参照。

（2）　C・F・メンガー（石川他訳）『ドイツ憲法思想史』一四八頁。

（3）　vgl. E.R. Huber, Dokumente I, S. 86.

（4）　ツェプフルに従えば、ドイツ同盟時代以降の各主権的君侯家の家法で、同等婚の概念規定を含んでいるのは、一八三六年ハノーヴァー家法と一八五五年ザクセン＝コーブルク＝ゴータ家法だけである。ハノーヴァー王家の家法によれば「〔ハノーヴァー〕家の構成員同士の結婚、他の主権的家系の構成員との結婚、またはドイツ同盟規約第一四条によって主権的家系と同等とされている家系の構成員との結婚は同等婚とみなされる。」ザクセン＝コーブルク＝ゴータ家の家法では「結婚の同等性に関しては、まず第一に、一七三三年一〇月一日のフランツ・ヨジアス公（Herzog Franz Josias）の遺書に含まれている諸規定が維持され、その結果フランツ・ヨジアス公の子孫は、〔帝国〕諸侯かさもなければ〔帝国〕伯の家系構成員以外の者と結婚してはならない」と規定されている。なお、一八四一年のシュヴァルツブルク＝ゾンダーハウゼン憲法第七条にはハノーヴァーの家法と類似の規定が存在したが、一八四九年の同憲法からは削除されているという。vgl. H. Zöpfl, Grundsätze I, S. 631, u. ebd., Anm. 2, 3.

（5） 以下の叙述から明らかなように、同等婚に関して学者の挙げる事例がほとんど旧帝国時代のものであるのは、この領域が実質的には慣習に委ねられていたためと考えられる。

（6） H. Schulze, Ebenbürtigkeit, S. 198 ; ders., PrStR, S. 184 ; R. v. Mohl, Staatsrecht I, S. 160f.; H. Zöpfl, Grundsätze I, S. 632 ; Seydel-Piloty, Bayerisches Staatsrecht I, S. 95, Anm. 9.

（7） 前節でも述べたように、帝国議会議席の保有が帝国等族身分の要件であり、ドイツ同盟規約第一四条によって、一八一五年以降も旧帝国等族家系には主権的君侯家との同等性が保障されたから、一九世紀に同等性原則が適用されたドイツ国内の家系数を知るための目安となる。しかし教会諸侯と俗人諸侯の別や集合票の制度が存在するために、正確な議席保有家系数は必ずしも明らかでない。因みにミッタイス＝リーベリッヒ（世良訳）『ドイツ法制史概説』四六五―四六六頁には次のような記述がある。「…一七九二年には、俗人諸侯票六三に対して教会諸侯票は三七であった。四票の世俗集合票の背後には九九名の帝国等族があり、二票の教会集合票の背後には四一名の高位聖職者がいた。」ここから単純計算すれば、帝国議会に何らかの形で代表されている俗人諸侯は一五八名ということになる。またコンラートによれば、帝国議会は選帝侯部会 Das Kurfürstliche Kollegium・諸侯部会 Der Reichs-Fürstenrat・帝国都市部会 Das reichsstädtische Kollegium に分かれ、諸侯部会の票数は一七九二年には一〇〇票、うち個人票九四、集合票六、さらに俗人個人票はそのうちの五九、俗人集合票は四となっており、ミッタイス＝リーベリッヒの記述と一致する。H. Conrad, Deutsche Rechtsgeschichte, Bd. II, 1966, S. 88, 97. ここから推して、ドイツ同盟規約で相互の同等性が保障された家系は少なくとも一〇〇家を越えるものと考えられる。

（8） E. R. Huber, Dokumente I, S. 88.

（9） H. Schulze, Ebenbürtigkeit, S. 200 ; Seydel-Piloty, Bayerisches Staatsrecht I, S. 95, Anm. 9.

（10） R. v. Mohl, Staatsrecht I, S. 165, Anm. 7. ヴュルテムベルクは一八〇三年の帝国代表者主要決議によって選帝侯国に加えられ（F・ハルトゥング（成瀬・坂井訳）『ドイツ国制史』二二八頁）、さらに一八〇六年には王国となった（vgl. E.R. Huber, Dokumente I, S. 187, Anm. 2.）。

（11） R. v. Mohl, Staatsrecht I, S. 164, Anm. 5. ただし一八二八年制定の家法はこの種の規定をもたないという。R. v. Mohl, Staatsrecht I, S. 160 ; vgl. H. Gollwitzer, Die Standesherren, 2. Aufl., 1964, S. 262.

(12) たとえばプロイセン国王フリードリヒⅡ世は、皇帝カールⅦ世に宛てた書簡のなかで、古帝国伯の身分に属する者と帝国諸侯との結婚さえも、不等婚として取り扱われるべきことを主張している。vgl. H. Schulze, Ebenbürtigkeit, S. 190 ; ders., PrStR, S. 184 ; J. S. Pütter, Ueber Mißheirathen teutscher Fürsten und Grafen, S. 287f.

(13) H. Schulze, PrStR, S. 184 ; H. Gollwitzer, Die Standesherren, S. 262.

(14) H. Schulze, Ebenbürtigkeit, S. 199 ; ders., PrStR, S. 184f.; R. v. Mohl, Staatsrecht I, S. 160 ; Seydel-Piloty, Bayerisches Staatsrecht I, S. 95, Anm. 9. ザイデルによると、O. Mayer, Das Staatsrecht des Königreichs Sachsen, S. 55は同等性の範囲をヨーロッパのクリスチャンの家柄に限定していないという。

(15) H. Schulze, Ebenbürtigkeit, S. 199.

(16) H. Schulze, PrStR, S. 185.

(17) H. Schulze, PrStR, S. 185, Anm. 1.

(18) H. Schulze, PrStR, S. 185, Anm. 2. オルデンブルク家についてはツェプフルのモノグラフィーがある。H. Zöpfl, Über Mißheirathen in den deutschen regierenden Fürstenhäusern überhaupt und in dem oldenburgischen Gesammthause insbesondere, 1853.（筆者未見）

(19) H. Schulze, Ebenbürtigkeit, S. 200.

(20) H. Zöpfl, Grundsätze I, S. 633 ; vgl. H. Schulze, Ebenbürtigkeit, S. 201.

(21) H. Zöpfl, Grundsätze I, S. 632f.

(22) H. Schulze, Ebenbürtigkeit, S. 200.

(23) H. Schulze, Ebenbürtigkeit, ebd.

(24) R. v. Mohl, Staatsrecht I, S. 161.

(25) Seydel-Piloty, Bayerisches Staatsrecht I, S. 95, u. ebd., Anm. 11.

(26) 以下、貴賤婚の叙述はH. Zöpfl, Grundsätze I, SS. 635-640による。

(27) H. Zöpfl, Grundsätze I, S. 636.

(28) H. Zöpfl, Grundsätze I, S. 637, Anm. 7.

(29) H. Zöpfl, Grundsätze I, S. 638, Anm. 5.

(30)　本文の説明は、ふつう貴賤婚が支配家系の男性と、それとは同等でない家柄の女性との間で取り結ばれたという事実を前提としている。しかし理論上は、同等の家柄に属する者同士が貴賤婚を行うことも可能である。その場合には結婚証書中の貴賤婚条項は拘束力をもたず、子は完全な継承権を有するとする説（ピュッター）と、その場合にも貴賤婚契約は有効であるとする説（ツェプフル）とがあった。H. Zöpfl, Grundsätze I, S. 638, u. ebd., Anm. 2 ; J. S. Pütter, Ueber Mißheirathen teutscher Fürsten und Grafen, S. 361.

(31)　H. Schulze, Ebenbürtigkeit, S. 201.

五　おわりに

小嶋博士が、わが国に女帝制を導入するための必要条件と主張された「同等性原則」について、その母国である一九世紀ドイツの学説を概観した。限られた文献を垣間見たにとどまるので即断は慎むべきであろうが、一応確認できた事柄をまとめた上で、若干の検討を試みることにしよう。

㈠　同等性原則。たしかに一九世紀ドイツ諸国の憲法典は、王位継承資格取得要件の一つとして、「同等婚」にもとづく出生を多くの場合要求している。しかし「同等婚」の内容に関しては、以下の点に留意しておく必要があるように思う。

第一点は、ドイツ同盟規約第一四条ａ項が、陪臣化された旧帝国等族に対して、同盟を構成する各君侯家との「同等性」を保障したことを別とすれば、大部分の憲法典や家法には「同等性」の定義規定は存在せず、したがって、その内容は結局各家系の慣習に委ねられていたということである。しかも、すでに一七四二年選挙協約中の「顕著な不等婚」notorische Missheirathen という文言の解釈をめぐって、学説はピュッターらの厳格説とモーザーをはじめとする緩和説とに分かれており、この対立は一九世紀国法文献にも引き継がれたのである。

第二点は、同等婚 ebenbürtige Ehe の対立概念が「身分違い婚」unstandesmässige Ehe であることからも知られるとおり、ドイツの同等性原則が、本来、身分 stände の形成原理―古い時代には自由人身分の、一八世紀以降はとりわけ帝国等族（高級貴族）身分の形成原理―であって、狭い意味での「王」族、すなわち König の称号をもつ家系構成員の形成原理ではないということである。

第三点は、同等とみなされる家系の範囲が相当に広汎であったことである。ドイツ同盟規約上相互の同等性が承認された帝国等族家系だけでも、その数は優に百を越えており、その上学説は、ヨーロッパ諸国の君主の家柄を同等婚の範囲に加える点でも一致をみていたからである。その際とくに、国家の規模や家系の古さは問題とされていないことにも注目しておきたい。ボナパルト家のような簒奪者的新興家系も、すでに地位を喪失した亡命君主の家柄も、ドイツの主権的君侯家との同等性を承認されているのである[1]。

第四点は、「同等婚」が基本的にはドイツ法の原則であり、ひとくちに「ゲルマン法系[2]」といっても、イギリスの場合には制定法上も慣習法上も「同等婚」の観念は存在しないとみられることである[3]。それゆえ、同等性原則をゲルマン法系諸国の共通伝統と位置づけるためには、なお厳密な調査を要するように思われる。

第五点は、この原則は庶子排除と同様、他の男系親族の正当な継承権が侵害されるのを防止するための慣習とみなされており[4]、そのため男系親族の事後承諾による不等婚の救済という慣行が存在したことである。

これらの諸点からみて、同等性原則をゲルマン法系全体に共通する狭義の「王族」形成原理と理解し、その厳格な運用を想定する点で、小嶋論文の認識には疑問が残るのである。

(二)　女子及び女系による継承。一九世紀ドイツ諸国の憲法典が定めていた女子及び女系による王位継承制度は、男系の男子孫がすべて絶え、かつ多くの場合には相続契約にもとづく継承権者も存在しないときに、はじめて女子女系の継承を認めるというものであった。これは女子女系の継承を一切認めないとされるいわゆるサリカ法系[5]と、イギリス・スペインなどの successio promiscua、すなわち先王の直系子孫のなかでは男子が優位するが、傍系の男子に対しては直系女子の優位を認める継承順位との、ちょうど中間形態にあたる。したがって、女帝問題に関しても、イギリスとドイツ諸国とを「ゲルマン法系」として一括することは、適切とはいえないであろう。

ドイツ法上の補充的女子女系継承の起源は、自由所有地の相続法及び女性レーエン制度に遡るとされ、そこで厳格な補充性が採用されたのは、女系の財産が移転するのを恐れたためという指摘もある。(6) したがってドイツにおける女子継承の制限も、単に女性差別の結果であるのみならず、「家門」意識とも密接な関係を有するものと推測される。(7) 一九世紀ドイツ諸国において、現実に女子あるいは女系による継承の事例が存在したか否かを確認することはできなかったが、いずれにせよ、それがきわめて例外的な制度であったことは間違いない。

㈢　同等性原則と女子女系継承との関係。両親の同等婚にもとづく出生は、王位継承資格取得の一般的要件であるから、当然女子及び女系による継承の場合にも要求される。しかし「同等性原則が存在するので、男系から女系への家系の交替も王家相互間の出来事として抵抗なく受けいれられ、したがって女子女系による継承も承認されている」という命題を、歴史認識の次元で立てるとするならば、おそらく正確さを欠くことになるであろう。

同等性原則と女子女系継承との間に、とくに自覚された緊密な関係は存在しなかったと私が判断する根拠は、以下の諸点である。第一に、古ゲルマン以来の身分制に端を発する同等性原則と、封建制下の自由所有地相続に由来するといわれる女子女系継承とでは、その歴史的起源を異にし、仕える主目的も異なるものであったと推定されること。第二に、当時のドイツ諸国に比して女子女系による継承の可能性がはるかに高いイギリスには、同等性原則が存在しないとみられるのに対して、逆に継承資格を男系男子に限定するたとえばプロイセン王家の同等性原則は、むしろ厳格な部類に属していたこと。第三に、同等婚を採用すれば両親共に王族出身者であるから、男系から女系への家系の交替も「王家」同士の事柄であるという主張も、ドイツの同等性原則を前提とするかぎり厳密には成立しえないということ。なぜなら、同等性が承認される家系の範囲内においても、皇帝家や王家の継承権が、娘の夫を通じて大公家や公爵家に移る事態は容認されていたからである。第四に、一九世紀ドイツの国法学者も、同等性原則と女子女系継承とを自覚的に結びつけて論じてはいないということ。この点をきわめてよく示しているのは、ほかならぬロエスラーの答議であろう。彼は明治政府の問いに答えて、同等性原則についてはこれを不必要と主張しながら、女子の皇位継承は容認する提言をおこなっているからである。(8)

(四)　わが国における女帝問題と同等性原則。小嶋博士が依拠された井上毅の女帝否認論は、単なる男女差別観にもとづくものではなく、(9)むしろ女系の否認論であった。そして井上が女系継承を否認したのは、臣下の家柄に皇位が移ることは容認できないという理由による。(10)その背後には、第一に、子は必ず父性を名のり父の家に属するという観念と、第二に、およそ国の内外に天皇家と同列に論じうる家系は存在しないという観念とが伏在しているように思われる。井上のこの議論は相当な説得力を有していたものとみえて、帝室典則以降の諸案から女帝女系容認規定はまったく姿を消すのである。(11)

明治典憲体制成立史の緻密な考証を基礎として、女帝の認否が「家」観念の問題と密接に結びついていることに着眼した点は、小嶋論文の大きな功績と評することができよう。井上のような考え方を前提としながら、敢えて女帝制を導入しようとするならば、博士が指摘するとおり、女帝を一代かぎりとするためにその婚姻を禁止し、あるいはその子孫による皇位継承を否認するという道を採るか、でなければ女系による継承に備えて、女帝の皇配も皇族のうちに求めるという道を採る以外にないであろう。後者は謹具意見にもみられない考え方で、博士の創見とみなすことができる。しかし、これまで概観してきた同等性原則の内容やその女子女系継承との関係からみて、博士がドイツ史上の同等婚に自説の根拠を求められたことには疑問が感じられる。博士の想定するのが、天皇家と同格の家系は存在しないとする井上的「同等」観に立脚した皇族同士の「同族婚」であるのに対して、ドイツ史上の同等性原則は、前述のごとく、高級貴族という一定の閉鎖的出生身分を維持するための、そしてその限度での、通婚可能範囲の限定を意味するものにすぎなかったからである。現に、皇族の通婚範囲を限定するという意味で、ローレンツ・フォン・シュタインによって教示された[12]ドイツ的同等性は、女帝制が捨てられたのちも帝室典則等の諸案に受け継がれ[13]、最終的には明治典範第三九条の規定に反映されている[14]。

女子女系継承を念頭においた小嶋博士の「同等婚」と、ドイツ法上の「同等婚」とは同一ではないというのが、さしあたり本章の結論である。これは、当時必ずしも自覚されてはいなかったものの、明治典範制定期における井上的「同等」観とシュタイン的「同等」観との相違でもあった。しかしながら、この二つの同等婚は、いずれも、広狭の差はあれ天皇と通婚しうる家柄を一種の身分として固定化する法制度であるから、皇位の世襲そのものは平等原則の例外をなすとしても、これらの制度の導入には、なお憲法上大いに疑義があるように思う。天皇の女系子孫は、たしかに夫の姓を名のるが、しかし天皇の血統を引く者であることも間違いない。この点に国民的合意が形成されうるならば、小嶋論文の示唆する皇族の「同族婚」を前提せずに、女系による皇位継承も可能となるかもしれない。

（1）小嶋論文は「……支配王朝（dynasty）の所属者、すなわち『王族』である……」とし、「この王朝所属の有無が King, roi と Emperor, empereur を区別する…」と述べている。小嶋「『女帝』論議」（『憲法論集二』）五八頁。しかし、少なくとも一九世紀ドイツの同等婚に関しては、このような区別は存在しなかったようである。

（2）井上「謹具意見」に「孛、英諸国ニ行ハル、日耳曼人種ノ継統法」という表現があり、これを受けて小嶋博士も「サリック法」の対立概念として「ゲルマン法系」の語を用いられている。『井上毅伝・史料篇第二』七〇〇頁、小嶋「『女帝』論議」（『憲法論集二』）五五―五六頁参照。

（3）H. Schulze, Ebenbürtigkeit, S. 201.

（4）H. Zöpfl, Grundsätze I, S. 632f.

（5）H. Schulze, PrStR, S. 180, Anm. 1. 井上「謹具意見」にも「欧羅巴ニ在テモ『サリック』法ノ国ハ婦人ノ王位ニ即クコトヲ許サズ」という記述がみられる（『井上毅伝・史料篇第二』七〇〇頁）。サリカ法が女子女系を完全に排除するという見解には異論もある。vgl. H. Zöpfl, Grundsätze I, S. 689, u. ebd., Anm. 6.

(6) H. A. Zachariä, Successionsrecht, S. 15.

(7) シュタウフェン王朝の家門意識の形成を、一一、一二世紀の国王文書を素材に究明した論稿として、西川洋一「初期シュタウファー王権における家門意識の形成過程」（国家学会百年記念『国家と市民・第一巻』有斐閣、一九八七年三八七頁以下）参照。

(8) 明治二〇年五月の「ロエスレル氏王室家憲答議」は、「抑、王女ハ政務ヲ執ルノ能力ヲ有セザルモノニ非ズ。露国、墺国、西国、英国ノ如キ君主国ニ於テ、女主ノ政務ニシテ好結果ヲ得シコト往々之アリ。…予ノ一箇ノ意見ニ拠レハ、男系ハ常ニ女系ニ先ツヘシト雖、男系全ク絶ユル時ハ女系モ亦王位ヲ継承スルヲ得ヘク」云々と述べて女子女系継承を承認すると同時に、同等婚については「同等婚姻ノ原則ハ一般ノ貴族ノ為ニハ既ニ欧羅巴諸国ニ於テ消滅シタル程ナレハ、曾テ此ノ規則ノ存セザリシ国ニ採用セントスルノ無益タルハ固ヨリ論ヲ待タズ」（傍点原文）としている。國學院大學日本文化研究所編『近代日本法制史料集第六』（一九八三年）三九頁、五四頁参照。

(9) 井上の女帝排斥論に女性差別の観点が含まれていなかったわけではない。たとえば、「謹具意見」に引用された嚶鳴社討論筆記中の島田三郎発言には「我国ノ現状男ヲ以テ尊シトナシ之ヲ女子ノ上ニ位セリ」という一文がみられる。『井上毅伝・史料篇第二』六九八頁。

(10) 井上「謹具意見」は次のように述べている。「カシコクモ我國ノ女帝ニ皇夫ヲ迎ヘ其ノ皇夫ハ一タヒ臣籍に入リ譬ヘハ源ノ某ト稱フル人ナランニ……其皇夫ト女帝トノ間ニ皇子アラハ即チ正統ノ皇太子トシテ御位を繼キ玉フヘシ……然ルニ此ノ、皇太子ハ女系ノ血統コソオハシマセ氏ハ全く源姓ニシテ源家ノ御方ナルコト即チ我カ國ノ慣習ニ於テモ又歐羅巴ノ風俗ニテモ同一ナルコトナリ……歐羅巴ノ女系ノ説ヲ採用シテ我カ典憲トセントナラハ序ニ姓ヲ易フルコトモ採用アルヘキカ最モ恐キコトニ思ハル、ナリ」『井上毅伝・史料篇第二』七〇〇頁。

(11) 小嶋和司「帝室典則について」（柳瀬良幹博士東北大学退職記念『行政行為と憲法』有斐閣、一九七二年三七一頁以下所収。のちに『小嶋和司憲法論集一・明治典憲体制の成立』木鐸社、一九八八年に再録。引用は後者による）一四三頁参照。

(12) シュタイン「帝室家憲意見」及び「帝室家憲」（前者は明治一五年、後者は小嶋博士の年代推定によると明治一八年）。それぞれ小嶋「帝室典則について」（『憲法論集二』）八八―九九頁、とくに九二頁、一〇八―一一九頁、とくに一一〇―一一一頁参照。なお、本章「はじめに」註（8）参照。

(13)　小嶋博士の詳細な研究、「帝室典則について」及び「明治皇室典範の起草過程」（杉村章三郎先生古稀記念『公法学研究・上巻』有斐閣、一九七四年二七三頁以下所収。のちに『憲法論集二』一七一頁以下に再録）の二論文から、帝室典則以降の主な草案類における同等婚関係規定を拾うと次のようになる。

帝室典則（明治一九年六月一〇日）第九、第一七（『憲法論集二』一五三、一五六頁）。

柳原前光・皇室典範再稿（明治二〇年三月一四日）第三五条、第三六条（『憲法論集二』一九三頁）。

高輪草案（明治二〇年三月二〇日）第二三条、第二四条（『憲法論集二』一九三頁）。

井上毅修正（明治二一年三月二〇日）第一八条、第四四条（『憲法論集二』二一三、二一七頁）。

枢密院御諮詢案（明治二一年三月二五日）第四二条（『憲法論集二』二三一頁）。

たとえば明治二一年井上修正案第一八条は、「皇后及皇太子ノ妃皇子孫ノ妃ハ皇族又ハ公侯ノ家ニ択フ」、第四四条は「親王内親王王女王ハ皇族又ハ華族ニ就テ婚嫁ス」となっている。夏島での御諮詢案決定に際してこの第一八条が削除され（理由不明）、第四四条は新第四二条となって内容も次のように改められた。「皇族ノ婚嫁ハ同族又ハ勅旨ニ由リ特ニ認許セラレタル公侯ノ家ニ限ル」

(14)　明治典範第三九条は「皇族ノ婚嫁ハ同族又ハ勅旨ニ由リ特ニ認許セラレタル華族ニ限ル」と規定している。伊藤博文（宮沢俊義校註）『憲法義解』（岩波文庫版）一六二頁参照。

〔補遺〕　本章第一節注(2)で触れた一九八三年四月の寺田参議院議員による国会質疑は、政治の世界で女性の皇位継承問題がおおやけに取り上げられた最初の事例ではないかと思われる。私の恩師・故小嶋和司先生は、この国会質疑にいち早く反応し、男系男子主義が天皇制の伝統であることに注意を喚起する論文を翌一九八四年に発表された（注(3)参照）。この論文で、小嶋先生は、女子女系の王位継承を認める「ゲルマン法」は、王族の「同等婚」を前提としている点で、日本の天皇制とは制度前提がまったく異なるとしている。大学院生時代にこのお考えを直接伺ったことが機縁で、ドイツにおける王位継承について柄にもなく多少調べたのが初出論文である。不十分な調査にとどまったが、かつてドイツ諸国に存在した同等婚の慣習は、小嶋論文が理解するほど厳格なものではなかったと思われる。同等婚が女子女系継承の前提と考えられていたことも確認できなかった。

小嶋論文から二〇年後の二〇〇四年、将来、皇位継承者が絶える可能性がいよいよ深刻化するなかで、時の小泉首相が私的諮問機関として「皇室典範に関する有識者会議」を設置し、皇位継承制度の再検討を諮問した。二〇〇五年一一月二四日に首相に提出された同有識者会議の報告書は、皇位継承資格を女子女系に拡大することを提案し、賛否の議論を惹起した。しかし、翌二〇〇六年二月に秋篠宮妃のご懐妊が発表され、同年九月に悠仁親王が誕生したことで、女子女系の皇位継承に関する論議はひとまず沈静化して現在に至っている。しかし、女性皇族が婚姻により皇籍を離脱する現行皇室典範一二条を改正し、将来、天皇の女子が結婚後も皇族として公務を補佐できる道を開く女性宮家の創設問題は、政治的な決断を要する緊急の課題である。

皇位継承問題に関する近年の公法学者の研究としては、特に園部逸夫『皇室法概論』（第一法規出版、二〇〇二年）、奥平康弘『「万世一系」の研究』（岩波書店、二〇〇五年）、原田一明「『皇位継承制度』覚書」『初宿正典先生還暦記念・各国憲法の差異と接点』（成文堂、二〇一〇年）二一一頁以下をあげておきたい。また、女性宮家問題については、所功『皇室典範と女性宮家』（勉誠出版、二〇一二年）がある。

第二部　人権問題の諸相

Ⅰ　環境問題と憲法

一　はじめに

もう四〇年も前になるが、一九七〇年代の初頭に、地球環境をめぐるいろいろな問題を取り上げる連続番組をNHKが制作した。「青い地球は誰のもの」は、この番組の主題曲のフレーズである。一九七〇年代初頭といえば、高度経済成長期が終焉を迎え、四大公害訴訟判決や環境権の提唱、公害対策関係の諸法律の制定と環境庁の設置など、日本でも環境問題に対する取組がようやく本格化した時期にあたる。(1) それから四〇年の間に、地球規模の環境悪化は残念ながらますます深刻なものとなっているが、同時に環境保護の意識・制度・学問にも大きな進展があった。そして憲法学も、環境問題と決して無縁ではない。

「環境」とは、広い意味では人間を取り巻く周囲の外部世界全体のことだが、「環境問題」というときには、主として大気、水、土壌、森林原野、野生の動植物、気候などの自然環境のことを指し、さらに歴史的・文化的遺産や景観といった文化的環境を含めることもある。(2) ここでは特に自然環境を念頭に置いて、環境問題と憲法学との関係について考えてみたい。

二　環境倫理学の問題提起

(1)　環境倫理学と人間の責任

①三方向の倫理的責任

人間の活動に起因する地球環境の深刻な悪化を前にして、われわれはどのような行動を選択すべきか。日本でも一九九〇年代に入るころから、倫理学者がこの問題と積極的に取り組み、いろいろな発言をおこなうようになった。今日では応用倫理学の一分野として「環境倫理学」というジャンルが成立している。環境倫理学者によれば、人間は環境の保護に関連して三方向の倫理的責任を負っている。同時代の人々に対する責任、未来世代の人々に対する責任、環境（自然）そのものに対する責任である。

②同時代の人々に対する責任

一九八〇年代末の統計によると、年間一人あたりの紙消費量はバングラデシュ一キロ、日本二二二キロ、アメリカ三〇八キロ、一九九一年の統計によると、年間一人あたりの二酸化炭素の排出量は、インド〇・二トン、日本二・三トン、アメリカ五・八トンだったという。世界人口の二〇～二五％にすぎない「先進諸国」の人々が、化石燃料（石炭・石油）や森林資源の大半を消費し、環境汚染や地球温暖化の原因物質を排出しているということだ。こうした状態は公正とはいえないのではないか。われわれ「先進諸国民」は、この状態に対して倫理的責任を負っているのではないか。同時代の人々に対する責任という場合に想起されているのは、このような地域間・集団間における資源消費・便益享受・環境汚染の大きな格差である。

そこで、環境倫理学者はたとえば次のように主張する。地球環境による吸収が可能な範囲という意味で、持続可能な二酸化炭素の総排出量を仮に年間二〇億トンと見積もり、世界人口を六〇億人とすれば、一人あたりの年間許容排出量は三分の一トンである。そうすると一九九一年の数字で、インド人は二酸化炭素の年間排出量をなお六〇％程度増加させる権利をもつのに対して、日本人は七分の一に、アメリカ人は一八分の一にまで削減する倫理的義務を負うことになるはずだ(3)。このように南北問題は、「先進諸国民」だけが地球環境に過大な負荷をかけて豊かさを享受してよいのかという、社会システム全体にかかわると同時に、個人のライフスタイルにも直接関係する重い倫理的な問いをわれわれに突きつけている(4)。

③未来世代の人々に対する責任

環境にどこまで負荷をかけることが許されるかは、同時に現在世代の人間が未来世代の人々に対して負っている倫理問題でもある。当然のことながら、未来世代と現在世代との間にはコミュニケーションもギブ・アンド・テイクの相互作用も成立しない。また、自分たちの子どもや孫の世代ならまだしも、五〇〇年先一〇〇〇年先の人類の生活や価値観を予測したり共感するのはほとんど不可能でもある。

しかし、化石燃料を今のペースで消費すれば、人類全体の消費量は今後一〇〇年間で一兆トン程度となり、その燃焼によって生み出される二酸化炭素は四兆トンに達するとか、原子力発電所から出る高レベル放射性廃棄物を埋蔵処理した場合の管理責任期間は、最低一〇〇〇年と見積もるのが技術的に妥当な線だといった指摘もある。こういう話を聞くと、現在世代は未来を大きく左右し、未来世代に深刻な害悪を及ぼす能力をもつと同時に、そのような結果を回避ないし緩和する可能性ももっていることがよくわかる。現在世代の倫理的責任は重大だという環境倫理学者の警告を、簡単に無視することはできないだろう(5)。

(2)　環境（自然）に対する人間の倫理的責任

①人間中心主義と生態系中心主義

以上のような同時代人に対する責任や未来世代に対する責任は、いずれも人間の人間に対する倫理的責任である。その前提には、環境破壊が人間の利益を害するという「人間中心」の視点がある。しかし、一九七〇年代以降欧米で本格的に展開されてきた環境倫理の議論は、むしろこうした人間中心の視点に対する批判を原動力としている。

環境倫理学がいう「人間中心主義」とは、われわれ人間が倫理的責任を負う相手は人間だけだという考え方である。つまり、倫理的配慮の対象となるような固有の価値をもつのは人間だけであり、人間以外のものは人間の役に立つ道具・手段である限りにおいてのみ、価値をもつにすぎないという発想である。これに対して「生態系中心主義」は、人間だけが倫理的価値判断（善悪の判断）の主体だと考える点では人間中心主義と同じだが、人間以外の自然界の存在にも、倫理的配慮の対象としての固有の価値を認める点で、人間中心主義と対立する。(6)

②保全 conservation と保存 preservation

一口に環境保護といっても、人間中心主義と生態系中心主義のいずれの立場に立つのかによって、その範囲や程度には相違が生じてくる。人間中心主義の場合、自然界は人間生活の手段・資源と位置づけられ、環境保護とは、自然という資源の管理・節約を意味する。他方、生態系中心主義では、人間に対する貢献度とは独立に、自然を自然として保存することに意義が見出される。種の多様性の維持、絶滅危惧種の保護という発想はこの考え方に由来する。(7)生態系中心主義を批判する目的で書かれたJ・パスモア（間瀬啓充訳）の『自然に対する人間の責任』（岩波書店・一九七九年）が、彼自身の立場である人間中心主義的な環境保護を自然の conservation（保全ないし管理）、生態系中心主義的な環境保護を自然の preservation（保存）とよんで区別して以来、同じく環境保護といっても、二つの異なる考え方があることが意識されるようになった。

③土地倫理と自然の権利

生態系中心主義的な環境倫理思想の先駆は、アルド・レオポルドの「土地倫理 land ethic」の主張である。アメリカの生態学者レオポルドは、一九四九年に出版された遺稿集の中で、かつては奴隷が人間の所有物と認められていたように、今日でも「土地」（彼のいう「土地」とは、動植物から水や大気まで含む生態系を意味する）は人間の所有物とみなされているが、人間は生命共同体としての「土地」の一構成員にすぎないから、「健康な土地」の存続のために配慮して、自らの行動を抑制する倫理的義務を負うと訴えた。(8)レオポルドの立場は、行為の善悪の基準を土地＝生態系の個々の構成員の利益にではなく、生態系そのものの利益に置くため、全体論的倫理とよばれる。

全体論的倫理を突きつめると、生命共同体の安定と存続のためには、たとえば異常に繁殖して生態系のバランスを崩す種については個体の殺害も正当化されうることになる。そのため、レオポルドの「土地倫理」の主張は、パスモアなどの論者によって「環境ファシズム」だという攻撃を受けることになった。

そこで、生態系中心主義的な環境倫理思想のもう一つの潮流は、全体としての生態系ではなく、それを構成する個々の個体が人間の倫理的配慮の対象になると考えた。ポール・テイラーの「生命中心主義的」自然観、トム・レーガンの「動物の権利」論などはこの流れに属している。(9)こうした論者のいう「動物の権利」とか「自然の権利」とは、法学者の考えるような権利ではなく、むしろ倫理的配慮を受けるべき固有の価値のことを意味している。もっとも、アメリカの環境思想の中からは、一九七二年に「樹木の原告適格」という論文を発表したクリストファー・ストーンのように、法的な意味での「自然の権利」を認めようとする見解も現れた。

テイラーやレーガンのような個体主義的な生態系中心主義に対しても、それを厳格に理解すれば、家畜や野菜を食べることもすべて「自然の権利」の侵害となるのではないかなど、固有の価値を尊重されるべき生命の範囲をめぐっていろいろな疑問が提起されている。

このように、生態系中心主義をめぐる環境倫理学の議論は、さまざまなヴァリエーションを伴って今なお継続中である。(10)しかし、レオポルド的な全体論的倫理にせよテイラー的な個体主義にせよ、生態系中心主義の環境倫理思想によって人間中心主義の世界観に風穴があけられ、人間中心主義的な環境保護の不十分さが意識されるようになった点は、重要な意義をもつとみるべきだろう[11]。

三　憲法理論の動向

(1)　環境権と環境人格権

①実務法曹による環境権の提唱と憲法学界による受容

以上のような環境倫理学の流れに先行して、日本では実務法曹界主導でまず環境権論議が、大きな社会問題となっていた公害被害者の救済という差し迫った関心から高まりを見せた。環境権の主張が初めて提起されたのは、一九七〇年三月に国際社会科学評議会が主催して、東京で開かれた公害国際会議による「東京宣言」だったといわれる。さらに、同年九月に開催された日本弁護士連合会の第一三回人権擁護大会で、大阪弁護士会環境権研究会の仁藤一弁護士と池尾隆良弁護士が、環境権の考え方をより明確な形で提唱した。それによると、環境権とは、憲法二五条・一三条に根拠をもち、環境を共有する万人が「良き環境を享受し、それを支配しうる」憲法上および民事法上の権利である。環境権の主張は、この権利にもとづいて、被害住民側には周辺の環境汚染の排除請求権と、予防のための差止請求権が直接認められるとする点に特色がある[12]。

日本国憲法には環境権を保障する明文規定はないわけだが、実務法曹による環境権の提唱は、憲法学者にも大きなインパクトを与えた。現在でも、二五条と一三条を根拠として憲法上の環境権を認める見解が、憲法学界の通説を形成している。例えば、野中俊彦はこう述べている。「『良い環境を享受する権利』という意味での環境権は、『健康で文化的な最低限度の生活』を維持する上での必要最小の条件であるから、憲法二五条によって根拠づけられ、またそれは幸福追求の基本条件であるから憲法一三条によっても根拠づけられる。そしてこのような環境権の理念は立法・行政において尊重されなければならない[13]」。

ただし通説は、憲法上の環境権を多分に理念的で抽象的な権利とみなしており、この権利を具体化するための解釈論を十分展開してきたとは必ずしもいえない。

②判例による環境権構想の拒否と環境人格権の承認

在野法曹・憲法学説の動向とは対照的に、裁判所は環境権の構想には終始冷淡で、憲法レベルにせよ民事法レベルにせよ、環境権の保障を正面から認めた判例はこれまでのところ存在しない。(14) 環境権は、対象となる環境の内容や権利者の範囲があまりにも不明確で、判決で執行できる具体性に欠けるとみなされたことが、その最大の理由であろう。

とはいえ、被害が深刻な公害関係の諸事件では、裁判所が被害住民側の損害賠償請求を認めたケースはかなりある。(15) その際、裁判所は、伝統的な不法行為法の枠組みを前提としながらも、不法行為責任の成立要件とされる故意過失・違法性・因果関係の認定基準をある程度緩めて、被害住民を救済しようとしてきた。判例の次のような態度がその例である。

(a)過失に関しては、企業に勤務する特定人の故意・過失を立証するのが困難なことを考慮して、組織体としての企業自体の過失を認定する（熊本水俣病第一次訴訟判決：熊本地判昭和四八・三・二〇判時六九六号一五頁）。

(b)違法性に関しては、侵害行為の態様・程度、被侵害利益の性質・内容、侵害行為の公共性等を総合考慮して違法性の有無を認定する「受忍限度論」の枠組みに立ちながら、健康被害の観念を広くとらえて、重大な精神的苦痛や生活妨害の発生にも違法性を認める（大阪空港公害訴訟最高裁判決：最大判昭和五六・一二・一六民集三五巻一〇号一三六九頁。ただし、損害賠償は認めたが、夜間飛行禁止を求める差止請求には応じなかった）。

(c)因果関係に関しては、公害事件ではその厳密な立証が難しいことから、加害企業側が因果関係の不存在ないし疑念を証明できなければ、被害者側による間接事実の証明で足りるとする「間接反証論」的立場をとったり（新潟水俣病第一次訴訟判決：新潟地判昭和四六・九・二九下民集二二巻九・一〇号別冊一頁）、ある因子と当該疾病との「疫学的因果関係」の存在を重視する立場をとる（四日市ぜん息訴訟判決：津地判昭和四七・七・二四判時六七二号三〇頁）。(d)「共同不法行為」（民七一九条一項）の認定にあたっては、複合汚染に対処するために、広範囲に工場が立ち並んで煤煙を排出しているようなケースについて、複数企業の「関連共同性」を認める（西淀川第一次訴訟判決：大阪地判平成三・三・二九判時一三八三号二二頁）、などである。[16]

このように判例は、環境権の構想には冷淡だが、著しい健康被害・精神的苦痛・生活妨害については民法上の「人格権」侵害にもとづく不法行為の成立を認めてきた。その意味では、環境権という抽象度の高い理念的権利から、裁判実務になじむ「環境人格権」とでもいうべき具体的権利が生成してきたとみることもできるだろう。学説にもこの点を評価する見方がある。[17]

(2)　環境保護の憲法理論に向けて

①憲法学の課題

たしかに、企業や政府の加害行為から一般市民を守るための法的観念として、各個人を権利主体とする「環境人格権」を承認することには大きな意味がある。しかし、住民の健康被害や生活妨害を直接の対象とする「人格権侵害」論だけで、環境保護にとって十分なわけではもちろんない。生態系中心主義的な発想に立つ場合はいうまでもなく、人間中心主義的な観点からも、特定の市民に現実に健康被害が現れる前に、良好な環境を維持する総合的な環境保護政策を実現していくことが強く求められている。しかし他方で、政府による環境保護政策の実施は、企業や個人の経済活動を規制する場合には営業の自由、財産権の保障、職業の自由、狩猟のような個人の趣味の領域に介入する場合には幸福追求権という具合に、憲法上の人権を制限する側面をもつ。したがって憲法学は、環境保護を現代憲法上の重要な価値と認めると同時に、既存の人権との関係を再検討するという課題に直面しているわけである。現に日本の憲法理論にも、環境保護の憲法上の位置づけをめぐっていろいろな動きがある。ここでは、すでに述べた「環境権」の構想のほか、「国家の環境保護義務」論、「世代間契約としての憲法」観、「自然の権利」論を簡単に見ておきたい。

②環境権と国家の環境保護義務

「良好な環境を享受するすべての人の権利」という憲法上の環境権の構想は、市民の環境保護運動に正当性根拠を提供し、政府の総合的な環境保護政策を促す啓蒙的機能をもっている。上述のように、憲法学の通説は、一三条・二五条によって現行憲法上、すでに環境権が保障されていると考えてきた。さらに、環境権を明文化する憲法改正を求める声もある。[18]しかし、たとえば清浄な大気などの環境が、基礎的な公共財であって個人の私物・私的利益ではないことを考えると、「良好な環境」を保護内容とする個人の権利という構成には、伝統的な権利観とはなじまない点があることも確かだ。たとえば、有害物質で川が汚染されても、それによって人体への被害が生じていなければ、伝統的には個人の権利が侵害されたとはいえないからである。[19]これが主要な原因となって、判例が環境権という観念を受け入れないことはすでに見た。環境人格権を超える環境権は、狭い意味での個人の利益保護にとどまらず、私人の権利主張の形式を借りて政府による公益保護を起動させようとする点で、これまでの人権にはないコンセプトなのである。そこで、環境保護のこうした特色に対して、むしろ正面から憲法上の位置づけを与えるほうがよいという考え方もある。「国家の環境保護義務」論はそういう発想だと理解できるだろう。

これは、個人の権利の形式をとらずに、国家の義務という形で憲法に環境保護規定を導入する考え方である。この方式を実現したのが、一九九四年の改正で追加されたドイツ憲法二〇a条だ。[20]この条項は第一次的には立法者＝議会を拘束する義務規定と理解されており、ドイツの憲法学説によれば、現在の環境保護水準の後退の禁止、環境汚染を可能な限り未然に防止する予防の原理、環境への負荷を再生可能な範囲にとどめる持続可能性の維持といった基本方針に沿って、環境保護政策を展開するよう立法者に命じるものだという。[21] 日本の場合には、一九九三年に制定された環境基本法が、法律のレベルでこの種の環境保護義務規定を明文化した。[22]

③世代間契約としての憲法

上述のように、最初に環境権が提唱されたとき、念頭に置かれていたのは公害被害者の権利であった。その意味で、環境権論の視線は、同時代の自国市民に対する企業・政府の責任に向けられていた。しかし、チェルノブイリの原発事故（旧ソ連、一九八六年）に象徴されるような長期にわたる環境汚染の現実に直面し、また環境倫理学の問題提起も受けて、最近では未来世代に対する現在世代の憲法上の責任を論じる憲法学者も出てきた。たとえば畑尻剛は、ドイツの憲法学者ヘーベルレの議論を参照しながら、日本国憲法からも現在世代と未来世代との「契約」を読み取ろうとしている。畑尻が手がかりとするのは、「日本国民は、……われらとわれらの子孫のために、……この憲法を確定する」（前文）、「この憲法が日本国民に保障する基本的人権は、……現在及び将来の国民に対し、……永久の権利として信託されたものである」（九七条）といった憲法条項である。[23]

日本国憲法のこうした新しい理解が、具体的にはどのような憲法解釈を導くことになるのか。とりわけ環境保護の分野で、立法者の義務づけや既存の人権の制限について、これまでとどのように異なる解釈が示されることになるのか。具体的な議論の展開はまだこれからという段階だが、新たな憲法観を提示する試みとして注目される。

④法的レベルの「自然の権利」

環境倫理学の潮流の中には、生態系中心主義の立場から、自然物自体を権利の主体と認める考え方があることはすでにみた。日本の法律家の中にも、アメリカの議論を取り入れて、憲法・民法・行政法の次元にまたがる法的な権利として、自然の権利を構想する人々がいる。[24] 環境権理念のうち環境人格権を超える部分が、個人の私益保護という権利のコンセプトになじまないことを直視して、むしろ自然物を権利主体と構成することで、環境権の理念を純化しようというのである。

法律家のこのアイディアは環境保護団体を動かし、日本でも「アマミノクロウサギ」訴訟のようなケースが出てきた。「アマミノクロウサギ」訴訟は、鹿児島県知事がゴルフ場業者に与えた奄美大島での開発許可に対して、それらの無効確認や取消しを求める行政訴訟で、アマミノクロウサギ、オオトラツグミなど四種類の動物と環境保護団体の名前で提訴された。アマミノクロウサギは文化財保護法で「特別天然記念物」に、他の三種は希少種保存法で「国内希少野生動植物種」にそれぞれ指定され、ゴルフ場開発予定地はその生息地にあたっている。鹿児島地裁は野生動物の原告適格を認めず、これらの動物を原告として表示した部分については、訴状却下の決定を下した(25)。「自然の権利」論に対しては、権利とは本来、自分の権利を自覚し主張することが可能な人間存在を前提とした観念であり、これを不用意に拡張することは「人」権の根本を動揺させかねないし、自然の権利といっても、それを主張しているのはあくまで人間であり、人間の視点からの自然理解にすぎないといった批判が、学説からも提起されている(26)。

しかし、これまで日本では、一貫して経済優先の開発重視政策がとられ、これを制度的に下支えする財産権や営業の自由が手厚く保護されてきたのと比較して、環境影響評価制度・自然保護制度などの整備が立ち遅れがちだったことも事実であろう(27)。「自然の権利」論は、開発事業計画に対する住民などの事前参加手続が不十分であり、自己の法律上の利益保護を訴訟要件とするために、環境保護団体などの行政訴訟による事後的救済も困難な現実を、何とか打破していこうとするいわば苦肉の法理論である。「自然の権利」論にも、アメリカの「絶滅危惧種保存法」のように、一定の場合に環境保護団体の原告適格を認める制度の整備を促す刺激剤として、戦略的な意義を認めることができるだろう(28)。

四　おわりに

環境保護を実現していくためには、その内容・方法・手続を具体化する法制度が不可欠である。日本でも、①環境の恵沢の享受と継承、②環境負荷の少ない持続的発展が可能な社会の構築、③国際的協調による地球環境保全の積極的推進の三原則を掲げた環境基本法の制定と前後して、個別法制の整備が一層進んだ。近年制定された新規立法だけでも、例えばフロン回収破壊法、容器包装リサイクル法、家電リサイクル法、ダイオキシン類対策特別措置法、水道水源法、環境影響評価法などがある(29)。

しかし、環境保護政策の進展によって、憲法上の人権が今までにない制限を受けることがある以上、環境保護が法律レベルだけではなく、憲法レベルの価値でもあることを再確認にすることには、やはり重要な意義がある。判例・学説は、二九条の財産権が消極目的・積極目的による規制を受けうることを認めるが、環境保護を目的とする財産権規制の位置づけは必ずしも明確ではない(30)。けれどもすでに通説は、被害者の生命・健康の保護だけに限定されない憲法上の環境権を承認してきた。とすれば、経済活動を規制された側の主張によって、法律による財産権規制や営業規制の合憲性が問題となる場面では、環境権が経済的自由の対抗価値であることを前提とした違憲審査がおこなわれるべきことになろう。通説の立場からは、環境保護目的による経済的自由規制については、緩やかな違憲審査基準を適用することが打ち出されてもよいのではないだろうか(31)。

（1）　四大公害訴訟とは、熊本水俣病訴訟・新潟水俣病訴訟・富山イタイイタイ病訴訟・四日市ぜん息訴訟である。一九七〇年のいわゆる「公害国会」では、一九六七年制定の公害対策基本法の強化、水質汚濁防止法・廃棄物処理法・公害犯罪処罰法の制定など一四の法律の制定改正が行われ、翌七一年には、厚生省から独立する形で環境庁が設置された。南博方＝大久保規子『要説環境法・第二版』（有斐閣、二〇〇三年）五頁・一五頁。

（2）　阿部泰隆＝淡路剛久編『環境法・第三版』（有斐閣、二〇〇四年）二九頁。

（3）加藤尚武編『環境と倫理』（有斐閣、一九九八年）一〇六―一〇七頁〔戸田清執筆〕、同書一九二―一九四頁〔本田裕志執筆〕。

（4）一九九七年に気候変動枠組条約の第三回締約国会議が採択した京都議定書では、締約国は、二酸化炭素を始めとする六種類の温室効果ガスの排出量を、二〇〇八年から二〇一二年の間にEUは一九九〇年レベルの八％削減、アメリカは七％削減、日本は六％削減など、先進諸国平均で五％削減することに合意した。その後アメリカの離脱などによって発効の要件が満たされない状態が続いたが、二〇〇四年一一月にロシアが批准したため京都議定書は二〇〇五年二月一六日にようやく発効した。日本は二〇〇二年六月四日に批准している。大塚直『環境法』（有斐閣、二〇〇二年）一二五―一二六頁参照。

（5）加藤編・前掲注（3）「はしがき」〔加藤尚武執筆〕、同書四七頁〔河宮信郎執筆〕、同書九七―一〇三頁〔蔵田伸雄執筆〕。ウォルター・ワグナー「未来に対する道徳性」シュレーダー＝フレチェット編（京都生命倫理研究会訳）『環境の倫理（上）』（晃洋書房、一九九三年）一〇八―一一八頁。

（6）加藤編・前掲注（3）一二二―一二三頁〔戸田清執筆〕、同書一三一頁〔谷本光男執筆〕、同書一五四頁〔須藤自由児執筆〕。

（7）もっとも、種の多様性の維持自体を豊かな人間生活のためと位置づける考え方もある。日本の希少種保存法一条はこの立場に立っている。飯田稔「自然環境の利用と保全」ドイツ憲法判例研究会編『未来志向の憲法論』（信山社、二〇〇一年）二一一頁参照。

（8）アルド・レオポルド（新島義昭訳）『野生のうたが聞こえる』（講談社学術文庫、一九九七年）三一五―三五一頁。

（9）テイラー、レーガンの主張については、小原秀雄監修『環境思想の多様な展開』（東海大学出版会、一九九五年）二一頁以下・九二頁以下参照。

（10）例えばロデリック・ナッシュ（松野弘訳）『自然の権利』（ちくま学芸文庫、一九九九年）第五章「哲学の緑化」参照。

（11）生態系中心主義をめぐる議論の概略については、加藤編・前掲注（3）一二二―一二四頁〔戸田清執筆〕、同書一三一―一四六頁〔谷本光男執筆〕、同書一五〇―一五九頁〔須藤自由児執筆〕参照。

（12）南＝大久保・前掲注（1）四一―四二頁。大阪弁護士会環境権研究会『環境権』（日本評論社、一九七三年）二二頁以下・五〇頁以下・一五八頁以下参照。

(13) 野中俊彦＝中村睦男＝高橋和之＝高見勝利『憲法Ⅰ・第三版』（有斐閣、二〇〇一年）四六八頁。ほかにも小林直樹、芦部信喜、阿部照哉、佐藤幸治、浦部法穂、初宿正典、戸波江二教授などの憲法解説書が同趣旨である。

(14) 南＝大久保・前掲注（1）四七頁、大塚・前掲注（4）五一頁。

(15) これに対して差止請求についてはその法的根拠に論議があり、日照妨害を除くと判例の態度は一般に消極的である。松浦寛『環境法概説・全訂第四版』（信山社、二〇〇四年）九八―一一四頁、井上典之「憲法問題としての環境裁判の現在」ドイツ憲法判例研究会編・前掲注（7）二九四―三〇八頁、大塚・前掲注（4）一七頁。

(16) 以上については大塚・前掲注（4）五〇一頁以下。

(17) 内野正幸『憲法解釈の論点・第四版』（日本評論社、二〇〇五年）五七頁。

(18) 地方自治体レベルでは、一九九一年制定の川崎市環境基本条例二条一項、一九九四年制定の大阪府環境基本条例前文が、住民の環境権を明文で保障している。

(19) 小山剛「環境保護と国家の基本権保護義務」ドイツ憲法判例研究会編・前掲注（7）一九一頁。

(20) 二〇ａ条は次のように規定している。「国家は、未来の世代に対する責任からも、憲法的秩序の枠内で立法により、かつ法律および法に基づいて執行権および裁判により、自然的生命基盤〔自然環境〕を保護する」。

(21) 小山・前掲注（19）一九九―二〇〇頁。

(22) 公害対策基本法を発展的に解消して制定された環境基本法は、一―五条で環境保護政策の基本的な目標・指針、六―九条で国・地方公共団体・事業者・国民の責務を定めている。この法律は、政府と並んで国民の責務を規定する点でドイツ憲法とは大きく異なるが、いわば環境保護義務型規定の日本版である。環境基本法が環境権の明文化を避けたことには、環境保護団体などからの批判がある。

(23) 畑尻剛「憲法問題としての『次世代に対する責任』」ドイツ憲法判例研究会編・前掲注（7）三四―三八頁。

(24) 山村恒年＝関根孝道編『自然の権利』（信山社、一九九六年）、加藤編・前掲注（3）第四章〔山村恒年執筆〕参照。

(25) 鹿児島地判平成一三・一・二二判例集未登載。判決原文は環境法研究会「いわゆる『アマミノクロウサギ』訴訟について」久留米法学四二号（二〇〇一年）一一五頁参照。ほかにも「オオヒシクイ」訴訟などがある。

(26) 押久保倫夫「環境保護と『人間の尊厳』」ドイツ憲法判例研究会編・前掲注（7）一七四―一七六頁。飯田・前掲

注（7）二一二頁。
(27)　一九九七年にようやく制定された環境影響評価法とその問題点については、大塚・前掲注（4）二二三頁以下、野生動物保護法制とその実情については同書四五一頁以下参照。
(28)　大塚・前掲注（4）五六頁。
(29)　大塚・前掲注（4）二一一―二五頁。
(30)　飯田・前掲注（7）二一三―二一四頁。
(31)　明文がないことで裁判所の態度が消極的だとすれば、憲法立法論としては、ブラジルやポルトガルの例のように、環境権と国家の環境保護義務の双方を条文化する選択肢も考えられる。青柳幸一『個人の尊重と人間の尊厳』（尚学社、一九九六年）一六九―一七一頁参照。

Ⅱ　先端生命科学技術と学問の自由

一　はじめに

一九九七年二月、イギリスの研究者グループが、その前年、世界で初めて体細胞クローン羊の誕生に成功したことを発表した。「ドリー」と名づけられたこの羊の誕生は、体細胞クローン技術を用いた哺乳動物の「作成」は不可能だと考えていた生命科学界の通念を覆し、クローン人間も技術的に決して不可能ではないことを示すものだった。クローン研究に代表される先端的な生命科学技術は、不妊治療・臓器移植などの医療の領域にとって画期的な意義を持つと同時に、人間はどこまで生命を人為的に操作することが許されるのかという、深刻な倫理問題も提起することになった。こうした先端生命科学技術の急速な発展は、憲法学にとっても無縁の現象ではない。たとえば、この種の研究の制限は、学問の自由を侵害するのではないかという問題が、重要な憲法上の論点として浮かび上がってくる。

二　先端生命科学技術

(1)　先端生命科学技術の発展

先端的な生命科学技術の領域には、臓器移植、生殖医療、遺伝子解析・遺伝子治療が含まれ、またこれらすべてに関連する分野としてクローンやES細胞研究などの再生科学の領域があるといわれる(1)。

従来生殖医療の領域では、精子を人工的に子宮に送り込んで妊娠させる「人工授精」、女性から手術によって採取した卵子と男性の精子とをシャーレで受精させ、受精卵が細胞分裂を始めてから子宮に移す「体外受精」が実施されてきた。

他方、クローンとは、（遺伝子・細胞・個体などさまざまなレベルで）同一の遺伝情報をもつものの意味で使われる。そのうち、いわゆるクローン動物を作る方法も複数存在する。ドリーは、雌羊Aから取り出して培養した乳腺細胞と、雌羊Bから取り出して細胞核を除去した未受精卵とを電気ショックで融合させ、これを細胞分裂させて雌羊Cの卵管に移植して出産させたものだという。それ以前のクローン動物が、通常の交配による受精卵と除核した未受精卵を融合して作られたのに対して、ドリーは卵子・精子などの生殖系列細胞ではない体細胞から作られた点で画期的だった。つまりドリーは無性生殖によって誕生したわけである。基本的な遺伝情報は細胞の核内に存在していることから、ドリーは雌羊Aのコピーだということになる。この方法を人間に適用すれば、他の一個体と遺伝子を同じくするコピー人間という意味でのクローン人間を作ることが可能だと考えられる(2)。

このような体細胞クローン技術は、まず生殖医療の領域で利用することが可能である（生殖クローニング）。これまでは、精子・卵子のいずれかを欠いているカップルや同性愛のカップルが養子ではない子どもをもとうとすれば、第三者の精子か卵子をどうしても提供してもらう必要があった。これに対して、体細胞クローン技術は、第三者の遺伝子が入り込まない「実子」をもつ可能性に道を開く。

さらに、次のようなケースも想定できる。たとえば、白血病で、適合する骨髄が見つからない子どものために、親が自然妊娠でその子の弟妹を出産して骨髄移植の可能性を探ったり、さらには体外受精して分裂を始めた受精卵の遺伝子診断を行い（受精卵診断ないし着床前診断）、白血病の子どもと骨髄組織が適合する受精卵を母親の子宮に戻して骨髄移植可能な弟妹を出産することが、アメリカではすでに実施されているという。このような場合に体細胞クローン技術は、患者本人の体細胞にもとづくクローン胚の作成と受精卵診断の組合せによって、骨髄の組織適合抗原のみならず他の点でも拒絶反応が生じない弟妹の誕生を、より確実に実現する可能性を開くのである。[3]

また、移植医療の領域では、ＥＳ細胞（胚性幹細胞）の研究が脚光を浴びている。ＥＳ細胞とは、「胚盤胞」とよばれる段階に至った胚（胚とは分裂を始めた受精卵である）から採取した細胞で、マウスの実験では、適切な刺激を加えると皮膚・神経など身体のさまざまな組織の細胞に分化することが確認されている。ここでもまだ技術的に解決しなければならない課題が多いといわれるが、将来的にはＥＳ細胞を各種の臓器に成長分化させて、移植用臓器として使用することも夢ではないと考えられている。しかし、ＥＳ細胞から移植用臓器が作られても、それだけでは移植による拒絶反応は避けられない。そこでこの場合にも、体細胞クローン技術によって、患者本人の体細胞と除核した未受精卵を融合して作ったクローン胚からＥＳ細胞が得られれば、拒絶反応の問題も解決することになる。[4] 先ほどの白血病患者の例でも、何も自分のクローン人間を作らなくても、自分の体細胞に由来する骨髄が作られればよいことになる（治療用クローニング）。

(2)　先端生命科学技術の規制

①規制の手法

今その一端を紹介した先端生命科学研究には、安全性や倫理性の観点からさまざまな疑問があり、したがって何らかの規制が必要だという点は、研究者自身も含めて世界中で多くの人が認めるところだろう。しかし、他方で、研究者のチャレンジ精神、研究が持つ医療上の意義、経済的価値、国際競争などが、先端生命科学研究を推進する強いインセンティブを与えていることも事実だ。そのため、実施されている規制のあり方は、国によって実際には大きく異なっている。おおざっぱにいえば、アメリカは連邦法レベルの法的規制に消極的で、自由容認の傾向が強く、ヨーロッパ、特にドイツ、フランスは包括的な法的規制を設けて、公権力によるコントロールを強化する方

向だ。(5)

これに対して日本の現状は、アメリカとヨーロッパの中間とでもいうべきものだろう。すなわち日本では、学会や各研究機関単位のガイドラインによる研究者の自主規制にゆだねられている分野、厚生労働省・文部科学省といった所轄官庁の行政指導による規制がおこなわれている分野、国会が制定した法律によるフォーマルな規制がおこなわれている分野が混在している。

たとえば、第三者の卵子提供を受けた体外受精は、日本産科婦人科学会の「体外受精・胚移植に関する見解」（一九八三年）によって禁止されている（自主規制方式）。(6) 受精卵診断についても、日本産科婦人科学会の倫理委員会が指針をまとめ、重篤な遺伝病の確認に限定して認める方針を打ち出した（一九九七年）。行政指導型の規制の例としては、文部科学省の「ヒトES細胞の樹立と使用に関する指針」（二〇〇一年）、同じく文部科学省が「クローン技術規制法」の委任を受けて制定した「特定胚の取扱いに関する指針」（二〇〇一年）、文部科学・厚生労働・経済産業三省の「ヒトゲノム・遺伝子解析研究に関する倫理指針」（二〇〇一年）などがある。これに対して、先端生命科学技術の一定分野を対象とした法律は、今のところ「臓器移植法」（平成九〔一九九七〕年法律一〇四号「臓器の移植に関する法律」）と「クローン技術規制法」（平成一二〔二〇〇〇〕年法律一四六号「ヒトに関するクローン技術等の規制に関する法律」）の二つだけである。(7)

自主規制・行政指導というインフォーマルな規制と、法律によるフォーマルな規制には、それぞれ長所と短所があるといわれる。インフォーマルな規制の長所は、専門家集団の自律性を尊重した規制がおこなわれ、国会審議を通さないため、状況の変化に敏速に対応する柔軟な規制が可能になる点だとされる。他方、短所は、強制力を欠くため、最終的には規制違反を阻止できないことである。現に一九九八年に長野県のある産婦人科医が、第三者から提供された卵子による体外受精にもとづいて子どもを出産させたことが明らかとなり、日本産科婦人科学会によって除名処分を受けたが、この医師は不妊治療上の必要性にもとづく行為だとして、その後もこうした活動を続けている。また、二〇〇四年には、神戸市の産婦人科医が男女の産み分けや染色体異常の確認のため、学会に無断で受精卵診断をおこなっていたことが明らかになり、やはり日本産科婦人科学会の除名処分を受けたが、この医師は学会を相手どって訴訟を提起するとともに、受精卵診断も続けている。

法律によるフォーマルな規制の長所・短所は、ちょうどこれと裏腹の関係に立つ。つまり一般世論を反映した民主的なルートで形成され、強制力を伴う明確で実効的な規制である反面、研究者の自由を公権力が不必要に制限する可能性も高く、国会審議は政治的な妥協の場で時間もかかるため、状況の変化に適切に対応できない蓋然性も高くなるということだ。(8)

②クローン技術規制法

上述のように、現在日本に存在する規制法は臓器移植法とクローン技術規制法の二つである。ここでは、先ほど紹介した再生科学・生殖医療・臓器移植のすべてに関連し、実質的には日本初の生命倫理法だともいわれる(9)クローン技術規制法（平成一二年一二月公布・翌一三年六月施行）の内容に触れておこう。

この法律は、一定のクローン技術および周辺技術が、「人の尊厳の保持、人の生命及び身体の安全の確保並びに社会秩序の維持……に重大な影響を与える可能性があることにかんがみ」（一条）、その規制を図ることを目的として制定された。クローン技術規制法の主な内容としては、次の四点を挙げることができるだろう。①クローン技術に関連する九種類の「特定胚」を定義したこと（二条）、②特定胚の取扱いについては文部科学大臣の定める指針によるとして（五条・四条）、包括的な委任をおこなったこと、③特定胚の作成・譲受け・輸入にあたっては、文部科学大臣への届出を義務づけたこと（六条）、④九種類の特定胚のうち、「人クローン胚」「ヒト動物交雑胚」「ヒト性融合胚」「ヒト性集合胚」を人または動物の体内に移植する行為を禁止し（三条）、違反者には一〇年以下の懲役もしくは一〇〇〇万円以下の罰金、またはその併科という、日本法としては重い刑事罰を定めたこと（一六条）である。この三条の規定によって、(a)人の体細胞クローン、(b)除核した動物の未受精卵に人の細胞核を移植して作った胚による人＝動物クローン、(c)体の大部分は人間で一部に動物の臓器をもつ人＝動物キメラ、(d)人と動物を受精したハイブリッドという四種類の個体を作ることが法律で禁止されたことになる。

クローン技術規制法には、人の体細胞クローン等の個体を作ることは禁止する反面、人クローン胚等を使用した研究自体は法律では禁止しないという二重の意味がある。この法律にもとづいて二〇〇一年一二月に出された文部科学省の「特定胚の取扱いに関する指針」では、とりあえず「動物性融合胚」の作成だけが解禁となった。指針は、法律では禁止されなかった五種類の特定胚についても、そこからの個体の産生を禁止した。[10] しかし、動物性融合胚から個体を作れば、体の大部分は動物で、一部の臓器が人間というキメラ動物が誕生することになるので、指針は移植用臓器のいわば「培養器」として動物を利用する可能性を、少なくとも意識はしていると推測することができるだろう。[11] こうしたクローン技術規制法と文部科学省指針のシステムに対しては、最小限の法的規制によって将来の研究に臨機応変に対応することを可能にしたという肯定的な評価と、胚の作成・研究自体は禁止せず、さらに五種類の特定胚については個体産生も禁止していないクローン技術規制法は、国際的にも異例なほど広範囲の生命操作を認める「クローン周辺技術容認法」だという否定的評価がある。[12]

三　学問の自由

はじめに述べたように、このような先端生命科学研究とその規制というテーマは、憲法が保障する学問の自由とその限界の部分問題でもある。

憲法二三条は、「学問の自由は、これを保障する」と規定している。学問とは、真理の探究・発見を試みる知的な営みだといわれる。学問研究の成果は、時として政治権力・宗教権力の公定価値と矛盾することがあるため、歴史的には権力による統制や弾圧の対象となることがままあった。よく引かれる古典的な例は、カトリック教会の宗教裁判によって、教会の教えと矛盾するという理由で、地動説の放棄を強制されたガリレオ・ガリレイの逸話である。日本でも第二次大戦前の「天皇機関説事件」（一九三五年）が、学問弾圧の例として有名だ。これは、この時期大きな高まりを見せた狂信的な天皇崇拝の流れの中で、それまではむしろ通説的地位を占めていた憲法学者・美濃部達吉の天皇機関説が「不敬」だと攻撃され、美濃部は貴族院議員の辞職を余儀なくされた上に、その著書が政府によって発売禁止処分を受けた事件である。[13]

権力による学問の弾圧は、研究者にとって大変な不幸であるのみならず、学問自体の発展を阻害し、学問成果の利用によって社会が受けるはずの福利にも水を差すことになる。そこで日本国憲法は、戦前の歴史的な教訓を踏まえて、学問の自由を独立の人権規定の形式で明文化した。通説によれば、憲法二三条の学問の自由は、研究の自由・研究発表の自由・教授の自由からなるとされ、主たる学問研究機関である大学が戦前には政府の人事介入に悩まされたことから、「大学の自治」の保障も含むとされる。[14]

日本国憲法の下では、天皇機関説事件のような学問の自由の極端な侵害は幸いにも起こっていないので、憲法学上の論議も他のテーマと比べると概して低調だった。しかし、生命科学に代表される先端科学技術の発展は、規制の極小化こそ憲法理念にかなうとみなす憲法学者の伝統的なスタンスに対して再考を迫る現象である。[15]従来の学説は、今見たように学問活動を大きく「研究」と（教室での「教授」も含めた）「発表」に二分する発想に立っている。「研究」の中心は研究者個人の内心の作用なので、一九条の「思想・良心の自由」ともオーバーラップし、保障は絶対的であって規制は許されない。他方、「発表」は二一条の「表現の自由」の一部でもあり、他者に影響を及ぼす外的活動なので、表現の自由の規制と同様の法理が働く。これが一般的な教科書的説明であろう。

しかし、実際の研究プロセスは、決してこうした二分法にはあてはまらない。第一に、従来から理科系の研究では、複数の研究者が作業を分担して、さまざまな実験装置を使ったり、動物実験やさらには人体実験を実施するなどの方法で、研究活動がおこなわれることが多かった。つまり、発表前段階の「研究」の中心は、分野やテーマによっては必ずしも研究者個人の内心作用ではなく、それ自体が社会的な影響をもつ外的な活動である。第二に、「発表」として念頭に置かれているのは、学会での口頭報告や学術論文の公表（したがって「言論」「出版」の一種）だが、研究成果の流通はこうした形態に限られない。分野やテーマにより、研究の実用化・商品化という成果流通がむしろ主たる目的となっている場合も多い。実験と実用化は連続的なプロセスだから、これを研究とその発表に二分するのは適切でないこともあるし、実用化・商品化のような研究成果の流通の規制を、表現の自由の規制と同列に考えることにも疑問がある。(16)

したがって、学問の自由の規制が憲法上どこまで許されるかを判断する場合には、研究の発表前段階と発表行為というおおまかな図式に立つのではなく、むしろ規制の目的・場面・手段と、そういう規制なしに研究がおこなわれた場合の弊害を、具体的に確認する作業がどうしても必要になってくる。しかも、学問の自由が侵害されたか否かの判断は、規制の政策的有効性の判断と重なる部分もあるが同一ではない。憲法上の権利の規制を正当化するためには、他者の人権など何らかの憲法的利益の保護の必要性が示されなければならず、それが示せなければ、たとえば特定の倫理的観点からは政策的に有効だと評価できる規制も違憲となりうるからだ。これは、先端生命科学技術規制の憲法問題、たとえばクローン技術規制法の憲法二三条適合性の問題を考える場合にも、あてはまることである。

四　人間の尊厳

(1)　先端生命科学技術と対立する憲法的利益

一九九九年に内閣総理大臣の諮問機関であった科学技術会議の生命倫理委員会は、クローン人間の産生がもたらす弊害として、次の四点を挙げた。①人間の育種や手段化・道具化に道を開くこと、②生まれてきた子どもは体細胞提供者とは別人格であるにもかかわらず、提供者との関係が意識されるという人権侵害が生じるため、個人の尊重の理念に著しく反すること、③無性生殖であるため人間の命の創造についてのわれわれの基本認識から逸脱し、家族秩序を混乱させるなどの弊害があること、④クローン技術には安全性の問題があることである。(17) また、上述のように、クローン技術規制法一条は、法律制定の目的として、「人の尊厳の保持」「人の生命及び身体の安全の確保」「社会秩序の維持」を掲げた。

個人の生命・身体は憲法上の最も重要な価値であるから（一三条）、研究活動の遂行によってそれが害される危険性があれば、研究に規制を加えることは憲法二三条違反ではない。したがって、クローン技術規制法が掲げる生命・身体の安全の保護、科学技術会議が危惧したクローン技術の安全性の確保は、クローン技術等の研究を正当に規制するための憲法上の対抗価値ということができる。実際、クローン動物については巨大化・短命などの異常が発見され、十分に分化していないES細胞をマウスの体内に戻した結果、ガンが発生したという報告もある。(18) こうしたデータは、これらの技術を人に適用する研究を規制する合理的な根拠となるだろう。しかし、規制根拠がこれに尽きるなら、安全性の問題が技術的にクリアされれば、人への応用研究を禁止する理由は何もないことになる。

ところが、外国の規制でも、日本の論議でも、安全性に問題がなければどのような研究も許されるとは考えられていない。クローン技術規制法が明文で掲げたように、先端生命科学技術を規制し、たとえばクローン人間の産生を禁止する根拠には、「人間の尊厳」という理念がある。そこでさらに問題となるのは、単に安全性の確保にとどまらない研究規制を正当化する根拠として、すなわち学問の自由に対抗する憲法的価値として、人間の尊厳という理念をあげることができるのか、その場合、人間の尊厳とは何なのかという点である。

(2)　「人間の尊厳」の保護と先端生命科学技術

①「人間の尊厳」の主体(1)――種と個人

人間の尊厳という言葉自体は日本国憲法には登場しない。しかし、通説は、憲法一三条が「個人の尊重」を掲げ、二四条が家族生活における「個人の尊厳」を定めたのは、ドイツ基本法一条が「人間の尊厳」を宣言したのと同じ趣旨だとして、個人の尊重・個人の尊厳・人間の尊厳を同義に理解してきた[19]。この考え方に立てば、クローン技術規制法は、学問の自由と対抗しうる憲法的価値としての「人の尊厳の保持」を、クローン技術の規制根拠として受容したという解釈が成り立つ。

では、この場合の「人間の尊厳」とは何か。たとえば、クローン技術規制法を解説した町野論文は、クローン人間産生の規制根拠を考察するにあたって、「人間の尊厳の侵害」という項目を立てて次のように述べている。「およそ個人は独自の人格を持った一回限りの存在として尊重されなければならない。憲法（一三条・二四条）のいう『個人としての尊重』『個人の尊厳』も、当然にこの趣旨を含むものと考えられる。人為的に特定の個人と遺伝的形質が同一の人を作り出す行為は、たとえ彼が複製元の個人とは別個の人格を持ち、また形質においても完全に同一ではないにしても、両者の個人のもつ尊厳を侵害する行為である[20]」。

これは、憲法学の通説と同様、人間の尊厳とは憲法一三条・二四条にいう個人の尊重・個人の尊厳のことであり、クローン人間の産生を規制する根拠としての個人の尊厳・尊重とは、要するに個人存在の一回性の尊重だとする理解である。一回限りの現象であるがゆえに、かけがえのない存在として個人に尊厳性を認めるという人間の尊厳理解からは、人間の育種・道具化の拒否という理念が導かれる。上で見た科学技術会議・生命倫理委員会の答申でも指摘されたこの理念は、ドイツの判例・学説による「客体定式」、つまり、「具体的な人間を単なる客体・手段・交換可能な物に貶める」ことが、人間の尊厳の侵害だという理解とも相通じる。人間の育種の極端な例は、ナチスも考えたような遺伝子操作による「優秀」人種の人為的育成だが、上述した白血病の子どもを救う目的のクローン人間の産生も、こうした憲法解釈からは許されないことになるだろう。

人間の尊厳の保護＝個人の一回性の尊重という理解に従えば、人間の尊厳＝個人の尊厳は、キメラやハイブリッドの産生を禁止する根拠にはならないことになりそうだ。しかし、町野論文は、キメラやハイブリッド個体には、人と動物の境目をあいまいにするという「さらに大きい問題がある」とする。クローン技術規制法の背後には、「個人は一回限りの存在でなければならない」「人類とそれ以外の動物とは截然と区分されていなければならない」という二つの建前があり、これは伝統的な刑法の保護法益を超えるものだが、「人間の尊厳」という保護法益として認めてもよいのではないか。これが町野論文の趣旨である。[21]

人間の尊厳には、「個人の一回性の保護」と並んで「人類は他の動物と截然と区分されていなければならない」という規範が含まれるとすれば、人間の尊厳は個人の尊厳・尊重を超える内容を含んでいることになろう。実際、フランスの生命倫理三法（一九九四年）、ユネスコの「ヒトゲノムと人権に関する世界宣言」（一九九七年）、ヨーロッパ評議会の「生命倫理条約」と追加議定書（一九九六年・一九九七年）は、いずれも人間の尊厳は「ヒトの種としての一体性」「種の尊厳」も含むという理解に立って制定されたものだという。[22] 町野説的理解は、日本国憲法一三条・二四条が、種としてのヒトの一体性の保護の意味まで含んだ人間の尊厳を定めた規定だという憲法解釈を内包すると考えてよいだろう。

②「人間の尊厳」の主体(2)――生命の始期

日本国憲法が人間の尊厳の保護を含んでいるとして、この保護はどこまで及ぶのか。生命の始期の理解が異なれば、先端生命科学技術の許容度、逆にいえば人間の尊厳を根拠とする研究規制の許容度も変わってくる。生命の始期の問題は、もともと妊娠中絶が許される範囲と関連して議論されてきた。キリスト教の厳格な宗派でも、卵子・精子を独立の生命と考えることはないようだが、受精した瞬間から生命が始まるという考え方はある。受精卵は細胞分裂を開始し、受精後六〜七日目、胚盤胞と呼ばれる段階で子宮に着床する。受精後一四日目も大きな区切りで、この時期に神経組織の基が形成されるという。人の場合、受精卵の分裂開始から受精後八週までを「胚」、それ以後を「胎児」と呼ぶ。

ドイツではキリスト教の中でも厳格な発想が背景となって、受精卵も基本法の人間の尊厳の保護対象だという前提に立つ「胚保護法」が一九九〇年に制定された。この考え方だと胚盤胞からES細胞を採取したり、初期胚を処分することも人間の尊厳の侵害となる。しかし、世界的なES細胞研究の進展を考慮して、二〇〇二年一月、ドイツの議会も研究用ES細胞の輸入は認めることにしたという。他方イギリスでは、受精後一四日目までの胚を研究目的に利用することが法律で認められている(23)。

これに対して日本では、胚を使用した研究を包括的に対象とする法律も行政の指針も存在せず、クローン技術規制法を別とすれば、二〇〇一年にES細胞の樹立と利用に関する文部科学省の指針が定められただけである。この指針の策定段階では、胚は「人の生命の萌芽」と位置づけられ、条文ではES細胞の樹立・研究に携わる者は「人の尊厳を侵すことのないよう」に求められることになった。しかし、行政はむしろES細胞研究の促進に積極的で、二〇〇二年にはこの指針に基づいて文部科学省の倫理委員会が、京都大学再生医科学研究所によるES細胞の樹立と京都大学医学部によるES細胞の輸入を相次いで承認した(24)。

日本の場合、生命の始期あるいは人間の尊厳の保護対象の始期の議論があいまいなままになっていること、法律ではなく行政指導の形式がとられたこと、役所の縦割り行政も反映して、文部科学省所管のＥＳ細胞研究についてだけ行政の指針が策定されたこと、これらの点が特徴的である。(25)

五　おわりに

刑法学者が刑罰謙抑の理念から、刑事罰の新設に慎重なのと同様、憲法学者は人権保護の観点から、公権力による市民の規制には消極的である。当然のことながら学問の自由の規制に対しても、伝統的に憲法学はきわめて懐疑的で、立憲主義の理念や天皇機関説事件のような歴史的経験を考えれば、これにはもっともな理由がある。

しかし、先端生命科学技術の急速な発展は、憲法学の牧歌的な「学問の自由」理解に対して困難な問題を突きつけている。先端生命科学の専門家ではないわれわれには、生命操作への漠たる不安や恐怖がある。しかし、憲法上の権利である学問の自由を、漠然とした恐怖感だけを理由に規制することはできない。憲法学は、「人間の尊厳」理念の考察を通じて、規制の必要性と程度を吟味していく必要があるだろう。人間の尊厳は、生命倫理を憲法へと導くいわば導管なのである。その際、日本国憲法は、個人の一回性の尊重、ヒトの種としての一体性の保護という意味での人間の尊厳理念に立脚し、この理念の保護は未出生の生命にも及ぶという理解が、考え方の手がかりを提供すると言えるのではないだろうか。

（1）　棚島次郎『先端医療のルール』（講談社現代新書、二〇〇一年）二三―二四頁参照。戸波江二「科学技術規制の憲法問題」ジュリ一〇二二号（一九九三年）八二頁は、さらに広く先端科学技術として、「①原子力などの大規模技術、②遺伝子の組換え実験などの遺伝子技術、③体外受精、遺伝子治療、臓器移植などの医療技術」の三分野を挙げている。本稿でいう先端生命科学技術には、戸波論文の③の領域が含まれる。

（2）　クローン動物を作る方法、ドリーの作られ方については、響堂新『クローン人間』（新潮選書、二〇〇三年）三一

―四一頁、生命操作事典編集委員会編『生命操作事典』（緑風出版、一九九八年）二五八―二六〇頁参照。

（3）生殖医療と治療に対する体細胞クローン技術の応用については、響堂・前掲注（2）二二―二七頁、一〇四―一〇五頁参照。

（4）ＥＳ細胞については、響堂・前掲注（2）一〇四―一二七頁参照。体細胞クローンとＥＳ細胞については、高橋滋「生命科学の発展と法律学の課題」法セ五七三号（二〇〇二年）七頁に引用された概念図が分かりやすい。

（5）各国の規制の現状については、たとえば、総合研究開発機構＝川井健共編『生命科学の発展と法』（有斐閣、二〇〇一年）第三部参照。

（6）二〇〇三年四月二八日の新聞報道によると、厚生労働省の厚生科学審議会・生殖補助医療部会は、第三者による精子・卵子・受精卵の提供を受けた不妊治療を認める最終報告書を提出した。

（7）櫛島・前掲注（1）六一―六六頁、響堂・前掲注（2）七一―八二頁、丸山英二「わが国の医学・生命科学研究に関する政府指針」ジュリ一二四七号（二〇〇三年）三七―四八頁。

（8）戸波・前掲注（1）八五―八六頁、町野朔「ヒトに関するクローン技術等の規制に関する法律」法教二四七号（二〇〇一年）八八頁、響堂・前掲注（2）七一頁参照。

（9）町野・前掲注（8）八七頁。

（10）磯部哲「ヒト胚の研究利用と法規制」法セ五七三号（二〇〇二年）一一頁、丸山・前掲注（7）参照。なお、内閣府に設置された総合科学技術会議の生命倫理専門調査会は、二〇〇四年七月二三日に「ヒト胚の取扱いに関する基本的考え方」と題する報告書を政府に提出した。報告書は、再生医療の基礎研究に限定して、例外的に「人クローン胚」の作成を認めるべきだという提言を含んでいて注目される。この報告書は、生命倫理専門調査会の委員の一部に強い反対があったにもかかわらず、多数決で採択された。報告書の全文は、http://www8.cao.go.jp/cstp/output/iken040723-2-3.pdf 参照。

（11）響堂・前掲注（2）一四七頁参照。

（12）クローン技術規制法については、櫛島・前掲注（1）一〇―一二頁、響堂・前掲注（2）一四四―一四八頁、町野・前掲注（8）八六―九二頁参照。響堂・町野はどちらかといえば肯定的評価、櫛島は否定的評価である。

（13）天皇機関説事件については、東京大学憲法講座における美濃部の後任教授だった宮沢俊義の『天皇機関説事件（上）

(下)』(有斐閣、一九九七年復刊) 参照。
(14) 芦部信喜・高橋和之補訂『憲法・第三版』(岩波書店、二〇〇二年) 一五六頁、一五八頁。佐藤幸治『憲法・第三版』(青林書院、一九九五年) 五〇九頁。
(15) 従来、憲法学者は、学問の自由については研究者集団の自主規制を原則とすべきだとしてきた。たとえば、小林直樹『新版憲法講義・上』(東京大学出版会、一九八〇年) 三八一頁、阪本昌成『憲法理論Ⅲ』(成文堂、一九九五年) 一八三—一八五頁参照。しかし、先端科学技術に関しては、むしろ研究者のためにも、法律による規制が好ましいとする見解も有力である。戸波・前掲注 (1) 八六頁、同・後掲注 (17) 一一八頁参照。
(16) 私が調べた主な憲法解説書では、伊藤正己『憲法・第三版』(弘文堂、一九九五年) 二八四頁だけが、「基礎研究」「応用研究」「学問上の成果を職業的に単に適用するのみの活動」の区別に触れ、最後の行為は二三条の保護対象にならないと述べている。しかし、応用研究と単にそれを利用する職業的行為とが常に区別可能かは問題だろう。
(17) 戸波江二「学問の自由と科学技術の発展」ジュリ一一九二号 (二〇〇一年) 一一三頁参照。
(18) 響堂・前掲注 (2) 五六—六一頁、一二六—一二七頁参照。体細胞クローン羊のドリーも、二〇〇三年二月一四日に進行性の肺疾患のため結局安楽死させられた。六歳七か月での死亡は羊の一般的寿命の約半分とされる。
(19) 宮沢俊義『憲法Ⅱ・新版』(有斐閣、一九七一年) 二一二—二一三頁、芦部・前掲注 (14) 八〇頁。有力な反対説として、押久保倫夫の一連の論文がある。最近のものでは、押久保倫夫「自己決定と人間の尊厳」東亜法学論叢六号 (二〇〇一年) 六三頁以下。
(20) 町野・前掲注 (8) 八九頁。
(21) 町野・前掲注 (8) 八九—九〇頁。
(22) 青柳幸一「科学/技術の進歩と人間の尊厳」ジュリ一二二二号 (二〇〇二年) 三一—三二頁参照。
(23) 櫛島・前掲注 (1) 八七頁の表、青柳・前掲注 (22) 三〇頁注五、響堂・前掲注 (2) 一〇一頁参照。
(24) 櫛島・前掲注 (1) 七八—八六頁、磯部・前掲注 (10) 一二頁、響堂・前掲注 (2) 一一三頁参照。
(25) 総合科学技術会議・生命倫理専門調査会報告書「ヒト胚の取扱いに関する基本的考え方」(前掲注 (10)) は、「ヒト受精胚は、『人』そのものではないとしても、『人の尊厳』という社会の基本的価値の維持のために特に尊重されるべき存在であり、かかる意味で『人の生命の萌芽』として位置付けられるべきものと考えられる」と述べている (報告書五頁）。報告書は、ヒト受精胚を人と認めない理由として、現行法がそのような取扱いをしていないこと、人工妊娠中絶や生殖補助医療における余剰胚の廃棄がすでにおこなわれてきた現実を無視できないことをあげるにとどまり、社会の基本的価値だとする「人の尊厳」の内容と根拠、中絶や余剰胚廃棄の現実と「人の尊厳」との関係には何ら触れていない。しかし、報告書は、ヒト受精胚は原始線条を形成して臓器分化を開始するまではヒト個体としての発育を開始するに至っていないとして、ヒト胚を実験利用できる時期を原始線条形成前に限定することを提言している（六頁）。

〔補遺〕　本文でも触れたように、ES細胞は、受精卵から樹立されるため、直接ヒト・クローン個体の産生に結びつく。また、研究上不可避となるES細胞の破壊は、生命の破壊という意味をもつ。ES細胞研究には、このような重大な倫理的問題、したがって、憲法の観点からは「人間の尊厳」原理との抵触問題がある。

これに対して、二〇〇七年一一月二一日に発表された京都大学・山中伸弥教授の研究チームによるヒトｉｐｓ細胞の樹立は、ES細胞研究に伴うこのような倫理的問題の回避という点でも注目された。ｉｐｓ細胞は、受精卵からではなく皮膚細胞のような体細胞から樹立され、ES細胞と同様さまざまな組織や臓器の細胞に分化する能力をもつ「多能性幹細胞」であるため（京都大学ｉｐｓ細胞研究所のホームページのｉｐｓ細胞の基本情報 http://www.cira.kyoto-u.ac.jp/j/faq/faq2.html、二〇一五・八・一三閲覧）、受精卵を破壊したり、クローン個体産生に直結せずに、ES細胞研究と同様の医学的応用が期待できるからである。

しかし、ｉｐｓ細胞研究には倫理的・憲法的問題がまったくないというわけではない。体細胞提供者のプライバシー権や再生医療研究の被験者・患者の権利の問題がやはり存在するのみならず、ｉｐｓ細胞技術によって、不妊患者の体細胞から精子や卵子をつくり、人工授精・体外受精をおこなう可能性が開かれるが、これは許されるのかといった倫理的問題も生ずるからである（橳島次郎「ES細胞、ｉｐｓ細胞、幹細胞の利用」日本医師会のホームページ、医の倫理の基礎知識、各論的事項 No.25 http://www.med.or.jp/doctor/member/kiso/d25.html、二〇一五・八・一七閲覧）。先端生命科学技術と人間の尊厳原理との緊張関係、法的規制の検討の必要性という問題は、ｉｐｓ細胞の発明によってもけっして解決したわけではない。

Ⅲ　子どもの人権

一　子どもの人権に関する一般的考察

(1)　憲法学における子どもの発見

①人権の享有主体

たとえば民法二〇六条の所有権規定のように、法が何らかの権利を保障している場合、そこでは一定範囲の人が権利者として当然想定されている。権利はつねに誰かの権利である。日本国憲法が保障する基本的人権についても事情は同様だ。では、憲法上の人権の権利者は誰か。人権の英語 human rights を直訳すれば「人間の権利」であるから、一般論としての答えは「すべての人」ということになる。しかし、二〇〇に上る独立国家が基本的な構成単位となっている国際社会で、もちろん日本国憲法が文字どおり全人類に適用されるわけではないから、日本国民（日本国籍を持つ人）以外に、外国人はどの程度日本国憲法上の権利を保障されるのかが大きな論点となってきた。また、個々の人間以外に団体も憲法上の権利者といえるのか、天皇や皇族の人権をどう考えるべきかといった問題も議論されてきた。憲法の教科書を開けば、「人権の享有主体」という項目で論じられているテーマである。

②人権の主体としての子ども

これに対して、「子ども」(1)あるいは「未成年者」は憲法上の権利者かという問題は、一九七〇年代までの日本の憲法学界ではほとんど議論されることがなかった。当時の憲法学者に、子どもは憲法上の権利者かと正面から問えば、少なくとも日本国民であれば年齢には関係なくみんな権利者だという答えがおそらく返ってきただろう。[2] しかし、議論されなかったということは、じつは子どもの人権問題が憲法学者の意識になかった、忘れられていた、ということでもある。人権＝人間の権利という理念は、一七世紀のヨーロッパですでに主張され、有名な一七八九年のフランス人権宣言以降、実定憲法に取り入れられていった。しかし、「西洋思想においては、一九世紀の末に至るまで、人間というのは、大人のことであり、男性のことであり、白人のことであった。いかに一般的な調子で人間が論じられる時でも、その人間は、暗黙の裡に、この三つの限定をミニアムの条件とするものであった。三つの限定の裏側には、子供、女性、有色人種がいて、これらがパッシヴな従属的なものと考えられ」ていた。[3]

子どもに関する限り、一九七〇年代までの日本の憲法学界も、似たような状況だったのかもしれない。一九八〇年代前半に発表されたいくつかの論文を皮切りとして、[4] 憲法学は子どもを「発見」したのである。一九八〇年代までに出版された憲法体系書で、「未成年者の人権」とか「子どもの人権」という項目を設けるものはほとんどなかったのに対して、一九九〇年代以降出版された単独執筆による憲法体系書で、たまたま私の手もとにある一〇冊を見ると、そのうち八冊が子どもの人権というテーマを独立に取り上げているのは象徴的である。

(2)　子どもの二種類の人権――保護と自律

このように一九八〇年代になって、憲法学者の中にも子どもの人権問題に本格的に取り組む人が現れ、九〇年代以降、教科書叙述でも子どもの人権というテーマが定着してくるのは、日本国内では「いじめ」「体罰」「不登校」など、教育現場の問題現象がこの時期にクローズアップされたこと、国際的には「児童の権利に関する条約」（子どもの権利条約）を採択する動きが高まっていたことと無関係ではないだろう。さらに子どもの人権論にとっては、一九七〇年代半ばにアメリカで主張された「子ども解放論」の影響も見逃すことができない。「子ども解放論」は、それまで専ら「保護」の対象と考えられてきた子どもを、自己決定の主体、「自律」の主体として位置づけ直

し、大人にはない子どもだけの規制を人種差別・男女差別と同じく差別の一種ととらえるものだった。(5)

一九八〇年代以降の日本における子どもの人権論・権利論は、アメリカのように「保護」と「自律」の二者択一を主張するほど極端ではないが、この二つの観点に対応して、子どもの人権を二種類に区別する傾向がある。(6) 第一は子どもだけに保障されるべき子ども特有の人権としての「発達権」ないし「成長権」(憲法二六条から導き出される)であり、第二は大人と共通に保障されるべき「一般人権」である。そして、この二つの人権のどちらを重視するかによって、子どもの人権保護の理解にも相違が存在することになった。

ⓐ発達権重視説　まず一方の極には、子どもに固有の人権としての「発達権」を重視する見解がある。教育学者や教育法学者はどちらかといえばこの立場だろう。たとえば堀尾輝久の一九八六年論文(7)は、子どもの「一般人権」の侵害が広がっている現状を認めながらも、「にも拘わらず、……『子ども固有の権利』に否定的な見解がみられ、あるいはその視点が陰にかくされてしまってよいのだろうか」という問題を提起して、子どもにとっての基本的人権の軸は、「子どもが将来にわたって、人間的に成長・発達する権利」だと述べている。「発達権」の理念は、もちろん子どもの自律をまったく否定するものではないが、やはり力点は子どもの適切な保護に置かれており、子どもの権利の特性は、「子ども自らが主張できず、適切な人が代行してその実現を保障する」点に求められる。堀尾論文では、子どもの発達権の保護には親・教師の人権保障が不可欠だとして、両者の調和と連続が前提されていることも特徴的である。

ⓑ一般人権重視説　これに対して他方の極には、一般人権の保障を通じた子どもの自律に重きを置く見解がある。憲法学者は、どちらかといえばこちらの発想だ。大津浩の一九八九年論文(8)をその代表例として挙げることができるだろう。大津論文では、「子どもの人権制約原理も大人の人権制約原理に可能なかぎり依拠して構築されるべき」だとされ、子どもの人権には内在的制約だけが存在するとされる。すなわち、「つねにその子ども自身の自己

決定権がまず尊重されなければ」ならず、自己決定権に対する制限は、子どもの「発達権」保障に不可欠な範囲内で、具体的には「回復不可能な失敗を阻止するために」必要な場合に限って、合憲になるという。ここでは発達権が、子どもの一般人権の制約要素ととらえられていることが注目される。

ⓒ**子どもの人権の新たな理解**　この二つの傾向に対して、子どもの人権を統一的に把握した上で、いわば第三の道を模索する動きも見られる。子どもの人権問題に最も本格的に取り組んできた憲法学者の一人である米沢広一の見解は、その一例と理解することができるだろう。一九九二年の著書では、子ども固有の人権とされてきた発達権の理念について、裁判によって実現される具体的な規範のレベルで見た場合には、それは思想・信教・表現の自由、生活上の自己決定権、無償の義務教育請求権という一般人権に還元できるとされる。また、一九九〇年の論文ではアメリカの議論を素材として、「子どもの保護」アプローチ、「子ども解放」アプローチ、「調整的自律」アプローチを順次紹介・検討した上で、調整的自律のアプローチに立って「一方では子どもの保護を図りつつ、他方では子どもの自律を最大化」する方向が示唆されている。(9)

米沢が、一般人権保障の観点から子どもの人権を組み直そうとするのに対して、刑事法学者・福田雅章の二〇〇二年論文(10)は、逆に子どもの人権をとらえ直すことから、一般人権の理解にも新たな光を当てようとする試みである。福田論文は、子どもを保護の対象とみなす「客体的子ども観」は子ども無権利論であり、子どもを自己決定の主体とみなす「自律的子ども観」のほうは子どもを大人扱いするだけで、「子ども期」の喪失をむしろ助長するものだと批判する。福田論文によれば、子どもに必要なのは、一人の人間として尊重され、自分の欲求を受けとめてもらえる人間関係の形成である。そういう状態を求める理念的権利が「意見表明権」とよばれ、これは親と子、教師と児童・生徒の関係ばかりでなく、医者と患者、刑務所側と受刑者など、社会のさまざまな関係に妥当するとされる。福田論文では、「自己決定権が砂を噛むような孤独と絶望へ向けての権利にならないためには、多くの場合このような人間関係が存在していることが不可欠の前提条件」だとされ、「理性的に自己決定できる個も、欲求レベルで相互に承認し合う人間関係に裏打ちされてはじめて、……創造的な幸せ」を現実化することができるのだと説かれている。

(3)　子どもを取り巻く諸「力」と子どもの人権

重心の置き方、理解の仕方にはかなりの相違があるものの、結局これらの見解はいずれも、子どもの人権には、特別な保護を求める側面と、他者からの自律を求める側面とがあることは認めているといえるだろう。どちらをどのように重視するかは、子どもを取り巻くいろいろな「力」のうちの特に何を念頭に置いているのか、これらの「力」のどういう行為を子どもに対する脅威と考えるのかによって、大きく変わってきそうである。

今の日本で子どもを取り巻いている「力」の中には、親、学校、（メディアや世論などの）社会、および政府がある。子どもに対して親・学校・社会がおこなう行為、与える影響はさまざまだし、子どもとこれらとの関係は、政府の行為にも影響を与え、政府の行為からも影響を受ける。しかし、子どもに対するこうした諸「力」の行為の中には、支配・介入・保護などいろいろな形態をとった大人との別扱いと、義務と責任負担の面における大人との同列扱いという、二つの類型が含まれているといえるだろう。

抽象的にいえば、子どもの人権侵害は、こうした別扱いと同列扱いが、人権規定で保護された子どもの利益とミスマッチに陥った場合に生じると考えてよいのではないだろうか。つまり、子どもに対するこれらの諸「力」の接し方には、人権保障とマッチする別扱い・同列扱い、マッチしない別扱い・同列扱いがあるということだ。大人との別扱いが人権保障と齟齬を来す場合には、人権規定は子どもの自律要求の根拠として機能し、逆に大人との同列扱いが人権保障と齟齬を来す場合には、人権規定は子どもの保護要求の根拠として機能する。

その際、子どもの人権保障の極大化という観点からは、発達権・意見表明権といった観念が、理念論・運動論上の大きな意義をもつことは確かだろう。しかし、パサついた法律論と非難されるかもしれないが、具体的な人権侵害の認定と救済というミニマム・ラインの観点からは、子どもの人権ないし権利を特別視する戦略をとらずに、子どもの扱い方が憲法上のどの個別人権といかに抵触するかを問題にすれば、とりあえず十分だと考えたい。そこで以下では、親・学校・社会・政府による子どもの別扱い・同列扱いと子どもの人権との関係について、いくつか個別的な問題を通してもう少し考えてみることにしよう。

二　子どもの人権に関する個別的問題

(1)　子どもを取り巻く「力」(1)――親

親は自分の子どもを他人とは別扱いする。このこと自体は、もちろん子どもの人権と抵触しない。むしろ親は政府をはじめとする他の諸「力」からの子どもの守り手である。憲法二六条もこの考え方に立ち、子どもの権利条約七条一項（親の養育を受ける子どもの権利）や、民法八一八条以下（親権）など、政府（法令）もこの点を前提としている。その上で、子どもの民法上の行為能力制限（五条）や婚姻制限（七三一条・七三七条）のように、親による保護と子どもの自己決定との線引きは、政府（立法者）がおこなってきた。この線引きの仕方が、場合によっては親の保護の過少、あるいは親の保護の過剰（子どもの自己決定権の侵害）という意味で、子どもの何らかの人権侵害となることはありうるが、日本ではこれまであまり問題とされてこなかった[11]。また憲法学者は、親子関係についてはその自律性が尊重されるべきで、政府の介入は最小限であるのが原則だとしてきた[12]。

しかし、こうした制度と発想では、残念ながら対処しきれない問題も発生している。親による子どもの虐待である。一九八九年に全国児童相談所長会が児童虐待の調査報告を発表したのがきっかけとなって、厚生省（現厚生労働省）も、一九九〇年から児童虐待に関する児童相談所の養護相談について統計を取り始めた。それによると、一九九〇年には一一〇一件だった相談件数が年々増加し、一九九八年には六九三二件に達している。一九九八年の統計によると、このうち実父母による虐待が八二・七%、養父母も含めた親による虐待が九三・七%を占め、虐待の形態としては、身体的虐待が五三・〇%、保護の怠慢や無視が三一・九%、心理的虐待が九・四%、性的虐待が五・七%だったという。虐待を受けた子どもの年齢層では、小学校入学前の乳幼児が四四・七%、年齢が上がるにつれて件数は減少し、高校生は五・三%（三六三件）である。こうした現象の背景には、核家族化、少子化、地域社会との結びつきの希薄化といった日本の家族状況の大きな変化があるといわれている。

児童虐待に対しては、当初は児童相談所による自発的対応に任され、一九九七年以降は厚生省の通知によって、児童相談所・警察・家庭裁判所の連携がある程度は図られるようになった。しかし、親の養監護権を中心に組み立てられた民法・児童福祉法による対処には限界があることが国会でも認識されて、平成一二（二〇〇〇）年五月には「児童虐待の防止等に関する法律」が制定された。この法律は、親などの保護者が一八歳未満の子どもに対して、①外傷を生じるような身体への暴行、②わいせつな行為、③正常な発達を妨げる著しい減食や長時間の放置などの監護の怠慢、④心理的外傷を負わせる言動をおこなうことを禁止し、児童虐待を発見した者の福祉事務所または児童相談所への通告義務、児童委員等による立入調査権と警察官への援助要請権、児童相談所長による被虐待児童の一時的保護などを定めた。さらにこの法律には、家庭裁判所の承認にもとづいて、被虐待児童の児童養護施設等への入所措置がとられた場合（児福二七条・二八条）の親の面会制限、親権者であることを理由とした暴行罪等の刑事免責の否定、民法の親権喪失規定（八三四条以下）の適正運用などの規定も盛り込まれた。

児童虐待防止法は、既存の民法・児童福祉法の最小限の修正という色彩が強いため、当初から不十分さも指摘されているが、いずれにせよ、親による子どもの生命・身体・人格（憲一三条）への著しい人権侵害的行為に直面して、都道府県が設置する児童相談所などの政府機関が、親を排除して子どもの人権保護を目指すという点で（政府

による親からの保護）、現代の社会状況に対応した、これまでの発想とは正反対の法制度である。(13)

(2)　子どもを取り巻く「力」(2)――学校

一九八〇年代に子どもの人権問題が脚光を浴びるきっかけとなったのは、いじめや体罰など、学校現場の問題状況であった。教育と人権というのはきわめて多岐にわたるテーマだが、体罰とも関係して議論があるのが、校則による児童生徒の生活規制の問題である。学校側による規制が、子どもの自己決定権の侵害にならないかが問題となる点では（公的規制＝別扱い vs 個人の自律要求）、争いの構図は古典的といえるだろう。

実際の裁判例には、たとえば次のようなものがある。

ⓐ**「熊本男子丸刈り訴訟」**（熊本地判昭和六〇・一一・一三行集三六巻一一・一二号一八七五頁）。これは、男子生徒に坊主頭を強制する公立中学の校則が、憲法二一条（表現の自由）・憲法三一条（法定手続保障）などに反するとして、生徒とその親が校則の無効確認・損害賠償を求めた事件である。

ⓑ**「私立修徳高校校則事件」**（最判平成八・七・一八裁時一一七六号二一三三頁）。これは、校則で定められた自動車運転免許の取得制限やパーマ禁止に違反したとして、自主退学勧告を受けて退学した生徒とその親が、校則と学校の措置の憲法一三条違反を理由に卒業認定を求めた事件である。

ⓒ**「私立東京学館校則事件」**（最判平成三・九・三判時一四〇一号五六頁）。これは、バイク免許取得、バイクの購入、バイクの運転を禁止する「バイク三ない校則」に違反して購入したバイクを友人に貸したところ、この友人から又貸しされた友人が人身事故を起こしたため、高校側から自主退学勧告を受けて退学した生徒とその親が、やはり校則と処分の憲法一三条違反を根拠に損害賠償を求めた事件である。

これらの裁判ではどれも生徒側が敗訴している。そもそも、子どもと大人を問わず、坊主頭にしない、パーマをかけるといった、ヘア・スタイルの選択や、車・バイクの免許取得のようなライフ・スタイルの選択が、憲法一三条の幸福追求権などで保護された行動といえるのかについても、じつは争いがある。しかし、裁判所の大前提は、仮にこうした行動が憲法で保護されているとしても、私立学校と生徒の間には憲法の人権規定は直接には適用されないという考え方（私人間の人権についての「間接適用説」）と、公立学校の場合でも人権の合理的制限は許されるという考え方である。その上で裁判所は、教育に携わる学校側に生徒の生活規制に関する広範な自由裁量を認め、学校側の措置が、教育の目的と手段という観点から、この裁量権の範囲を超えていなければ違法ではないとして、具体的なケースについても生徒の言い分を認めなかった。

確かに教育には、その社会の文化に子どもを適応させるという側面があり、また子どもの意思に反しても危険を避けなければならない場合もある。しかし、身体的な姿勢や動作、あるいは髪型や服装、さらに校外生活に至るこまごまとした統制は、個人の無意識に埋め込まれる政府や社会組織の支配・管理の手段でもある。たとえば、子どもたちに両手で両膝を抱えて地面に座らせる「体育座り」は、自分で自分の身体を縛ってじっとさせておくために教師たちが編み出し、一九五八年に文部省（現文部科学省）が全国の学校に実施を通達したのだという。[14]日本国憲法の人権理念が、自由に発想し行動する個人の存在を前提にするものだとすれば、教育の目的は本来そういう個人の育成にある。学校側によるこうした過度の身体規制・生活規制は許されない「パターナリズム」であって、憲法の理念にかなっているとはいえないだろう。

(3)　子どもを取り巻く「力」(3)――社会

包括的に論じる能力もスペースもないのだが、親・学校・政府のいずれとも区別される「社会」の子どもに対する態度、「社会」が子どもに与える影響というものも想定することができると思う。ここではひとつの論点として、少年事件の実名報道の問題を取り上げてみる。少年法六一条は、家庭裁判所の審判に付された「少年」（少年法は、二〇歳未満の男女を少年とよんでいる）について、新聞などが、氏名等により本人を推知させる記事ならびに写真を掲載することを禁止している。条文では「審判に付された少年」となっているが、この規定は捜査段階や審判後にも適用されるものと理解されており、警察の内部規則も、本人が特定できるような事項の警察発表を禁止している。ただし、六一条に罰則はなく、新聞協会などによる自主規制にゆだねられているので、少年による凶悪事件が起きると、被疑少年の実名や写真を掲載するメディアが実際には現れて、賛否の議論がおこなわれてきた(15)。

この問題が争われた裁判としては、「堺通り魔殺人事件」と「長良川リンチ殺人事件」が有名だが、裁判所の態度は分かれている。

ⓐ**堺通り魔殺人事件控訴審判決**（大阪高判平成一二・二・二九判時一七一〇号一二一頁）。この判決は、少年法六一条は少年側の権利を保障する規定ではなく、表現の自由とプライバシーなどとの調整においては、少年法六一条を尊重しつつも、表現対象が社会の正当な関心事で、表現の内容・方法も不当でなければプライバシー権等の侵害は生じないとした。さらに判決は、推定無罪・本人の社会復帰など実名報道を控えるべき事情は成人と少年とで異ならず、他方、社会一般の意識では、被疑者が特定されることが犯罪ニュースの重要な関心事であるから、凶悪重大な事件で現行犯逮捕されたようなケースでは、実名報道が許される場合もあるという。

ⓑ**長良川リンチ殺人事件控訴審判決**（名古屋高判平成一二・六・二九判時一七三六号三五頁）。これに対して、こちらの判決は、憲法と「子どもの権利条約」が少年のプライバシー権・成長発達権を保障しており、少年法六一条は、報道の規制によって子どものこうした憲法・条約上の権利を保護したものだと位置づける。判決によれば、社会的利益を擁護することが強く要請されるような特段の事情がない限り、実名などを推知させる報道は原則として不法行為を成立させることになる。

こうして見ると、メディアの報道の自由と少年の名誉・プライバシー権という、人権同士の衝突としてとらえられてきたこの問題も、社会（少なくとも一部のメディアと世論）による子どもの同列扱いの要求に対して（堺通り魔殺人事件で新潮社側は、「少年事件が実質的にみれば成人の犯罪と同視できる場合」には、実名報道も許されると主張している)、政府(裁判所)は子どもをどこまで特別に保護すべきかが争われていると読み直すことが可能だ。堺通り魔殺人事件控訴審は同列扱い、長良川リンチ殺人事件控訴審は別扱いの立場を根底にして、それぞれ報道の自由と子どもの名誉・プライバシー権との調整を試みたものと理解することができるだろう。(16)

(4)　子どもを取り巻く「力」(4)――政府

もともと近代の憲法思想では、警察権・徴税権・裁判権など強大な権限を独占する政府が、市民の人権に対する直接の脅威と考えられてきた。この構図では、政府の規制こそが、まさに子どもの人権侵害問題を引き起こす元凶とみなされる。もちろん今日でも、政府による子どもの人権侵害の危険性は否定できない。事実、政府は未成年者飲酒禁止法・喫煙禁止法など、子どもの行為にいろいろな法的規制を加えており、その中には合憲性が争われてきたものもある。たとえば、全国の都道府県が制定している青少年保護条例の有害図書指定制度がその代表例である。(17)

しかし、すでに述べたように、従来は当然視されていた親と子ども、教師と子どもの予定調和(の幻想)が崩れてくるなど、状況の大きな変化に直面して、現代社会では政府にますます多様な役割が期待されるようになってきた。政府は、別扱いと同列扱いを適切に使い分けることによって、ある場合には子どもの保護を保障し、ある場合には子どもの自律を尊重することを要請されているが、こうした別扱いと同列扱いの具体的な選択については、激しい意見の対立が生じる場合も多い。その一例として、近年おこなわれた少年法の改正を挙げることができるだろう。

少年犯罪の凶悪化が社会問題となって、国会は平成一二(二〇〇〇)年に少年法の重要な改正をおこなった。実名報道等を規制した六一条からも推測できるように、少年法を貫く基本的な理念は少年の保護であり、したがって、選択される手法の中心は大人との別扱いである。ところがこの改正では、いくつかの点で従来の別扱いが見直された。重要なところを見ておこう。①刑法では一四歳以上を刑事責任年齢としているが（刑四一条）、改正前の少年法では、一六歳未満の少年は犯罪の種類にかかわらず刑事処分を受けないことになっていた（旧二〇条）。改正法はこの点を改めて、一四歳・一五歳の少年についても、死刑・懲役・禁錮に当たる事件で重大なものは、家庭裁判所が検察官に逆送して、刑事裁判を受けさせることができるとした（新二〇条一項）。②改正前の少年法では、一六歳以上の少年の検察官への送致はあくまで例外であったのに対して（旧二〇条）、改正後は一六歳以上の少年が故意に被害者を死亡させた場合には、検察官送致・刑事裁判が原則とされることになった（新二〇条二項）。③家庭裁判所による非行少年の審判は、「懇切」「和やか」「内省」を旨として非公開でおこなうことになっているが（二二条）、事実認定の厳密化と被害者への配慮から二二条の二と二二条の三が新設されて、重要な事件については、家庭裁判所の決定で、少年審判にも検察官と国選付添人（弁護士）が参加できることに改められた。

別扱いによる保護から、同列扱いによる厳罰化へのこの方向転換は、少年犯罪の凶悪化を憂慮する側からは歓迎され、検察官・弁護士の関与も、適正手続の強化と手続に対する被害者の信頼につながるものとして評価されている。他方、反対者側は、少年事件の凶悪化というイメージ自体がメディアの誇大報道による錯覚で、統計的な裏づけに欠けるとし、少年の健全育成を目指す少年法の理念が改正によって大きくゆがめられ、厳罰化の効果も疑わしいと批判している。(18)

三　おわりに

子どもも憲法上のさまざまな人権の主体である。そこで、子どもの人権という目線に立って観察すると、現代の社会状況はきわめて複雑で、政府機関に期待される役割もそれに応じて複雑になってきた。第一に、政府は子どもを保護する目的で、一定の場合に大人との別扱いを行ってきた。この別扱い自体が子どもの人権侵害になることもある。青少年保護条例の規制や、私立学校も含めた児童生徒の生活規制にはこの問題がある。第二に、対立する利益とのバランスをとるために、政府が従来の別扱いを改める場合も出てきた。少年法の改正や実名報道の容認はそのケースである。ここでは、大人との同列扱いへの切替えが、子どもの人権侵害とならないかについて、被害者の人権やメディアの自由も絡んで激しい対立がある。第三に、親による児童虐待のように、従来は子どもの人権の侵害者とは想定されていなかった「力」から、政府が子どもを保護する必要も生じてきた。

かくして現代の憲法学は、子どもをめぐる社会現象の実態を可能な限り正確に把握し、政府による子どもの別扱い・同列扱いが、子どもの人権保障上どういう機能を果たすのかについて、きめ細かな判断をおこなうという、困難な課題に直面しているわけである。

（1）　本章では、民法上の成人に達しない二〇歳未満の人を「子ども」と呼ぶ。
（2）　一九七〇年代までの憲法体系書で、例外的に子どもの人権に触れていた宮沢俊義『憲法Ⅱ・初版』（有斐閣、一九五九年）二四一頁は、「人権の主体としての人間たるの資格が、その年齢に無関係であるべきことは、いうまでもない」と述べている。
（3）　清水幾太郎『倫理学ノート』（講談社学術文庫、二〇〇〇年）二五〇頁。
（4）　奥平康弘「基本的人権の主体と青少年」奥平編『青少年保護条例（条例研究叢書七）』（学陽書房、一九八一年）九九頁、広沢明「子どもの人権の試論的考察」早稲田大学大学院法研論集二七号（一九八二年）一九七頁、米沢広一「子ども、親、政府(1)〜(3)」神戸学院法学一五巻二号（一九八四年）七七頁―同四号（一九八五年）二九頁、中村睦男『憲法三〇講』（有斐閣、一九八四年）三五頁など。
（5）　森田明「子どもの保護と人権」ジュリ増刊・総合特集四三号『子どもの人権』（一九八六年）一四―一五頁、米沢広一「子どもの権利論」佐藤幸治＝初宿正典編『人権の現代的諸相』（有斐閣、一九九〇年）四七―五二頁。

(6)　広沢・前掲注(4)論文、森田・前掲注(5)論文、堀尾・後掲注(7)論文、大津・後掲注(8)論文など。
(7)　堀尾輝久「子どもの権利再考」前掲注(5)『子どもの人権』六頁(引用は八頁、一〇―一一頁)。
(8)　大津浩「憲法論としての『子どもの人権』論の現状」新潟大学・法政理論二一巻四号(一九八九年)一頁以下(引用は五五―五七頁)。佐藤幸治「子どもの『人権』とは」自由と正義三八巻六号(一九八七年)四頁も参照。
(9)　米沢広一『子ども・家族・憲法』(有斐閣、一九九二年)二三九―二四〇頁。同・前掲注(5)論文。
(10)　福田雅章『日本の社会文化構造と人権』(明石書店、二〇〇二年)一二頁以下(特に四三―五五頁)。
(11)　民法七三一条が、婚姻制限年齢に男性一八歳未満、女性一六歳未満という格差を設けていることについては、男女平等の観点から問題視されている。たとえば、金城清子『ジェンダーの法律学』(有斐閣、二〇〇二年)九四―九五頁。
(12)　米沢・前掲注(5)論文六一頁。
(13)　児童虐待の統計、児童虐待防止法の内容については、石川稔「児童虐待をめぐる法政策と課題」ジュリ一一八八号(二〇〇〇年)二頁、野崎伸一「児童虐待の防止等に関する法律と厚生省の取組みについて」ジュリ同号一一頁、中司光紀「児童虐待防止法の概要」ひろば五三巻七号(二〇〇〇年)五四頁。
(14)　内田樹『寝ながら学べる構造主義』(文春新書、二〇〇二年)一〇四―一〇六頁。
(15)　田島泰彦＝新倉修編『少年事件報道と法』(日本評論社、一九九九年)第一章(田島泰彦執筆)。なお、田島・同論文、松井茂記『少年事件の実名報道は許されないのか』(日本評論社、二〇〇〇年)は、少年法六一条とメディアの自主規制の在り方に批判的である。浜田純一「少年犯罪の実名報道と表現の自由」平成一二年度重要判例解説(ジュリ一二〇二号)一二―一三頁も参照。
(16)　長良川リンチ殺人事件の上告審判決(最判平成一五・三・一四民集五七巻三号二二九頁)は、出版社側の損害賠償責任を認めた控訴審判決を破棄差戻しとした。最高裁は、少年側が成長発達権の侵害を主張していないことを理由に、もっぱら名誉権・プライバシー権侵害だけを問題とした。しかし、同時に最高裁は、堺通り魔殺人事件控訴審判決のように少年法六一条を権利保障規定ではないとしたわけでもなく、報道と名誉・プライバシーの比較衡量を尽くしていないという理由で原審に差し戻した。本件判決については、青柳幸一「推知報道と名誉・プライバシー侵害」平成一五年度重要判例解説(ジュリ一二六九号)一六―一七頁、飯室勝彦「事件報道に大きな影響を与える長良川事

件・最高裁判決」法セ五八二号（二〇〇三年）一〇六―一〇九頁。

(17) 青少年保護条例については、奥平編・前掲注（4）参照。最高裁は、岐阜県条例の有害図書指定制度の合憲性が争われた事件で合憲判断を示している（最判平成元・九・一九刑集四三巻八号七八五頁）。ただし事件は、条例違反で起訴された業者が、指定制度は業者の表現の自由を侵害すると主張したものである。

(18) 少年法改正の内容については、飯島泰「少年法等の一部を改正する法律の概要等」ジュリ一一九五号（二〇〇一年）二頁、改正への賛否については、後藤弘子「刑事処分の範囲の拡大とその課題」ジュリ同号一〇頁、現場の弁護士による少年法改正への批判として、石井小夜子『少年犯罪と向きあう』（岩波新書、二〇〇一年）。

Ⅳ　公務員の人権――最高裁判例小史の視点から

一　最高裁の人権判例と公務員の人権制限

最も標準的な憲法解説書である芦部信喜（高橋和之補訂）『憲法』の「第六章　基本的人権の限界」では、「一、人権と公共の福祉」という節のなかで、人権制限の一般論が「二つの考え方」「一元的内在制約説」「比較衡量論」「二重の基準論」という四つの項目に分けて解説されている。(1)この叙述を平面的な横並びの理論の説明として読む若い読者は、「一元的内在制約説」「比較衡量論」「二重の基準論」という順序の意味やこれらの相互関係の理解にとまどうことがあるようである。

しかし、人権制限の許容性に関する最高裁判決の歴史をひもとくと、昭和四一（一九六六）年の全逓東京中郵事件判決が、「公共の福祉」のための人権制限は合憲だと安易に認めがちだった昭和二〇年代〜三〇年代の最高裁の姿勢と決別し、よりきめ細やかな合憲性審査を行うために採用した議論の枠組みこそ、まさに「比較衡量論」であった。その後、最高裁は、昭和四七（一九七二）年と昭和五〇（一九七五）年の判決で、「二重の基準論」にも一定の理解を示すようになる。(2)芦部『憲法』の「人権と公共の福祉」の叙述は、こうした最高裁判例史をふまえて、「時間的視点」も加味して読まれるべきものであろう。(3)

このように最高裁の人権判例の画期となった全逓東京中郵事件判決の主題が、公務員の争議行為を禁止する法律規定の合憲性であった。公務員の人権制限の問題は、最高裁人権判例全体の動向と特色を理解する上でも逸することのできないテーマなのである。

二　公務員労働運動の発展と公務員の人権制限

(1)　公務員労働運動の発展

日本国憲法には、一五条（一項～三項）・一六条・一七条・三六条・九九条・一〇三条の六か条に公務員という言葉が出てくる。これらの諸規定のベースとなるのは一五条である。一五条の公務員について学説は、「広く国又は公共団体の事務を継続的に担当する者を指し、選任方法の如何を問わず、また立法・行政・司法の各部の如何を問わない」と理解してきた(4)。このように、公務員の職務が広く国と地方の公権力の行使にかかわるものであることから、日本国憲法のもとでも、公務員は公務員以外の人には存在しない特別の人権制限を受けている。なかでも、一般職公務員の争議行為の禁止と政治活動の規制は、すでに第二次大戦敗戦直後から、長く重要な政治的イシューであり続け、その合憲性についても激しい対立が存在してきた。

公務員の労働基本権制限、特に争議行為の禁止と政治活動規制が、戦後占領期から重要な政治的争点となった背景には、公務員労働組合が労働条件や国政のあり方をめぐって活発な運動を展開し、占領軍当局や歴代政府・政権与党と鋭く対立するようになった戦後日本の政治的構図がある。

第二次大戦前には法律上認知されていなかった労働組合は、戦後は占領軍側が当初とった保護育成策を受けて、憲法二八条と労働組合法を中心とする手厚い法的保護を受けることになった。なかでも公務員労働組合は多数の組合員を擁し、日本の政治・経済に大きな発言力をもつ社会勢力に急成長した。国労（国鉄労働組合）、全逓（全逓信労働組合＝郵政職員の組合）、全電通（全国電気通信労働組合＝NTTの前身である電電公社の労働組合）、自治労（全日本自治団体労働組合）、日教組（全日本教職員組合）などがその主力組合であった(5)。公務員労働組合は、戦後日本の労働運動の牽引車だったと評しても過言ではない。

(2)　公務員の労働運動と政治活動の規制

これに対して、東西冷戦の激化という国際情勢を背景とし、二・一ゼネスト計画(6)に象徴されるような公務員労働運動の先鋭化を受けて、占領軍当局は早くも昭和二三（一九四八）年には公務員の労働運動・政治活動を厳しく規制する方向に政策を転換した。

まず、公務員の労働組合活動についてみると、昭和二二（一九四七）年一〇月に制定された国家公務員法は、当初は一般職国家公務員の労働組合活動を労働組合法・労働関係調整法などの規律に委ねていた。(7)ところが、昭和二三（一九四八）年七月二二日のマッカーサー連合国軍総司令官の指令を受けて、時の芦田均内閣は七月三一日付けで「政令二〇一号」を公布し、国家・地方の全公務員の争議行為を一律に禁止した。(8)政令二〇一号による公務員の争議行為禁止は、その後、国家公務員法（以下、「国公法」という）・地方公務員法（以下、「地公法」という）・公共企業体等労働関係法（以下、「公労法」という）によって法律に取り込まれて今日に至っている。政令二〇一号では、争議行為に参加した一般の公務員に対して一年以下の懲役または五〇〇〇円以下の罰金が科されることになっていたが、国公法・地公法では、争議に参加しただけの公務員に対する刑事制裁規定は置かれず（懲戒はありうる）、（公務員に限らず）争議の「あおり行為」をおこなった者について刑事罰が定められた（国公法九八条二項・一一〇条一項一七号、地公法三七条一項・六一条四号）。(9)また、現業公務員を規律する公労法および地方公営企業労働関係法では刑事制裁は規定されなかった（現在は特定独立行政法人等の労働関係に関する法律一七条一項、地方公営企業等の労働関係に関する法律一一条が争議行為禁止を定める）。

他方、公務員の政治活動規制についてみると、国公法一〇二条による一般職国家公務員の政治的行為の制限は、争議行為禁止規定と同様、昭和二二（一九四七）年制定当時の国公法には存在せず、GHQ（連合国軍総司令部）の意向を受けた昭和二三（一九四八）年の改正で導入されたものである。翌昭和二四（一九四九）年には、国公法一〇二条一項の委任を受けて、禁止行為を具体的に列挙する人事院規則一四―七が制定された。国公法一〇二条および人事院規則一四―七に違反した国家公務員には、国公法一一〇条一項一九号により、懲戒処分とは別に刑事制裁が科されることになっている。GHQの指導のもとに導入された公務員の政治活動規制は、アメリカ合衆国連邦職員の政治活動規制を定めた「ハッチ法」をモデルとしたものである。ハッチ法には刑事制裁規定がないことが、日本法の刑事制裁を過剰規制とみなす主張の重要な論拠となった(10)。

三　公務員の人権制限に関する最高裁判例の展開

(1)　全逓東京中郵事件判決以前

こうした公務員の労働運動規制・政治活動規制について、昭和二〇年代〜三〇年代の最高裁は、簡単な説示で合憲判断を下すのを通例とした。代表例として、労働基本権制限に関する政令二〇一号事件判決(11)をあげることができる。事案は、政令二〇一号の公布に反対する国鉄職員が、抗議のため無断で欠勤する争議行為をおこなったとして、当の政令二〇一号にもとづいて起訴された刑事事件である。

最高裁は、被告人側の上告趣意にもとづいて、ポツダム勅令（注(8)参照）を根拠とする政令制定の合憲性など、複数の争点に応答しているが、公務員の争議行為禁止の憲法二八条適合性については、次のような説示で合憲性を承認した。

「国民の権利はすべて公共の福祉に反しない限りにおいて立法その他の国政の上で最大の尊重をすることを必要とするものであるから、憲法二八条が保障する勤労者の団結する権利及び団体交渉その他の団体行動をする権利も公共の福祉のために制限を受けるのは已を得ないところである。殊に国家公務員は、国民全体の奉仕者として（憲法一五条）公共の利益のために勤務し、且つ職務の遂行に当っては全力を挙げて是に専念しなければならない（国家公務員法九六条一項）性質のものであるから、団結権団体交渉権等についても、一般に勤労者とは違って特別の取扱を受けることがあるのは当然である。……本件政令第二〇一号が公務員の争議を禁止したからとて、これを以て憲法二八条に違反するものということはできない[12]」。

このように判決は、「憲法上の権利はすべて公共の福祉のために合憲的に制限できる」（大前提）→「本件で合憲性が争われている法令は公共の福祉のための法令である」（小前提）→「したがって本件法令は合憲である」（結論）という形式論理に依拠し、政令二〇一号の憲法二八条適合性を認める実質的根拠としては、憲法一五条一項の「全体の奉仕者」条項と国家公務員法の職務専念義務規定をただあげただけにすぎない。政令二〇一号事件判決は、学説が「公共の福祉三段論法[13]」と批判するこの時期の形式主義的な合憲判決の典型例である。

(2)　全逓東京中郵事件判決、全司法仙台事件判決、都教組事件判決

①全逓東京中郵事件判決[14]

その後、現業国家公務員（注(9)参照）の争議行為禁止は、公労法に引き継がれた。この法律の合憲性が争われた全逓東京中郵事件判決こそ、公務員の労働基本権制限に関する憲法判断の転換点であるのみならず、冒頭で述べたように最高裁人権判例の画期となった判決である。

全逓信労働組合の幹部であった被告人らは、昭和三三（一九五八）年の春季闘争（春闘）に際して、東京中央郵便局に勤務する一般組合員を、賃上げ等を要求する勤務時間内の職場大会に必ず参加するように説得して職場を離脱させた。事案は、この行為が公労法一七条で禁止された争議行為の教唆にあたるとして、公労法自体には刑事制裁規定がないため、郵便法七九条の郵便物不取扱罪の教唆犯として起訴された刑事事件である。

この判決で最高裁は、労働基本権制限の合憲性については、以下の四点を特に考慮して慎重に判断すべきだという新たな方針を示した。⑴「労働基本権の制限は、労働基本権を尊重確保する必要と国民生活全体の利益を維持増進する必要とを比較衡量して、両者が適正な均衡を保つことを目途として決定すべきであるが、……その制限は合理性の認められる必要最小限度のものにとどめなければならない」。⑵「労働基本権の制限は、勤労者の提供する職務または業務の性質が公共性の強いものであり、したがってその職務または業務の停廃が国民生活全体の利益を害し、国民生活に重大な障害をもたらすおそれのあるものについて、これを避けるために必要やむを得ない場合について考慮されるべきである」。⑶「とくに、勤労者の争議行為等に対して刑事制裁を科することは、必要やむを得ない場合に限られるべきであり、同盟罷業〔ストライキ〕、怠業〔サボタージュ〕のような単純な不作為を刑罰の対象とすることについては、特別に慎重でなければならない」。⑷「労働基本権を制限することがやむを得ない場合には、これに見合う代償措置が講ぜられなければならない[15]」。

判決は、このように比較衡量によって必要最小限の規制かどうかを探るというスタンスで合憲性審査を行い、結果として公労法一七条の争議行為禁止は憲法二八条に違反しないという従来の態度を維持した。しかし、公労法違反の争議行為でも、原則として労働組合法一条二項が適用されるという新解釈に立って、組合幹部の刑事制裁については、不可罰とされる労組法一条二項の正当な争議行為にあたるか否かを具体的な事実関係に即して判断させるために、一審の無罪判決を破棄差戻しとした高裁判決を破棄して差し戻した。上に引用した比較衡量論を政令二〇一号事件の「公共の福祉三段論法」と比較すると、最高裁の合憲性審査手法の大きな変化を実感することができるだろう。

②全司法仙台事件判決、都教組事件判決[16]

現業国家公務員の争議行為禁止に関する全逓東京中郵事件判決に続いて、昭和四四（一九六九）年には、非現業の国家公務員と非現業の地方公務員の争議行為禁止に関する最高裁の憲法判断が同時に示された。前者が全司法仙台事件判決、後者が都教組事件判決である。

国公法九八条二項（判決の事案当時は九八条五項）によると、「職員〔一般職国家公務員〕は、政府が代表する使用者としての公衆に対して同盟罷業、怠業その他の争議行為をなし、又は政府の活動能率を低下させる怠業的行為をしてはならない。又、何人も、このような違法な行為を企て、又はその遂行を共謀し、そそのかし、若しくはあおってはならない」。地公法三七条一項もほぼ同様の規定である。国公法九八条二項後段のいわゆる「あおり行為」については、同法一一〇条一項一七号で三年以下の懲役または一〇〇万円以下の罰金という刑事制裁が定められている（地公法の刑事制裁規定は六一条四号）。

全司法仙台事件判決・都教組事件判決は、このあおり行為の処罰が憲法上許容されるのは、「違法性の強い争議行為」に関する「争議に通常随伴しないあおり行為」の場合だけだという限定解釈を示した。可罰的な「あおり行為」の要件を二重にしぼりこむので、「二重のしぼり論」とよばれる。全司法仙台事件判決の説示を引用しておこう。

「あおり行為等を処罰するには、争議行為そのものが、職員団体の本来の目的を逸脱してなされるとか、暴力その他これに類する不当な圧力を伴うとか、社会通念に反して不当に長期に及ぶなど国民生活に重大な支障を及ぼすとか等違法性の強いものであることのほか、あおり行為等が争議行為に通常随伴するものと認められるものでないことを要するものと解すべきである。というのは、職員の行なう争議行為そのものが処罰の対象とされていないのに、あおり行為等が安易に処罰の対象とされるときは、結局、争議行為参加者の多くが処罰の対象とされることになって、国公法の建前とする争議行為者不処罰の原則と矛盾することになるからである」[17]。

二つの判決では、二重のしぼり論を適用した具体的結論は正反対となった。すなわち、最高裁は、全司法仙台事件判決では、日米安保条約改定反対という政治的テーマについて、全国司法部職員労働組合仙台支部の幹部と他の公務員労働組合の幹部とがあおり行為を共謀したという認定にもとづいて、違法性の強い争議に関する通常随伴しないあおり行為にあたるとして、下級審の有罪判決を維持したのに対して、都教組事件判決では、東京都教職員組合の幹部が勤務評定実施に反対する職場集会を企画実施した行為は、正当な争議に通常随伴するあおり行為だとして、下級審の有罪判決を破棄した。

いずれにせよ、この時期の最高裁は、国家・地方、現業・非現業の別を問わず、およそ公務員の争議のあおり行為について、原則不可罰の方針を示したといってよい(18)。

(3)　全農林警職法事件判決

こうした方針転換の背後には、最高裁判事間の激しい内部対立が存在した。全逓東京中郵事件判決には四裁判官（奥野健一・五鬼上堅磐・草鹿浅之介・石田和外）の「反対意見」、都教組事件判決には五裁判官（奥野健一・草鹿浅之介・石田和外・下村三郎・松本正雄）の「反対意見」がそれぞれ付されており、この五裁判官は、下級審の有罪判決を維持した全司法仙台事件判決では、結論には賛成だが合憲限定解釈には反対するという「意見」を付している。これらの少数意見を読むと、対立の深刻さを知ることができる。

最高裁内部のこの対立は、多数派と少数派の逆転による明示的な判例変更という、最高裁六〇数年の歴史上、前後に例をみない劇的な経過をたどった。昭和四四（一九六九）年の二つの判決からわずか四年後に、二重のしぼり論を否定した全農林警職法事件判決(19)がそれである。

全農林警職法事件とは、昭和三三（一九五八）年、農林省（現農林水産省）職員の職員団体である全農林労働組合の幹部が、岸信介内閣による警察官職務執行法改正の動きに反対する職場大会に出席するよう一般組合員を「あおった」として、国家公務員法違反で起訴された刑事事件である。

判決で最高裁は、非現業国家公務員の争議行為に関する全司法仙台事件判決を明示的に変更した。しかし、この判決も、さすがに全逓東京中郵事件判決以前の「公共の福祉三段論法」に回帰することはできず、公務員の争議行為禁止を合憲と判断する根拠を比較的詳細に論じている。これを四点に要約すると、第一に、公務員は憲法一五条により全体の奉仕者とされ、国民全体に対して労務提供義務を負う特殊な地位であること（全体の奉仕者論）、第二に、公務員の勤務条件は立法府において民主的に決定されるべきものであるから、公務員の争議行為は「民主的に行なわれるべき公務員の勤務条件決定の手続過程を歪曲することともなって、憲法の基本原則である議会制民主主義（憲法四一条、八三条等参照）に背馳」する虞れがあること（議会制民主主義論）、第三に、私企業労働者の争議行為に対しては、企業の経営を悪化させて自らの失業を招きかねないなど、市場の抑制力が働くのに対して、公務員にはこうした事情が存在しないため、公務員の争議は一方的な強力な圧力となって勤務条件決定手続をゆがめること（市場の抑制力論）、第四に、人事院勧告制度という代償措置が存在すること（代償措置論）である。[20]

さらに、多数意見は、争議行為の違法性の強弱の区別ははなはだあいまいであること、不可罰とされる「通常随伴するあおり行為」には第三者のあおり行為まで含まれてしまうか、第三者は可罰的で組合員は不可罰という不均衡を生むかのいずれかとなること、これらの点をあげて、二重のしぼり論は「かえって犯罪構成要件の保障的機能を失わせることとなり、その明確性を要請する憲法三一条に違反する疑いすら存する」として、異例の厳しい調子でこれを否定した。[21]

全司法仙台事件判決時の最高裁多数派は、全農林警職法事件判決の時点では裁判官の定年にもとづく補充人事の結果少数派となっていた。かつての多数派のうち五裁判官（田中二郎・大隅健一郎・関根小郷・小川信雄・坂本吉勝）は、二重のしぼり論を維持しても本件被告人については有罪となるので、判例変更の必要はないという「意見」を付し、一裁判官（色川幸太郎）は、有罪の結論にも反対する「反対意見」を表明している。[22]

しかし、この判決に続いて最高裁は、岩手教組学テ事件判決（最大判昭和五一・五・二一刑集三〇巻五号一一七八頁）において、非現業地方公務員の争議行為禁止に関しても二重のしぼり論を否定し、全逓名古屋中郵事件判決（最大判昭和五二・五・四刑集三一巻三号一八二頁）において、公労法一七条違反の争議にも労組法一条二項が原則として適用されるという全逓東京中郵事件判決の解釈を否定した。

(4)　猿払事件判決[23]

このように、公務員の労働基本権制限問題については、昭和四〇年代の最高裁の内部対立と裁判官の新任人事が判例動向を大きく左右した。他方、公務員の政治活動規制問題に関して最高裁新多数派と下級審との対立が鮮明になったのが、昭和四九（一九七四）年の猿払《さるふつ》事件判決である。

事案は、郵便局の窓口業務を担当する職員（現業国家公務員）が、昭和四二（一九六七）年衆議院議員総選挙の告示後、日本社会党の公認候補者のポスターを公設掲示板に貼るよう依頼して、勤務時間外に関係者に配布した等の行為が、国公法一〇二条一項および人事院規則一四―七第五項三号・第六項一三号（特定政党を支持する目的で文書を配布・掲示する行為の禁止）に違反するとして起訴された刑事事件である。

一審旭川地裁昭和四三（一九六八）年三月二五日判決は、目的手段審査の形式を踏んで、「法の定めている制裁方法よりも、より狭い範囲の制裁方法があり、これによってもひとしく法目的を達成することができる場合には、法の定めている広い制裁方法は法目的達成の必要最小限度を超えたものとして、違憲となる場合がある」という、LRAの基準を想起させる判断基準を示した。その上で、事案については、国公法八二条の懲戒処分に加えて刑事制裁を定めることは必要最小限の域を超えているとして、国公法一一〇条一項一九号の刑事制裁規定を本件事案に適用する限りで、同規定は憲法二一条等に違反すると判断して被告人を無罪とした。控訴審もこれを支持した（札幌高判昭和四四・六・二四[24]）。

これに対して、最高裁は、やはり目的手段審査の手法を取り入れ、国公法・人事院規則一四─七の合憲性を、禁止の目的の合理性、目的と手段の合理的関連性、禁止により得られる利益と失われる利益の均衡の三点から判断するという趣旨の、学説のいう合理性審査と類似の審査をおこなうとした上で、行政公務員の政治的中立性の維持と行政に対する国民の信頼の確保の必要を強調して合憲判断を示した。なお、この判決には、人事院規則に対する国公法の委任の仕方が憲法四一条に反するとする四裁判官（大隈健一郎・関根小郷・小川信雄・坂本吉勝）[25]の「反対意見」が付されている。

四　公務員の人権制限と最高裁の違憲審査手法のその後

(1)　公務員の人権制限のその後

第二次大戦後長く争われてきた公務員の労働基本権制限と政治活動規制の合憲性問題は、最高裁判決レベルでは、全農林警職法事件判決と猿払事件判決で決着がついた観がある。

しかし、労働基本権制限については、国家財政の逼迫と新自由主義的な行政改革の文脈のなかで、皮肉なことにむしろ政府の側から、公務員制度改革の一環として、争議行為禁止を含めて再検討が試みられるようになった[26]。また、公務員の政治活動規制については、最近、国公法の合憲性を一応の前提としつつも、事案に適用して有罪とすることは憲法二一条等に反するとする高裁判決が出て注目されている[27]。

(2)　最高裁の違憲審査手法のその後

全逓東京中郵事件判決以降、最高裁が昭和二〇年代～三〇年代の「公共の福祉三段論法」に回帰することはもはやなかった[28]。最高裁の違憲審査手法の変遷という視点からみた場合、昭和四〇年代以降の最高裁は、法令の合憲性が問題となる場合も、個別行為自体の合憲性が問題となる場合も、比較衡量（利益衡量）の発想を基本に据えているといってよいだろう。これに対して、学説は、伊藤正己・芦部信喜による二重の基準論の提唱が広く受け入れられて以降、とりわけ法令の合憲性審査については目的手段審査を推奨してきた(29)。全逓東京中郵事件判決型の比較衡量論は、衡量される要素と衡量の基準が不確定なために判断過程が不明瞭で、どうしても公益重視になりがちだという学説の批判を受けている(30)。

しかし、目的手段審査も、規制目的と目的達成手段を認定・評価するという論証作法にのっとりながら、保障と規制の利益バランスを衡量しているのであるから、広い意味では比較衡量論の一種であること(31)、目的手段審査は法令の合憲性を審査する手法であるから、個別行為の合憲性審査には本来適していないこと、（目的手段審査型ではない、いわば「なま」の）比較衡量論でも、行政法学の裁量統制論を参考に、より厳格な衡量を志向する道もありうること、これらの点はなお慎重に検討する必要があると思われる。その意味で、全逓東京中郵事件判決も、最高裁自身によって否定された単なる過去のエピソードではないのである。

（1）　芦部信喜（高橋和之補訂）『憲法〔第五版〕』（岩波書店、二〇一一年）九八―一〇五頁。

（2）　周知のように、いずれも経済的自由の規制の合憲性が争点となった小売市場事件判決（最大判昭和四七・一一・二二刑集二六巻九号五八六頁）と薬局距離制限事件判決（最大判昭和五〇・四・三〇民集二九巻四号五七二頁）である。小売市場事件判決の「個人の経済活動の自由に関する限り、個人の精神的自由等に関する場合と異なって、右社会経済政策の一手段として、これに一定の合理的規制措置を講ずることは、もともと、憲法が……許容するところだという説示は、二重の基準論を示唆すると理解されてきた。最高裁は、精神的自由の規制の合憲性が争われたケースでは、緩やかな違憲審査をすることが多いため、二重の基準論を受け入れたとは必ずしも言えないが、例外的に泉佐野市民会館事件判決（最判平成七・三・七民集四九巻三号六八七頁）は、集会規制の審査にあたって二重の基準論を示唆している。

（3）　芦部信喜『憲法学Ⅱ』（有斐閣、一九九四年）二〇〇―二〇一頁参照。芦部（高橋補訂）・前掲注（1）一〇四頁

も、「判例の流れ」としてこうした経緯に触れている。

(4) 法学協会編『註解日本国憲法（上）』（有斐閣、一九五三年）三六四頁。同旨、宮沢俊義（芦部信喜補訂）『全訂日本国憲法』（日本評論社、一九七八年）二一八頁、佐藤功『ポケット注釈憲法（上）〔新版〕』（有斐閣、一九八三年）二三八頁、樋口陽一ほか『憲法Ⅰ〔注解法律学全集(一)〕』（青林書院、一九九四年）三三三─三三四頁〔中村睦男執筆〕。

(5) 昭和二五（一九五〇）年八月当時、日本最大の組合組織であった日本労働組合総評議会（総評）傘下の組合のうち、民間労組の組合員数約一八五万人に対し、官公労の組合員数は約一三五万人で、官公労傘下組合員の約九四％が国労（四三万人）、日教組（四六万人）、全逓従（二二万人）、自治労（一六万人）の四組合のいずれかに所属していた。このほか、全日本労働組合連絡協議会（全労連）系組合の組合員約九五万人のうち、二八万人が公務員系労組の組合員であった。大場鐘作＝佐藤寛行『戦後・日本労働運動小史〔再改訂版〕』（日本生産性本部、一九九一年）九三頁参照。

(6) 昭和二二（一九四七）年一月に、国労・全逓・全官公労協などが結成した「全官公庁共同闘争委員会」を中心とする労働側が、越年資金の給付、最低賃金制導入などと求めて吉田茂内閣と鋭く対立し、二・一（二月一日）ゼネストの決行を図ったが、マッカーサー連合国軍総司令官の中止命令によって阻止された。大場＝佐藤・前掲注（5）三六─四一頁。

(7) 大場＝佐藤・前掲注（5）一六頁。

(8) 大場＝佐藤・前掲注（5）六八─七〇頁。日本国憲法のもとでは、このような公務員の基本的な権利義務関係を政令のみで規律することは本来許されない。政令二〇一号は、占領政策実施のための特例として行政府に広範な命令制定権を認めた勅令「ボツダム宣言ノ受諾ニ伴ヒ発スル命令ニ関スル件」を根拠に制定されたものである。この勅令をポツダム勅令と通称する。ボツダム勅令については清宮四郎『憲法Ⅰ〔第三版〕』（有斐閣、一九七九年）四三〇頁参照。

(9) 国の「現業部門」とは、のちに紹介する最高裁判決で問題となった時代には、三公社五現業を指した。三公社とは日本国有鉄道・日本電信電話公社・日本専売公社であり、五現業とは郵政・林野・印刷・造幣・アルコール専売事業の五部門を指す。一九八〇年代半ばの中曽根康弘内閣以降、国営事業の民営化政策が推進されるなかで、三公社はすべて廃止され、五現業も郵政事業の民営化をはじめとして組織の縮小再編がおこなわれた。
(10) 国家公務員の政治活動規制導入の経緯については、猿払事件の上告審における弁護人弁論要旨に詳しい。被告人側はハッチ法には刑事制裁規定が存在しないことを重視したが、検察官の上告趣意では、この認識自体が争われている。たとえば、高橋融弁護人の「昭和二三年国家公務員法改正の経緯」(民集二八巻九号五五九頁以下所収)、山本博弁護人の「米国公務員制度との比較法的考察」(同五七四頁以下所収)、外村隆検事の弁論要旨(同五〇二頁以下所収)参照。なお、一九九三年の改正によって、ハッチ法による規制はさらに緩和されたという。佐伯祐二「アメリカ公務員法による政治的行為の制限」晴山一穂ほか『欧米諸国の「公務員の政治活動の自由」』(日本評論社、二〇一一年)九頁以下参照。
(11) 最大判昭和二八・四・八刑集七巻四号七七五頁。
(12) 前掲注(11)七九一―七九二頁。
(13) 芦部・前掲注(3)二〇二頁。
(14) 最大判昭和四一・一〇・二六刑集二〇巻八号九〇一頁。
(15) 前掲注(14)九〇七―九〇八頁。
(16) どちらも最大判昭和四四・四・二。前者は刑集二三巻五号六八五頁以下、後者は同三〇五頁以下。
(17) 前掲注(16)六九五頁。都教組事件判決の同様の判示として、同三一三―三一五頁参照。
(18) 最高裁の比較衡量論・合憲限定解釈の背景には、先行する下級審判決の積み重ねがあった。市川正人「公務員の人権」ジュリ一〇八九号(一九九六年)一七四頁。同論文一七八頁注(13)所引の橋詰洋三「官公労働者の基本権」ジュリ五〇〇号(一九七二年)四九六頁以下。
(19) 最大判昭和四八・四・二五刑集二七巻四号五四七頁。
(20) 前掲注(19)五五一―五五四頁、五五六頁。こうした合憲判断の論拠については、憲法学説側からはさまざまな疑問や批判が提起されている。たとえば横田耕一「国家公務員の労働基本権」高橋和之ほか編『憲法判例百選Ⅱ〔第五版〕』(有斐閣、二〇〇七年)三二〇―三二一頁、元山健「公務員の労働基本権」大石眞＝石川健治編『憲法の争点』(有斐閣、二〇〇八年)一七八―一七九頁。憲法上の権利は議会に対しても保護されるべきものであるから、一般論としては議会の決定であることをただちに正当な人権制限の根拠とはできないことや、とりわけバブル経済の崩壊以降、赤字財政の深刻化によって人事院勧告制度が代償措置の機能を果たさなくなってきたことを想起すれば、学説の批判には傾聴すべきものがある。

(21)　前掲注（19）五六三―五六四頁。

(22)　司法ジャーナリストの山本祐司は、この時期の最高裁判事、とりわけ長官の経歴や行動の調査を手がかりに、全逓東京中郵事件判決期の「リベラル」判決は、この判決の二か月前に定年退官した横田喜三郎最高裁長官の最高裁裁判官人事構想の成果であり、全農林警職法事件判決による「保守」判例への再度の転換は、自民党政権側の最高裁批判を受けて、裁判官の補充人事で多数派を逆転した石田和外長官の人事構想の結果だという解釈を示している。山本祐司『最高裁物語（上）』（日本評論社、一九九四年）二一五―三二三頁。

(23)　最大判昭和四九・一一・六刑集二八巻九号三九三頁。

(24)　一審判決は前掲注（23）六七六頁以下、控訴審判決は同六八八頁以下に収録されている。一審判決には、芦部信喜と同時期にハーヴァード・ロースクールに留学し、司法研修所で憲法訴訟の共同セミナーを数年間実施した経験をもつ時國康夫判事が関与している。芦部信喜『憲法訴訟の理論』（有斐閣、一九七三年）の「はしがき」参照。

(25)　顔ぶれから、全農林警職法事件判決時の少数派のうち、田中二郎・色川幸太郎が退官した残りのメンバーであることがわかる。

(26)　平成二〇（二〇〇八）年に制定された国家公務員制度改革基本法一二条は「政府は、協約締結権を付与する職員の範囲の拡大に伴う便益及び費用を含む全体像を国民に提示し、その理解のもとに、国民に開かれた自律的労使関係制度を措置するものとする」として、国家公務員の労働基本権制限を再検討する旨を謳っている。同年この法律にもとづいて、内閣に国家公務員制度改革推進本部が設置された。平成二二（二〇一〇）年一一月から、同本部に置かれた「国家公務員の労働基本権（争議権）に関する懇談会」において、法改正を念頭に置いた有識者の議論が始まっている。同本部のホームページ（http://www.gyoukaku.go.jp）参照。

(27)　猿払事件判決で示された緩やかな審査手法は、その後、公選法戸別訪問禁止規定事件判決（最判昭和五六・六・一五刑集三五巻四号二〇五頁）、寺西事件決定（最大決平成一〇・一二・一民集五二巻九号一七六一頁）においても、政治的表現の規制の合憲性審査手法として維持され、さらに、広島市暴走族追放条例事件（最判平成一九・九・一八刑集六一巻六号六〇一頁）でも適用されている。それだけ一層、高裁判決の適用違憲判断とその帰趨が注目されるところである。東京高判平成二二・三・二九判例集未登載。晴山ほか・前掲注（10）「はしがき」、永田秀樹「判批」平成二二年度重判解（ジュリ一四二〇号）（二〇一一年）二一—二二頁。

(28) わいせつ表現規制の合憲性のように、テーマによっては「公共の福祉三段論法」が維持されている場合がある。たとえば、昭和五九（一九八四）年の札幌税関検査事件判決は、税関による「風俗を害する書籍」等の検査制度が憲法二一条一項の表現の自由の侵害にあたらないかという争点については、チャタレー事件判決以来の公共の福祉論で簡単に違憲の主張を退けている（最大判昭和五九・一二・一二民集三八巻一二号一三〇八頁。特に一三二〇頁参照）。

(29) 近年注目されているドイツ由来の「三段階審査論」も、その合憲性審査の中心である「比例原則審査」が目的手段審査の枠組みを前提としている点では、これまでアメリカ法から採り入れられてきた「違憲審査基準論」と変わりがない。小山剛『「憲法上の権利」の作法』（尚学社、二〇〇九年）七〇頁、宍戸常寿『憲法——解釈論の応用と展開』（日本評論社、二〇一一年）四八—四九頁参照。

(30) 芦部（高橋補訂）・前掲注（1）一〇二頁。最高裁判例も、紹介した政治的表現の規制法令の合憲性審査、経済的自由の規制法令の合憲性審査、法令の平等違反の合憲性審査など、特定の問題領域では、目的手段審査の形式をふんでいる。

(31) 高橋和之「審査基準論の理論的基礎（上）」ジュリ一三六三号（二〇〇八年）六八—六九頁参照。

〔補遺〕　二〇一一年七月に公表した初出論文では、「公務員の労働基本権制限と政治活動規制の合憲性問題は、最高裁判決レベルでは、全農林警職法事件判決と猿払事件判決で決着がついた観がある」と述べた（本書一八五頁）。しかし、そこでも言及した東京高裁平成二二年三月二九日判決の上告審判決である最高裁第二小法廷平成二四年一二月七日判決（民集六六巻一二号一三三七頁、「堀越事件判決」または「目黒事件判決」とよばれる）は、被告人を無罪とした控訴審判決を維持したため、猿払判決との関係が問題となる判決であった。

堀越判決は、国家公務員法一〇二条一項・人事院規則一四-七が禁止する「政治的行為」を、「公務員の職務の遂行の政治的中立性を損なうおそれが、観念的なものにとどまらず、現実的に起こり得るものとして実質的に認められるものを指」すと限定解釈した点で（民集六六巻一二号一三四二頁）、猿払判決とは大きく異なる。判決は、事案については、限定解釈された国公法・人事院規則の構成要件に該当しないという法的構成で、控訴審の無罪判決を支持したのである。

これは判例変更ではないのかという疑問が生ずるが、堀越判決は、事案を小法廷で処理した以上当然のことだが、猿払判決の判例を変更するものではないとの立場をとっている。同判決の千葉勝美裁判官補足意見によれば、堀越判決の限定解釈は、「いわゆる合憲限定解釈の手法……を採用したというものではない」（民集六六巻一二号一三五一―一三五二頁）。つまり、堀越判決の立場からすると、このような限定解釈をとらなくても、国公法・人事院規則は憲法二一条等に違反しない。したがって、限定解釈をとらない猿払判決の法令合憲判断とは矛盾しない、ということになるのであろう。

では国公法・人事院規則を限定解釈せずに適用して、被告人を有罪とした猿払判決と、限定解釈を施して、被告人の行為は構成要件に該当しないとした堀越判決との間には、整合性があるのだろうか。この点について、堀越判決は、猿払判決との事案の相違を根拠に、猿払判決の事案は国公法・人事院規則に限定解釈を施しても有罪となるケースだったと説明する。いわく、猿払判決の事案は、「労働組合協議会の構成員である職員団体の活動の一環として行われ、公務員により組織される団体の活動としての性格を有するものであり、勤務時間外の行為であっても、その行為の態様からみて当該地区において公務員が特定の政党の候補者を国政選挙において積極的に支援する行為であることが一般人に容易に認識し得るようなものであった。これらの事情によれば、……公務員の職務の遂行の政治的中立性を損なう恐れが実質的に認められるものであった……」（民集六六巻一二号一三四六―一三四七頁）。

しかし、今後最高裁は、猿払判決のような事案についても、国公法・人事院規則の限定解釈を前提として、「政治的中立性を損なう恐れが実質的に認められる」事案か否かを、みずからが列挙した考慮要素を総合考慮して判断することになると予測される。したがって、堀越判決の自己弁明に反して、猿払判決は堀越判決によって実質的には変更されたとみるべきであろう。

そうだとすると、二つの点が問題となるように思われる。第一は、この種のいわば「裏からの」判例変更は、最高裁判決の相互関係の理解を著しく困難にし、判例の透明性と予測可能性を阻害することにならないか、という一般的な懸念である（近年の最高裁判例の特徴については、本書第三部第Ⅳ章も参照）。第二は、堀越判決では、公務員組合活動に対する伝統的な「敵意」が維持されているほかは、「実質的に」政治的中立性を損なう恐れのある行為の識別基準があいまいなため、実務がかえって混乱する危惧である。この点では、「勤務時間外である休日に、国ないし職場の施設を利用せず、かつ、公務員としての地位を利用することも、公務員であることを明らかにすることもなく、……いわば、一市民一私人として行動している」場合には、公務員としての地位・権限や公務員が組織する団体の活動の如何にかかわらず、国公法・人事院規則の禁止行為に該当しないとする須藤正彦裁判官の見解が傾聴に値する（最高裁第二小法廷平成二四年一二月七日民集六六巻一二号一七二二頁の世田谷事件判決における須藤正彦裁判官の反対意見、民集六六巻一二号一七四六頁）。

V　公務員の政治的中立性と全体の奉仕者

一　はじめに

本章の目的は、「公務員制度と憲法」という共通テーマの一環として、公務員に対する政治的中立の要請と憲法一五条の「全体の奉仕者」条項との関係を改めて取り上げ、「全体の奉仕者」条項の規範的意味を考察することである。

二　憲法上の「公務員」と「官吏」

(1)　憲法一五条の「公務員」

日本国憲法には、一五条一項、二項、三項、一六条、一七条、三六条、九九条、一〇三条の都合八ヵ条に「公務員」という言葉があり、七条五号および七三条四号の二ヵ所に「官吏」という言葉が出てくる。なお、関連して九三条二項には「吏員」の語が見られる。これらのうち、ここではまず、以下の考察に関係する一五条二項および九九条の「公務員」と、七三条四号の「官吏」について、必要な確認をおこなっておきたい。

学説は一五条一・二・三項の「公務員」を同じものと捉え、これを最広義に解するのを通例とする。(1) たとえば法学協会編『註解日本国憲法』は、広義の公務員を「広く国又は公共団体の事務を継続的に担当する者を指し、選任方法の如何を問わず、また立法・行政・司法の各部の如何を問わない」と説明した上で、「本条［一五条］の公務員もこれらを含むことは勿論であるが、さらに、その趣旨からみて、右の公務員に限られず、公の事務の執行に当る者は、すべて本条の公務員に該当するものと解される」としている。また、同じく『註解』は、「私人に公務を委任又は委託した場合には、その限度で私人もここでいう『公務員』に当ることになろう」とも述べている。[2]

同様に、佐藤功『ポケット註釈憲法』も、一五条に「いう公務員とは、立法・司法・行政のいかんを問わず、広く国および公共団体の事務を担当するすべての公の職員をいう」としている。[3]

(2)　憲法九九条の「公務員」

次に、九九条である。九九条は、「天皇又は摂政」と、「国務大臣、国会議員、裁判官その他の公務員」とを書き分けているため、文言上、天皇・摂政は公務員ではないようにも読めるが、一般に学説は、天皇および摂政も憲法上の「公務員」と理解できるとした上で、九九条の公務員も、一五条と同じ範囲の最広義の公務員だと説明している。[4]

(3)　憲法七三条四号の「官吏」

ところで、六〇年前に制定された日本国憲法は、「公務員」の語とならんで、いまは死語となった「官吏」という言葉も使っている。[5]

戦前の「官吏」は、「天皇の下に於ける官府の構成者たることを主たる業とし政府に属する定量なき職務を担任するために大権に基いて特に選任せられた帝国臣民」と定義されていた。[6]国ではなく地方の公務員である「公吏」、天皇の任官大権にもとづかない帝国議会議員、政府に属する職務の担当者ではない宮内官、無定量の事務を担任するわけではない各種の委員・鑑定人、天皇大権ではなく契約に基礎を置く雇員および傭人はここにいう官吏ではないので、結局、戦前の官吏とは、国家の公務員のうち、議員・宮内官を別とし、雇員、傭人等も除く者を指していたことになる。これには国務大臣以下の行政官、裁判官、一定範囲の職業軍人（武官）、立法府の事務職員の一部が含まれていた(7)。

しかし、現行憲法七三条四号は、天皇の官制大権・任官大権の否定を意味しており、したがって、任官大権に基礎を置く官吏・雇員・傭人の区別も憲法上廃止されたと解されるので(8)、この規定にいう「官吏」の範囲も戦前とは当然異なることになる。学説は、七三条四号の「官吏」には、一五条の「公務員」のうち、九三条二項が「吏員」とよんで「官吏」とは区別している地方公務員を除くすべての公務員が含まれると理解している(9)。ただ、国会議員・国務大臣・裁判官、および立法部・司法部のその他の職員が、ここにいう「官吏」に含まれるかどうかについては、学説には見解の相違やあいまいな点がある。いずれにせよ、戦後の国家公務員制度では「官吏」の概念は使用されないので、憲法上の官吏概念も精密化する実益がないと考えられてきた(10)。

(4)　小　括

以上、要するに、学説によれば、憲法一五条の「公務員」は、広く立法・司法・行政の公務を担当する国および地方のすべての職員を意味し、これと憲法九九条に列挙された公職とは同義であり、これらは憲法七三条四号の「官吏」および憲法九三条二項の「吏員」とを包摂する概念であると結論することが、一応可能であろう(11)。

三　憲法一五条二項の「全体の奉仕者」

(1)　「全体の奉仕者」の意味

こうした学説の立場からは、一五条二項の「すべて公務員は、全体の奉仕者であって、一部の奉仕者ではない」という規定の意味も、この最広義の公務員概念を前提として理解されなくてはならないことになる。しかし、「全体の奉仕者」条項の意味自体については、学説に大きな対立はない。すなわち、この規定は公務員の基本性格を示したものであるとされる。学説によれば、この規定によって、日本国憲法下の公務員は、官吏服務規律一条で「天皇陛下及天皇陛下ノ政府ニ対シ忠順勤勉ヲ主トシ」とされた戦前の官吏とは異なって、「天皇の官吏」ではなく「国民の奉仕者」「国民の使用人」であること、「全体」とは国民の全体を意味するのであるから、公務員は一部の社会勢力・政治勢力の利益や公務員自身の私益を追求するのではなく、国民全体の利益、つまり公共の福祉のために奉仕すべき立場にあることが示されたということになる。(12)

(2)　「全体の奉仕者」の帰結

① 「全体の奉仕者」条項と公務員の政治活動規制との関係に関する諸説

問題は、この「全体の奉仕者」条項から、いかなる帰結を導き出すことが可能かである。ここでは、冒頭でも述べたように、公務員の政治的中立性の要請および公務員の政治活動規制の許容性と、「全体の奉仕者」条項との関係をみておきたい。

いま確認したように、一五条の「公務員」には国会議員・国務大臣も含まれると理解されているわけであるから、「全体の奉仕者」条項は、当然には「公務員」の政治的中立と政治活動規制の正当化根拠とはならないはずである。

周知のように、公務員の政治活動規制と「全体の奉仕者」条項との関係については、学説は大きく二つに分かれる。すなわち、公務員をその性格に応じて類型化しつつ、一定の公務員の政治活動規制の根拠を、「全体の奉仕者」条項に求める、いわゆる「全体の奉仕者」説と、「全体の奉仕者」条項を公務員の政治活動規制の根拠と認めない見解である。(13)

すでに『註解日本国憲法』が、「公務員が全体の奉仕者たることは、公務員の各種の義務の基礎とされる」とした上で、「国会議員は、国家の政治的意思の決定自体に参与するものであるから、政治的中立という性格は全くないのが当然であり、その政治活動は自由でなければならぬ。」「いわゆる政治的職員（国務大臣、政務次官等）も、やはり国家の政治的意思の決定に参与するのであるから、政治的中立は要求されない」。これに対して、「一般のいわゆる行政的職員については、決定された国家の政治的意思を忠実に執行実現することが要求される。このことから、政党からの中立が要請され、政治的な活動に制約が存することになる」としていた。[14]

佐藤功も、「一般の政府職員」を念頭に置いて、公務員の政治活動の「制限の根拠は本項に求めることができる。特にその『一部の奉仕者ではない』の規定は、一党一派や特定の政治勢力への奉仕者となると認められるような政治活動を制限する根拠となりうる」と述べている。

これに対して、特に初期の最高裁判例が、公務員の人権制限のよりどころとして、「全体の奉仕者」条項を漫然と引き合いに出したことへの反発もあって、[15]政治活動規制の正当性を「全体の奉仕者」条項によって根拠づけることに否定的な見解も有力となった。その皮切りは、宮澤俊義のコンメンタールであろう。宮澤は、「公務員の政治活動に対して制約がみとめられるべきや否やは、もっぱらその担任する職務の性質によってきまることであり、公務員が『全体の奉仕者』であることとは、直接の関連はない」と主張したので、この種の見解は、のちの学説によって、「職務性質説」とよばれるようになった。[16]

「職務性質説」に対しては、「職務の性質の相違は、制限の根拠としての意味よりも制限の範囲ないし限界を具体的に確定する場合の準則としての意味を強くもつ」として、むしろ、政治活動規制など公務員の人権規制の根拠は、「憲法が公務員関係という特別の法関係の存在とその自律性を憲法的秩序の構成要素と認めていることに（一五条・七三条四号参照）、求めなければならない」とする見解が唱えられるようになった。芦部信喜を創唱者とするこの見解が、芦部自身によって「憲法秩序構成要素説」とよばれていることは周知のとおりである。[17]

②小括

しかし、私見によれば、これらの学説の間には、一見するほど大きな相違は存在しないと思われる。

第一に、いずれの説も、一五条にいう「公務員」の全体ではなく、一般職の国家・地方公務員のみを念頭に置いて、何らかの政治活動規制が必要なことを共通に認めている。

第二に、結局いずれの説も、「全体の奉仕者」条項が、こうした政治活動規制を正当化する憲法上の根拠であること、少なくともその一部であることを排除するものではない。じつは「職務性質説」も、「事務的職員は、……政治的職員の指揮のもとに公務に従事することによって『全体』に奉仕する［こと］をその職務とするものであるから、……多かれ少なかれ政府の政治的意見によって行動すべき拘束を受ける」と述べており、一般職公務員が特殊な政治活動規制を受ける根拠となる職務の性質をひとことで表現すれば、それは「全体の奉仕者」たる職務であることを認めている。(18) また、「憲法秩序構成要素説」も、公務員関係の自律性が憲法秩序の構成要素であるという解釈の条文上の根拠としては、憲法一五条と七三条四号をあげるのであるから、結局、政治活動規制の根拠のうちに「全体の奉仕者」条項が含まれることを否定するものではない。

第三に、「全体の奉仕者説」も、「全体の奉仕者」条項をただあげれば、いかなる態様・程度の政治活動規制も許容されると主張しているわけではけっしてないので、どの説に立つかに応じて、規制の合憲性審査のあり方が変わってくるといった関係にはない。

このように、公務員の人権制限を正当化するにあたって、ただ漫然と「全体の奉仕者」条項をあげればよしとする論法は、学説が共通に批判するところであり、しかし他方で、公務員の人権制限の正当性を見極める上で、この憲法規定を無視することもできないのだとすれば、むしろ本来の問題は、「全体の奉仕者」条項の規範的意味をどう理解するか、ということでなければならなかったはずである。そこでここでは、この問いにアプローチする手がかりとして、ドイツ法に目を向けてみることにしたいと思う。

四　ドイツ基本法三三条五項と連邦官吏法五二条

(1)　ヴァイマル憲法からドイツ基本法へ

ドイツ史上初の共和制憲法として、帝政期の職業官吏制度と向きあうことになったヴァイマル憲法は、一二九条・一三〇条・一三一条の三か条を官吏 Beamte に関する規定に割いている。これらの諸規定のうち、日本国憲法一五条二項との類似性がしばしば指摘されてきたのが、「官吏は全体の奉仕者であって、ひとつの党派の奉仕者ではない Die Beamten sind Diener der Gesamtheit, nicht einer Partei」と定める一三〇条一項である。また、一三〇条二項は、「すべての官吏には政治的信条の自由および結社の自由が保障される」と規定していた。(19)

ドイツ基本法も、三三条四項・五項、一三一条、一三二条に官吏に関係する規定を置いているが、ヴァイマル憲法一三〇条一項のような「全体の奉仕者」条項は、明文上は姿を消した。官吏制度に関するドイツ基本法上の中心的規定は、「公勤務法は、職業官吏制度の伝統的諸原則を考慮して規律されなければならない」と定める三三条五項である。なお、この規定は、二〇〇六年に「公勤務法は、職業官吏制度の伝統的諸原則を考慮して規律され、かつ継続的に発展させられなければならない」と改正された。

判例学説によれば、基本法三三条五項は、職業官吏制度のいわゆる制度保障規定である。憲法上保障されているとされる伝統的諸原則には「官吏の一般的忠誠義務 allgemeine Treuepflicht des Beamten」が含まれ、この一般的忠誠義務には、（ア）「[公共の福祉に対する] 一般的配慮義務 die allgemeine Pflicht zur Rücksichtnahme」、（イ）「非党派的職務行使の義務 die Pflicht zu unparteiischer Amtsführung」[ないし政治的中立義務 politische Neutralität]、（ウ）「政治的忠誠義務 die politische Treuepflicht」が含まれると解されている。(20) 学説のいう「一般的配慮義務」「非党派的職務行使の義務」は、ヴァイマル憲法一三〇条一項の「全体の奉仕者」条項に対応し、「政治的忠誠義務」は、ヴァイマル憲法一三〇条二項の価値相対主義から、ドイツ基本法の「闘う民主制」への転換を反映している。このように、ヴァイマル憲法の「全体の奉仕者」条項は、実質的にはドイツ基本法に引き継がれたわけである。[21] 現に、基本法三三条五項を具体化する趣旨で制定された連邦官吏法および官吏法大綱法には、後述のように「全国民への奉仕」という文言が明文化されている。

なお、基本法三三条五項にいう「官吏」は、連邦官吏法二条一項に引継がれた伝統的な狭義の官吏、すなわち、「連邦、または連邦直轄の公法上の社団、営造物もしくは財団に対して、公法上の勤務および忠誠関係（官吏関係）に立つ者」をベースとして、同様の意味でのラントの官吏、さらに法律上は官吏には入らない裁判官・職業軍人も含むものと解されている。連邦とラントの議員・大臣、ゲマインデの代表機関は、三三条五項の「官吏」には含まれない。[22] すなわち、基本法上の「官吏」の概念の外延は、戦前の日本の「官吏」とほぼ同一であると考えられる（ただし、戦前の日本と異なり、大臣は官吏ではない）。

(2)　ドイツ連邦官吏法五二条・五三条

①規定の文言

そこで次に、法律レベルの規定を少しみておきたい。基本法三三条五項を具体化する趣旨で制定された連邦法律としては、「連邦官吏法」Bundesbeamtengesetz（BBG）と、ラントの官吏制度のガイドラインを示す「官吏法の統一化のための大綱法」Rahmengesetz zur Vereinheitlichung des Beamtenrechts（官吏法大綱法 Beamtenrechts-rahmengesetz, BRRG）があげられる。

連邦官吏法は、その第三章「官吏の地位」の第一節「義務」の冒頭にあたる五二条で、次のように規定している。「第一項　官吏は、一党派ではなく、全国民に奉仕する。官吏は、自己の任務を非党派的かつ公正に果たさなければならず、職務の遂行にあたっては、公共の福祉に十分配慮しなければならない」。「第二項　官吏は、その全行動を通じて、基本法の意味における自由で民主的な基本秩序への信奉を表明し、その維持に努めなければならない」。

また、続く五三条には、「官吏は、政治的活動に際して、全体に対する官吏の地位および職務上の義務を考慮して、中庸および節度を保持しなければならない」という規定が設けられた。

官吏法大綱法も、その三五条において、連邦官吏法五二条・五三条とまったく同文の規定を置いている。

②規定の意味内容

（ア）政治的中立義務。連邦官吏法五二条のうち、その第一項は、ヴァイマル憲法一三〇条一項の「全体の奉仕者」条項、およびドイツ基本法三三条五項の「伝統的諸原則」の解釈から導かれる「一般的配慮義務」「非党派的職務行使義務」に対応する規定と理解できる。すなわち、一項は、官吏の職務行使の基準が党派やグループの利益であってはならないという理念を明示し、官吏は自分を一党派・一グループの利益代表だと考えてはならないという職業倫理を示した規定である。言い換えれば、一項は官吏に対して、政党民主制のもとにおいても、みずからを政権政党の直接の利益代弁者と位置づけない距離感を要請しているとされる(23)。

さらに、一項二文の「公正な」職務行使義務は、官吏が職務行使にあたって自分や家族の私的利益を追求してはならないことを意味する。これには職務上知りえた事実の私的利用の禁止や、情実人事の禁止が含まれる(24)。

しかし、五二条一項の「全国民への奉仕」「非党派的職務行使」の要求は、個々の官吏の政治活動が一般的に禁止されることを意味するものではない。政治活動における節度と中庸を求める五三条が、むしろ個々の官吏の政治活動を前提とした規定であることからも、この点は明らかであろう(25)。

（イ）政治的忠誠義務。他方、ドイツ基本法体制のもとにおいては、官吏の政治活動の究極的限界は、五二条二項のいわゆる「政治的忠誠義務」によって画されている。五二条二項がいう基本法の意味での「自由で民主的な基本秩序」とは、連邦憲法裁判所によれば、「暴力と恣意の支配を一切排除し、その時々の多数の意思と、自由および平等にもとづく国民の自己決定に基礎づけられた、法治国家的支配秩序」である（BVerfGE2, 1, 12）。連邦憲法裁判所は、この秩序の基本的諸原則には、少なくとも「基本法に具体化された人権の尊重、特に生命と自由な発展に対する人格的権利の尊重、国民主権、責任政府、権力分立、憲法適合的な野党の形成とその活動とを含むすべての政党の機会均等」が含まれるとした。

五二条二項によって、連邦官吏は、基本法の自由で民主的な基本秩序に敵対的な政党・団体に加入して積極的な活動をすることのみならず、単なる加入自体も禁止されたものと解されている(26)。

(3) 小　括

以上、ドイツでは、基本法三三条五項にいう「職業官吏制度の伝統的諸原則」には官吏の「一般的忠誠義務」が含まれ、この「一般的忠誠義務」には官吏の「政治的中立義務」と「政治的忠誠義務」とが含まれるという解釈に対して、一定のコンセンサスがあると要約することが可能であろう。そして、三三条五項の「伝統的諸原則」から導かれる官吏の「政治的中立義務」と「政治的忠誠義務」は、それぞれ連邦官吏法五二条一項と五二条二項において明文化されているという関係に立つ。

ドイツの学説によれば、国家と官吏との「忠誠関係」Treueverhältniss は、けっして官吏の一方的忠誠義務を意味するわけではなく、国家と官吏との双方向的関係だとされる。しかし、双方向的といっても、それは双務契約的なギブ・アンド・テイクではなく、官吏に無定量の義務を負わせる公法的関係として、私法的な雇用契約関係とは今日でも区別されている(27)。そこには、Getreuer Herr, Getreuer Mann（君君たりて、臣臣たり）といわれた中世封建制の主従関係の残り香を嗅ぎ取ることさえできるかもしれない。

また、官吏の「政治的忠誠義務」は、国民一般が負うとされる「憲法忠誠」の一部であり、その基礎にはいうまでもなくドイツ基本法の「闘う民主制」というコンセプトが存在する。[28] 日本の憲法学界では、東西対立が深刻であった冷戦期においても、こうした「闘う民主制」の思想が懐疑の眼でみられてきたことは周知のとおりである。[29]
いずれにせよ、外国法の内容をそのまま日本に引き写すことには、どのような場合でも慎重でなければならないだろう。まして、ドイツ法のまったく雑駁な観察をおこなったにすぎないのであるからなおさらである。ただ、官吏の政治的中立と政治的忠誠とを区別する発想は、日本国憲法の理解にも一定の示唆を与えるように思われるので、次にその点に触れたい。

五　憲法一五条二項の「全体の奉仕者」条項の意味

(1)　一五条二項の「全体の奉仕者」と九九条の「憲法尊重擁護義務」

冒頭でも確認したように、日本国憲法一五条の「公務員」の概念は、ドイツ基本法三三条五項の「官吏」の概念よりも広く、とりわけ議員・大臣・知事・市町村長などの政治的公務員を含むと解されている点に特徴がある。したがって、憲法一五条二項の「全体の奉仕者」条項を、ドイツ連邦官吏法五二条一項のように、単純に一般行政公務員の政治的中立の根拠規定と解するわけにはいかない。

むしろ、一五条二項は、憲法が採用する国民主権原理と議会制民主主義のもとで、この憲法が想定する公務員全体の基本的地位を直接示す規定と考えられる。したがって、そこにいう「全体の奉仕者」の意味は、公務員の職種に応じて異なっている。『註解日本国憲法』以来説かれてきたことだが、この点は改めて強調するに値する。

すなわち、議員・大臣・首長等の政治的公務員の場合には、一五条二項が求める「全体の奉仕者」とは、議会制民主主義の枠組のなかで、あくまで国民全体ないし地方住民全体の利益と幸福に資すると信ずる政策を主張し実現することが、これらの政治的公務員の職分であることを意味する。これに対して、一般の行政公務員の場合には、一五条二項の「全体の奉仕者」条項によって、議会制民主主義の維持に必要な限度での政治的中立の要請が根拠づけられると解される。

しかし、公務員の政治活動には、一五条二項の観点からの許容性の問題の外側に、さらに憲法九九条の「憲法尊重擁護義務」にもとづく究極的な限界が存在するとみるべきだろう。

要約すると、公務員の政治活動の自由も、そのベースはあくまで憲法二一条の市民的自由であるが、しかし、公務員としての政治活動の究極的外延には九九条の義務があり、その内部では、政治的公務員の政治活動は市民並の保障を受けるが、一般の行政公務員の政治活動は、さらに議会制民主主義の要請に由来する「政治的中立」の制約を受ける、という規範構造になるだろう。

(2)　上級の行政公務員の「政治的中立」

それでは、一五条二項が一般の行政公務員に対して要請する、議会制民主主義にふさわしい「政治的中立」とは、いかなる行動準則を意味するのだろうか。この問題については、過去にもさまざまな議論があったが、ここではその詳細を振り返るのではなく、政治的公務員を日常的に補佐するいわば「上級の行政公務員」の場合について、多少検討してみたい(30)。

メリット・システムにもとづいて任用され、長期にわたって在職することが前提とされる行政公務員のうち、内閣総理大臣・国務大臣・地方公共団体の首長等の政治的公務員を日常的に補佐し、また議員とも職務上接触する機会の多い行政公務員を念頭に置いた場合、この種の「上級の行政公務員」は、政治的公務員による政策形成に深く関与し、これに協力することを期待されている。しかし、上級の行政公務員が、政治的公務員による政策決定に関与する場面でも、選挙と連動して進退するわけではない一般行政公務員として、やはり一五条二項の「政治的中立義務」の拘束を受けると解される。この場合の「政治的中立義務」とは、民主的正当性を有する政治的公務員が求める政策の立案・形成に、行政の専門家として助言協力する義務を意味することになるだろう。

この意味の「中立義務」は、政権あるいは政治的公務員が交代すれば、新たな政権・政治的公務員の新たな方針に沿った政策の立案にあたる義務という意味で、ドイツの公法学者イーゼンゼーのように、政党から一定の距離を置く義務と表現することもできるし[31]、その時その時には政治的公務員の政治的意見に従うという意味で、佐藤功がかつて述べたように、「政党内閣の下における政府職員は、一定の時期をとってみれば、ある政党の奉仕者でありながら、永続的には、国民全体の奉仕者である」と表現することも可能である[32]。

しかし、戦後日本の上級行政公務員が、憲法一五条二項が要請すると解されるこの意味の「政治的中立義務」を守ってきたかというと、「官高政低」という言葉があるように、そしてまた、一九九〇年代後半の政治改革のテーマが、「官」に対する「政治」の優位の回復であったことからもわかるように、実情は違っていたということだろう。そこで、最後に、一般行政公務員の「政治的中立義務」という憲法理念と、戦後のいわゆる「政官関係」の現実との関係を多少考えてみる。

六　戦後の「政官関係」と上級行政公務員の「政治的中立」

(1)　政治的公務員との関係からみた戦後官僚制の特色

ここでは、主として大森弥の研究[33]に依拠して、国の政策形成過程において官僚機構が果たしてきた役割が、「政治的中立性」を保った助言者というモデルとは大きく異なるものとなった事情を、日本の官僚制の組織構造の特色の面から、瞥見してみたい。

①職階制および自由任用制の挫折

（ア）職階制の挫折。「官」と「政」（上級の行政公務員と政治的公務員）とのその後の関係を考えると、占領軍の公務員制度改革のうち、二つのシステムの導入が、日本の官僚制の強い抵抗にあって骨抜きにされ、頓挫したことは、きわめて興味深いことである。すなわち、職階制と自由任用制である。

一九四七年に制定された国家公務員法は、その二九条〜三三条において、職階制を規定している。職階制とは、「成績主義に徹し、能力の実証に基づいて職員を特定の職に任用し、責任の度合に応ずる適正な給与の支給を行うため」の前提として、行政の組織と作用を、「官職」すなわち「一人の職員に割り当てられる職務と責任」という最小単位によって整理し系統立てて分類するシステムである。本来の職階制では、類似の官職群である「職級」ごとに、その職務と責任の内容に関する詳細な「職級明細書」があらかじめ作成され、同一職級に属する官職に採用する際には、これにふさわしい採用試験を実施することになる。

しかし、国家公務員法二九条以下の職階制の規定は、制定以来今日まで、結局一度も実施されなかった。一九四八年四月に制定された給与実施法は、一五級の「職階給制」を導入したが、これは詳細な職務と責任の内容を示すことなく、局長一三級から一五級、課長一一級と一二級という具合に、職位・職名に応じて給与表を定めるシステムで、本来の職階制とは似て非なるものである。戦前来の官僚制は、給与法の形式を借りて、職階制構想を実質的に葬り去ったということである。[34] この「給与法体制」を前提として、形式上は「職務の級六級に採用するための試験にすぎない六級職試験」が、戦前の高文に代わる幹部候補生採用試験と位置づけられ、[35] のちの上級職試験・国家公務員Ⅰ種試験へとつながっていった。

大森は、職階制導入に対するこうした抵抗の意味を、次のように説明している。「守るべきは明治二〇年代以来の、学卒一斉採用と内部昇進を大原則とする幹部候補生の人事慣行であった。もし職階制が確立され、実施に移されていたならば、ある官職に任用されるための資格要件は、その官職が属する職級の職級明細書につまびらかに記載され、その要件を満たしているかどうかが試験されるという昇任形態となるはずであった。このような仕組みの下では、入口時点の試験だけで選別された職員のグループを自動的に横並びで昇進させるような人事管理を行うことができなくなることは明白であった[36]」。

（イ）自由任用制の挫折。職階制と並んで重要と思われるのは、「自由任用制」の挫折である。「自由任用」とは、「一定職位の高級官僚の進退を閣僚と共にさせる人事制度で……高級官僚の職位に行政機関の内外から適宜人材を登用できる仕組みである」。また、「各省庁の生涯職官僚の一定職位を閣僚と進退を共にさせる」「政治任用」も、広い意味では「自由任用」に含まれる[37]。

一九四七年に制定された当初の国家公務員法では、特別職のなかに各省次官と各省参与官とが掲げられ、これらを「政治任用」することになっていた。ところが、早くも翌一九四八年の改正で、事務次官の職が設けられて特別職から一般職に移され、参与官は廃止された。これについて大森は、辻清明の次のような言葉を引用している。「わが国で従来政策決定上重要な地位を占めている各省次官さえも逆に一般職としてその地位を往年のごとく堅く保障されることになった……。特別職にある者が、時の政権担当者の異動によって自由にその地位を更迭されることを想えば、この制度を官職の中に広汎に設けることによって官僚制の民主化を実現しようとした当初の猟官制的意図が、……早くも全面的後退を余儀なくされたのである[38]」。

（ウ）要約すれば、本格的な職階制と自由任用制の導入を阻止したことで、官僚制は、人材のリクルートと人事管理に関する戦前来の慣行を維持することに成功した、ということである。

②「大部屋主義」と「所管課」中心の組織構造

職階制の拒否とも密接不可分の、日本官僚制の組織的特徴として注目に値するのは、「大部屋主義」と「所管課」中心主義である。欧米のオフィス風景の特徴は個室主義であるのに対して、日本の場合はいわゆる「大部屋主義」である。この官民共通の職場風景は、単にオフィスの物理的態様にとどまらず、組織の構造と深く関係している。すなわち、行政官僚制においても、組織は、「職級明細書」によって職務と責任の詳細が明示された官職を単位としては構成されず、諸掌事務を概括的に列挙された局や課などを単位として構成され、このような構成単位が物理的にも一つの空間を共有して職務を遂行し、人員はこうした「大部屋」組織ごとにおおづかみに配置されるという組織構造である。(39)

とりわけ、中央省庁の場合、一課一部屋が基本であるが、これはそのまま、「課」が中央省庁の権限行使の中心単位であることの反映である。「日本国政府は一つではなく『合省国』といってよいが、所管事項についていえば、本府省各課が、事実上、日本国政府そのものであるといってよい」、ということになる。(40)

大森は、中央省庁の各所管課の職務のなかから、特に立法過程におけるその役割を説明していて興味深い。(41) 政策課題の発見や提起が誰に由来するものであっても、内閣提出法案は、すべていずれかの省庁の所管課で条文案が必ず一本だけ作成される。その後、国会提出前段階では、内閣法制局審査→所管が抵触しうる他省庁への根回し→与党の勉強会での説明・交渉、国会審議段階では、国会でのいわゆる質問取りと国会質疑向けの答弁書の作成、大臣へのレクチャー、国会での法律成立後については、その執行と監督など、法律の制定と執行の全プロセスについて、所管課がその面倒を見るのである。このような慣行によって、所管課は、法律のいわば「親元」であり、法律は所管課の所有物であるかのごとき意識が、「官」のなかに存在することになった。

(2)　政官関係の見直しの試み

一九九〇年代の政治改革・中央省庁改革、そしてまた今般の公務員制度改革は、憲法一五条を意識したものではない。しかし、一五条二項の「全体の奉仕者」条項が、民主的正当性をもつ政治的公務員のリーダーシップと、上級行政公務員の専門的サポートとのバランスを要請する規定だと理解するならば、「政官関係」の見直し論議は、一五条二項にも関係するテーマである。そして、戦後官僚制が政策立案と立法化作業にあたって実際に果たしてきた役割が、一五条二項が上級の行政公務員に要請する「政治的中立性」の想定と必ずしも合致していないとするならば、「官」に対する「政」のリーダーシップを従来よりも強化するという方向性は、一五条二項の趣旨にも適うものといえよう。

しかし、「官」に対する「政」の優位を回復するために、九〇年代後半以降、実際におこなわれてきた改革、すなわち、たとえば内閣法改正による首相の基本政策提案権の明文化、官邸機能の強化と内閣府の設置、国家行政組織法の改正による副大臣および大臣政務官の設置、また現在進行中の公務員制度改革について、その現実の効果を論評することは筆者の能力を超える。

ここでは、職階制を否定したキャリア・システムに基礎を置く「所管課中心主義」は、「政治的中立性の原則を大きく逸脱している」とする大森が、[42]その緩和策として示している二つの提言を紹介するにとどめたい。一つは事務次官職の廃止であり、もう一つは所管課による「原案一本化主義」の放棄である。[43]

事務次官職の廃止であるが、学卒者を幹部候補生として一括採用し、入口の一回の試験結果だけを基礎として、年功序列的な人事管理をおこない、その頂点に立つ事務次官に実質的には強力な政治的リーダーシップを握らせる仕組みを是正する必要があるとすれば、端的に事務次官職を廃止することがじつは最も効果的だという趣旨である。これによって、同期入省組の事務次官レースという発想と、キャリア組同期から事務次官が出た時点で同期が一斉に退官するという慣行も自然に消滅することになる。

もう一つの方策、所管課の法案作成上の慣行である「原案一本化」主義を改めるとは、上級の行政公務員の側が政治的公務員に対して、複数の政策的オプションを提示する慣習を形成することで、「政策形成における『官』の役割を限定」する意味をもつ。そこには、立法化作業に限らず、およそ案件の処理に際しては、政治的公務員に対してつねに複数のオプションを提示することが、上級の行政公務員の政治的中立性にふさわしい行動様式だという考え方が存在している。

七　おわりに

最後に、本稿の趣旨を要約して締めくくりとしたい。

①学説は、初期の最高裁判例が、憲法一五条二項の「全体の奉仕者」条項をただ漫然と引いて、公務員の人権制限を正当化したことに強い反発を示した。しかし、じつは「職務性質説」も「憲法秩序構成要素説」も、公務員の人権制限の根拠を一五条二項に求めることを否定したわけではなく、「全体の奉仕者」条項をただあげればすむという解釈態度を否定したのである。とすれば、「全体の奉仕者」条項の規範意味の検討こそ、本来学説の課題だったはずだが、これは怠られる結果となった。

②学説が一五条二項の「公務員」を最広義に理解してきたことを前提とすれば、この規定は、少なくとも二つの異なる「全体の奉仕者」像を含むと考えられる。すなわち、議会制民主主義のルールに従って、国民全体の利益に合致すると信ずる政策の実現のために政治的リーダーシップを発揮する政治的公務員像と、職務遂行上は自分の政治的選好と政策的提言を前面に出すことを自制して、政治的公務員の政策実現を専門的立場から誠実にサポートする上級の行政公務員像である。

③現実の上級の公務員、すなわち官僚団は、必ずしもこういう自己理解をとってこなかったようである。行政学者の研究に従えば、職階制や自由任用制に対する拒否反応、所管課中心の組織・作用構造は、その象徴的現象だと考えられる。

④現状が憲法一五条二項違反だとはいえないとしても、一五条二項の想定する「全体の奉仕者」像にいっそう近づくための方策は検討されてもよいことであり、「政官関係」の見直し論議をこうした文脈で捉えなおすことは可

能だろう。一五条二項の上級の行政公務員像に、より適合的な政治的中立性を実現するための比較的現実的な方策としては、たとえば、事務次官職の廃止、法案の原案一本化主義の放棄といったことが考えられる。

⑤蛇足であるが、筆者のいう上級行政公務員の政治的中立、政治と行政との緊張感のある協働関係を実現するもっとも有効な方法は、じつは定期的な政権交代の現実化なのではないかという点をひとこと付け加えてしめくくりとしたい。

（1）　ちなみに、中西又三「公務員の概念、種類、範囲」雄川一郎＝塩野宏＝園部逸夫編『現代行政法大系・第九巻』（有斐閣、一九八四年）三六―三七頁は、浅野清、黒田覚、佐藤功＝鶴海良一郎、田上穣治の異説を紹介批判し、通説を支持している。

（2）　法学協会編『註解日本国憲法（上）』（有斐閣、一九五三年）三六四頁、三七〇頁注（2）。

（3）　佐藤功『ポケット註釈・憲法（上）新版』（有斐閣、一九八三年）二三八頁。

（4）　法学協会編『註解日本国憲法（下）』（有斐閣、一九五四年）一四九五頁は、九九条にいう「公務員の語も、第一五条や第一七条の場合と同様に、国家公務員法にいう公務員に限られず、広く公務を執行する職務を有する者を含んでいる」とする。また、佐藤功『ポケット註釈・憲法（下）新版』（有斐閣、一九八四年）一二九四頁は、「憲法における『公務員』とは広く国（および地方公共団体）の事務を担当するすべての公の職員をいう（一五条［1］参照）と解されるのであるから、天皇・摂政も、この意味においては公務員たるの性質をもっといってもよい」と解説している。宮澤俊義（芦部信喜補訂）『全訂日本国憲法』（日本評論社、一九七八年）八一九―八二〇頁にも、次のような説明がある。「『その他の公務員』とは、以上に列挙されたもの以外のすべての公務員を含む。国の公務員だけでなく、地方公共団体の公務員をも含む。公共企業体の職員のように、国家公務員または地方公務員ではないが、多かれ少なかれ公的性格を有する職務に従事する者は、この場合、ここにいう『公務員』に含まれると解すべきである。」「天皇の地位は、日本国憲法のもとで、一種の公務を担任する地位、すなわち公職であるから、その地位を充たす者は公務員にほかならない。ただ、本条は、天皇や摂政を、国会議員なみに、『公務員』として扱うのは妥当でないと考えたのであろう、天皇と摂政以外の公務員だけを『公務員』と呼んでいる。」

（5）　日本国憲法の公定英訳では、一五条の公務員は public officials、七条五号の官吏は officials、七三条四号の「官吏に関する事務」は civil service である。マッカーサー草案では、現一五条の原案である一四条の公務員は public officials、現七条の原案である六条の官吏は state officials、現七三条の原案である六五条の「官吏に関する事務」は civil service である。高柳賢三＝大友一郎＝田中英夫『日本国憲法制定の過程Ⅰ』（有斐閣、一九七二年）四四二頁、四四六頁、四六六頁、二七一頁、二七五頁、二九一頁。また、マッカーサー草案を日本側が持ち帰り、修正の上アメリカ側との交渉の土台とした一九四六年三月二日案では、マ草案一四条の「すべて公務員は全体の奉仕者であって、特定のグループの奉仕者ではない」という文言が、「官吏其ノ他ノ公務員ハ国家社会ノ公僕ニシテ、」と改められ、官吏の英文は government officials があてられている。また、内閣の権限中 administer the civil service の文言は、「官吏に関する事務を掌握する」ではなく、「内政事務ヲ掌理スル」と表現されている。布田勉＝笹川隆太郎「憲法改正草案要綱の成立の経緯（一）」石巻専修大学経営学研究三巻一号一九九一年七一頁、八五頁。

（6）　杉村章三郎『官吏法』（日本評論社、一九四〇年）八頁。

（7）　杉村・前掲書八―一二頁。

（8）　佐藤功・ポケット註釈（上）二三八頁。

（9）　佐藤功・ポケット註釈（下）九〇一頁、同（上）二三八―二三九頁、宮澤・全訂日本国憲法一二八頁。佐藤は国会職員・裁判所職員も「官吏」に含まれるとするが、法協・註解（下）一〇八八頁は国会職員を含めない。また、宮澤は非常勤職員は含まれないとする。国会議員・国務大臣・裁判官が「官吏」に含まれるかどうか、学説はあいまいである。

（10）　宮澤・全訂日本国憲法一二八頁。なお、宮澤は、独禁法二九条四項、会計法三八条以下、公選法一三六条の「官吏」は、「いずれも国家公務員というほどの意に解してさしつかえない」としている。なお、これらの規定はいずれも現行法である。

（11）　中西又三・前掲注（1）論文三七―四一頁、根森健「第一五条」小林孝輔＝芹沢斉編『基本法コンメンタール憲法・第五版』（日本評論社、二〇〇六年）一〇〇頁参照。

（12）　法協・註解（上）三六五頁、宮澤・全訂日本国憲法二一九―二二〇頁、佐藤功・ポケット註釈（上）二四二―二四

三頁。憲法七三条四号を受けて制定された国家公務員法は（同法一条二項参照）、その二条三項において、内閣総理大臣・国務大臣・国会議員（同項九号）・裁判官等を特別職国家公務員として、これらについては国家公務員法の適用を排除している（同条五項）。立法者は、憲法七三条四号の「官吏」をこれら特別職・一般職の全体を包括するものという想定から出発しているものと考えることができよう。

(13) 野中俊彦＝中村睦男＝高橋和之＝高見勝利『憲法Ⅱ・第四版』（有斐閣、二〇〇六年）二三五―二三六頁（中村執筆）、根森健・前掲注（10）一〇二―一〇三頁。

(14) 法協・註解（上）三六五―三六六頁。

(15) 労働基本権については最大判昭和二八年四月八日刑集七巻四号七七五頁、政治活動規制については最大判昭和三三年三月一二日刑集一二巻三号五〇一頁参照。根森健・前掲注（10）一〇一頁。

(16) 宮澤・全訂日本国憲法二二一頁。芦部信喜『憲法学Ⅱ』（有斐閣、一九九四年）二五四頁。

(17) 芦部信喜「公務員などの人権」（芦部信喜＝池田政章＝杉原泰雄編『演習憲法』青林書院新社、一九七三年）一五七頁、芦部・憲法学Ⅱ二五九頁。

(18) 宮澤・全訂日本国憲法二二一頁。

(19) 法協・註解（上）三六三頁。ヴァイマル憲法一三〇条一項のテクストは、E. R. Huber, Dokumente zur deutschen Verfassungsgeschichte, Bd. 4 (1961), S. 170参照。高田敏＝初宿正典編訳『ドイツ憲法集・第五版』（信山社、二〇〇七年）一四〇頁が、Beamteを公務員と訳しているのはミスリードであろう。ドイツでは現在でも、広義の公勤務従事者 Angehörigen des öffentlichen Dienstes＝公務員には、Beamte（官吏）、Angestelle（雇員）、Arbeiter（傭人）の区別が存在するからである。

なお、三宅太郎によると、フランスの憲法学者 René Brunet のドイツ憲法の解説書の英訳、The German Constitution では、ヴァイマル憲法のこの規定が紹介されているとのことである。三宅太郎「公務員（官僚制）」宮澤俊義還暦記念『日本国憲法体系・第四巻』（有斐閣、一九六二年）二四〇頁注（二）。しかし、ブルネのこの著書を参照することはできなかった。また、GHQ内部での立案作業に際して、現一五条の原案作成に、ブルネの著書が何らかの影響を与えたのかという点も確認できていない。

(20) Lübbe-Wolff, in: H. Dreier (Hrsg.), Grundgesetz-Kommentar, Bd. 2 (1998), Art. 33Rn. 3, 78, M. Jachmann, in:

Mangoldt=Klein=Starck（Hrsg.）, Bonner Grundgesetz, Bd. 2, 4Aufl.（2000）, Art. 33Rn. 47.

(21) J. Isensee, in: Benda=Maihofer=Vogel, HbVerfR, 2. Aufl., §32, S. 1540, Anm. 47によれば、ヴァイマル憲法一三〇条一項は、基本法三三条五項にいう伝統的諸原則の一つとして、引き続き妥当している。

(22) Lübbe-Wolff, aaO., Rn. 68, M. Jachmann, aaO., Rn. 42. 一九五六年当時のものではあるが、連邦官吏法の翻訳として、人事院事務総局管理局法制課編『ドイツ官吏制度関係法律集』がある。本稿に関係する二条・五二条・五三条の文言は、現行法でも当時と同一である。連邦内務省の法令検索 http://www.gesetze-im-internet.de/bbg 参照。

(23) Fürst u.a., Kommentar Bundesbeamtengesetz（1973）, K §52, Rn. 4. 基本法三三条五項の伝統的諸原則のレベルにおける「官吏の政治的中立義務」について、イーゼンゼーは次のように述べている。「公勤務は政党との距離を必要とする。これは、政党民主制原理との矛盾ではなく、むしろその前提条件である。なぜなら、政党民主制は、国家指導の交代、政党・人・政策の交代を可能にする制度だからである。民主的政府は、期間を限定され撤回されうる信任に依拠している。しかし、公勤務は、その核心において、終身という期間と職業的安定性を備えている。公勤務は、政治的変化に対して固定的なものを体現している。しかし、この固定的要素は、変化を阻害したり、体制全体を停滞に追い込んだりするものではない。いままで『統治してきた』政党と一体化した行政は、別の政党に権力を与える民主的変化を妨害する。このような行政は、政権交代に際して、反議会的な妨害権力となる。行政部は、その時々の政府によって操作され稼動される装置であるかぎりで民主的正当性を有するにすぎない。行政部は、いま職にある政府に負っているのと同様の忠誠を、将来の合憲的政府にも示さなければならない。忠誠は、不可避的に政党政治上の中立性を意味するのである。」Isensee, aaO.（Anm. 19）, §32Rn. 27.

(24) Fürst u. a., aaO., K § 52Rn. 5.

(25) 今村成和「国家公務員に対する政治的行為の制限の違憲性について」（同『現代の行政と行政法の理論』有斐閣、一九七二年）四五三頁は、Fischbach, Beamtenrecht, Bd. I, 3. Aufl.（1964）, S. 405-407 を引いて、「ここにいう制約と抑制とはどういうことかと申しますと、……職務の執行に際しては政治的中立を保たなければならないこと、政治的活動に際しては、職務上の規律に反するような方法をとってはならないこと（とくに、悪意のあるせん動的な反政府運動をするようなことがいけない）、国のシンボル（旗やワッペン）を侮辱したりこわしたりしてはならないことでありまして、職務上の秘密をおかさない限り、事実に基づく政策批判も差支えないということがいわれております。

従いまして、現在におきましても、実質的には、ヴァイマル時代と同様、官吏の政治的自由は保障されている……」と述べている。

Fürst u. a., aaO., K § 53Rn. 3にも、おおむね以下のような解説がある。政治的活動の概念は、広く解されるべきである。それには政党のなかでの行為のみならず、ある政治的グループのために公的生活でなされる一切の活動が含まれる。官吏がいかなる範囲で中庸と節度を守らなければならないかは、特に個々の官吏関係、当該官吏の地位、その時々の状況にかかわる。五三条が引いている限界も、具体的な公勤務関係の任務から直接明らかになる。国家のシンボルに対する侮辱は、忠誠関係のみならず、五三条の義務とも相容れない。官吏が、政党の集会の指導者として、政府を侮辱的に非難することは許されない。官吏が、連邦宰相を戦争犯罪人呼ばわりすることも許されない。しかし、官吏からザッハリッヒな批判をおこなう権利が奪われるわけではない。また官吏は、直属の上司である大臣を批判することも妨げられない。地方選挙で「赤い」市役所とか「黒い」市役所という発言をしたり、宗派共通学校を「不信人者の楽園」と呼んだりすることが五三条の限界を超えているかどうかは、文脈次第だが、超えているとみなされる場合は例外的である。官吏の地位が高くなればなるほど、中庸と節度の義務も重くなる。

(26) Fürst u. a., aaO., Rn41-45. 室井力『特別権力関係論』（勁草書房、一九六八年）一八七―一八八頁。

(27) Lübbe-Wolff, aaO., Art. 33 Rn78.

(28) vgl. Fürst u. a., aaO., Rn. 23.

(29) さしあたり、樋口陽一『比較憲法・全訂第三版』（青林書院、一九九二年）二九五―二九八頁。

(30) この問題は、猿払事件を契機として、一九六〇年代後半から七〇年代初頭にかけても活発に論じられた。猿払事件下級審判決の検討として、芦部信喜「公務員の政治活動禁止の違憲性」「公務員の政治活動規制立法の合憲性判定基準」（同『現代人権論』有斐閣、一九七四年二六三頁以下、二八三頁以下）。猿払事件最高裁判決の検討として、芦部信喜「公務員の政治活動の自由と LRA 基準」「公務員の政治活動の自由の規制と『合理的関連性』基準」（同『憲法訴訟の現代的展開』有斐閣、一九八一年一八九頁以下、二二五頁以下）。

(31) Isensee, aaO.（anm. 22）, Rn. 27.

(32) 佐藤功「『全体の奉仕者』の概念」（同『憲法解釈の諸問題』有斐閣、一九五三年）一一四頁。猿払事件最高裁判決は、「公務のうちでも行政の分野におけるそれは、憲法の定める統治組織の構造に照らし、議会制民主主義に基づく政治過程を経て決定された政策の忠実な遂行を期し、もっぱら国民全体に対する奉仕を旨とし、政治的偏向を排して運営されなければならないものと解されるのであって、そのためには、個々の公務員が、政治的に、一党一派に偏することなく、厳に中立の立場を堅持して、その職務の遂行にあたることが必要となる」とするが（刑集二八巻九号三九九頁）、個々の公務員が個人的に「一党一派に偏しない」ことが一五条二項の「政治的中立性」なのではなく、政治的公務員の政策決定をサポートし、決定された政策を実施する職務をこなすことが「政治的中立性」の要請と解すべきであろう。

(33)　大森弥『官のシステム』（行政学叢書4、東京大学出版会、二〇〇六年）。以下に紹介する大森の研究と多くの点で共通する指摘として、飯尾潤『日本の統治構造』（中公新書、二〇〇七年）第二章「省庁代表制」（同書三六―七五頁）。

(34)　大森・官のシステム三〇―四二頁。職階制の内容については三二―三三頁、給与法による職階制の否定については三八―三九頁。

(35)　大森・官のシステム四一頁。職階制の挫折と給与法体制に導入については、川手摂『戦後日本の公務員制度史』（岩波書店、二〇〇五年）が本格的な研究書である。

(36)　大森・官のシステム三七頁。

(37)　大森・官のシステム四四頁。

(38)　大森・官のシステム四六―四七頁。辻清明『日本官僚制の研究』（弘文堂、一九五二年）四二頁。

(39)　大森・官のシステム五二―五四頁、六一―六六頁。

(40)　大森・官のシステム一三九頁。

(41)　大森・官のシステム一四七―一六二頁。

(42)　大森・官のシステム二五二頁は、「官僚が政治家と距離をとることを忘れるとき『公務員の政治的中立性』が崩れるというべきである。この意味では政策の企画・立案に当っている所管課は政治的中立性の原則を大きく逸脱しているといえる」と述べている。

(43)　大森・官のシステム二五六頁、二五一―二五三頁。

〔補遺〕　初出論文で取り上げた公務員の組織・人事管理や、第Ⅳ章で取り上げた労働基本権制限を含む国家公務員制度の総合的な改革を目指して、二〇〇八年に国家公務員制度改革基本法が制定された。同法では、一一条で国家公務員の人事管理を内閣のもとに一元化することを目指して内閣官房に内閣人事局を設置することが謳われ、一二条では協約締結権を含む公務員労働関係の再検討が約された。しかし、その後の国家公務員制度改革の動きは、政権交代や人事院をはじめとする省庁間の調整の必要などによって曲折した（上田健介『首相権限と憲法』成文堂、二〇一三年三七九頁以下、井田敦彦「内閣人事局をめぐる経緯と論点」レファレンス二〇一三年一〇月一二五頁以下）。

ようやく二〇一四年四月一一日に、国家公務員法の改正など国家公務員制度改革関連法が成立し、これにもとづいて同年五月三〇日に内閣人事局が発足した。内閣人事局には、「級別定数の管理」など、人事院・総務省等の権限の一部が移管されるとともに、これまでは各省内で決められていた幹部級（審議官以上）の人事が統合されることとなった（内閣官房のホームページ http://www.cas.go.jp/jp/gaiyou/jimu/jinjikyoku/jinji_l.html、二〇一五・八・一八閲覧）。

第Ⅳ章・第Ⅴ章との関係では、第一に、民主党政権が提出した非現業一般職国家公務員に労働協約締結権を付与する条項を含む制度改革法案が、最終的には二〇一二年一二月の衆議院解散で廃案となり、自公政権の改革案には盛り込まれなかったこと（井田・前掲論文一三〇頁）、第二に、自公政権案の対案として二〇一三年に民主・維新・みんなの三党が共同提案した改正案には、事務次官制度の廃止、労働基本権付与が含まれていたが、これも法律化されるには至らなかったこと（2013/11/28 21:22 日経速報ニュースアーカイブ https://t21.nikkei.co.jp/g3/CMN0F12.do、二〇一五・八・一八閲覧）が注目される。

なお、二〇〇八年から二〇〇九年にかけての国家公務員制度改革をめぐる政治の動きを追跡したルポルタージュとして、塙和也『自民党と公務員制度改革』（白水社、二〇一三年）がある。

VI　日本国憲法下の集会規制と平和的な集会

一　はじめに

平和的集会を文化として定着させるというこのシンポジウム主催者の問題意識は、日本の実務界・学界には大変新鮮な視点である。したがって、日本の既存の研究から、この問題提起に対する明確な解答をみいだすことも、また、憲法研究者である私が、日本の状況分析から独自の答えを導きだすことも、じつはむずかしいことである。そこで、この報告では、日本国憲法下の集会規制法の中心である「公安条例」の制定のいきさつ（二）、「公安条例」の内容（三）、集会規制に関する日本の最高裁判所の態度（四）を要約することで、まず日本の現状を確認したのち、日本で暴力を伴う集会がほとんどみられない理由と警察の対応について、さしあたり私に可能なかぎりの解釈を試みることにしたい（五）。

二　「公安条例」方式の成立

(1)　第二次大戦前の集会規制法令

一八六八年に「明治政府」が成立して「近代化」が本格的に開始されてから、一九四五年に第二次大戦の敗戦を迎えるまでの期間、日本には全国一律の強力な集会規制法令があった。一八八九年に、日本で最初のヨーロッパ型憲法である「大日本帝国憲法」（明治憲法）が制定され、その第二九条で、日本国民は、法律の範囲内において「集会の自由」を有するとされた。しかし、明治政府は、この憲法の制定に先立って、「集会条例」（一八八〇年）、「保安条例」（一八八七年）を制定し、イギリス型立憲君主制憲法の導入と議会の早期開設とを求める反政府運動を弾圧した。

明治憲法の制定後も、一八九〇年に「集会条例」に代わって「集会及政社法」が制定され、一九〇〇年にはこれを引き継いで「治安警察法」が制定された。治安警察法では、屋内集会・屋外集会、政治集会・非政治集会を問わず、多数人の集合について警察への事前の届出が義務づけられ（第二条・第三条）、警察官には集会立会権・集会解散権が認められた（第一〇条〜第一二条）。これに加えて、一九二五年には「治安維持法」、アジア・太平洋戦争中の一九四一年には「言論・出版・集会・結社等臨時取締法」が制定されるなど、第二次大戦前の日本には、特に政治結社・政治集会を厳しく規制する壮大な「治安立法」が存在した[1]。これらはいずれも、帝国議会による審議・議決を経た「法律」であり、「法律の範囲内」で保障された明治憲法第二九条の「集会の自由」を適法に規制するものと解釈されていた。

(2)「公安条例」方式の採用と全国立法の挫折

① 「公安条例」方式の採用

一九四五年八月一四日に日本は連合国に全面降伏し、アメリカを主体とする連合国軍の占領統治下に置かれることとなった。一九四六年には、明治憲法の改正という形式をとって、実質的には新たな憲法である「日本国憲法」が制定された。日本国憲法は、政治的決定権をまったくもたない名目的な地位として天皇を存置したが、明治憲法とは異なって、国民主権原理に立脚して議会の権限を飛躍的に強化するとともに、手厚い人権保障規定を備えた憲法である。その第二一条第一項では、「集会、結社及び言論、出版その他一切の表現の自由は、これを保障する」という文言で、「集会の自由」が保障されている。周知のように日本国憲法は、今日まで六〇年間、一度も改正されずに存続している。

占領軍側は、日本国憲法の制定に先立つ一九四五年一〇月四日、日本の民主化の一環として、日本政府あてに「政治的市民的及宗教的自由ニ対スル制限ノ撤廃ニ関スル覚書」を発した。これを受けて、前述の集会規制関係法令もすべて廃止され、一時的に「集会の自由」に対する法令上の規制はまったく存在しない状態が出現した。(2)

しかし、戦後の窮乏と混乱のなかで、労働運動・大衆運動が左翼政党の影響のもとで激化すると、占領軍側は、集会についても厳しい規制方針で臨むようになった。こうした流れのなかで、一九四八年七月二九日、占領軍大阪軍政部が大阪市議会議長に対して集会規制条例の制定を強く促し、これを受けて七月三一日に急遽開催された大阪市議会において、「大阪市公安条例」がわずか一日の審議で可決され即日施行された。(3)このように占領軍側の指示を受けた公安条例制定の動きは各地に広まり、一九四九年から五〇年にかけて、四七都道府県のうち二三の都・県で公安条例が制定され、また、県単位で制定されなかった地域では、四一市・三町で公安条例が制定された。(4)

②全国立法の挫折

平和条約が発効して、日本が独立を回復した一九五二年に、当時の内閣は、全国一律の集会規制法として、「集団示威運動等の秩序の保持に関する法律案」を国会に上程した。政府は、次の点を法律案提出の理由としてあげた。憲法で保障された「集会、表現の自由」が地方によって異なる取り扱いを受けるのは不合理であること、公安条例をもたない地方公共団体では、一般刑法規定等による事後的処罰以外の規制手段に乏しく、公衆の生命・身体・財産に対する危険の防止の点で不十分であること、これらの点である。この法律案は、衆議院では可決されたが、参議院においては野党の反対によって審議未了で廃案となった。(5)その後、五〇年以上の間、全国一律の集会規制法は結局制定されないままで、今日に至っている。

したがって、現在でも、日本における集会規制、とりわけ屋外集会規制の中心となる法令は、都道府県または市

町村単位で制定されている「公安条例」である。(6)

三 「公安条例」の内容

(1) 東京都公安条例と新潟県公安条例

このように、日本の屋外集会規制法の中心である「公安条例」は総数六〇以上にのぼり、その細部にはさまざまな相違がある。ここでは、最高裁判所の重要な判決において合憲性審査の対象となった東京都公安条例と新潟県公安条例とを比較しながら、公安条例の規制内容を概観しておく。

(2) 規制対象となる集会

①東京都条例

東京都条例第一条は、「道路その他公共の場所で」おこなわれる「集会」「集団行進」と、「場所のいかんを問わず」おこなわれる「集団示威運動」を規制対象としている。

一般に「集会」とは、共通の目的で複数人が会合する行為を意味し、「集団行進」とは、共通の目的で複数人が移動する行為を意味し、「集団示威運動」とは、複数人が自分たちの意見を他者に対して表明するためにおこなう「集団行進」を意味するとされている。日本の憲法学者の一般的な用語法では、日本国憲法上の「集会」は「集団行進」を含み、「集団行進」は「集団示威運動」を含むという関係に立つ。(7) この報告でも、「集会」という用語をこのように広い意味で使用している。

東京都条例は、特定の場所で会合する狭義の「集会」、意見表明を目的としない単なる「集団行進」、「集団示威運動＝デモ行進」の三つを区別しつつ、そのすべてを規制対象とし、しかも屋内集会も含む点が特徴的である。「デモ行進」が屋内の私有地で実施されることは現実には考えにくいが、文言上はこれも含まれ、規制対象はきわめて広範である。

②新潟県条例

これに対して、新潟県条例第一条は、「行列行進又は公衆の集団示威運動（徒歩又は車両で道路、公園その他公衆の自由に交通することができる場所を行進し又は占拠しようとするもの）」を規制対象とする。公道など屋外公共施設でおこなわれる「集団行進」「デモ行進」、同じく公園など屋外公共施設でおこなわれる「意見表明を目的とする集会」だけを規制対象とする点で、東京都条例よりも対象がかなり限定されている点に特徴がある。(8)

(3)　規制の方法

①許可申請義務

公安条例が採用する集会規制の方法は、一般的には事前の許可制である。東京都条例も新潟県条例も、それぞれが規制対象とする「集会」「集団示威運動」等を実施しようとする者に対して、都・県公安委員会の事前の許可を受けることを義務づけている。(9)どちらの条例も、開催予定日時の七二時間前までの許可申請を要求しているが、群馬県条例・静岡県条例・埼玉県条例のように四八時間前までとする例や、徳島市条例のように二四時間前までとする例もある。(10)

いずれにせよ、公安条例は一般に、集会の事前許可制を採用し、無許可の集会を開催した者を刑罰の対象としている。したがって、日本の公安条例体制では、事前に準備されたわけではない偶発的な自然発生的集会は、つねに不適法なものと評価されることになる。(11)

②不許可制度

(a)不許可の例外性

公安条例によれば、集会の許可申請がおこなわれた場合、公安委員会は原則としてこれを許可しなければならず、不許可の決定が許されるのは、あくまで例外的な場合に限定される。どの公安条例も、不許可の要件を公共の安全に対する危険の防止に限定している点は共通だが、規定の表現には相違がある。たとえば、東京都条例第三条は、当該集会等の「実施が公共の安寧を保持する上に直接危険を及ぼすと明らかに認められる場合の外は、これを許可しなければならない」と規定し、新潟県条例第四条第一項は、「公安委員会は、その行進又は示威運動が、公安を害する虞がないと認める場合は、開始日時の二四時間前までに許可を与えなければならない」と規定している。このように、公安条例では、公安委員会が集会のテーマや表現内容自体を審査して不許可決定をおこなうことは許されていない。日本の憲法学が、公安条例による集会規制を、事前ではあるが、しかし「内容中立的な」表現規制に分類する理由がここにある。(12)

(b)東京都条例と新潟県条例の比較

こうした不許可の要件について、東京都条例と新潟県条例を比べてみると、東京都条例は、アメリカの判例法理である「明白かつ現在の危険 clear and present danger」の原則に相当する具体的危険の存在を要求する点では、単に「公安を害する虞」を要求するにとどまる新潟県条例よりも、不許可要件が厳格である。しかし、新潟県条例は、集会開始の二四時間前までに許可を与えなければならないという時間的制約を設けた点と、公安委員会が二四時間前までに何の意思表示もしなかった場合には許可されたものとみなすという、いわゆる「許可推定条項」を備えている点では（第四条第四項）、東京都条例よりも不許可要件が厳格である。後述するように、こうした不許可要件の規定は、公安条例の「許可制」を実質的には「届出制」に類似の規制と判断できるかどうかという解釈の対立を引き起こした。

(c)不許可要件の運用

残念ながら、条例の不許可要件規定が、実務上どのように運用されているかを示す十分な統計資料を見出すことはできなかったが、東京都公安条例事件の審理に際して、検察側が最高裁大法廷における口頭弁論でおこなった主張によれば、一九五三年から五九年までの七年間に東京都条例のもとでおこなわれた許可申請件数は一二万九五二六件、そのうち許可件数は一一万七七九一件、条件つきで許可された件数は一万一七三二件、不許可件数は三件であったという。(13) この数字を信じるならば、許可件数は申請件数の九一パーセント弱、条件つき許可件数は約九パーセント、不許可件数は〇・〇〇二三パーセントにすぎないから、（大多数の集会はもともと「公共の安寧の保持に直接危険を及ぼす」ようなものではなかったと推測されることを差し引いても、）東京都公安条例の許可制は、不許可がきわめて例外的だという点では、実質的には届出制に近いといってもよいだろう。

③条件つき許可

しかし、いま見たように、公安条例では、公安委員会が、許可と不許可のいわば中間形態として、条件つき許可をおこなうことを認めている。

「条件つき許可」の規定も条例によって異なり、条例自体が条件をつける項目を列挙しているタイプと、具体的な条件をさらに下位の法令にゆだねているタイプとがある。東京都条例は前者、新潟県条例は後者である。東京都条例第三条第一項は、銃器・凶器その他の危険物携帯制限、交通秩序維持、夜間の静謐保持、進路・時間・場所の変更など、六項目の事項について、公安委員会が許可に条件をつけることを認めている。

条件つき許可の制度は、平和的な集会の保護を意図するものだとも言えるが、条例は許可条件違反の集会主催者・指導者の処罰を規定しているので、警察による警備実施のあり方によっては、現場での厳しい集会規制の根拠となる。上にあげた検察の統計でも、条件つき許可は申請件数の九パーセントに達するのだから、条件つき許可こそ公安条例による規制の中心だということができる。一九六〇年代の公安条例違反者弁護団は、警察がデモ行進に対して大音量で頻繁に許可条件の遵守を要求すること、許可条件違反・公務執行妨害を理由に大量検挙をおこなっていることを指摘し、その濫用を批判している(14)。

四　集会規制に関する最高裁判所判例

(1) 新潟県公安条例事件判決（最大判昭和二九・一一・二四・刑集八巻一一号一八六六頁以下）――「明白かつ現在の危険」の原則

各地で公安条例が制定された一九五〇年代に、無許可集会や許可条件違反集会の主催者・指導者が、公安条例等の違反を理由に起訴された刑事事件は、かなりの数にのぼった。下級審判決の多くは公安条例を合憲と判断したが、違憲判決も九件あった(15)。下級審判決のこうした不一致に対して、最高裁としてはじめて合憲の判断を示したのが、一九五四年の新潟県条例判決である。

この判決は、上に紹介した新潟県条例を「集会の自由」に反しないと判断するにあたって、公安条例が合憲とみなされる基準を明確化したことで注目される。すなわち、この判決によれば、(a)届出制は許されるが、一般的な許可制は憲法二一条一項違反となる。(b)公共の秩序を保持するために、特定の場所または方法について、明確な基準のもとに、あらかじめ集会の許可または届出を義務づけても、ただちに違憲とはいえない。(c)公共の安全に対し明らかな差し迫った危険を及ぼすことが予見される集会を不許可とする規定を設けても、ただちに違憲とはいえない。

この最高裁判決は、下級審の違憲判断を否定する意味をもつが、同時に、アメリカ最高裁の「明白かつ現在の危険」の原則を輸入して、憲法上許容される公安条例の内容を限定する意味ももった。問題となった新潟県条例については、最高裁は、規定の全体を総合的にみれば右の(a)(b)(c)の条件を満たしているので合憲だとしたが、「公の秩序を害する虞」という不許可要件については、「明らかな具体的な表示に改めることが望ましい」という注文をつけた。

(2) **東京都公安条例事件判決（最大判昭和三五・七・二〇・刑集一四巻九号一二四三頁以下）――「集団行動暴徒化論」**

前述のように、東京都条例は、不許可要件に関しては、「公共の安寧を保持する上に直接危険を及ぼすと明らかに認められる場合」という比較的厳格な規定を置いていた。しかし、この裁判の被告人側は、新潟県条例とは異なって、対象となる集会の範囲が包括的である点、公安委員会が何も意思表示をしない場合の「許可推定条項」が存在しない点などから、東京都条例の許可制は実質的な届出制とは到底いえないとして、違憲の主張を展開した。

これに答えた東京都条例判決は、新潟県条例判決が設定した上記(a)(b)(c)の基準を明示的に否定したわけではない。しかし、日米安全保障条約改定反対を主張する集会・デモ行進が全国で頻発し、特に一九六〇年六月、国会周辺で一〇万人という、かつてない規模のデモ行進がおこなわれて警察と衝突した時期に出されたこの判決は、集会に対する考え方が新潟県条例判決とはまったく異なっている。すなわち、この判決では、通称「集団行動暴徒化論」とよばれる集会に対する強い不信感が前面に現れ、これを心理的基盤として、東京都条例の合憲性が承認された[16]。

東京都条例判決は、新潟県条例判決の基準のもとでも、既存の公安条例が違憲となることはありえないというシグナルと受け取られ[17]、島根県と広島県が新たに公安条例の制定にふみきるなどの影響もみられた[18]。

(3) **その後の判例――泉佐野市民会館判決の「合憲限定解釈」**

①集会規制の合憲性に関する日本の最高裁の基本的な態度

日本では、一九七〇年代後半以降、大規模な屋外集会が警察と衝突する事件はほとんど姿を消すので、東京都条例判決を塗り替えるような最高裁の新判例は出ていない。

新潟県条例判決と東京都条例判決を総合的にみると、最高裁は、集会を不許可とするための一般的要件としては、「明白かつ現在の危険」の存在を要求しながら、条例の規定や警察など公権力の行為の具体的な評価にあたっては、「集団行動暴徒化論」の立場から、条例や措置の合憲性を簡単に承認してきたと要約することができるだろう。

②泉佐野市民会館事件判決（最三小判平成七・三・七・民集四九巻三号六八七頁以下）

この点をよく示しているのが、九〇年代の代表的な判例である泉佐野市民会館判決である。極左過激派集団といわれる「中核派」が、実質的な主催者として、関西新空港建設反対を訴える集会を開催するために、建設地に近い大阪府泉佐野市の市民会館ホールの利用許可申請をおこなったところ、市側は、泉佐野市民会館条例第七条の「公の秩序を乱すおそれがある場合」などに該当するとして、利用不許可の決定をくだした。これに対して申請者側が、公権力の違法行為によって損害を受けたとして、国家賠償請求訴訟を提起した事件である。この事件は、次の三点で、八〇年代以降の日本の「集会事情」と、最高裁のスタンスをよく示している。

第一に、極左過激派が、市民会館ホールという屋内公共施設の利用申請をおこなったという事実は、街頭での左翼の実力行動が、一九八〇年代には大衆動員力をまったく失っていることを如実に物語っている。

第二に、この事件の判決で最高裁は、「公の秩序を乱すおそれ」という市条例の規定を、人の生命・身体・財産が侵害され、公共の安全が損なわれる明らかな差し迫った危険の発生が具体的に予見できる場合を意味すると限定解釈した。ここから、「明白かつ現在の危険」の原則がなお生きていることがうかがえる。しかも、最高裁は、敵対する団体が集会を実力で阻止するおそれがあることは、公的施設の利用を拒否する正当な理由にならないと述べて、アメリカ最高裁の「敵意ある聴衆の法理」と等しい考え方をとった。

しかし第三に、最高裁は、中核派が過去に関西新空港建設の実力阻止闘争を展開し、他の過激派集団と衝突を繰り返したという理由で、本件は「明らかな差し迫った危険の発生が具体的に予見できる場合」にあたると判断した。実際には、中核派が、自分が主催する屋内集会で実力行動に出るとは考えにくい上に、他のグループの集会を暴力で妨害していたのはもっぱら中核派の側であり、他の過激派集団が報復をおこなう危険性も立証されていなかったこと、警察の警備による混乱防止の可能性についても検討していないこと、これらの点をみると、過激派の事件に関する最高裁の「明白かつ現在の危険」の解釈は、じつはかなりゆるやかだと評することができる。

五　日本における平和的な集会の定着？

(1)「暴力的集会」が減少した要因

①暴力を伴うような大衆集会の動き

第二次大戦の終結から一九五〇年代までの日本では、敗戦と窮乏を背景にして、大衆集会が騒擾事件に発展するケースが多くみられた。いずれも一九五二年に発生した「皇居前メーデー事件」「吹田事件」「大須事件」はその代表例である[19]。こうした大衆動員型運動の頂点が、一九六〇年の「安保闘争」（日米安全保障条約改定阻止闘争）と三井三池炭鉱労働争議であった。しかし、労働者・市民の大規模な動員に成功したこれらの運動も、条約改定阻止、炭鉱労働者の大量解雇阻止という本来意図した目的を実現することはできず、大衆動員型運動の一つの転換点となった[20]。

一九六〇年代の日本は、自民党政権の所得倍増政策、財界の生産性運動が功を奏して、高度経済成長と大衆消費社会の到来を迎えた。多くの国民に社会的平等感・満足感が広がり、大衆動員型の過激な街頭運動は下火となった。しかし、一九六〇年代末から七〇年代初頭にかけては、公害問題のような高度経済成長のひずみが露呈し、さらにアメリカのベトナム反戦運動、中国の文化大革命と紅衛兵運動、世界各地の学生運動などの影響も受けて、再び警察との衝突に至るような街頭闘争が頻発した。

しかし、日本共産党が議会選挙による政権獲得をめざす平和路線に戦術を転換して以降[21]、暴力的な街頭闘争の主体であった極左過激派が、「よど号ハイジャック事件」（一九七〇年）、「浅間山荘事件」（一九七二年）、「三菱重工本社爆破事件」（一九七四年）などのテロ事件を起こして社会的支持を急速に失ったこと[22]、そしてなによりも公務員労働運動の政治的動員力が大きく減退したことが要因となって、一九七〇年代後半以降の日本では、騒擾事件に発展するような大衆動員型の街頭行動はすっかり影をひそめて現在に至っている。

②公務員労働運動の盛衰と大衆集会

第二次大戦後の日本の大衆運動の最大の担い手が、公務員労働組合であったことには注意が必要である。なかでも、日本国有鉄道の労働者が組織した国鉄労働組合（国労）、郵便職員が組織した全逓信労働組合（全逓）、小・中学校、高等学校の教員が組織した全日本教職員組合（日教組）の三大組合は、組合員数十万人を数える巨大労組であった。

これらの公務員労組は、日本労働組合総評議会（総評）の傘下にあって、日本社会党の支持母体にもなった。そして、単なる労働条件の改善要求を超えて、安保条約、自衛隊、ベトナム戦争など、さまざまな政治的イシューで保守政権の政策に対する反対運動を展開した。

日本国憲法第二八条は、争議権を含む労働者の労働基本権を保障し、占領初期には公務員労働者にも争議行為が認められていた。しかし、早くも一九四七年には占領軍側が方針を転換し、公務員労働者の争議行為を一律全面的に禁止した。日本では現在も公務員の争議行為は全面的に禁止されている。しかし、公務員労組は、上述のように政治的なイシューでも、実際にはしばしば争議行為を実施した。さらに一九七五年、国労は、悲願であった「スト権」の奪回にのりだし、公務員の争議行為禁止法令の廃止を求めて、いわゆる「スト権スト」に突入した。しかし、日本では異例の八日間連続のストライキを実施したにもかかわらず、結局政府から何の譲歩も引き出すことができなかったため、戦後日本の労働運動をリードしてきた公務員労組の威信は大きく損なわれた(23)。

この「スト権スト」の完敗を一つの転換点として、一九八〇年代半ば、中曽根政権による行政改革の推進と日本国有鉄道の分割民営化（一九八七年）、これに伴う最大公務員労組「国労」の解体、総評の解散（一九八九年）と民間労組主体の上部組織である「日本労働組合総連合会」（連合）の結成へと、労働界の再編成が進んだ。

私見では、こうした社会党系公務員労組の衰退が、政府の政策に反対する大規模大衆集会の開催と、警察との衝突という事態が日本でみられなくなった直接的な原因だと思われる。

(2)　集会に対する警察の対応

①「集団行動暴徒化論」

それでは、暴力を伴うような大規模大衆集会に対して、日本の警察はどのようなスタンスで対処してきたか。警察内部の状況を外からうかがい知ることには困難があるので、ここでは、警察大学校が編集する専門誌『警察学論集』に警察官僚などが個人として寄稿した論文から、警察の対処方針を推測するにとどまる。このような論文が多く掲載されたのは、当然だが一九六〇年代である。

すでに述べたように、日本の最高裁は、集会の事前禁止には「明白かつ現在の危険」の存在を要求するなど、集会規制にも一定の枠をはめてきたので、警察側も、判例の動向を詳細に研究し、最高裁の要求から逸脱することのないように神経を使っている(24)。しかし、日本の警察が、「暴力的な集会」の取り締まりに大きな関心をもっていたことは明らかだが、「平和的な集会」文化の定着といった問題意識をもっているとは考えられない。

これもすでにみたように、最高裁の東京都公安条例判決は、平穏な集会も一瞬にして暴徒と化し、法と秩序をふみにじる行動に出る場合があることは、群集心理の法則と現実の経験から明らかだとした。この最高裁判決について、ある論文は、「それは、社会心理学上の研究の成果を法解釈上の一基準として取上げたことを意味する」として高く評価し、ルボンの心理学説、モーパッサンの随筆、あるいは一九六〇年六月一五日の全学連の国会構内乱入事件などを例示して、最高裁の「集団行動暴徒化論」に深い共感を寄せている。(25) 日本の警備警察の基本前提は「集団行動暴徒化論」であり、主要な関心事は、この「集会観」を前提とした有効な警備の実施にあったといってよいだろう。

②警備実施の研究

(a)実力規制の根拠法令の研究

暴力的な集会の有効規制の観点から、警察側が関心を払ったのは、当然のことながら適用法令の問題である。『警察学論集』にも、騒擾罪・暴行罪・脅迫罪・器物損壊罪・建造物侵入罪・公務執行妨害罪などの一般刑法規定や、暴力行為処罰法・道路交通法・騒音防止条例などの特別法を、もっぱら集会規制に際してそれらがどのように適用できるかという観点から解説する論文がみうけられるのは、このことを示している。(26)

(b)集会のコントロールの研究

また、警察部内では、集会が許可条件から逸脱し、暴力行為に発展しないようにコントロールすることを目的として、群集心理と広報戦術を研究していた形跡がある。『警察学論集』に掲載された「警備警察における心理的課題」と題する論文はその例である。(27)

この論文は、「デモ警備実施の際、広報活動だけで、無事平穏にデモを終了させたり、時にデモ行進中、許可条件にないジグザグ行進やすわりこみなどの違法行為が発生しても、機動隊による実力行使をおこなわずに、広報活動だけでその行為を是正できることが、もっとも望ましい」として、三段階の広報戦術を説明している。すなわち、「いま×時です。先頭が××に到着しました」など、デモ行進参加者に対する情報提供（第一段階）、「立ち止まらないでください」など、参加者の行動の是正（第二段階）、「すわりこみは道路交通法違反で処罰されます。すわりこみをただちにやめなさい」など、実力行使の前提としての警告（第三段階）の三段階である。

これは、公刊された雑誌上で、こうした警備実施テクニックがあからさまに披露されためずらしい例ということができるだろう。

(3)「平和的集会」文化の発想

日本では、公権力の側には平和的集会の保護という視点は乏しいと思われるのに対して、法制度の構築と運用にあたって、暴力を伴う集会を厳格に規制しつつ、平和的な集会は可能なかぎり保護しようという自覚を公権力がもっているのは、私の狭い知識では、ドイツの集会規制である。[28]

(a)そもそもドイツ憲法第八条自体が、明文で、「平和的に、かつ武器を携帯しないで、集会する権利」のみを保障している。

(b)憲法を受けて制定された集会法は次のような事項を定めている。集会の開催を公表する四八時間前までの警察官庁への届出義務。護身用も含めて一切の武器携帯の禁止。屋外集会において本人確認をはばむ覆面・衣服の着用禁止。やはり屋外集会における制服着用の禁止。連邦議事堂周辺など立入禁止区域法が定める区域での集会禁止。集会指導者の権限として、集会開会・中断・再開・終了決定権、集会を妨害する者への退去命令権。集会指導者の義務として、集会実施中の秩序維持責任。集会参加者の義務として、集会指導者および指導者からあらかじめ指名された集会補助者の指示を遵守する義務。警察側の集会禁止権・集会解散権・集会立会権・集会妨害者の排除権。こうした規制を前提として、禁止された集会を強行した指導者、無届集会の指導者、武器携帯者、暴力による集会妨害者などが処罰対象とされている。

(c)ドイツ連邦憲法裁判所は、個別の集会禁止処分を憲法違反と認定したことはあるが、憲法八条から主催者側と警察側との「協力義務」を導き出し、集会法による規制をこうした協力義務の具体化ととらえて、法律そのものの合憲性は、これを肯定してきた。

　このようなドイツの憲法規定、集会法の制度、裁判所の態度の基礎にあるのは、事前に主催者によって準備され、警察側と協力しながら指導者によって平和的に運営される「組織された集会モデル」の保護という発想である。

六　おわりに

　最後にもう一度、この報告の趣旨を簡単に要約しておきたい。

　今日でも、日本国憲法下の屋外集会規制法の中心は、都道府県または市町村単位で制定された六〇以上の「公安条例」である。これは、もっぱら第二次大戦後の日本の特殊な政治状況の産物である。

　大部分の公安条例は、条文の文言上は許可制を採用しているが、最高裁が「明白かつ現在の危険」がある場合にだけ不許可を合憲とする態度をとっているので、この点では条例の規制は実質的には届出制に近い。しかし、警察による集会規制の中心は、不許可処分ではなくて、むしろ「条件つき許可」を与えたうえでの許可条件違反の取り締まりであった。

　一九七〇年代後半以降の日本では、大衆集会が暴力を伴い、警察と衝突するような事件はほとんど生じなくなった。日本の警察は、一九六〇年の最高裁判決と同様、「集団行動暴徒化論」の立場から、暴徒化を防止する集会コントロールに努めてきたが、日本で暴力を伴うような集会がみられなくなった理由は、むしろ日本の政治・社会状況全体の大きな変化に求められるべきであるように思われる。

（1）戦前の集会規制法については、奥平康弘編著『公安条例』（学陽書房、一九八一年）三―九頁（横田耕一）。
（2）奥平康弘編著・前掲書（注1）九―一〇頁（横田耕一）、大倉久雄「集団示威運動に対する警備実施上の問題点」警察学論集一七巻五号（一九六四年）四八頁。
（3）尾崎治『公安条例制定秘史』（柘植書房、一九七八年）七四頁以下。
（4）警察学論集一三巻九号（一九六〇年）二〇六頁以下の「公安条例便覧」参照。
（5）内田文夫「『集団示威運動等の秩序保持に関する法律案』及び『国会の審議権の確保のための秩序保持に関する法律案』と公安条例」警察学論集一三巻九号（一九六〇年）八五頁以下。
（6）特に集会を対象とした法律ではないが、公道でのデモ行進には道路交通法も適用される。また、公園・市民会館など各種の公共施設を使用する集会は、それぞれの施設の管理規則による規制を受ける。
（7）佐藤功『註釈憲法・上・新版』（有斐閣、一九八四年）三二三頁、東京地判昭和三三・五・六、西信行「公安条例運用上の若干の問題点」警察学論集一七巻五号（一九六四年）一八三頁。
（8）ちなみに、廃案となった「集団示威運動等の秩序保持に関する法律案」は、集団示威運動・集団行進・屋外集会を規制対象としていた。青木吉彦＝宮橋一夫＝鹿島正之編「資料」警察学論集一三巻九号（一九六〇年）二一三頁。
（9）周知のように、日本の警察は都道府県単位で設置され、都道府県の警察を管理する民間有識者からなる機関が都道府県公安委員会である。ただし、都道府県の警察が中央行政機関である警察庁から実際にどの程度独立的であるか、公安委員会が都道府県警察をどの程度実質的に管理統制しているかは別問題である。
（10）奥平康弘編著・前掲書（注1）一三七頁、一四一頁、一四四頁、一四九頁。
（11）西信行・前掲論文（注7）論文一八〇―一八二頁。
（12）公安条例違反で起訴された側は、公安条例の許可制を、憲法が禁止する「検閲」に該当するとしばしば主張した。しかし、最高裁のみならず憲法学説も、公安条例の許可制は内容中立的であるので「検閲」とはいえないと考えている。
（13）青木＝宮橋＝鹿島編・前掲資料（注8）二一一頁。
（14）東京護憲弁護団編『公安条例』（三一書房、一九六七年）一五頁、一八―一九頁、二七―三〇頁。
（15）奥平康弘編著・前掲書（注1）八九頁以下（奥平康弘）、青木＝宮橋＝鹿島編・前掲資料（注8）一六四頁以下。

また、西信行・前掲論文（注7）一七五頁によると、一九六四年三月の時点で、公安条例に関する判決は八七件、このうち条例の合憲性を審査した判決が七五件、この七五件のうち、合憲判決が六六件（最高裁八件、高裁二八件、地裁三〇件）、違憲判決が部分違憲も含めて九件であった。

(16) 判決は、集会の性質について、次のように述べている。「平穏静粛な集団であっても、時に昂奮、激昂の渦中に巻きこまれ、甚だしい場合には一瞬にして暴徒と化し、勢いの赴くところ実力によって法と秩序を蹂躙し、集団行動の指揮者はもちろん警察力を以てしても如何ともし得ないような事態に発展する危険が存在すること、群集心理の法則と現実の経験に徴して明らかである」（刑集一四巻九号一二四八頁）。

(17) 山田英雄「公安条例の問題点」警察学論集一三巻九号（一九六〇年）七頁。

(18) 山田英雄「最近における公安条例の改定について」警察学論集一四巻一二号（一九六一年）二二頁以下。

(19) 大倉久雄・前掲論文（注2）四八―五四頁。

(20) 総評政策局編『戦後労働運動の到達点』（労働経済社、一九八九年）一七―一八頁。

(21) 一九六一年の第八回党大会で採択された党綱領は、「民族民主統一戦線」による議会多数派の獲得をめざす「人民的議会主義」戦術を標榜した。たとえば、『日本の未来をひらく科学的社会主義』（日本共産党中央委員会出版局、一九七五年）五五―八四頁。

(22) これらの事件については、さしあたり高木正幸『全学連と全共闘』（講談社新書、一九八五年）第八章・第九章。

(23) 新川敏光『戦後日本政治と社会民主主義』（法律文化社、一九九九年）一四五頁。

(24) すでに何度か引用した西信行・前掲論文（注7）、山田英雄・前掲論文（注17）はその例である。

(25) 山田英雄・前掲論文（注17）一五―一七頁。

(26) たとえば、谷口利明「集団行動に伴う犯罪の取締法令」警察学論集一三巻九号（一九六〇年）五四頁以下、大倉久雄・前掲論文（注2）、小野寺一衛「官公庁への抗議行動に対する警備実施上の問題点」警察学論集一七巻五号（一九六四年）六四頁以下。樋口武文「労働事案における実力規制の法的根拠について」警察学論集一七巻五号（一九六四年）三五頁以下など。

(27) 町田欣一「警備警察における心理学的課題」警察学論集一五巻八号（一九六二年）一〇七頁以下。

(28) ドイツの集会規制に関する日本語の研究としては、赤坂正浩「基本法八条の集会の自由と集会法による規制」（『ドイツの憲法判例・第二版』信山社、二〇〇三年）二四八頁、同「緊急の集会決定」（『ドイツの憲法判例Ⅱ・第二版』信山社、二〇〇六年）二三三頁、松本和彦「道路上での座りこみデモと強要罪規定の明確性」（『ドイツの憲法判例Ⅱ・第二版』）四五二頁、初宿正典「集会の自由に関する若干の考察」法学論叢一四八巻九・一〇号（二〇〇一年）九〇頁、渡辺洋「公安と公序―ドイツ集会法をめぐる論争」神戸学院法学三五巻三号（二〇〇五年）一二九頁などがある。

〔補遺〕　本章は、二〇〇六年一一月八日にソウルで開催された「平和的な大衆デモと公的抗議に向けて」と題する韓国警察庁・韓国警察学会共催の国際シンポジウムの報告原稿である。注(28)にあげたように、私は集会の自由に関するドイツ連邦憲法裁判所の判例の評釈を手がけるなど（これらは、のちに赤坂正浩『立憲国家と憲法変遷』信山社、二〇〇八年三三七―三六二頁に再録した）、集会の自由にはかねてから関心をもっていたので、このシンポジウムへの参加の招請をお受けした。しかし、日本では、敗戦直後や六〇年代に頻発した暴力を伴うデモ・集会が、今日ではなぜ見られなくなったのかという韓国側の関心に対して、学問的に解答することは残念ながらできなかった。

韓国側のお役には必ずしも立てなかったが、一九六〇年代には警察の警備担当者が、一般に公刊されている専門誌である『警察学論集』誌上で、デモ規制のノウハウについてかなり率直な見解を公表しているのを発見したのは収穫であった。集会の自由に関する憲法学者の研究で、こうした資料に触れたものはあまりないと思う。

その後、二〇一三年四月にも、デモや集会の暴力化を警察力で規制するだけではなく、平和的な集会文化をどうやって育てるかという、二〇〇六年のシンポジウムと同様の問題関心をもつ四人の研究者（韓国経営者総協会研究員・韓南大学校教授と通訳の方々）の訪問・ヒヤリングを受けた。この時のやりとりからも、成熟社会では集会は平和的に開催されるのが一般的であるから、韓国でも平和的集会のカルチャーを育てるべきだという問題意識が、韓国の政界・警察・経済界・労働界・学界に広く共有されていることを改めて実感した。

二〇一一年の原発事故以降、日本でも集会・デモ行進に広汎な一般市民が参加する現象が見られるようになり、さらにヘイト・スピーチ問題や安保法制にからんで、さまざまな集会の活発化が見られる。特定の団体や組織の動員にもとづかない、多様な一般市民による大規模集会の平和的開催は、たしかに日本の立憲民主主義の成熟度を占うものであり、積極的に保護されるべきものであろう。

この点に関連して、原発に反対する市民団体が、法的には経産省管轄の国有地である道路脇の空き地に抗議活動の拠点としてテントを設営したのに対し、国がその撤去と賃借料相当の損害賠償を求めて訴訟を提起した事件が注目される。国の対応を「公的参加を妨害することを狙った戦術的訴訟」(Strategic Lawsuit Against Public Participation：SLAPPスラップ訴訟）にあたるという視点から批判的に検討した論文として、内藤光博「スラップ訴訟と表現の自由—経産省前『テントひろば』裁判について」自由と民主主義二〇一四年一一月号三二頁以下がある。また、近年の動きについては、政治学者・五野井郁夫の『「デモ」とは何か—変貌する直接民主主義』（NHKブックス、二〇一二年）も参照。

Ⅶ　在外国民選挙権訴訟

（在外日本人選挙権剝奪違法確認等請求事件、最高裁平一三（行ツ）八二号・八三号・同（行ヒ）七六号・七七号、平17・9・14大法廷判決、一部破棄自判、一部上告棄却、判例時報一九〇八号三六頁、民集五九巻七号二〇八七頁）

【事実】　在外国民が組織した原告団は、公職選挙法が在外国民である原告に対して国政選挙権の行使を認めていないことは、憲法一四条一項、一五条一項・三項、四三条、四四条、国際人権Ｂ規約二五条に違反するとして、違法確認と国家賠償を求める訴えを一九九六（平成八）年に提起した。

東京地裁平成一一年一〇月二八日判決（判時一七〇五号五〇頁）は、違法確認請求は法律上の争訟にあたらないとして却下し、国家賠償請求は立法不作為の違憲にもとづく国家賠償の認容要件を満たさないとして棄却した。そこで、一審原告団が控訴した。

一九九八（平成一〇）年に公職選挙法が改正され、在外国民選挙制度が創設されたが、改正法の附則第八項によって、選挙権の行使は、当分の間衆参両院の比例選出議員選挙に限定された。これを受けて控訴人は、予備的請求として、「衆議院小選挙区選出議員選挙および参議院選挙区選出議員選挙において選挙権を行使する権利があることの確認」を求める訴えを追加した。

東京高裁平成一二年一一月八日判決（判タ一〇八八号一三三頁）は、一審判決と同様の理由で、控訴を棄却し追加された予備的請求も却下した。そこで、控訴人中すでに帰国している二人を含む一三人が上告した。

【判旨】　一　最高裁は、一審・控訴審判決を変更し、引き続き在外国民である「上告人らが、次回の衆議院議員の総選挙における小選挙区選出議員の選挙及び参議院の通常選挙における選挙区選出議員の選挙において、在外選挙人名簿に登録されていることに基づいて投票をすることができる地位にあることを確認」した。また、すでに帰国している者を含む上告人全員の国家賠償請求も認容し、国に対して上告人一人あたり五千円の支払いを命じた。

二　最高裁は、まず、在外国民の国政選挙における投票を一切認めなかった公職選挙法（一九九八年改正前）の合憲性と、在外国民の投票を衆参両院の比例選出議員選挙に限定した一九九八年改正公職選挙法附則第八項の合憲性について、①のような一般論にもとづいて、②③の判断を示した。

①「国民の代表者である議員を選挙によって選定する国民の権利は、国民の国政への参加の機会を保障する基本的権利として、議会制民主主義の根幹を成すものであり、民主主義国家においては、一定の年齢に達した国民のすべてに平等に与えられるべきものである。」

「自ら選挙の公正を害する行為をした者等の選挙権について一定の制限をすることは別として、国民の選挙権又はその行使を制限することは原則として許されず、国民の選挙権又はその行使を制限するためには、そのような制限をすることがやむを得ないと認められる事由がなければならないというべきである。そして、そのような制限をすることなしには選挙の公正を確保しつつ選挙権の行使を認めることが事実上不能ないし著しく困難であると認められる場合でない限り、上記のやむを得ない事由があるとはいえず、このような事由なしに国民の選挙権の行使を制限することは、憲法一五条一項及び三項、四三条一項並びに四四条ただし書に違反するといわざるを得ない。」

②「既に昭和五九年の時点で、選挙の執行について責任を負う内閣がその解決が可能であることを前提に上記の

［在外国民の選挙権行使を認める］法律案を国会に提出していることを考慮すると、同法律案が廃案となった後、国会が、一〇年以上の長きにわたって在外選挙制度を何ら創設しないまま放置し、本件選挙において在外国民が投票することを認めなかったことについては、やむを得ない事由があったとは到底いうことができない。」

③「本件改正後に在外選挙が繰り返し実施されてきていること、通信手段が地球規模で目覚しい発達を遂げていることなどによれば、在外国民に候補者個人に関する情報を適正に伝達することが著しく困難であるとはいえなくなったものというべきである。」また、平成一一年の公職選挙法改正後は、「参議院比例代表選出議員の選挙の投票については、参議院名簿登載者の氏名を自書することが原則とされ、既に平成一三年及び同一六年に、在外国民についてもこの制度に基づく選挙権の行使がされていることを併せ考えると、遅くとも本判決言渡し後に初めて行なわれる衆議院議員の総選挙又は参議院議員の通常選挙の時点においては、衆議院小選挙区選出議員の選挙及び参議院選挙区選出議員の選挙について在外国民に投票することを認めないことについて、やむを得ない事由があるということはでき」ない。

三　続いて、最高裁は、公職選挙法の違法確認を求めた主位的請求を却下したのち、予備的確認請求については、これを「公法上の法律関係に関する確認の訴え」と解釈し、確認の利益を認めた上で（①）、請求を認容した（②）。

①「選挙権は、これを行使することができなければ意味がないものといわざるを得ず、侵害を受けた後に争うことによっては権利行使の実質を回復することができないものであるから、その権利の重要性にかんがみると、具体的な選挙につき選挙権を行使する権利の有無につき争いがある場合にこれを有することの確認を求める訴えについては、それが有効適切な手段であると認められる限り、確認の利益を肯定すべきものである。そして、本件の予備的確認請求に係る訴えは、公法上の法律関係に関する確認の訴えとして、上記の内容に照らし、確認の利益を肯定

することができるものに当たるというべきである。なお、この訴えが法律上の争訟に当たることは論をまたない。」

②「そこで、本件の予備的確認請求の当否について検討するに、前記のとおり、公職選挙法附則第八項の規定のうち、在外選挙制度の対象となる選挙を当分の間両議院の比例代表選出議員の選挙に限定する部分は、憲法一五条一項及び三項、四三条一項並びに四四条ただし書に違反するもので無効であって、別紙当事者目録一記載の上告人らは、」次回の衆議院小選挙区選挙および参議院の選挙区選挙で「投票をすることができる地位にあるというべきであるから、本件の予備的確認請求には理由があり、……これを認容すべきものである。」

四　また、立法の不作為を理由とする国家賠償請求に関しては、①のようにいわゆる「職務行為基準説」を従来どおり維持しつつ、その例外について②の要件を示し、これにもとづいて本件の請求を認容した（③）。

①「国会議員の立法行為又は立法不作為が同項［国家賠償法一条一項］の適用上違法となるかどうかは、国会議員の立法過程における行動が個別の国民に対して負う職務上の法的義務に違背したかどうかの問題であって、当該立法の内容又は立法不作為の違憲性の問題とは区別されるべきであり、仮に当該立法の内容又は立法不作為が憲法の規定に違反するものであるとしても、そのゆえに国会議員の立法行為又は立法不作為が直ちに違法の評価を受けるものではない。」

②「しかしながら、立法の内容又は立法不作為が国民に憲法上保障されている権利を違法に侵害するものであることが明白な場合や、国民に憲法上保障されている権利行使の機会を確保するために所要の立法措置を執ることが必要不可欠であり、それが明白であるにもかかわらず、国会が正当な理由なく長期にわたってこれを怠る場合などには、例外的に」国家賠償法上、違法の評価を受ける。昭和「六〇年一一月二一日第一小法廷判決……は、以上と異なる趣旨をいうものではない。」

③「在外国民であった上告人らも国政選挙において投票する機会を与えられることを憲法上保障されていたので

あり、この権利行使の機会を確保するためには、在外選挙制度を設けるなどの立法措置を執ることが必要不可欠であったにもかかわらず、昭和五九年に在外国民の投票を可能にするための法律案が閣議決定されて国会に提出されたものの、同法律案が廃案となった後本件選挙の実施に至るまで一〇年以上の長きにわたって何らの立法措置も執られなかったのであるから、このような著しい不作為は上記の例外的な場合に当たり、このような場合においては、過失の存在を否定することはできない。」

五　なお、本判決には、在外国民による選挙をどのように制度化するかは立法裁量事項であるので、公職選挙法は違憲とはいえないとする横尾和子裁判官・上田豊三裁判官の反対意見、上告人の精神的苦痛は数十万人に及ぶ在外国民全員と同種のもので個別性に薄く、日本の国家賠償法は名目的損害賠償制度をとっていないので、国家賠償請求は認容すべきでないとする泉徳治裁判官の反対意見、そして両反対意見に反論する福田博裁判官の補足意見が付されている。

【評釈】　一　本件訴訟の論点

この訴訟には、大きく分ければ二つの論点がある。一つは、在外国民に国政選挙における選挙権行使を認めず、あるいは制限する公職選挙法は違憲かという「実体」問題であり、もう一つは、現行訴訟制度を前提とした場合、どのような救済手段が考えられるかという「手続」問題である。以下では、まず「実体」問題をとりあげ（二）、つづいて救済手段の問題を概観する（三、四）。

二　在外国民の選挙権行使制限の合憲性

(1)　違憲審査のグレード

本件最高裁判決は、公職選挙法による在外国民選挙権行使の制限が、憲法一五条一項・三項、四三条一項、四四条但書に抵触するか否かについて合憲性審査をおこなった。本件判決は、上告人が言及し、従来の定数訴訟では最高裁も平等選挙保障の根拠の一つとしてきた一四条一項には触れていないが[1]、平等な選挙権保障という憲法上の権利の侵害が争われていることは、最高裁にとっても議論の出発点であるといえよう。

在外国民選挙権行使の制限の合憲性について、本件判決は、「国民の選挙権又はその行使」の制限は原則として許されず、制限を合憲と判断するためには「やむを得ない事由」が必要であるとした。そして最高裁によれば、「やむを得ない事由」があるといえるのは、「選挙の公正を確保しつつ選挙権の行使を認めることが事実上不能ないし著しく困難」な場合に限られる。ここから明らかなように、本件で最高裁が設定した違憲審査グレードは、きわめて厳格なものである。

これまで下級審レベルでは、選挙権行使の制限について、このように「やむを得ない事由」を要求する判決（ＡＬＳ患者選挙権訴訟・東京地判平成一四・一一・二八判タ一一一四号九三頁）や、いわゆるＬＲＡの審査をおこなったとされる判決（在宅投票制廃止国賠訴訟・札幌地判昭和四九・一二・九判時七六二号八頁など）が散見される[2]。しかし、最高裁が、選挙権またはその行使の制限について「やむを得ない事由」の存在を要求したのは、この判決が初めてである。こうした厳格な違憲審査の方針を示したことは、学説から高い評価をもって迎えられた[3]。

(2)「やむを得ない事由」論の根拠

最高裁の「やむを得ない事由」論の主要な根拠は二つあると思われる。一つは、選挙権が国民主権原理（前文・一条）に由来する国民固有の（一五条一項）重要な権利だという点である。

選挙権を「国民」の重要な権利と位置づけ、その場合の「国民」を国籍保有者（の成年者）と理解する点では、最高裁の態度は従来から一貫している。定住外国人に対する地方選挙権の付与を立法裁量事項とした平成七年二月二八日第三小法廷判決も、「憲法前文及び一条の規定に照らせば、憲法の国民主権の原理における国民とは、我が国の国籍を有する者を意味することは明らかであ」って、憲法一五条一項の保障は「我が国に在留する外国人には及ばない」と考える点では変わりがない（民集四九巻二号六四〇～六四一頁）。

これに対して、学説のなかには、日本国憲法は民主主義を統治原理とし、民主主義とは被治者の支配であり、その場合の被治者は実質的に理解されるべきであって、必ずしも国籍保有者と一致するわけではないという見解もある。この発想は、一方で定住外国人は「主権者国民」に含まれるという主張の根拠ともなるが(4)、他方で日本国内に居住していない国民に選挙権行使を認めるか否かは裁量事項だという主張とも結びつきうる。本件判決の「やむを得ない事由」論に対しては、この観点から疑問を投げかける評釈もある(5)。しかし、在外国民は、国内居住国民と同一レベルでは日本国の支配を受けていないとしても、やはり日本国の保護および支配の対象者なのであるから、仮に「実質的被治者」を基準とする発想に立ったとしても、その範囲は国籍保有者プラス・アルファの方向で理解されるべきものであろう。

「やむを得ない事由」論を支えるもう一つの根拠は、選挙権が「立法措置を不可欠とする」権利だという点である。たとえば、集会の自由が多くの場合公的施設の利用権の問題であることからわかるように、古典的自由権も、現代社会においては国家の制度的裏づけなしには現実化されない側面をもつ。とはいうものの、古典的自由権が、一般市民の行動に対する国家の不介入を基本前提としているのに対して、選挙権は、国家による選挙制度の設営なしにはそもそも行使がまったく不可能だという意味で、きわめて特殊な権利である。確認の利益や国家賠償請求に関する判断も含めて、本件判決を貫く通奏低音を指摘できるとすれば、「選挙権は、これを行使することができなければ意味がないものといわざるを得ず」（判例集二〇九九頁）、「権利行使の機会を確保するためには、……立法措置を執ることが不可欠」（判例集二一〇一頁）だという、いわば「制度的権利」としての選挙権の特殊性の認識であろう。

(3)　議員定数訴訟の立法裁量論との関係

しかし、最高裁が、一連の議員定数訴訟において、選挙制度の設営に関して以下のように広い立法裁量を認めてきたことも周知の事実だ。「代表民主制の下における選挙制度は、選挙された代表者を通じて、国民の利害や意見が公正かつ効果的に国政の運営に反映されることを目標とし、他方、政治における安定の要請をも考慮しながら、それぞれの国において、その国の事情に即して具体的に決定されるべきものであり、……わが憲法も、……両議院の議員の各選挙制度の仕組みの具体的決定を原則として国会の裁量にゆだねている」（最大判昭和五一・四・一四民集三〇巻三号二二四頁）。

本件判決の「やむを得ない事由」論は、こうした従来の定数訴訟判例とは明らかに論調を異にしている。むしろ「在外国民に対し、どのような投票制度を用意すれば選挙の公正さ、公平さを確保し、混乱のない選挙を実現することができるのかということも、国会において判断し、選択し、決定すべき事柄であり、国会の裁量にゆだねられた事項」だとする横尾和子・上田豊三反対意見のほうが、一見したところ従来の判例の流れに沿うようにも思われる。

この点については、すでに平成一六年一月一四日の参議院議員定数大法廷判決（民集五八巻一号五六頁）にも、較差を違憲と判断する六裁判官の反対意見や、国会の立法裁量を狭く解する四裁判官の補足意見が付されたことから、少なくともこの時点で最高裁は、選挙権の分野では、立法裁量を厳格に統制する方向に転換したという見方もある。(6) じつは横尾・上田反対意見も、国内居住国民の選挙権制限に関しては、「やむを得ない事由」論に賛成していることを考えると（判例集二一〇六頁）、最高裁内部に新たな動きがあるということの観察にも一理あるといえるだろう。

しかし、議員定数問題では、投票機会（選挙権行使）が保障されていることは当然の前提として、投票価値の平等（議員定数と選挙区人口との比率の平等）が争われているのに対して、在外国民の選挙権問題では、まさに投票機会の有無そのものが争点となっているのであるから、ひとくちに選挙権の制限といっても、議員定数問題と在外国民選挙権問題とでは性格が異なることもたしかだ。そう考えると、最高裁は、前者については広い立法裁量を承認しつつ、後者については厳格な裁量統制に踏み切ったという解釈も成り立つ。(7)

(4)　本件事案の判断

「やむを得ない事由」論という厳格な審査グレードを選択した上で、本件判決は、在外国民に選挙権行使を認めなかった一九九八年以前の制度に「やむを得ない事由」は存在しないと判断した。その具体的な根拠は、「選挙の執行に責任を負う内閣」が、「公正な選挙の実施や候補者に関する情報の適正な伝達」などの問題は解決可能だという前提で、すでに一九八四年時点で一度は公職選挙法の改正案を国会に上程していたという事実である。

また、本件判決は、在外国民の選挙権行使を比例選挙に制限する現行制度についても、「やむを得ない事由」の存在を認めなかった。その具体的な根拠は、通信手段が地球規模で目覚しく発達したことと、参議院比例選挙に導入された有権者による候補者名自書方式が在外選挙においてもすでに実施されていることから、候補者情報の伝達の困難を制限理由にすることはできないという判断である。

これに対しては、国によって郵便事情に大きな格差があるので、在外国民の投票には「著しい困難」がある場合も考えられるという批判がある。(8)しかし、立法事実の認定権を有する裁判所が、「やむを得ない事由」は存在しないと独自に判断することも、現行制度上は許されるといえるだろう。

三　公法上の法律関係の確認訴訟

(1)　「法律上の争訟」性

以上のように、在外国民選挙権の制限が、「客観的」には違憲と評価されるとしても、在外国民が裁判上いかなる請求をおこなうことが可能であるかは、また別問題である。この点について、本件最高裁判決は、二〇〇四年の行政事件訴訟法改正によって、同法四条後段に「公法上の法律関係に関する確認の訴え」という例示規定が追加され、公法上の実質的当事者訴訟を活性化させる立法者意思が示されたことを受けて、早速その利用に新たな可能性を開いたことで大変注目されている。(9)

最高裁は、上告人の予備的請求を行政事件訴訟法四条の「確認の訴え」と解した上で、外国在住の上告人が、次の衆議院小選挙区選挙または参議院選挙区選挙で投票できる地位にあることを確認した。したがって、本件判決は、その理論的前提として、上告人の請求が「法律上の争訟」性を充足していること、および行政事件訴訟法四条の「確認の訴えの利益」を充足していること、この二点を認めたことになる。

本件判決は、主位的請求については法律上の争訟性の有無には触れずに確認の利益を否定し、予備的請求については確認の利益を認めた上で請求を認容するとともに、「法律上の争訟に当ることは論をまたない」と述べるにとどまる。すなわち、法律上の争訟性の検討は、確認の利益の判断に吸収されているともいうことができる。法律上の争訟性は肯定されても確認の利益が否定されることはありうるが、確認の利益は肯定されながら法律上の争訟性が否定されることはありえないと考えるならば、法律上の争訟性の問題には触れずに確認の利益を検討するこうした態度を、思考経済的だと評することもできるだろう。(10)

(2)　「確認の利益」の判断方法

そこで問題となるのは確認の利益の判断である。民事訴訟法学説によれば、確認の利益が認められるのは、「①原告・被告間の具体的紛争の解決にとって、確認訴訟という手段が有効・適切であるか（確認の訴えによることの適否）、②確認の対象として選んだ訴訟物が、原告・被告間の紛争解決にとって有効・適切か（確認対象選択の利益）、③原告の法的地位に危険や不安が現存し、これを解消するために当該確認判決を得ることが必要かつ適切か（即時確定の利益）」という三つの要件が満たされる場合である。(11)行政法学説も、行政事件訴訟法四条の解釈にあたって、民事訴訟法学説のこうした理解を前提としている。(12)

本件判決では、公法上の法律関係の確認訴訟について訴えの利益を認めるために、いかなる要件の充足が必要だと考えられているのかは明確ではない。しかし、本件は、取消訴訟を提起できる事案ではなく、「選挙の結果に異動を及ぼす虞」を要件とする公職選挙法上の選挙訴訟にもなじみにくい事案であるから[13]、最高裁は、いわゆる「補充性」の要件（①）が充足されていることを当然の前提として、実質的には「即時確定の利益」（③）の有無の判断を決め手として、確認の利益を認めたものと解しておきたい[14]。

(3)　本件の「確認の利益」

最高裁によれば、主位的請求のうち、一九九八年改正前の公職選挙法が上告人に選挙権行使を認めていない点の違法確認請求については、「過去の法律関係の確認を求めるものであり、この確認を求めることが現に存する法律上の紛争の直接かつ抜本的な解決のために適切かつ必要な場合であるとはいえない」。また、一九九八年改正後の公職選挙法が上告人の選挙権行使を比例選挙に限定している点の違法確認請求は、「他により適切な訴えによってその目的を達成することができる場合には、訴えの利益を欠き不適法である……」。

二つの説示のうち前者は、過去の法律関係でも、紛争解決に必要かつ適切であれば、すなわち即時確定の利益があれば、確認の利益ありとする趣旨に読め[15]、後者は、「補充性」の要件を満たしていないという趣旨に読める。

他方、予備的請求に確認の利益を認めた判示の主要部分は次のとおりである。「公職選挙法附則八項につき所要の改正がされないと、在外国民である……上告人らが、今後直近に実施されることになる」衆議院小選挙区選挙・参議院選挙区選挙「において投票をすることができず、選挙権を行使する権利を侵害されることになるので、そのような事態になることを防止するために、同上告人らが、……当該各選挙につき選挙権を行使する権利を有することの確認をあらかじめ求める訴えであると解することができる。選挙権は、これを行使することができなければ意味がないものといわざるを得ず、侵害を受けた後に争うことによっては権利行使の実質を回復することができない性質のものであるから、その権利の重要性にかんがみると、具体的な選挙につき選挙権を行使する権利の有無につき争いがある場合にこれを有することの確認を求める訴えについては、それが有効適切な手段であると認められる限り、確認の利益を肯定すべきものである。そして、本件予備的確認請求に係る訴えは、……上記の内容に照らし、確認の利益を肯定することができるものに当る」（判例集二〇九九〜二一〇〇頁）。

この説示から、最高裁が予備的請求に即時確定の利益を認めた理由をまとめれば、次のようなことであろう。選挙権は重要な権利である。選挙権は行使できなければ意味がなく、侵害後に争っても行使の実質を回復できない。次回選挙は具体的な選挙であるから、次回選挙について選挙権を行使できる地位は具体的な法的地位である。

本件判決については、直近選挙に限定して「選挙権の行使が原告らに固有の利益である」こと、すなわち紛争が具体的であることを認め、また、「現在の法律関係に基づく権利行使の時期が将来であることを示したもの」という意味で、予備的請求を現在の法律関係の確認請求とみなしたという解釈も成り立つ[16]。

しかし、衆議院小選挙区選挙・参議院選挙区選挙に関する在外国民の具体的な選挙方法、とりわけ所属選挙区の決定は、原理的には立法者の裁量にゆだねられており、その意味では上告人の法的地位はいまだ抽象的だともいえる[17]。また、次回選挙において投票できる地位の確認請求は、将来生起する事態についての「一種の予防的確認訴訟」であると解することもできる[18]。したがって、本件判決は、一定の抽象性をもった将来の法律関係の確認を求める訴えであっても、このままでは重要な権利の行使が妨げられることは確実で、侵害後の回復が困難な場合について、即時確定の利益を認めた判決と理解するほうが自然であろう。上述のように、選挙権は、立法者が選挙制度を設営しなければ、いつまでたっても行使できない特殊な権利であることが、最高裁が本件で即時確定の利益を認める中心的な理由となったと考えられる。

(4)　本件確認判決の射程

本件は、行政事件訴訟法四条改正後、確認の利益が認められた最初のケースであると同時に、選挙権という特殊な権利に関する事案であることからも、本件判決の射程を判断することは専門の行政法学者にとっても困難なようだ。しかし、行政法学界では、確認訴訟の活性化を通じた権利救済の拡大への期待が、本件判決によって高まっていることはまちがいない。たとえば、次のようなコメントがこの点をよく示している。「本判決が選挙権という民主制の核心をなす権利に関するものであることをことさらに強調してその射程を限定することは、権利救済の空白を埋めるものとして確認訴訟の活用を期待する改正行訴法の趣旨に照らして適切ではない。例えば財産権や人格権侵害の場合でも確認訴訟による救済を求めうる場合があろう。[19]」いずれにせよ、確認訴訟の利用可能性について、今後の判例動向が注目されるところである。

(5)　確認判決の効力

判決は、予備的請求の確認の利益を認めたのち、在外国民選挙権の制限が違憲であることを簡単に繰り返して、請求を認容した。なお、行政事件訴訟法四条の確認判決には、同法四一条一項の準用規定にもとづいて、同法三三条一項の拘束力が発生するが、立法者がその適用を受けるとは考えられないであろう。[20]一般論としては、このように公法上の確認訴訟については、民事訴訟とは異なる効力が認められている点が、確認の利益の成立要件に関して考慮されるべきではないかという指摘がある。[21]

本件は、立法者が公職選挙法附則八項の八を削除するという単純な措置をとることによって対応可能な事案であるから、実務上は大きな問題は生じないと考えられるが[22]、本件のような違憲判断が、政治部門に対していかなる効力を有するのかという問題もある。

四　国家賠償請求

(1)　在宅投票制判決の例外要件

上告人は、在外国民の選挙権行使を制限した公職選挙法によって、選挙権を行使できなかったことによる精神的損害の賠償を求めて、立法不作為を理由とする国家賠償請求もおこなった。この点についても、本件最高裁判決は、原判決を取り消して、上告人の請求を認容した。国に国家賠償法一条一項の損害賠償責任を負わせるためには、公務員による公権力の行使、違法性、公務員の故意・過失が認定されなければならない(23)。周知のように、国会の立法行為・立法不作為を理由とする国家賠償請求に関しては、とりわけ法律の違憲性と立法行為・立法不作為の違法性との関係が問題となってきた。

この点について、一九八五年の在宅投票制判決（最判昭和六〇・一一・二一民集三九巻七号一五一二頁）は、立法行為の違憲性を理由とする国家賠償請求について、法律の内容の違憲性と国家賠償法上の違法性とを区別する立場をとり、仮に法律の内容が違憲と判断される場合でも、立法行為は原則として違法とは評価されないとした。

有名な説示部分をここでも引用しておこう。「国会議員の立法行為（立法不作為を含む。以下同じ。）が同項［国家賠償法一条一項］の適用上違法となるかどうかは、国会議員の立法過程における行動が個別の国民に対して負う職務上の法的義務に違背したかどうかの問題であって、当該立法の内容の違憲性の問題とは区別されるべきであり、仮に当該立法の内容が憲法の規定に違反する廉があるとしても、その故に国会議員の立法行為が直ちに違法の評価を受けるものではない」（以下、「説示A」とよぶ。判例集一五一五頁）。

「国会議員は、原則として、国民全体に対する関係で政治的責任を負うにとどまり、個別の国民の権利に対応した関係での法的義務を負うものではないというべきであって、国会議員の立法行為は、立法の内容が憲法の一義的な文言に違反しているにもかかわらず国会があえて当該立法を行うというごとき、容易に想像し難いような例外的な場合でない限り、国家賠償法一条一項の適用上、違法の評価を受けないものといわなければならない」（以下、「説示Ｂ」とよぶ。判例集一五一七頁）。

「説示Ｂ」の例外要件は非常に狭く、この判決で、立法行為・不作為の違憲性を理由とする国家賠償請求には事実上応じないという最高裁の態度が示されたと理解されてきた(24)。下級審でも、この判決と同旨の請求棄却判決が一般化し、立法行為・不作為の国家賠償を認めた数少ない例外としては、関釜元慰安婦訴訟第一審判決（山口地判平成一〇・四・二七判時一六四二号二四頁）、熊本ハンセン病訴訟第一審判決（熊本地判平成一三・五・一一判時一七四八号三〇頁）などがあるにすぎなかった(25)。

(2)　本件判決の例外要件

本件判決は、六〇年判決の「説示Ａ」をそのまま繰り返し、従来どおりいわゆる「職務行為基準説」の枠組を維持することを明示した。しかし、国家賠償の例外的認容要件に関しては「説示Ｂ」を欠き、代わりに以下のような説示が続いている。「立法の内容又は立法不作為が国民に憲法上保障されている権利を違法に侵害するものであることが明白な場合や〔以下、例外要件①とよぶ〕、国民に憲法上保障されている権利行使の機会を確保するために所要の立法措置を執ることが必要不可欠であり、それが明白であるにもかかわらず、国会が正当な理由なく長期にわたってこれを怠る場合〔以下、例外要件②とよぶ〕などには、例外的に、国会議員の立法行為又は立法不作為は、国家賠償法一条一項の適用上、違法の評価を受けるものというべきである」（判例集二一〇一頁）。

「例外要件①」は、熊本ハンセン病訴訟第一審判決を連想させる。ハンセン病判決は、六〇年判決「説示Ｂ」を、決して絶対条件ではなく、「立法行為が国家賠償法上違法と評価されるのが、極めて特殊で例外的な場合に限られるべきであることを強調しようとしたにすぎない」と位置づけ、「患者の隔離という他に比類のないような極めて重大な自由の制限を課する新法〔一九五三年のらい予防法〕の隔離規定に関する本件」は、国会議員の選挙の投票方法に関する在宅投票制事件とは「全く事案を異にする」としたが(26)、「例外要件①」は、ここに示された憲法上の権利侵害の重大明白性を例外要件とする発想と類似しているからである。

他方、「例外要件②」は、関釜元慰安婦訴訟第一審判決と類似の考え方とみることができるだろう。この判決は、立法不作為の国家賠償法上の違法について、「当該人権侵害の重大性とその救済の高度の必要性が認められる場合であって（その場合に、憲法上の立法義務が生じる。）、しかも、国会が立法の必要性を十分認識し、立法可能であったにもかかわらず、一定の合理的期間を経過してもなおこれを放置したなどの状況的要件、換言すれば、立法課題としての明確性と合理的是正期間の経過とがある場合にも、立法不作為による国家賠償を認めることができる」としたものである。(27) こちらのほうは、権利救済の立法義務が認定でき、しかも合理的期間が徒過したと判断されることを例外要件とする点で、本件判決「例外要件②」と実質的に同一と解される。

こうして、本件判決は、在宅投票制判決の「職務行為基準説」（説示A）を維持しながら、国家賠償法上の違法性が認められる例外要件については、在宅投票制判決の例外要件（説示B）を迂回した下級審判決を総合するような、新たな「例外要件①②」を打ち出した画期的判決と評することができるだろう。本件判決自身は、在宅投票制判決は本件判決と「異なる趣旨をいうものではない」としているが（判例集二一〇一頁）、調査官解説は、本件判決が在宅投票制判決の「射程を実質的に限定し」たものであることを認めている。(28)

(3)　本件事案の判断

「例外要件①②」を前提として、本件に関して国家賠償法上の違法性を認めた判示部分は、次のように述べている。「在外国民であった上告人らも国政選挙において投票する機会を与えられることを憲法上保障されていたのであり、この権利行使の機会を確保するためには、在外選挙制度を設けるなどの立法措置を執ることが必要不可欠であったにもかかわらず、前記事実関係によれば、昭和五九年に在外国民の投票を可能にするための法律案が閣議決定されて国会に提出されたものの、同法律案が廃案となった後本件選挙の実施に至るまで一〇年以上の長きにわたって何らの立法措置も執られなかったのであるから、このような著しい不作為は上記の例外的な場合に当たり、このような場合においては、過失の存在を否定することはできない。このような立法不作為の結果、上告人らは本件選挙において投票をすることができず、これによる精神的苦痛を被ったものというべきである。したがって、本件においては、上記の違法な立法不作為を理由とする国家賠償請求はこれを認容すべきである」（判例集二一〇一頁）。

ここから、最高裁は、本件を「例外要件②」に該当する事案と判断したと理解することができるだろう。

法廷意見のこうした判断に対しては、いくつかの疑問が提起されている。まず、泉德治反対意見は、英米法と異なって「名目的損害賠償」の制度を採用していない日本の法制度のもとでは、立法の不備により数十万人の在外国民が選挙権行使を妨げられた本件は、選挙権の公務的性質と損害の個別性の稀薄さを考慮すると、金銭賠償になじまない事案だと批判する（判例集二一〇八〜二一一〇頁）。しかし、この批判に対しては、すでに帰国した在外国民は、将来の選挙の違憲性の確認を求める当事者適格を欠くため、金銭賠償以外に救済を受ける方法をもたないという福田博補足意見の応答（判例集二一〇三頁）が傾聴に値すると思われる。

また、一九八四年に、内閣が在外国民の投票を認める公職選挙法改正案を提出したにもかかわらず、国会が実質審議に入らずに廃案とし、その後一九九八年まで在外国民の投票を認めなかったことが、具体的事情に即して見た場合、はたして「例外要件②」にいう国会が「正当な理由なく長期にわたって」立法措置を怠った場合にあたるかどうか。この点にも疑問が提起されている。[29] 内閣が法案を提出しても、国会にはその法案に対する独自の判断が当然ありうること、「選挙の執行に責任を負う内閣」が一九八四年に改正案を提出したことを重視するならば、当の内閣がその後は一九九八年に至るまで改正案を提出しなかった不作為の責任も問われるべきで、「内閣の法案提出の不作為違憲」とでも称すべき別の問題も生ずること、[30] これらの点を考えると、たしかに、「正当な理由なく長期にわた」るか否かの認定に際して、内閣の法案提出を重視することには疑問がないとはいえない。しかし、一九八四年の改正案提出時点で、国会が在外国民の選挙権行使制限という問題の存在を認識するに至ったことはたしかであり、実質審議がおこなわれなかったこと、その後一〇年以上改正が検討されなかったことを根拠として、裁判所が正当な理由なしと判断することは十分可能であろう。

五　おわりに

以上のように、本件判決には、事案への「あてはめ」にいくつかの疑問が提起され、また判例としての射程の見極めに困難な点があることもたしかだ。しかし、本件判決は、公法上の法律関係の確認訴訟に新たな可能性を切り拓き、立法行為・立法不作為の違憲を理由とする国家賠償請求訴訟についても実質的には新たな解釈を示した点で、このところの最高裁の「活気」(31)を代表する重要判決であることはまちがいない。

＊筆者の目に触れた本件判決の評釈には以下のものがある。

①鼎談・長谷部恭男＝田中宗孝＝小幡純子・ジュリスト一三〇三号（二〇〇五年一二月）一二頁以下
②野中俊彦・ジュリスト一三〇三号（二〇〇五年一二月）一八頁以下
③北村和生・ジュリスト一三〇三号（二〇〇五年一二月）二五頁以下
④新井誠・法学セミナー六一二号（二〇〇五年一二月）七四頁以下
⑤近藤敦・法学セミナー六一三号（二〇〇六年一月）一一八頁
⑥下山憲治・法学セミナー六一四号（二〇〇六年二月）一二一頁
⑦内野正幸・法律時報七八巻二号（二〇〇六年二月）七八頁以下
⑧浜川清・法律時報七八巻二号（二〇〇六年二月）八四頁以下
⑨杉原則彦・法曹時報五八巻二号（二〇〇六年二月）二七九頁以下

⑩山崎栄一郎・法律のひろば二〇〇六年二月号六三頁以下
⑪只野雅人・判例セレクト〇五（二〇〇六年三月）六頁
⑫古田啓昌・法学セミナー六一五号（二〇〇六年三月）三〇頁以下
⑬西村淑子・法律のひろば二〇〇六年五月号三〇頁以下
⑭山本隆司・法学教室三〇八号（二〇〇六年五月）二五頁以下
⑮米沢広一・平成一七年度重要判例解説（二〇〇六年六月）六頁以下
⑯木村琢麿・平成一七年度重要判例解説（二〇〇六年六月）五〇頁以下
⑰越智敏裕・行政判例百選Ⅱ［第五版］（二〇〇六年六月）四二八頁以下

（1）本件判決が一四条一項に言及しないのは、これまで最高裁は、平等違反一般について「合理性の審査」をおこなってきたのに対して、本件ではそれよりはるかに厳格な「やむを得ない事由」論を展開したことと関係があるかもしれない。米沢広一・八頁参照。
（2）杉原則彦・三〇六―三〇七頁、山崎栄一郎・六七頁。
（3）野中俊彦・二〇頁、新井誠・七五頁、只野雅人・六頁。
（4）浦部法穂『全訂憲法学教室・第二版』（日本評論社、二〇〇六年）四八三頁、五一四頁。
（5）内野正幸・七九頁。
（6）山本隆司・二七頁。
（7）鼎談・三頁（長谷部恭男）。
（8）内野正幸・八〇頁。
（9）北村和生・二九頁、浜川清・八七頁、西村淑子・三七頁、山本隆司・二七頁、越智敏裕・四二八頁。
（10）これは、「法律上の争訟性を厳格に判断してきた従来の判例を修正する」方向を示すものではないかと示唆する評釈もある。木村琢麿・五二頁参照。

(11) 三木浩一＝山本和彦編『ロースクール民事訴訟法』（有斐閣、二〇〇四年）七五頁。新堂幸司『新民事訴訟法』（弘文堂、一九九八年）二三六—二三七頁、高橋宏志『重点講義民事訴訟法・上』（有斐閣、二〇〇五年）三二五—三二六頁参照。

(12) 中川丈久「行政訴訟としての『確認訴訟』の可能性」民商法雑誌一三〇巻六号一四—一八頁、浜川清・八六頁、西村淑子・三五頁。

(13) 山本隆司・二八頁。

(14) 民事訴訟法学説でも、確認の利益の有無の判断は、結局のところ「即時確定の利益」の判断に収斂するともいわれる。すなわち、本文であげた三要件の充足は、必ずしも厳格には考えられておらず、即時確定の利益が肯定されれば、厳密に「具体的」とはいえない紛争であっても（要件①）、また、過去の法律関係（要件②）や将来の法律関係（要件③）の確認請求であっても、確認の利益を認めることができるというのである。中野貞一郎『民事訴訟法の論点Ⅱ』（判例タイムズ社、二〇〇一年）四〇頁、野村秀敏『予防的権利保護の研究』（千倉書房、一九九五年）三七六—三七七頁。

(15) 浜川清・八六頁。

(16) 浜川清・八六頁。

(17) 大貫裕之「行政訴訟類型の多様化と今後の課題」ジュリスト一三一〇号三四頁注（三四）。

(18) 杉原則彦・三二四頁、三四六頁注（三〇）。

(19) 越智敏裕・四二九頁。山本隆司も、選挙権の重要性が考慮要素となったのは本件の特殊事情によるもので、本件判決は権利の重要性を確認の利益を認める要件とみなす趣旨ではなく、確認訴訟にはより広い利用可能性があることを示唆する。「選挙権と経済的自由など他の権利とを対比して、選挙権のように『権利の重要性』が高いことを、公法上の当事者訴訟としての確認訴訟が許容される要件とすることは、本判決の趣旨と異なると思われる。本判決は、即時確定の利益を認めるには不安定性・抽象性が高く、特別な訴訟制度が用意されている選挙権について、『権利の重要性』を根拠に即時確定の利益を認めたものである。例えば薬局経営を将来も継続することが確実な者が薬局開設許可制度の違憲性を主張する場合のように、即時確定の利益が安定的・具体的に認められれば、確認訴訟を許容するために特別に『権利の重要性』を要求する必要はないと思われる」（山本隆司・二一九—二三〇頁）。

(20) 鼎談・一一頁（小幡純子）。
(21) 山崎栄一郎・六九頁。
(22) 山本隆司・三一頁は、「本件では、在外選挙人名簿の制度が既に法定されており、その効力を暫定的に一部停止させる附則を無効と解すれば、新たな定めをしなくても在外邦人の選挙権の行使が法律上可能になる状況であり」としている。
(23) 国家賠償法一条は、違法性と過失との二元論の立場で立法されたが、最高裁判例は、「職務行為基準説」に立って、「職務義務違反か否かの判断に際して過失の認定もおこなっており、「違法性一元論」的立場をとっているとされる。高木＝常岡＝橋本＝櫻井『条文から学ぶ行政救済法』（有斐閣、二〇〇六年）一三―一五頁。本文四(3)「本件事案の判断」で引用したように、本件判決も、「このような著しい不作為は上記の例外的な場合に当たり、このような場合においては、過失の存在を否定することはできない」としており、「例外要件①②」のいずれかに該当すれば、同時に過失も認定されるというスタンスだと解される。
(24) 長尾一紘・憲法判例百選Ⅱ〔第四版〕四二七頁、戸松秀典『憲法訴訟』（有斐閣、二〇〇〇年）一五二頁。
(25) 米沢広一・八頁、木村琢麿・五二頁。
(26) 判時一七四八号一〇〇頁。
(27) 判時一六四二号三九頁。
(28) 杉原則彦・三三三頁。本件判決が、在宅投票制判決の射程を限定したという理解は、言い換えれば、「説示B」が在宅投票制事件と類似の事案に関しては、なお生きていると解釈していることを意味する。もちろん、「説示B」が「例外要件①②」によって置き換えられ、仮に在宅投票制事件と同種の事案が問題となった場合にも、国家賠償法上の違法性は、今後は「例外要件①②」のいずれかに該当するかどうかで判断されることになるという判決理解もありうる。つまり、本件判決は在宅投票制判決の実質的な判例変更だという解釈である（たとえば、古田啓昌・三四頁）。いまの段階では、どちらとも確言はできない。「さらなる判例の展開による判断基準の内容の明確化が待たれるところである」（長谷部恭男・行政判例百選Ⅱ〔第五版〕二〇〇六年四六五頁）。
(29) 鼎談・三―四頁、六―七頁（田中宗孝）。
(30) 磯部力＝櫻井敬子＝神橋一彦＝土井真一「エンジョイ！行政法・第二回」法学教室三〇九号六三頁（神橋一彦）。

神橋発言は、立法行為・立法不作為に関して国会の「組織的過失」を認めた本件判決と、監獄法施行規則にもとづく拘置所長の接見禁止処分について、過失（実質的には法務省の組織的過失）を認めなかった従来の判決（最判平成三・七・九民集四五巻六号一〇四九頁）との整合性にも疑問を提起している。

(31)　藤田宙靖『行政法Ⅰ（総論）・第四版改訂版』（青林書院、二〇〇五年）

〔補遺〕　本文末に掲げたように、初出論文公表時点では、本判決に関する一七件の判例評釈を確認した。その後目にとまった解説として、畑尻剛「国家賠償請求訴訟における立法行為の憲法適合性審査――判例の類型化とその帰結」中央ロー・ジャーナル四巻四号（二〇〇八年）六五頁以下、野坂泰司『憲法基本判例を読み直す』（有斐閣、二〇一一年）二五七頁以下をあげておきたい。

Ⅷ　都道府県議会議員定数の不均衡

（選挙無効請求事件、最高裁平四(行ツ)一七三号、平五・一〇・二二第法廷判決、上告棄却、判例時報一四八四号二五頁）

【事実】　一　平成三（一九九一）年四月七日施行の統一地方選挙における愛知県議会議員選挙に関して、愛知県の有権者が選挙の無効等を争った事件である。

原告によれば、本件選挙当時、特例選挙区を含めた選挙区間の最大較差は一対五・〇二に達し、いわゆる逆転現象も二二とおりにのぼっていた。原告は、こうした事態を招いた条例の定数配分規定が憲法および公選法一五条七項本文の要求する人口比例原則に反することを理由として、本件選挙の違憲・違法および無効を主張した。

まず憲法違反の論点を確認しておくと、原告によれば、地方議会議員の選挙における投票価値の平等は憲法上の要請であり（一四条一項、一五条一・三項、九二条、九三条一・二項）、較差が一対二以上の場合は違憲となる。したがって公選法は、強制合区を配当基数（各選挙区の人口を議員一人当たりの人口で除して得た数）〇・五未満の選挙区に限定していること（一五条二項）、人口比例原則の緩和（一五条七項ただし書）や特例選挙区の制度（二七一条二項）を定めていることによって、一対二以上の較差を許容する結果となるので、これらの規定はそれ自体が憲法違反である。そこで公選法二七一条二項にもとづいて条例が規定し、一対五・〇二という上述の較差の原因となった北設楽郡特例選挙区および南設楽郡特例選挙区の設置も違憲である。

また原告は、次のような違法の主張もおこなった。公選法二七一条二項を仮に合憲限定解釈するならば、特例選挙区の設置は離島や峻険な山嶽地帯のように「有権者が候補者の識見、政見に触れることが困難で有意的な投票行動をとることが」難しい場合にのみ許されると解すべきであるから、このような特別の事情が存在せず、配当基数も〇・五を著しく下回る北設楽郡・南設楽郡両特例選挙区の設置は公選法二七一条二項にも違反する。

したがって原告によれば、こうした定数配分にもとづく本件選挙は無効である。

二　第一審名古屋高裁平成四年八月五日判決（判時一四五六号七七頁）は、条例の定数配分規定が公選法一五条七項に違反することを認め、本件選挙の違法を宣言したが、事情判決の手法をとって選挙そのものは無効とせず、原告の請求を棄却した。

原審は、公選法二七一条二項の特例選挙区制度の「趣旨は、合理性を有すると認めることができるから、右規定自体が憲法に違反するとは必ずしもいえない」とした上で、特例選挙区の制度は憲法一四条一項・公選法一五条七項が要請する投票価値平等の原則の例外であるので、都道府県議会の裁量権は合理性が認められる場合に限定されると述べ、具体的には公選法一五条一項ないし三項の趣旨から配当基数三分の一以下の特例選挙区の設置は、特段の合理性がない限り二七一条二項違反となるとの基準を示した。

また、条例による定数配分全体の違法性については、原審は公選法一五条七項ただし書の合憲性を前提として、この規定が都道府県議会に認めた裁量権行使の合理性の有無を判断基準とするとし、投票価値の不平等が「都道府県議会において地域間の均衡を図るため通常考慮し得る諸般の要素を斟酌してもなお、一般的に合理性を有するものとは考えられない程度に達しているときは」裁量権の限界を超えているものと推定され、これを正当化する特別の理由が示されなければ一五条七項違反にあたると判示した。

その上で原審が確定した事実によると、昭和六〇（一九八五）年国勢調査人口にもとづいて平成二（一九九〇）年一〇月に改正された条例にしたがえば、特例選挙区を除いた選挙区間の最大較差は一対二・九四、特例選挙区を含めた最大較差は一対四・七〇、南設楽郡選挙区の配当基数は〇・三三三九、北設楽郡の配当基数は〇・三四四五であり、平成二（一九九〇）年国勢調査人口にもとづいて計算すれば、同改正条例による最大較差は、特例選挙区を除いた場合一対二・八九、特例選挙区を含めた場合一対五・〇二、南設楽郡の配当基数は〇・三一一六、北設楽郡の配当基数は〇・三一二二であった。

原審によると、両特例選挙区の配当基数は昭和六〇年の国勢調査人口によって計算すれば三分の一をやや上回るものの、平成二年の国勢調査人口を基礎とすれば三分の一を下回り、平成二年国勢調査の速報値公示日から本件選挙施行日まで三カ月たらずであったため、条例改正にあたって平成二年の数値に依拠することは無理であったとしても、県議会は過疎化の進行などから両特例選挙区の配当基数がすでに三分の一を下回っていることを容易に推測することができた。他に両特例選挙区を存置すべき特別の事情も存在しないので、「両選挙区の特例選挙区としての存置は違法であるといわざるを得ない。」

また原審は、両特例選挙区を合区しなかった結果、一対四・七〇（ないし一対五・〇二）の較差を放置した本件条例の定数配分規定も「本件選挙当時、公選法一五条七項の規定に違反するものであったと断定せざるを得ない」とした。

三　一審原告は、選挙そのものは無効としなかったこの判決を不服とし、選挙の無効判決を求めて上告した。上告理由の趣旨を要約しておく。まず第一に、人口比例原則の緩和を定めた公選法一五条七項ただし書は、投票価値の厳格な平等を要請する憲法一四条一項・九二条に違反するので、これにもとづく本件定数配分条例および選挙は違憲無効である。第二に、「百歩譲って」公選法一五条七項ただし書が合憲であるとしても、「特別の事情」も存在しないのに漫然とこの規定を適用して一対二・八九という較差を放置した本件条例およびそれによる選挙は、公選法に違反し無効である。したがって第三に、原審の事情判決には憲法九八条一項および公選法二一九条の解釈適用を誤った違法がある。また仮に事情判決をおこなうとしても、これを全選挙区に適用すべき理由はなく、一票の価値が最も軽い西尾市選挙区や、南設楽郡特例選挙区との較差が三倍を超える岡崎市選挙区・名古屋市名東区選挙区などに関しては無効判決がなされるべきである。

【判旨】　上告棄却（藤島裁判官、中島裁判官の各補足意見がある）。

一　現行制度の概要について。「都道府県議会の議員の定数、選挙区及び選挙区への定数配分は、現行法上、次のとおり定められている。」定数は人口数に応じて法定されている（地方自治法九〇条一項）が、条例でその数を減少することができる（同条三項）。選挙区は郡市の区域とする（公選法一五条一項）が、配当基数〇・五未満の選挙区は合区され（強制合区。一五条二項）、配当基数〇・五以上一未満の選挙区は合区することができる（任意合区。一五条三項）。しかし昭和四一（一九六六）年一月一日当時設けられていた選挙区は、配当基数〇・五未満となっても当分の間存置することができる（特例選挙区。二七一条二項）。定数配分は人口に比例して条例で定めなければならない（一五条七項本文）。ただし、特別の事情があるときは、おおむね人口を基準とし、地域間の均衡を考慮することができる（同項ただし書）。

「右の各規定からすれば、議員の法定数を減少するかどうか、特例選挙区を設けるかどうか、議員定数の配分に当たり人口比例の原則を修正するかどうかについては、都道府県の議会にこれらを決定する裁量権が原則として与えられていると解される。」

二　(1)　特例選挙区設置の適法性判断。「具体的にいかなる場合に特例選挙区の設置が認められるかについては、客観的な基準が定められているわけではないから、…当該都道府県の行政施策の遂行上当該地域からの代表を確保する必要性の有無・程度、隣接の郡市との合区の困難性の有無・程度等を総合判断して決することにならざるを得ない…。したがって、特例選挙区の設置を適法なものとして是認し得るか否かは、この点に関する都道府県議会の判断が右のような観点からする裁量権の合理的な行使として是認されるかどうかによって決するよりほかはない。」もっとも、公選法一五条一項ないし三項からすると、配当基数が「〇・五を著しく下回る場合には特例選挙区の設置を認めない趣旨であると解される」。

原審が適法に確定した事実関係によれば、「愛知県議会は、南設楽郡及び北設楽郡の…地理的、経済的状況やその行政需要などに照らし特例選挙区設置の必要性を判断し、地域間の均衡を図るための諸般の要素を考慮した上で、これらを特例選挙区として存置することを決定したものと推認することができる。」両郡の配当基数（〇・三一一六、〇・三二二二）も「いまだ特例選挙区の設置が許されない程度にまでは至って」おらず、他に特例選挙区の存置が「社会通念上著しく不合理であることが明らかであると認めるべき事情もうかがわれないから、」「平成二年改正後においても本件条例が右の二選挙区を特例選挙区として存置したことは適法である。」

(2)　定数配分の適法性判断。現行法にしたがえば、配当基数が〇・五をわずかに上回る選挙区と、配当基数が一をかなり上回る選挙区との議員一人当たり人口の較差は一対三を超える場合が生じ得るし、特例選挙区を含めれば較差がさらに大きくなることは避けられない。そして、公選法一五条七項ただし書の規定を適用して、いかなる事情があるときに、またどの程度に人口比例原則を修正し得るかについて客観的基準は存在しない。したがって定数配分条例が一五条七項に適合するか否かは、議会の決定が「裁量権の合理的な行使として是認されるかどうかによって決するほかはない。」ただし、投票価値の不平等が、「通常考慮し得る諸般の要素をしんしゃくしてもなお、一般に合理性を有するものとは考えられない程度に達しているときは、…これを正当化すべき特別の事情が示されない限り」違法となる。

そこで原審が適法に確定した事実によると、（公選法一五条七項ただし書にもとづいて人口比例を緩和して定数を配分している）平成二（一九九〇）年改正条例の場合、特例選挙区を除いた最大較差は一対二・八九、特例選挙区を含めると一対五・〇二となっており、仮に七項本文の人口比例原則にしたがって定数を配分したとすれば、特例選挙区を除いた最大較差は一対二・八四、特例選挙区を含めると一対五・〇二となる。「公選法が定める前記のような都道府県議会の議員の選挙制度の下においては、本件選挙当時における右のような投票価値の不平等は、愛知県議会において地域間の均衡を図るために通常考慮し得る諸般の要素を考慮してもなお、一般に合理性を有するものとは考えられない程度に達していたものとはいえず、同議会に与えられた裁量権の合理的な行使として是認することができる。」平成二年改正条例の定数配分は適法である。

三　違憲の主張に対する判断。本件選挙は改正条例によって施行されたものであるから、上告人による公選法一五条七項ただし書等の違憲の主張は、「帰するところ、公選法の右規定に従って定められた平成二年改正後の本件条例が、憲法一四条、九二条、九三条の趣旨に違反する旨を主張するものというべきところ、…公選法二七一条二項の立法の趣旨、平成二年改正後の本件条例において…二選挙区が特例選挙区として存置された理由、右二選挙区の配当基数、…本件条例における各選挙区に対する定数配分によって生じる各選挙区間の議員一人に対する人口の較差等を総合すれば、」二つの特例選挙区の存置や、それを前提とする定数配分が、憲法一四条・九二条・九三条の趣旨に違反しないことは、「当裁判所大法廷判決〔最大判昭和五一年四月一四日、最大判昭和五八年四月二七日、最大判平成五年一月二〇日〕の趣旨に照らして明らかである。」

四　以上の理由により、「本件請求を棄却した原審の判断は、結論において是認することができる。」

【評釈】　一　まず、最高裁が本件以前に地方議会議員定数不均衡訴訟に関して下した判決を確認しておくと、以下のものがある。

①最一小判昭和五九年五月一七日（民集三八巻七号七二一頁。東京都条例の違法性を認め、一審被告の上告を棄却）。一審東京高判昭和五八年七月二五日（行裁集三四巻七号一三二九頁。東京都条例および選挙の違法を認めたが、事情判決により原告の請求は棄却）。

②最一小判昭和六〇年一〇月三一日（裁判集民事一四六号一三頁。千葉県条例の違法性を認め、一審被告の上告を棄却）。一審東京高判昭和五九年八月七日（判時一一二二号一五頁。千葉県条例および選挙の違法を認めたが、事情判決により原告の請求は棄却）。

③最三小判昭和六二年二月一七日（裁判集民事一五〇号一九九頁。東京都条例の違法性を認め、一審被告の上告を棄却）。一審東京高判昭和六一年二月二六日（判時一一八四号三〇頁。東京都条例および選挙の違法を認めたが、事情判決により原告の請求は棄却）。

④最一小判平成元年一二月一八日（民集四三巻一二号二一三九頁。千葉県条例を違法とした一審判決を変更し、被上告人の請求を棄却）。一審東京高判昭和六三年九月一九日（民集四三巻一二号二一六四頁。千葉県条例および選挙の違法を認めたが、事情判決により原告の請求は棄却）。

⑤最一小判平成元年一二月二一日（民集四三巻一二号二二九七頁。兵庫県条例を違法とした一審判決を変更し、被上告人の請求を棄却）。一審大阪高判昭和六三年一一月二二日（民集四三巻一二号二三三一頁。兵庫県条例および選挙の違法を認めたが、事情判決により原告の請求は棄却）。

⑥最一小判平成元年一二月二一日（判時一三三七号三八頁。一審原告の上告を棄却）。一審広島高裁岡山支判昭和六三年一〇月二七日（判時一二九三号二八頁。岡山県条例および選挙を適法とし、原告の請求を棄却）。

⑦最三小判平成三年四月二三日（民集四五巻四号五五四頁。東京都条例の違法性を認め、一審被告の上告を棄却）。一審東京高判平成二年一月三〇日（民集四五巻四号五八五頁。東京都条例および選挙の違法を認めたが、原告の請求は棄却）[1]。

二　次に、議員定数不均衡問題に関する主要な論点について、本判決に至る最高裁判例の流れを確認しながら、本判決の特徴を検討することにしたい[2]。

(1)　最高裁は、「投票価値の平等」が憲法上の要請であることを昭和五一（一九七六）年の衆議院議員定数判決以来承認し、この要請が地方議会の議員定数配分にも及ぶことを昭和五九（一九八四）年の①判決で認めている（民集三八巻七号七二七頁）。その場合「投票価値の平等」とは、「選挙権の内容の平等、換言すれば、議員の選出における各選挙人の投票の有する影響力の平等」であるとされ（昭和五一年四月一四日大法廷判決、民集三〇巻三号二四二頁。平成五年一月二〇日大法廷判決、民集四七巻一号八四頁など）、この見解は本判決でも踏襲されているとみられる（判時一四八四号二八頁）。しかし最高裁の累次の判決が、憲法の要請する「投票価値の平等」「選挙人の投票の影響力の平等」をどう理解しているのかは必ずしも明確ではない。

この点を最も詳しく論じた五一年判決によれば、憲法上の選挙権の平等＝選挙人資格に対する制限の撤廃＋選挙権の内容の平等、選挙権の内容の平等＝投票価値の平等＝議員の選出における各選挙人の投票の有する影響力の平等＝複数投票権のような殊更に投票の実質的価値を不平等にする選挙制度の禁止＋「各選挙区における選挙人の数と選挙される議員の数との比率上、各選挙人が自己の選ぶ候補者に投じた一票がその者を議員として当選させるために寄与する効果に大小が生ずる」ことの禁止など、という等式が成り立つようである（民集三〇巻三号二四二－二四三頁）。したがって「投票価値の平等」の少なくとも構成要素の一つは、各選挙区の「選挙人数と議員数との比例」の原則であるということになる。さらに五一年判決は、「厳密には選挙人数を基準とすべきものと考えられるけれども、選挙人数と人口数とはおおむね比例するとみてよいから、…以下においては、専ら人口数を基準として論ずる」と述べ（民集三〇巻三号二四六頁）、「投票価値の平等」の具体的内容としては、結局、各選挙区の人口と議員数との比例（人口比例原則）のみを問題としている。「投票価値」「影響力」「当選に寄与する効果」といった言い回しからは種々の内容が想像できるが、議員定数不均衡訴訟において最高裁が言う憲法上の「投票価値の平等」の実質は、人口比例原則にほかならないとみるべきであろう(3)。

(2)　五一年判決は、投票価値の平等＝実質的には人口比例原則を憲法上の要請であるとする条文上の根拠として、一五条一項・三項、四四条ただし書、一四条一項をあげるとともに、他方で人口比例原則は憲法上の絶対的要求ではなく、「国会は…他にしんしゃくすることのできる事項をも考慮して、公正かつ効果的な代表という目標を実現するために適切な選挙制度を具体的に決定することができる」（民集三〇巻三号二四四頁）と述べ、その根拠として四三条二項、四七条をあげている。

一方の人口比例原則と他方の選挙制度に関する立法裁量との調整というこうした憲法理解を、五九年の①判決は、地方議会の議員定数問題については主として公選法解釈の次元で次のように敷衍した。「地方公共団体の議会の議員の選挙に関し、当該地方公共団体の住民が…その選挙権の内容、すなわち投票価値においても平等に取り扱われるべきであることは、憲法の要求するところと解すべきであり、このことは当裁判所の判例［五一年判決］の趣旨とするところである。そして、公選法一五条七項は、憲法の右要請を受け、」地方議員の定数配分につき「人口比例を最も重要かつ基本的な基準とし、各選挙人の投票価値が平等であるべきことを強く要求していることは明らかである。」したがって投票価値の不平等が、「地域間の均衡を図るため通常考慮し得る諸般の要素をしんしゃくしてもなお一般的に合理性を有するものとは考えられない程度に達しているときは、…議会の合理的裁量の限界を超えているものと推定され、これを正当化すべき特別の理由が示されない限り、公選法一五条七項違反と判断されざるを得ない。」「人口の変動の状態をも考慮して合理的期間内における是正が同項の規定上要求されているにもかかわらずそれが行われないときに、初めて」一五条七項違反と断定される（民集三八巻七号七二七―七二八頁）。

この見解は②（裁判集民事一四六号一七一―一八頁）、③（裁判集民事一五〇号二〇三頁）、④（民集四三巻一二号二一四七―二一四八頁）、⑤（民集四三巻一二号二三〇四―二三〇五頁）、⑥（判時一三三七号三九―四〇頁）、⑦（民集四五巻四号五五七―五五八頁）の各判決にほぼ同文の表現で踏襲されて本判決に至っている（判時一四八四号二八頁）。①〜⑦の諸判決は、人口比例原則が公選法で「強く」要求されているとしながらも、これを絶対的要求とは考えず、「諸般の要素」をしんしゃくし、「正当化すべき特別の理由」の有無を確かめ、是正に必要な「合理的期間」が徒過したか否かを確認してはじめて違法の断定が可能になるとして、三段構えで周到に人口比例原則の緩和を図っている点に特色がある。また同時に、地方議会議員定数の問題に関して個別の憲法条項を示した具体的な憲法解釈論を一切展開せず、実質的にはすべて公選法の次元でこの問題を処理している点にも大きな特色が見出される。

　これに対して、本件上告人（一審原告）は公選法の規定自体の違憲性を主張したが、【判旨】で紹介したように、最高裁はこれを条例の違憲性の主張と読み替えた上で、特例選挙区制度を定めた公選法二七一条二項の立法趣旨、本件の二つの特例選挙区が存置された理由、二つの特例選挙区の配当基数、本件条例による選挙区間の人口較差を総合判断すると、本件条例の定数配分は上告人の主張する憲法一四条・九二条・九三条の趣旨に違反しないとした。①～⑦の判決で直接に論じられてきたのが条例の公選法適合性の問題であったのに対して、最高裁は本判決ではじめて条例の合憲性の問題に答えたわけであるが、その論理にしたがえば、特例選挙区の設置の理由、その配当基数、選挙区間人口較差の程度の諸点に関して公選法に違反していない条例は、同時に憲法にも違反していないことになるのであって、条例の前提となる公選法そのものの合憲性審査は結局おこなわれなかった。あくまで公選法の規定を前提として、地方議会の投票価値の平等問題を処理するという最高裁のいわば「制度従属的理解」[4]は、本判決でも揺らぐことがなかったと言えよう。

(3)　条例による定数配分が、公選法一五条七項本文の人口比例原則に反するか否かの具体的判断にあたって、平成元（一九八九）年の④判決以降最高裁は、特例選挙区が設置されている場合その公選法適合性判断をまずおこない、つづいて定数配分全体の公選法適合性判断をおこなうという手法をとることが多い（④⑤⑥）。本判決もこの構成を踏襲している。

　特例選挙区の設置に関しては、⑤判決の原審である大阪高裁昭和六三年一一月二二日判決が次のような厳格な解釈を示して注目された。公選法二七一条二項は憲法および公選法が要請する投票価値の平等の例外であるから、「同条項による特例区を設けるについては、当該選挙区が遠く離れた離島であるとか、峻険な山嶽に囲まれて交通が著しく不便であるというような地理的に極めて特殊な状況にあるため、隣接の選挙区に合区することが著しく困難であるなどの特別の事情の存することが必要である」（民集四三巻一二号二三八二頁）。しかし最高裁の⑤判決は、「特例選挙区に関する…立法の経過等に照らせば、特例選挙区の設置には被上告人ら主張のような要件［大阪高裁の要求する要件と同旨］を必要としない」と判示して（民集四三巻一二号二三〇四頁。二三〇九頁も参照）、右のような高裁の解釈を否定した。[5] この見解は本判決にも引き継がれており、南北設楽郡の地理的特色として原審が認定した「標高五〇〇メートルから一〇〇〇メートル前後の山々を擁する山間地で、林業をその基幹産業としてきたが、木材関連産業の低迷のため、産業経済構造の根本的な転換が迫られているとともに過疎化及び高齢化対策のための総合的かつ計画的な施策が求められている」という事実が、特例選挙区存置の適法性を支える根拠の一つとみなされている。最高裁が掲げる「当該都道府県の行政施策の遂行上当該地域から代表を確保する必要性の有無・程度」という特例選挙区の適法性判断要素は、実質的には当該地域を単位として何らかの特別な行政施策を遂行する必要性があるか否かという問題に置き換えられ、代表確保の必要性それ自体や、まして都道府県議会議員の代表としての性格づけは問題とされていないことがわかる。[6]

ところで本件原審判決は、配当基数が三分の一以下に達した特例選挙区の存置は、配当基数一の選挙区との較差三倍を容認する結果となるので、特段の合理性がない限り違法であるとの新たな基準を提示した。しかし本判決はこの基準も否定し、〇・三一一六、〇・三一二二といずれも三分の一を切り、全国でも最低水準であった二つの特例選挙区の配当基数も、「いまだ特例選挙区の設置が許されない程度にまでは至っていない」とした。これまで最高裁は、公選法一五条一項ないし三項からみて、二七一条二項は配当基数〇・五を著しく下回る場合には特例選挙区の設置を認めない趣旨であるとの解釈を繰り返してきたが（④民集四三巻一二号二一四六頁、⑤民集四三巻一二号二三〇三頁、⑥判時一三三七号三九頁）、本判決で最高裁は、配当基数三分の一を切っても「〇・五を著しく下回る」とは言えないという理解を示したわけである。なお藤島補足意見は、配当基数〇・二五未満、すなわち公選法一五条二項が強制合区の基準としている配当基数〇・五の二分の一未満に至れば、特例選挙区の設置は認められないとする（判時一四八四号三〇頁）。このあたりが最高裁の想定する数字的限界なのであろうか。

(4)　次は条例の定数配分全体の公選法適合性の問題である。すでに(2)でも指摘したように、あくまで公選法が採用する具体的な選挙制度の枠内で定数配分の不均衡問題を判断するというのが、本判決に至る最高裁の一貫した態度である。ただし、投票価値の平等＝人口比例原則からの乖離の許容性を判断する際の指標には、①②判決と③判決との間に相違がみられ、さらに特例選挙区の適法性をまず審査するようになった④判決以降、次のような指標による判断がほぼ定着したように思われる。本判決もこの流れに属する。すなわち④以降の判決では、（ア）特例選挙区を含めた選挙区間の議員一人に対する人口の最大較差、（イ）特例選挙区を除いた選挙区間の議員一人に対する人口の最大較差、（ウ）現行の選挙区割りを前提として、公選法一五条七項本文にしたがった定数配分（人口比定数）によって生ずる最大較差と、同条ただし書を適用して修正された現実の定数配分による最大較差との相違、（エ）逆転現象の有無と程度、（オ）不均衡是正のための条例改正の状況、の諸点が条例による定数配分全体の適法性判断の指標とされている。各判決では以下のような判断が示された。

④判決では、（ア）一対三・九八、（イ）一対二・八一、（ウ）人口比定数による較差が一対四・三五（特例選挙区を含む）および一対二・九一（特例選挙区を除く）であるから、一五条七項ただし書の適用によって較差は縮小した、（エ）逆転現象は三一とおり、（オ）条例改正により、較差は一対六・四九および一対四・五八から上掲のように縮小し、定数二人以上の差の逆転現象も解消された、という事実にもとづいて定数配分は適法と判断された（民集四三巻一二号二一四八―二一四九頁）。

⑤判決は、（ア）一対四・五二、（イ）一対三・八一、（ウ）人口比定数による較差一対三・七二および一対三・

一五なので較差は拡大、（エ）逆転現象二七とおり、（オ）条例改正によって一対三・六九および一対二・八〇にまで縮小していた較差が人口変動により再び拡大したが、国勢調査の結果の告示から本件選挙まで八カ月余りしかなかった、という事実にもとづいて、不均衡は適法とはいえない状態だが是正のための合理的期間を徒過しておらず違法と断定はできないとしている（民集四三巻一二号二三〇五―二三〇七頁）。

⑥判決は、（ア）一対三・四四五、（イ）一対二・八三四、（ウ）人口比定数による較差一対三・四六五および一対二・八五一であるから較差は縮小、（エ）逆転現象なし、という事実にもとづいて定数配分を適法とした（判時一三三七号四〇頁）。

本件では前述のように、（ア）一対五・〇二、（イ）一対二・八九、（ウ）人口比定数による較差一対五・〇二および一対二・八四で、現実の較差とほぼ同一、（エ）逆転現象二一とおり、という事実にもとづいて定数配分は適法とされた（判時一四八四号二九頁）。

このようにみてみると、最高裁はいくつかの数値と改正の状況を総合的に評価して、定数配分の適法性を審査しているわけであるが、それらの指標のなかでは（ウ）がとりわけ重要視されているように思われる。（ウ）の考え方では、人口比例原則の意味内容自体が、地方自治法および公選法の具体的な制度を前提にして変容しているとみるべきであろう[7]。一般論のレベルで最高裁が想定する「投票価値の平等」＝人口比例原則とは、各選挙区の人口と配分された議員定数との比率が選挙区間で等しいことである。これに対して（ウ）では、議員定数は地自法にしたがって議会が適宜削減できること、公選法上は郡市の区域を選挙区として最低各一議席が配分されること、特例選挙区が存置されている場合にはその適法性を先に確認すること、これらが前提となって、特例選挙区を含めた全選挙区に一議席を配分した残りを各選挙区の配当基数にもとづいて配分していくことが、公選法一五条七項本文の意味する「人口比例原則」だと理解されているからである。したがって、そのような定数配分の結果生ずる較差は、

「公選法の選挙区割りに関する規定に由来するものであって、…同法一五条七項の規定に違反するものということはできない」（③判決、裁判集民事一五〇号二〇五頁）ということになるわけである。この理解は、特例選挙区を含めた最大較差が五倍を超える場合も適法とした本判決で、いっそう明瞭になったと言えよう。結局、人口比例原則の意味内容それ自体を右のように読み替えた上で、人口比定数によって生ずる較差が、公選法一五条七項ただし書を適用した現実の定数配分でも変化のない場合、地方議会の裁量権行使に合理性を認めるのが最高裁の態度だと言っても過言ではない。

三　最後に、以上の検討の結果をまとめて締めくくりとしたい。

本判決の注目すべき点は、まず第一に、地方議会の議員定数配分不均衡判決としてははじめて、制度の合憲性の問題に触れたことである。ただし、本判決は公選法それ自体の違憲性を主張した上告理由に正面から答えたわけではなく、論点を条例の合憲性の問題に置き換えた上で、条例の適法性審査を先行させ、公選法に適合する条例は同時に憲法にも適合するという趣旨の議論を実質的には展開し、公選法それ自体の憲法適合性審査は回避したと評しうる。

第二に本判決は、特例選挙区の適法性審査の場面で、配当基数〇・五を著しく下回る特例選挙区の存置は公選法に反するという従来の見解を維持しながら、配当基数三分の一未満となっても、必ずしも「〇・五を著しく下回る」ことにはならないという新たな解釈を示した点で注目される。

第三に、定数配分全体の適法性審査の場面では、公選法一五条七項本文の人口比例原則をあくまで地自法・公選法の選挙制度の枠組みのなかで理解することによって、「人口比例原則」の意味そのものを変容させたとも言える③判決以降の流れを維持した点が、とりわけ重要である。その結果本判決では、現行の選挙区割りを前提とする以上、配当基数にしたがって議席を配分しても制度上生ぜざるをえない五倍超の較差が、それ自体としては当然に適法とされ、一五条七項ただし書の適用によってこれが拡大していないことをもって、現実の較差を適法と判断する姿勢が一段と明らかになったと言えよう。

しかしながら、最高裁自身が選挙区人口と議員定数との比率の均等という本来の「投票価値の平等」＝「人口比例原則」を、地方議会に関しても憲法上の要請として認めているのであるから、現行地自法・公選法上の選挙制度の合憲性を前提とした条例の適法性判断に終始し、国会の立法裁量に加えて地方議会の立法裁量も広く認める判断方式には、しばしば指摘されてきたように再検討の余地が大きいと思われる。(8)

（1）　網羅的ではないが、これまでの地方議会議員定数不均衡判決に関する評釈などで、目にとまったものを掲げておく。

地方議会議員定数不均衡についての最初の判決である東京高裁昭和五八年七月二五日判決に関して、長尾一紘・法学教室三八号一〇〇頁、野中俊彦・法セ三五一号三七頁。その上告審判決である最高裁第一小法廷昭和五九年五月一七日判決（①判決）に関して、和田進・ジュリ八二〇号五六頁、清水睦・法学教室四八号八四頁、泉徳治・ジュリ八二二号六六頁、林修三・時の法令一二一八号五五頁および一二一九号五二頁、中村睦男・法セ三六三号一二二頁、戸松秀典・昭和五九年度重要判例解説一三頁、野中俊彦・民商法雑誌九二巻六号一〇四頁、須藤揮一郎・地方自治四四七号九四頁、泉徳治・法曹時報三八巻五号一二二三頁、和田進・憲法判例百選Ⅱ［第三版］三二八頁。

最高裁第一小法廷昭和六〇年一〇月三一日判決（②判決）に関しては、野中俊彦・民商法雑誌九四巻三号一一〇頁。

東京高裁昭和六一年二月二六日判決に関して、江橋崇・法セ三七七号一〇八頁、長尾一紘・法学教室七〇号一〇四頁、小林武・南山法学一〇巻二号一九七頁。その上告審である最高裁第三小法廷昭和六二年二月一七日判決（③判決）に関して、長尾一紘・民商法雑誌九七巻四号一三六頁。

東京高裁昭和六三年九月一九日判決に関して、森英樹・法セ四一〇号一〇二頁、岩間昭道・自治研究六六巻一号一〇五頁。その上告審である最高裁第一小法廷平成元年一二月一八日判決（④判決）に関して、上田豊三・法曹時報四二巻三号七一〇頁、戸松秀典・民商法雑誌一〇三巻二号二六三頁。最高裁第一小法廷平成元年一二月二一日判決（⑥判決）に関して、上田豊三・法曹時報四二巻五号一二六六頁、戸松秀典・民商法雑誌一〇三巻二号二九七頁。平成元

年一二月の三つの最高裁判決（④⑤⑥判決）に関して、野中俊彦・判例評論三七八号三一頁。

地方議会議員定数不均衡問題全般に関しては、稲山博司・地方自治四八〇号五四頁および四八三号五二頁、長岡徹・法と政治三九巻四号二〇三頁、ほかに大隈義和・ジュリ九三四号一〇一頁、辻村みよ子・法学教室一一一号二八頁。

（2）訴訟の適法性の問題、事情判決の問題など、本判決で取り扱われなかった論点には触れないことにする。

（3）「投票価値の平等」の意味について論じた文献として、たとえば長尾一紘「選挙に関する憲法上の原則（下）」Law School 14（一九七九年）九五頁以下、安念潤司「いわゆる定数訴訟について（二）」成蹊法学二五号（一九八七年）六一頁以下、渡辺良二『近代憲法における主権と代表』（一九八八年）一八三頁以下、中村英「衆議院奄美特例選挙区存続の法的検討」東北学院大学論集法律学三五号（一九八八年）二一一頁以下をあげることができる。

長尾教授はドイツの学説を参照しつつ、投票価値の平等には「数的価値の平等」と「結果価値の平等」とが含まれ、前者は議員定数と有権者数との均衡、後者は各党の得票数と議席数との均衡を意味するという趣旨の説明をしている。そして投票価値の平等は選挙システムに応じて具体的態様を異にし、比例選挙の場合には「結果価値の平等」まで要請されるが、多数選挙の場合には死票を避けることができない制度の性質上、「数的価値の平等」しか要請されえないとする（長尾前掲 Law School 論文九九―一〇〇頁）。もし、最高裁の言う「投票価値の平等」が、本稿の理解のように結局「人口比例原則」に帰するとするならば、最高裁の見解も長尾教授のこのような理解と一致することになる。なお、故渡辺教授は、高橋和之「議員定数配分の不均衡」（杉原＝奥平編『憲法学4』一九七六年九八頁以下）を援用しつつ、長尾教授の言う「数的価値の平等」を「選挙権の価値の平等」、「結果価値の平等」を「投票の価値の平等」と称している（渡辺前掲書一八四頁）。

もっとも、安念教授の指摘するように、「投票価値」という言葉は「多義的なイメージ」をもつ「運動論上のスローガンに近い性格」を有するのであり、たとえば「選挙人の投票が自己の選出しようとする候補者の当選をもたらす可能性の度合い（逆にいえば、いわゆる死票とならない可能性の度合い）」という意味でこの言葉を使うことも可能であるし、また現に使われてきた。最高裁判例も、人口比例原則を正確には「投票価値の平等」の「一場合」としているのであるから、それ以外の内容を含むという理解も不可能ではない（安念前掲論文六九―七五頁）。中村教授も、最高裁は「議員定数と選挙区人口数（または有権者数）との比率の各選挙区間の均衡」（「狭義の投票価値概念」）を投票価値の平等の要請の「一場合」とするにすぎず、「この比率以外の事項をも考慮に入れた投票価値概念」（広義の投票価値概念）を採っているようだと述べている（中村前掲論文三六―三七頁）。しかし筆者としては、さしあたり本文のような理解を採っておきたい。

（4）　長岡徹「地方議会の議員定数不均衡と投票価値の平等」法と政治三九巻四号（一九八八年）二一七頁―二二〇頁参照。

（5）　上田裁判官は、公選法二七一条二項の特例選挙区設置の要件について、議会の完全な自由裁量と解する説、合理性が必要となり、議会の裁量権の合理的行使といえるかどうかによるとする説、離島とか峻険な山嶽地帯に限るとする説の三説が考えられ、最高裁の判例理論は第二の立場を採るものだと解説している（法曹時報四二巻三号七三二―七三三頁）。

（6）　地方議会議員の地域代表としての性格の問題に触れた論稿として、大隈義和「議員定数問題判決と地域代表制論」ジュリ九三四号（一九八九年）一〇一頁以下をあげておく。大隈教授は、憲法が人口比例原則を要求しているとの前提に立って、都道府県議会議員の場合にも、選挙区である郡市の代表としての性格は、当該都道府県住民全体の代表としての地位に矛盾しない限りでのみ考慮されるべきだと主張する（同一〇五頁）。

（7）　上田裁判官は④判決の評釈のなかで、「投票価値の不平等が…議会において地域間の均衡を図るために通常考慮しうる諸般の要素をしんしゃくしてもなお一般的に合理性を有するものとは考えられない程度に達しているときは、…議会の合理的裁量の限界を超え…、これを正当化すべき特別の理由が示されない限り、公選法一五条七項違反」だが「違反と断定するためには是正のための合理的期間の経過が必要である」という最高裁の考え方を「一般的合理性の基準」と名づけ、人口比定数によって生ずる較差と条例による現実の定数配分によって生ずる較差とを比較する最高裁の手法を「選挙区間人口比例の基準」と名づけている（法曹時報四二巻三号七二六―七二八頁）。そして両者の関係については、④判決は「一般的合理性の基準に従って公選法一五条七項違反の有無を考えるに当たり、選挙区間人口比例の基準に照らして検討することをその重要な一つの要素として位置づけたものではないか」と評する（同七三七頁）。

また野中教授は④⑤⑥判決を取り上げた評釈において、「人口比定数という客観的な数字が用いられ、それに基づく判断という形がとられているので…、一見判断基準がかなりしぼりこまれたという印象を与えるが、それはすでに相当の較差を生じさせる可能性のある制度のなかでの数字であり、要するに公選法の定める制度の枠内では比較的厳格にかつ客観的に不均衡をチェックするにとどまっているのである」とし、この基準が「どの程度の独自の意味を持つのかもまだ不明である」と述べている（判例評論三七八号三五頁）。

本文で述べたように、「選挙区間人口比例の基準」は投票価値の平等＝人口比例原則の内容そのものを実質的には変容させるものであり、本判決でも定数配分全体の適法性判断にあたって、ますます重要視されつつあるように思われる。

（8）たとえば、注（7）にあげた野中教授の評釈（判例評論三七八号三五頁）、⑥判決についての戸松教授の評釈（民商法雑誌一〇三巻二号三〇〇頁）を参照。

〔補遺〕本文で示したように、都道府県議会の議員定数不均衡訴訟については、本章で取り扱った愛知県議会平成七年判決以前に、昭和五九（一九八四）年五月一七日の東京都議会判決から、平成三（一九九一）年四月二三日のやはり東京都議会判決まで七件の最高裁判決があった。後述平成二七年判決を含めたこの問題に関する最近の本格的な研究として、宍戸常寿「地方議会における一票の較差に関する覚書」（岡田信弘＝笹田栄司＝長谷部恭男編『高見勝利先生古稀記念・憲法の基底と憲法論』信山社、二〇一五年四一三頁以下）がある。宍戸論文によると、地方議会の議員定数不均衡問題に関しては、ほかにも本件判決と同日の千葉県議会判決、さらにその後、平成七（一九九五）年三月二四日と平成一一（一九九九）年一月二二日の東京都議会判決、平成一二（二〇〇〇）年四月二一日の千葉県議会判決、政令市に関する平成八（一九九六）年九月二四日と平成一三（二〇〇一）年一二月一八日の名古屋市議会判決がある。

二〇一五年一月、元最高裁判事である泉徳治氏が提起した訴訟の上告審判決が下り（最一小判平成二七・一・一五裁判所時報一六二〇号一頁）、都道府県議会議員の定数不均衡問題に関して、久々に最高裁の判断が示された。平成二七年判決は、このテーマに関する十数年ぶりの最高裁判決ということになるが、その行論は、本章で取り上げた平成七年判決を代表とする従来の判例を踏襲するもので、衆参両院の一票の較差訴訟で近年の最高裁判決が見せている厳格な態度（衆議院について本書二七九頁以下参照）は覗われない。この判決の評釈として、新村とわ『平成二六年度重要判例解説』有斐閣、二〇一五年一二―一三頁がある。

Ⅸ　衆議院議員選挙と投票価値の平等
――最高裁平成二五年一一月二〇日大法廷判決

（選挙無効請求事件、平成二五年（行ツ）第二〇九号・第二一〇号・第二一一号、判時二二〇五号三頁、判タ一三九六号一二二頁、判自三七六号一一頁）

〈事実の概要〉

野田民主党内閣が衆議院を解散したことを受けて、二〇一二年十二月一六日に施行された衆議院議員総選挙（本件選挙）について、全国各地の小選挙区の有権者が、公職選挙法・衆議院議員選挙区画定審議会設置法（区画審設置法）に基づく小選挙区の区割りが違憲であることを理由に選挙無効訴訟を提起した。

二〇〇〇年の国勢調査にもとづく二〇〇二年の改正公職選挙法の選挙区割りによって施行された本件選挙当日、選挙区間の選挙人数の較差は、選挙人数最少の高知県第三区と最多の千葉県第四区で一対二・四二五であり、高知県第三区との較差が二倍以上の選挙区は全国三〇〇選挙区中七二選挙区であった。

すでに二〇一一年の判決で最高裁は、当時の区画審設置法三条二項のいわゆる「一人別枠方式」が、二〇〇九年八月三〇日に施行された衆議院議員総選挙時点において違憲状態にあったことを認定し、一人別枠方式の廃止、選挙区割り規定の改正など、所要の法改正をできるかぎり速やかに進めることを国会に求めていた（最大判平成二三・三・二三民集六五巻二号七五五頁）。しかし、選挙制度の抜本的改革をめぐる政党間の対立によって、一人別枠方式の廃止を含む法改正はなかなか進まなかったため、区画審は、二〇一〇年一〇月に実施された国勢調査の結果に基づく選挙区割りの改定案を、その期限である二〇一二年二月二五日までに首相に勧告することができなかった。その後、国会は、区画審が選挙区割りの改定案検討に着手できるようにするため、較差二倍未満を確保する目的で、一人別枠方式の廃止と人口減少地域の選挙区を減らすいわゆる「〇増五減」の優先的な実現を目指し、衆議院解散と同日の二〇一二年一一月一六日に法改正が成立した。しかし、この改正に沿って選挙区割りの見直しをおこなう法改正には時間がかかるため、本件選挙は、二〇〇九年総選挙と同一の選挙区割りのまま施行された。その結果、選挙人数の最大較差は、二〇〇九年総選挙時点の二・三〇四倍から、上述のように二・四二五倍に拡大していた。

本件選挙後、二〇一三年三月に区画審が二〇一二年改正法に基づく選挙区割りの改定案を勧告し、これに沿った法改正が同年六月二四日に国会で成立した。この改正によって、二〇一〇年国勢調査にもとづく選挙区間人口の最大較差は、一対一・九九八に縮小した。

本件判決は、東京都第二区・第五区・第六区・第八区・第九区・第一八区、神奈川県第一五区の選挙人が提起した選挙無効訴訟の上告審判決である。なお、本件選挙の無効請求訴訟を受けた全国八か所の高裁および六か所の高裁支部では、二〇一三年三月六日から四月一一日までの間に本件判決の原判決を含めて一七件の判決が言い渡された。その内訳は、選挙区割りの違憲に加えて選挙無効まで認めた判決が二件、主文で違憲を宣言し、選挙そのものは有効とするいわゆる「事情判決」が一三件、違憲状態にあったことを認めつつ、是正のための合理的期間はまだ徒過していないとした判決が二件であった。

〈判　旨〉

本件判決で最高裁は、原審の「事情判決」を変更し、原審原告の請求を棄却した。

(i)　投票価値の平等に関する合憲性の判断方法

「憲法は、選挙権の内容の平等、換言すれば投票価値の平等を要求しているものと解される。」「衆議院議員の選挙につき全国を多数の選挙区に分けて実施する制度が採用される場合には、選挙制度の仕組みのうち定数配分及び選挙区割りを決定するに際して、憲法上、議員一人当たりの選挙人数ないし人口ができる限り平等に保たれることを最も重要かつ基本的な基準とすることが求められているというべきであるが、それ以外の要素も合理性を有する限り国会において考慮することが許容されているものと解されるのであって、具体的な選挙区を定めるに当たっては、都道府県を細分化した市町村その他の行政区画などを基本的な単位として、地域の面積、人口密度、住民構成、交通事情、地理的状況などの諸要素を考慮しつつ、国政遂行のための民意の的確な反映を実現するとともに、投票価値の平等を確保するという要請との調和を図ることが求められているところである。したがって、このような選挙制度の合憲性は、これらの諸事情を総合的に考慮した上でなお、国会に与えられた裁量権の行使として合理性を有するといえるか否かによって判断される」。

「当裁判所大法廷は、これまで、①定数配分又は選挙区割りが前記のような諸事情を総合的に考慮した上で投票価値の較差において憲法の投票価値の平等の要求に反する状態に至っているか否か、②上記の状態に至っている場合に、憲法上要求される合理的期間内における是正がされなかったとして定数配分規定又は区割規定が憲法の規定に違反するに至っているか否か、③当該規定が憲法の規定に違反するに至っている場合に、選挙を無効とすることなく選挙の違法を宣言するにとどめるか否かといった判断の枠組みに従って審査を行ってきた。」「裁判所が選挙制度の憲法適合性について上記の判断枠組みの各段階において一定の判断を示すことにより、国会がこれを踏まえて所要の適切な是正の措置を講ずることが、憲法の趣旨に沿うものというべきである。このような憲法秩序の下における司法権と立法権との関係に照らすと、……上記②の段階において憲法上要求される合理的期間内における是正がされなかったといえるか否かを判断するに当たっては、単に期間の長短のみならず、是正のために採るべき措置の内容、そのために検討を要する事項、実際に必要となる手続や作業等の諸般の事情を総合考慮して、国会における是正の実現に向けた取組が司法の判断の趣旨を踏まえた立法裁量権の行使として相当なものであったといえるか否かという観点から評価すべきものと解される。」

(ii)　本件法規定の合憲性判断

一人別枠方式が「憲法の投票価値の平等の要求に反する状態に至っているとする当裁判所大法廷の判断が示されたのは、平成二三年三月二三日であり、国会においてこれらが上記の状態にあると認識し得たのはこの時点からであったというべきである。」「○増五減による定数配分の見直しの内容を現に実施し得るものとするためには、一人別枠方式の廃止及び定数配分と区割り改定の枠組みを定める法改正の後、新たな区割基準に従い区画審が選挙区割りの改定案の勧告を行い、これに基づいて新たな選挙区割りを定める法改正を行うという二段階の法改正を含む作業を経る必要があったところ、前者の改正を内容とする平成二四年改正法が成立した時点で衆議院が解散されたため、平成二三年大法廷判決の言渡しから約一年九か月後に施行された本件選挙は従前の定数と選挙区割りの下において施行せざるを得なかった……が、……本来の任期満了時までに、区画審の改正案の勧告を経て平成二五年改正法が成立し、定数配分の……○増五減の措置が行われ、平成二二年国勢調査の結果に基づく選挙区間の人口較差を二倍未満に抑える選挙区割りの改定が実現された」。「本件選挙自体は、衆議院解散に伴い前回の平成二一年選挙と同様の選挙区割りの下で行われ、平成二一年選挙より最大較差も拡大していたところではあるが、本件選挙までに、一人別枠方式を定めた旧区画審設置法三条二項の規定が削除され、かつ、全国の選挙区間の人口較差を二倍未満に収めることを可能とする定数配分と区割り改定の枠組みが定められており、前記……において述べた司法権と立法権との関係を踏まえ、前記のような考慮すべき諸事情に照らすと、国会における是正の実現に向けた取組が平成二三年大法廷判決の趣旨を踏まえた立法裁量権の行使として相当なものでなかったということはできず、本件において憲法上要求される合理的期間を徒過したものと断ずることはできない。」

(iii)　個別意見

本判決には、概略以上のような法廷意見に対して、鬼丸かおる裁判官の意見、大谷剛彦裁判官、大橋正春裁判官、木内道祥裁判官の各反対意見があるが、紙幅の関係からその内容については〈解説〉において適宜紹介することにしたい。

〈解　説〉

一　「一票の較差」訴訟の判決類型

最高裁によれば、憲法は、投票価値の平等を定数配分・選挙区割りの最も重要かつ基本的な基準としているが、国会は行政区画など他の要素を考慮することが許され、この点を勘案してもなお不合理な場合にのみ、選挙制度に関する立法裁量権の行使は違憲となる。本判決でも、後掲一九七六年違憲判決以来のこの基本方針は維持されている。なお、最高裁が「投票価値の平等」「一票の較差」という表現で意味しているのは、議員一人当たりの人口または選挙人数が選挙区間で平等であること、すなわち、いわゆる「人口比例原則」のことである。

「一票の較差」問題に関する累次の最高裁判決のなかで、本判決がもつ最大の特徴は、〈判旨〉(i)で引用したように、これまでの判例における合憲性審査の論点を①から③の三段階に整理したことであろう。この最高裁の整理を踏まえて、「一票の較差」問題に関する判決類型をあげれば、以下のような選択肢が想定可能だと思われる。

ⓐ選挙施行時の選挙区間較差の状況に鑑みて、行政区画・人口密度・交通事情・地理的状況など非人口的要素に関する国会の考慮が合理的なものと判断できるため、較差は違憲とはいえないとして、主文で原告の請求を棄却する合憲判決。

ⓑ選挙施行時の較差の状況から、国会による非人口的要素の考慮は合理性を欠くと判断されるが、憲法上要求さ

れる是正のための合理的期間はまだ徒過していないとして、判決理由中で「違憲状態」を指摘しつつ、主文ではⓐと同様原告の請求を棄却する合憲判決。

ⓒ較差は違憲状態にあり、合理的期間も徒過したと判断するが、主文では選挙の違法を宣言するにとどめ、選挙を無効としない、いわゆる「事情判決」（違憲宣言判決）。

ⓓ較差は違憲状態にあり、合理的期間も徒過したという判断にもとづいて、主文で当該選挙を違法無効とする判決。この選挙無効判決には、さらに二つの類型が含まれる。

ⓓ-⑴選挙無効訴訟が提起された選挙区の選挙だけを無効とする「一部無効判決」（最大判昭和五一〔一九七六〕・四・一四民集三〇巻三号二二三頁の岡原・下田・江里口・大塚・吉田裁判官による共同反対意見は、このような処理を主張した）。

ⓓ-⑵選挙を（一部または全部）無効とするが、「その効果は一定期間経過後に始めて発生するという内容の」いわゆる「将来効判決」（最大判昭和六〇〔一九八五〕・七・一七民集三九巻五号一一〇〇頁の寺田・木下・伊藤・矢口裁判官による共同補足意見がその可能性に言及している）。

ⓔなお、これらのほかに学説では、アメリカの実例をもとにして、選挙区割り全体を違憲と判断して全選挙区の選挙を無効としたのち、裁判所自身が暫定的な選挙区割りをおこなって再選挙を施行させる方法や、較差が是正されないままの選挙の施行を裁判所が事前に差し止める方法などが提案されてきた（たとえば、田中英夫「定数配分不平等に対する司法的救済」ジュリ八三〇号四一頁以下、のちに同『法形成過程』二〇三以下）。しかし、最高裁は、この種の救済方法を単なる可能性としても認めたことはない。本判決も、「裁判所において選挙制度について投票価値の平等の観点から憲法上問題があると判断したとしても、自らこれに代わる具体的な制度を定め得るものではな」いとしている（アメリカ法的な手法を明示的に否定した例としては、一九七六年判決の岸盛一裁判官反対意見参照）。

本判決の法廷意見の結論はⓑの合理的期間である。大谷・大橋・木内裁判官の各反対意見の結論はいずれもⓒの事情判決であるが、大橋裁判官反対意見・木内裁判官反対意見は、裁判所の採りうる可能性として一部無効判決（ⓓ-⑴）や将来効判決（ⓓ-⑵）も認めている。

二　選挙区割りによる較差自体の合憲性判断

本判決のいう①の判断、すなわち、選挙区割り自体が違憲か否かの判断に当たって、一九九四年の小選挙区・比例代表並立制導入以降の最高裁は、数字的基準としては、区画審設置法三条一項が規定する較差二対一未満を目安としてきた。本判決もこの点に変化はない。

二〇一一年判決は、当時の区画審設置法の一人別枠方式が較差二倍未満を実現できない主たる原因であること、一人別枠方式は人口の少ない県への配慮という、選挙制度改正時の激変緩和措置の役割を二〇〇九年選挙時点ですでに終えていると判断できること、これらを理由に一人別枠方式とこれにもとづく選挙区割りは違憲状態にあるとした。本判決も、この判断を踏襲し、二〇〇九年選挙時と同一のまま最大較差二・四二五倍に至っていた本件選挙時の選挙区割りが違憲状態にあったとしている。

なお、本判決では、較差の合憲性判断に関する数字的基準について、鬼丸裁判官意見が独自の厳格な見解を示している。鬼丸裁判官意見は、「投票価値につき、憲法は、できる限り一対一に近い平等を基本的に保障している」との立場から、最大較差二倍以上とならないことを基本とする旨を定めた区画審設置法三条一項自体が「憲法上の要請に合致するものとはいえない」とする。鬼丸裁判官が法廷意見に賛成する理由は、一対一に限りなく近い選挙制度を実現するには「相当程度の長期間を要する」ことから、本件選挙時において是正のための合理的期間を徒過したとはいえないというものであった。

三　合理的期間の徒過の判断

他方、法廷意見と反対意見は、一人別枠方式が違憲状態にあるという評価では共通するが、その分岐点は合理的期間の徒過の判断にあった。合理的期間論は、「人口の異動は絶えず生ずるものである上、人口の異動の結果、右較差が拡大する場合も縮小する場合もありうるのに対し、国会が議員定数配分規定を頻繁に改正することは、政治における安定の要請から考えて、実際的でも相当でもない」（木内裁判官反対意見が引用する最大判平成五〔一九九三〕・一・二〇民集四七巻一号六七頁）という最高裁の政策的判断に由来するもので、周知のように、事の性質上その起算点も満了点も一律明確ではない。

本件の場合、二〇〇七年判決（最大判平成一九・六・一三民集六一巻四号一六一七頁）が一人別枠方式を合憲としていたのに、二〇一一年判決がこれを違憲状態にあるとして判断を改めた経緯から、国会が最高裁の違憲判断を知りえた二〇一一年三月二三日を起算点とすること、そこから本件選挙が施行された二〇一二年一二月一六日までの約一年九か月を是正のために必要な合理的期間とみなすかが問題となること、この点では法廷意見と反対意見に対立はない。

法廷意見は、合理的期間の徒過の判断について、〈判旨〉(i)で引用したように、「単に期間の長短のみならず、是正のために採るべき措置の内容、そのために検討を要する事項、実際に必要となる手続や作業等の諸般の事情を総合考慮」すべきだとしている。反対意見もこれに異を唱えるわけではないが、前回選挙について最高裁の違憲判断が示されているのに、次回選挙前に是正措置が講じられていない場合には、その点について「正当な理由が求められる」（大谷裁判官反対意見）とか、法廷意見が違憲状態を認めた判決に先立って、違憲状態を指摘する少数意見が付された判決が存在していた場合には、「合理的期間を短く判断する方向に働く」（大橋裁判官反対意見）といった厳格論が目にとまる。

本件の場合、法廷意見は、一年九か月の間に国会がともかくも一人別枠方式の廃止と〇増五減の定数削減をおこなう法改正には漕ぎ着けたことを評価し、「国会における是正の実現に向けた取組が……憲法上要求される合理的期間を徒過したものと断ずることはできない」と判断した。これ対して、反対意見は、一人別枠方式の廃止（二〇一二年一一月一六日）から区画審の区割り改定案勧告（二〇一三年三月二八日）を経て区割り規定改正（二〇一三年六月二四日）まで七か月で済んだ一方で、二〇一一年三月の最高裁判決から各党協議会による検討が開始（二〇一一年一〇月一九日）されるのに七か月かかったことなどから（大橋裁判官反対意見）、一年九か月あれば区割り規定まで改正することが十分可能だったとして合理的期間は徒過したと判断し、事実関係の評価において法廷意見と鋭い対立を見せている。

四　本判決の位置づけ

近年の最高裁判決は、一九七六年判決の枠組みは維持しながら、二倍以上の較差の是正に向けて国会の立法裁量権を制約する態度を強めてきた。一票の較差が民主主義の歪みを招く不公正であることを考えると、この傾向は心強い。しかし、最高裁判決と、自分の当選や票田となる特定有権者の利害に重大な関心を寄せる政治家の間では、いまだに相当大きな意識のギャップが存在するように思われる。政治家の意識改革の観点からも、また二〇一一年判決の延長線として見た場合にも、本判決が後退の印象を与えることは否めない（高見勝利「『政治のヤブ』からの退却」世界二〇一四年二月号一二八頁以下）。学界では選挙無効判決支持論も有力だが（たとえば長谷部恭男「投票価値の較差を理由とする選挙無効判決の帰結」法教三八〇号三八頁以下）、本件は少なくとも違憲宣言判決（事情判決）があって然るべきケースだったのではないだろうか。

〈参考文献〉

本文中に掲げたもののほか、西村枝美・TKC Watch 憲法 NO.76。

X　人権と制度保障の理論

一　人権保障と制度保障

(1)　制度的保障と制度保障――名称の問題

憲法学上の「制度的保障」という概念は、もともとは一九一九年に制定されたドイツ共和国憲法（いわゆるヴァイマル憲法）の条文の解釈として編み出され、その後日本にも輸入された。原語の institutionelle Garantie を直訳して「制度的保障」とよばれることが多いが、この学説が主張しているのは、憲法が何かを「制度的に」保障しているということではなく、憲法には「制度」を保障した規定が含まれているということである。したがって、ここでは「制度的」保障という通称には従わず、「制度」保障とよぶことにする。

(2)　日本国憲法上の制度保障に関する学説・判例

①学説。最も標準的な憲法教科書である芦部信喜（高橋和之補訂）『憲法・第四版』（岩波書店、二〇〇七年）は、「第五章　人権の原理」の「三　人権の内容」のなかで、「自由権・参政権・社会権」という人権の分類を説明したのち、「制度的保障」という柱を立てて、次のように述べている。

「人権宣言は、個人の権利・自由を直接保障する規定だけでなく、権利・自由の保障と密接に結び合って一定の『制度』を保障すると解される規定を含んでいる。このような個人的権利、とくに自由権と異なる一定の制度に対して、立法によってもその核心ないし本質的内容を侵害することができない特別の保護を与え、当該制度それ自体を客観的に保障していると解される場合、それを一般に制度的保障と言う」（八四頁）。

大学などで憲法を学ぶ人々の多くは、この叙述から「制度保障」の概念に関して、以下の三点を基本情報として受け取ることになるだろう。すなわち、(ア)憲法の人権規定のなかには、人権保障と結びつきはあるものの、人権ではなく「制度」を保障した規定が含まれている。(イ)その場合、立法者は「制度」の核心（本質的内容）を侵害する法律を制定することができない。(ウ)しかし、ここにいう「制度」とは何かについての定義的な説明は見あたらない。

芦部『憲法』は、先ほどの一般論的説明を前提として、具体的には憲法二〇条一項後段・二〇条三項・八九条前段が「政教分離」制度（一五一頁）、二三条が「大学の自治」制度（一六二頁）、二九条一項が「私有財産制度」（二二〇頁）、九二条が「地方自治制度」（三五〇頁）をそれぞれ保障した制度保障の規定であると解するか、あるいはそう解する学説があると説明している。

②判例。「制度保障」の概念は、学説のみならず、判例によっても受け入れられている。その最も有名な例は、津地鎮祭事件最高裁昭和五二年七月一三日大法廷判決の次のくだりだ。「元来、政教分離規定は、いわゆる制度的保障の規定であって、信教の自由そのものを直接保障するものではなく、国家と宗教との分離を制度として保障することにより、間接的に信教の自由の保障を確保しようとするものである」（民集三一巻四号五三九～五四〇頁）。

また、法廷メモ訴訟最高裁平成元年三月八日大法廷判決も、憲法八二条について次のように述べている。憲法八二条一項の「趣旨は、裁判を一般に公開して裁判が公正に行われることを制度として保障し、ひいては裁判に対する国民の信頼を確保しようとすることにある。裁判の公開が制度として保障されていることに伴い、各人は、裁判を傍聴することができることとなるが、右規定は、各人が裁判所に対して傍聴することを権利として要求できることまでを認めたものでない……」（民集四三巻二号九二頁）。

この二つの判決から明らかなように、最高裁は、(ア)ある憲法規定が権利を保障する規定ではないことを強調した い場合に、ことさらに「制度保障」の概念を持ち出しており、(イ)「制度」の意味や「制度保障」の一般論にはまったく言及していない。

(3)　日本国憲法解釈上の「制度保障」論の特徴

こうしてみると、さまざまな内容と表現をもつ憲法条文が、「制度保障」規定として理解されてきたことがわかる。それらは、次の三つのタイプに区別することができる。

①人権宣言のうちに含まれている条文が、人権保障ではなく制度保障だと理解されている場合。↓二〇条一項後段・三項のいわゆる政教分離制度の保障。

②文言上は人権保障の表現をとっている規定から、人権保障のみならず制度保障も導き出されている場合。↓二三条の大学自治制度の保障、二九条の私有財産制度の保障。

③そもそも憲法の人権宣言部分に属していない条文が、内容的に権利保障規定と読まれることを避ける意図などから、制度保障と解釈されている場合。↓八二条の裁判公開制度の保障、九二条の地方自治制度の保障。

このような学説・判例の現状からは、以下の三点を指摘することが可能だろう。第一に、教科書的説明のレベルでは、制度保障にいう「制度」の概念内容はいっこうに明らかではない。第二に、制度保障規定とされてきた個別条文相互の共通性も、一見したところけっして明瞭ではない。第三に、学説は、人権宣言以外の憲法規定にも制度保障を見出しており（八二条・九二条）、また権利保障規定であると同時に制度保障規定でもある条文を認めてきたのだから（二三条・二九条）、「人権宣言のなかには権利ではなく制度を保障した規定がある」という自分自身の一般論的説明を自分で裏切っている。

二　人権の「制度的」保障

(1)　「制度保障」概念の不要性

このような不明確性や矛盾を直視すれば、「制度保障」の概念は、たとえば「精神的自由」とか「社会権」などの概念とは異なって、憲法の特定条文を分類整理する機能を有効に果たしているとはいえないことになるだろう。じつは、「制度保障」という概念をまったく使用しなくても、二〇条・二三条・二九条などに関する通説的な憲法解釈は、これまでどおりに維持することができる。すなわち、「憲法二〇条一項後段・二〇条三項・八九条前段は、信教の自由ではなく政教分離原則の規定である」「二三条は、学問の自由とともに、大学の自治も保障している」「二九条は、個々の財産権とともに、その前提となる私有財産制度も保障している」「九二条は、地方自治制度を保障した規定である」と解釈し表現すれば、いままでの憲法解釈を維持するのに必要十分であって、ことさらに「制度保障」という上位概念を持ち出す必要はない。

(2)　人権保障を具体化する制度

①人権の具体化。しかしながら、文言上は「学問の自由」を保障している二三条、同じく「財産権」を保障している二九条が、同時にそれぞれ「大学自治制度」「私有財産制度」の保障でもあると理解されてきた点は、人権と制度との関係について、上述の「制度保障」概念不要論では片付かない問題があることを示唆している。

たとえば、われわれは、立法者が民法などの法律で契約とか所有権の仕組みを整えているおかげではじめて、個別具体的な車やマンションの所有権を取得したり維持したりすることができる。また、われわれは、立法者が生活保護法などの社会保障関係の法律を整備し、予算措置を講じてはじめて、「健康で文化的な最低限度の生活を営む権利」を現実に享受することができる。

つまり、憲法上の人権規定は、一定の制度を通じて具体化されなければ、現実に一般市民がそれを行使することができない場合がある、ということだ。ここでいう「制度」とは、「日本国憲法のもとで立法者が形成し、たとえば売買や相続、あるいは社会保障といった言葉で表示される人間の行動・状態を表現するのに必要な、法規範の総体」のことである。

②立法者の権限。現代社会では、古典的な自由権を含めて、多くの人権規定が、じつはこの意味での制度の存在なしには現実化されない状況にある。憲法上の人権は、法律などの憲法下位法によって、いわば「制度的に」保障されること、あるいは「具体化」されることが要請されている。日本国憲法は、人権を「制度的に」保障し具体化する権限を、立法者に与えたと解釈することが可能だ。

この具体化権限の性質と範囲は、それぞれの人権ごとに異なっている。たとえば、憲法上の「財産権」の保障は、民法などの憲法下位法令なしにはまったく現実化されない。憲法は「財産」ではなく財産「権」の保障を規定しているが、「財産に関する権利」なるものはそもそも法的構成物であって、近・現代国家では、国家法なしに財産権を観念すること自体ができないからである。つまり、憲法は、立法者に対して、憲法上の財産権を具体化するための法律上の財産権の形成を義務づけていると考えなければならない。

これに対して、たとえば「集会の自由」の保障はこれとは異なっている。「集会の自由」は、元来は一般市民が国家の干渉を受けずに集会する権利の保障と理解されてきた。しかし、現代社会では、所有者が特定されない不動産は存在しないので、集会という人間行動も、結局は公有の道路・公園・広場・屋内施設等を利用できなければ不可能だ。つまり、「集会の自由」は、実質的には「公的施設利用権」に還元されるといってもよい。しかし、アメリカの最高裁判例理論に由来し、日本の憲法解釈にも受容された「パブリック・フォーラム」論によれば、国家はこうした公的施設の設置・維持を憲法上義務づけられているわけではない。立法者には、集会を可能にする公的施設利用制度を構築する憲法上の義務はないのだが、いったん設置した公的施設については、その利用規制が集会の自由の侵害として憲法違反になる場合があるということだ。

(3)　人権の具体化が人権の規制に転化する臨界点

つまり、憲法は立法者に対して、さまざまな態様・密度での人権の具体化権限を与えているが、かといって人権保障のあり方をけっして立法者に「丸投げ」しているわけではないということになる。では、立法者による人権の具体化(人権の「制度的」保障)の限界はどこにあるのだろうか。

この難しい問いに答える一つのアプローチは、人権の具体化が人権の制限へと質的に変化し、この制限が違憲と判断されるいわば臨界点を探求することである。財産権のように、具体的な法令の規定なしにはまったく作動しない人権については、法令上の財産権の内容が同時に憲法上の財産権の内容でもあり、したがって、法令が改正されれば、それが今度は憲法上の財産権の新たな内容になるという解釈も可能だ。しかし、たとえば、共有森林の単独所有形態への分割を法律で阻まれた人や(「森林法事件」最大判昭六二年四月二二日民集四一巻三号四〇八頁)、一定期間内における自社株の売買差益を会社に返還することを法律上求められる取締役のように(「証券取引法事件」最大判平成一四年二月一三日民集五六巻二号三三一頁)、法令の規定によって自分の財産関係・経済行為に不利益を被る人は、当該法令によって自分の憲法上の財産権が侵害されたという法的構成をとって違憲審査を求めることができる。あるいは、公立図書館の設置運営自体は、立法者の憲法上の義務ではなく、また個々の著作者には、自分の本を購入するように公立図書館に要求する憲法上の権利はないとしても、公立図書館によっていったん購入された自分の本が、政治的理由で廃棄処分になった場合には、表現の自由の侵害という構成に道が開ける(「公立図書館蔵書廃棄事件」最判平成一七年七月一四日民集五九巻六号一五六九頁)。

三　まとめ

日本国憲法の解釈には「人権保障」と区別された「制度保障」の概念は不要である。しかし、憲法は、人権を「制度的に」保障し具体化する権限を立法者に与えた。個別の問題に即してこの権限の限界を確定することが、憲法学の課題である。

〈参考文献〉

小山剛「人権と制度」長谷部恭男ほか編『岩波講座憲法二』［二〇〇七］四九頁、その他の専門的研究については、赤坂正浩『立憲国家と憲法変遷』（信山社、二〇〇八年）二三九―二四一頁のリストを参照。

〔補遺〕　周知のように、本文冒頭で触れた一九一九年ヴァイマル憲法に関する「制度保障論」の創唱者は、ヴァイマル期の著名な公法学者カール・シュミットであった。私はかつて、シュミットの「制度保障論」と、これとは異なる視点から基本権の制度的性格を論じた第二次大戦後ドイツの代表的な公法学者ペーター・ヘーベルレの「制度的基本権論」とを比較検討し、日本国憲法の解釈には前者は不要だが、後者は参考になるという主張を展開したことがある（赤坂正浩『立憲国家と憲法変遷』信山社、二〇〇八年第Ⅵ章・第Ⅶ章参照）。本章は、この議論の延長である。

立法者の制度形成による憲法上の権利の具体化という、いまだ未開拓のこの問題に本格的に取り組んだ近年の研究としては、ドイツ法に関する小山剛『基本権の内容形成―立法による憲法価値の実現』（尚学社、二〇〇四年）、日本国憲法の解釈に関する渡辺康行「立法者による制度形成とその限界―選挙制度、国家賠償・刑事補償制度、裁判制度を例として」法政研究（九州大学）七六巻三号一頁以下が特筆される。

第三部　憲法の概念・規範力・変遷・改正

Ⅰ　憲法の概念について

一　はじめに

二〇一〇年九月に、文部科学省の「専門職大学院等における高度専門職業人養成推進プログラム」の調査研究班が、「共通的到達目標（コア・カリキュラム）モデル」の第二次案修正案を公表した。コア・カリキュラムは、法科大学院教育の質の確保を目的として、法律基本科目について法科大学院修了時に学生が修得しているべき最低限の内容の目安を示すものとされている。

そのうち憲法のコア・カリキュラムの「第一章　憲法総論　一―一　憲法の観念及び立憲主義」には九つの項目が列挙されている。その第一項目では「『形式的意味の憲法』及び『実質的意味の憲法』の意味及びその異同について理解していること」、第二項目では「『立憲的意味の憲法』（近代的意味の憲法）の意義について、『固有の意味の憲法』と対比して理解しているとともに、それと関連付けて、憲法の制限規範性及び憲法典の硬性規範性について理解していること」が法科大学院生に求められている。

これを読んで私が違和感を覚えたのは、「立憲的意味の憲法（近代的意味の憲法）」の意義について、「固有の意味の憲法」と「対比して理解」するというくだりである。「対比する」とはどういうことなのか必ずしも明瞭ではないが、対立概念であるような印象も受ける。こういう用語法の由来に興味をもって、まず参照すべき芦部信喜（高橋和之補訂）『憲法・第四版』をひもといてみると、そこに次のような記述があった。長文になるが、全体を引用してみる。

「憲法の概念は多義的であるが、重要なものとして三つ挙げることができる。

㈠　形式的意味　これは、憲法という名前で呼ばれる成文の法典（憲法典）を意味する場合である。形式的意味の憲法と呼ばれる。たとえば、現代日本においては『日本国憲法』がそれにあたる。この意味の憲法は、その内容がどのようなものであるかには関わらない。

㈡　実質的意味　これは、ある特定の内容をもった法を憲法と呼ぶ場合である。成文であると不文であるとを問わない。実質的意味の憲法と呼ばれる。この実質的意味の憲法には二つのものがある。

(1)　固有の意味　国家の統治の基本を定めた法としての憲法であり、通常『固有の意味の憲法』と呼ばれる。国家は、いかなる社会・経済構造をとる場合でも、必ず政治権力とそれを行使する機関が存在しなければならないが、この機関、権力の組織と作用および相互の関係を規律する規範が、固有の意味の憲法である。この意味の憲法はいかなる時代のいかなる国家にも存在する。

(2)　立憲的意味　実質的意味の憲法の第二は、自由主義に基づいて定められた国家の基礎法である。一般に『立憲的意味の憲法』あるいは『近代的意味の憲法』と言われる。一八世紀末の近代市民革命期に主張された、専断的な権力を制限して広く国民の権利を保障するという立憲主義の思想に基づく憲法である。……この意味の憲法は、固有の意味の憲法とは異なり、歴史的な観念であり、その最も重要なねらいは、政治権力の組織化というよりも権力を制限して人権を保障することにある。

以上の三つの憲法の観念のうち、憲法の最もすぐれた特徴は、その立憲的意味にあると考えるべきである。したがって、憲法学の対象とする憲法とは、近代に至って一定の政治的理念に基づいて制定された憲法であり、国

家権力を制限して国民の権利・自由を守ることを目的とする憲法である」。(1)

この説明で「実質的意味の憲法」「固有の意味の憲法」「立憲的意味の憲法」の相互関係がどのように理解されているのかは、必ずしも明確でない面もあると思うが、一見したところでは、「実質的意味の憲法」には「固有の意味の憲法」と「立憲的意味の憲法」の二種類があり、両者は対立概念であるという理解に立っているように読める。コア・カリキュラムの「対比して理解」せよとの要請も、この記述に由来するものと推測される。長年憲法の教育をなりわいとしながら、芦部教科書の冒頭部分をうっかり読み飛ばしていたことに恥じ入るが、同時に「立憲的意味の憲法」と「固有の意味の憲法」を対立概念、あるいは少なくとも対概念とする理解には従えないものを感じるので、あらためて「憲法の概念」について振り返っておきたい気持ちになった。(2)

本稿の私見を、あらかじめ「テーゼ風」に（すなわち、あえて「断定調」で）掲げてみると、次のようなことである。

① 「実質的意味の憲法」と「形式的意味の憲法」とは対立概念ではない。

② 「実質的意味の憲法」と「固有の意味の憲法」（本来的意味の憲法）とは同義である。

③ 「固有の意味の憲法」と「立憲的意味の憲法」とは対立概念ではない。「立憲的意味の憲法」は「固有の意味の憲法」すなわち「実質的意味の憲法」の一種である。

④ 日本国憲法の解釈論には「実質的意味の憲法」（固有の意味の憲法）という概念は不要である。

⑤ 日本憲法史やドイツ憲法理論の研究には「実質的意味の憲法」の概念が有用ないし不可欠の場合がある。

（1） 芦部信喜（高橋和之補訂）『憲法・第四版』（岩波書店、二〇〇七年）四―五頁。

（2）　憲法の概念をテーマとする近年の研究としては、堀内健志「『近代憲法』と『憲法』概念の多義性、そして『実質的意味の憲法』――『憲法』概念と憲法学（その一）」弘前大学人文学部紀要・社会科学篇一一号（二〇〇四年）三一頁以下、同「『憲法』概念と憲法学（その二）――ドイツ憲法（学）史を背景とする『日本憲法学』」弘前大学人文学部紀要・社会科学篇二〇号（二〇〇八年）六三頁以下、古野豊秋「ハンス・ケルゼンの憲法概念とその現代的意義」DAS研究会編『山下威士先生還暦記念・ドイツ公法理論の受容と展開』（尚学社、二〇〇四年）五九頁以下、南野森「『憲法』の概念――それを考えることの意味」岩波講座憲法6『憲法と時間』（岩波書店、二〇〇七年）二七頁以下がある。

二　伝統的な用語法

(1)　「実質的意味の憲法」「固有の意味の憲法」「形式的意味の憲法」という概念は、戦前の憲法学によってドイツの公法学から輸入されたと推測される。そこで、まず、今日のドイツ語圏の憲法学・一般国家学では、これらの概念がどのように継承され理解されているのか、代表的な概説書の解説を拾ってみたい。

(2)　一九五一年にテオドール・マウンツが初版を公刊して以来、ツィペリウスによる補訂を経て、現在はツィペリウス＝ヴュルテンベルガーという形で版を重ねているドイツ基本法の定評ある教科書『ドイツ国法』は、「実質的意味の憲法」と「形式的意味の憲法」の概念を次のように説明している。

「憲法は、国家の支配を樹立し、組織し、制限する。つまり、憲法は、支配を樹立するとともに制限する。憲法は、法的基本秩序として、国家の業務（つまり、最高国家諸機関の形成・任務・権限・手続）に関する基本準則、共同体秩序のその他の基本的政治構造（たとえば権力分立と連邦制）に関する基本準則、さらには国家における市民の地位（特に彼らの政治的権利と基本的自由）に関する基本準則、そして最後にこれらの組織規定と権利保障の根底にある本質的な法原則および目標に関する基本準則の全体を包括する。これが、実質的意味の憲法である」。「また、憲法典にとりまとめられた制定法が憲法とよばれる。この憲法典という制定法は、憲法制定権力によって制定され、単純法律よりも高次のランク……と高次の存続保障を認められ、その結果、安定性の保障が強化されている。適法な改正は、憲法が定めた特別の手続によってのみ（たとえば、基本法七九条二項のように、議会の特別多数によってのみとか、あるいは国民投票によってのみ）許される。最初にあげた〔実質的〕意味と区別して、この場合には形式的意味の憲法について語ることができる。形式的意味の憲法の内容と、実質的意味の憲法の内容は、広範に一致するが、必然的にぴったり一致するわけではない(3)」。

(3)　多少の相違はあっても、ドイツ語圏ではこうした説明が一般的だと思われる。ここではさらに、ドイツ基本法に関する記念碑的ともいえる壮大な体系書、シュテルン『ドイツ連邦共和国国法第一巻』の記述を紹介しておこう。シュテルンは次のように述べている。

「G・イェリネックは、憲法律の『本質的な法的メルクマール』を、憲法律が『加重された形式的な法律的効力』を有することに見出した。憲法が、単に瞬間的な存在に甘んずるのではなく、継続的な秩序の基盤となるために、通常は加重された存続保護によって特徴づけられていることは確かである。特にそれが示されるのは改正の場合である。憲法改正には特別多数が必要とされるか……、たとえば連邦構成国家の承認といった別の効力発生要件の充足が必要とされる（アメリカ合衆国憲法第五条）。しかしながら、こうした形式的観点で、憲法の概念が捉え尽されるわけではない。こうした形式的観点で、憲法の本質が十分に記述されるわけではない。とりわけ、この種の『加重された形式的法律的効力』をもたない憲法典は、法的意味で憲法たりえないのかという疑問がさらに残ることになる。

したがって、G・イェリネックは、憲法概念の純粋に形式的意義では満足しなかった。イェリネックにとって、実質的意味の憲法は、『国家の最高機関を名指しし、それらの創設方法、それらの相互関係およびそれらの行動範囲を確定し、さらに国家権力に対する個人の基本的な関係を確定する法規』であった。この実質的憲法概念は、ささいな変形はあるものの、［今日でも］支配的と称することができる。実質的憲法概念は、形式的意味の憲法とぴったり一致する必要はない。実質的意味の憲法の内容をなすすべての法規が、憲法典に受容されるわけではないからである。実質的意味の憲法の範囲如何という争いのある問いが、これと結びついている。『憲法』という名称をもつか、あるいは単に語の慣用上そうよばれている法的文書のすべてが、……実質的意味の憲法に属するわけではない(4)」。

(4)　例としてもうひとつ、ドイツ語圏でもドイツとは肌合いの異なるスイスの憲法学者の著作から、ヴァルター・ハラーとアルフレート・ケルツの共著『一般国法』の説明をあげておく（傍線は原文イタリック）。

「形式的意味の憲法。この憲法概念は、法規範が表明される形式にもっぱら焦点を当てるものである。形式的意味の憲法は、通常は、単純立法と対比して加重された改正要件を保障された特別の手続で成立する（たとえば、議会または義務的国民投票の特別多数）。憲法はこれによって高められた安定性を獲得する。憲法規範は、他のすべての法規範に優先し（高められた妥当力）、通常は特別の憲法典に内包される」。

「実質的意味の憲法には、国家に関する基本的な諸規範、および国家と市民の関係に関する基本的な諸規範が含まれる。つまり、ここで問題となっているのは、形式ではなくて内容である。ある規範が実際に基本的か否かは憲法の理解に依存しているので……、［実質的意味の憲法の範囲を］概念的に明確に境界づけることは、もちろん不可能である。とはいえ、一般には以下のようなテーマ領域に関する諸規範が、実質的意味の憲法と性格づけられる。

・最高国家機関（国民、議会、政府、最高裁判所）の組織および権限
・基本権
・憲法改正および立法の手続
・（連邦国家の場合）連邦と支邦の権限(5)」。

(5)　以上例示したように、現代ドイツ語圏の憲法理論では、「実質的意味の憲法」とは、法形式の如何を問わず、最高国家諸機関の種類・組織・権限等の基本事項に関する法規範、および国家と市民の関係に関する基本的な法規範を意味し、「形式的意味の憲法」とは、一般には改正要件が通常の法律と比べて加重された、憲法という標題をもつ制定法を意味すると説明されている。

このこと自体は、別に目新しいことではない。ただし、三つの点に注意を喚起しておきたい。第一は、とりわけツィペリウス＝ヴュルテンベルガーが簡潔に述べているように（「憲法は、国家の支配を樹立し、組織し、制限する。つまり、憲法は、支配を樹立するとともに制限する。」）、憲法は、国家権力を制限する法規範であるのみならず、まずは国家権力組織を樹立する法規範でもあるという（私見では）自明の点が明確に認識されていることである。あとで論ずるように、「固有の意味の憲法」と「立憲的意味の憲法」の「対比論」は、これとは異なる理解に立つように思われる。

第二は、なお丹念な調査を要することではあるが、ドイツ語圏の憲法理論の場合、「固有の意味の憲法（本来的

意味の憲法）」という用語は使用されていないように見受けられることである。「固有の意味の憲法」または「本来的意味の憲法」という日本語が、Verfassung im eigentlichen Sinne というドイツ語の翻訳であろうことは容易に想像されるので、これは意外なことである。しかし、（探索のかぎり）今日のドイツ語圏の憲法学では一般的な用語ではない。[6] 例外的なケルゼンの記述をすぐあとで紹介する。

第三は、ドイツ語圏では Konstitutionalismus の語が日本でいう「立憲主義」とはやや異なる意味合いや文脈で使用されてきたからだと推測されるが、[7]「立憲的意味の憲法」という用語も見受けられない点である。[8]

(6)　いま述べたように、ドイツ語圏の文献では、「固有の意味の憲法」という用語は一般には使用されない。ケルゼンが「国事裁判権の本質と発展」という論文で憲法概念を検討した部分は、管見に属するまれな例である。やはり該当箇所を逐語的に訳しておく（傍線は本稿筆者）。

「憲法の概念が経験してきたさまざまな変形のなかから、つねに手を触れられることなく続いてきた確固たる核心をつかむとするならば、法秩序・国家秩序の全体を規定し（この秩序によって形成された）共同体の本質を決定する最上級の原則という観念にいきつく。憲法の概念をどのように定義するとしても、その定義は、その余の秩序がその上に建設される国家の基盤を把握するという要請に直面する。仔細に見ると、憲法の概念はこの文脈では国家形態の概念と重なり合い、とりわけ状況によっては政治的権力の現状が、そこにその法的表現を見出すひとつの原則が想定されている。この原則とは、法律、すなわち、裁判所や行政官庁のような国家機関の活動がその執行であるところの一般的規範の成立を決定する準則のことである。とりわけ国家秩序を形成する法規範の産出に関する準則、すなわち立法の機関と手続に関する準則、これが固有の、始原的な、狭義の憲法概念である。この基本準則の定立は、国家という共同体を形成する人間の相互行為を規律する法規範の成立にとって不可欠の条件であり、この準則の適用と執行に必要な機関とその行動を規定する法規範にとっても不可欠の条件である。憲法の基本準則はすべての国家秩序の確固とした、したがって可能な限り永続的な基盤を成すという考え方から、憲法規範と法律規範との区別の必要性という観念が生ずる。憲法規範は法律規範と同じ簡単さで改正することはできない。通常の法律形式から区別された憲法形式という概念が成立する。すなわち、立法手続とは異なる、加重された要件と結びついた憲法制定（憲法改正）手続［の概念である］。理想的なケースでは、「加重された制定・改正手続という」特殊な形式は、この狭義かつ固有の意味における憲法だけに限定されるので、あまりよい言い方ではないがふつうはそう言い慣わされている実質的意味の憲法が形式的意味の憲法でもあり、実質的意味の憲法だけが形式的意味の憲法でもあるのである」(9)。

(7)　右の訳のうち、傍線を付した第一の文章からわかるように、ケルゼンの「実質的意味の憲法」の概念内容は通説的理解よりも狭く、「立法の機関および手続の準則」を意味し、これをケルゼンは「固有の、始原的な、狭義の憲法概念」とよんでいる。その上で、ケルゼンによれば、理想的にはこの「固有の意味の憲法」だけが加重された特別の法典の形式で守られるべきであり、そうなっていれば、「固有の意味の憲法」と「形式的意味の憲法」の規範内容は完全に一致することになる。この趣旨を述べた二番目の傍線を引いた文章の末尾でケルゼンは、「固有の意味の憲法」は、「あまりよい言い方ではないがふつうは」「実質的意味の憲法」と「言い慣わされている」としている。ここから、「固有の意味の憲法」と「実質的意味の憲法」は同義であるが、ドイツ語圏では一般に「実質的意味の憲法」という用語が使用されているというのがケルゼンの理解であることがわかる。

(8)　日本の学界でもドイツ語圏の伝統に忠実な用語法をとる例は多い(10)。ここでは、その例証として、第二次大戦前では美濃部達吉、戦後については小嶋和司をあげておきたい。

美濃部『憲法撮要』の憲法概念の説明は以下のとおりである（漢字カタカナ混じり旧字体の原文を漢字ひらがな混じり新字体に改めた）。

「憲法といふ語は種々の意義に用ゐらる。第一に其の実質的意義と形式的意義とを区別することを要す。実質的の意義においては、憲法とは国家の組織及作用に関する基礎法を意味す。詳言すれば国家の領土の範囲、国民たる資格要件、国家の統治組織の大綱、国家と国民との関係に関する基礎法則は此の意義に於ける憲法に属す。

……

実質の意義に於ける憲法は、其の形式より謂へば、総ての国法と同じく、或は成文法を以て定めらるるものあり、或は不文の慣習法又は理法として存するに止まるものあり。第十八世紀の米国及仏国の革命に至る迄は諸国の憲法は大部分は不文法より成るを普通と為したるに反して、米国及仏国の革命後立憲制度が各国に普及するに随ひ、此の趨勢は全く一変して、各国は新に立憲制度を採ると共に何れも文書を以て国家の基礎法を定め、之を其の国の憲法として公布し、而して形式上之を普通の法律と区別するに至れり。此の如く形式的に憲法として定められ、普通の法律と区別せらるるものを形式の意義に於ける憲法又は成文憲法と謂ふ[11]」

(9)　第二次大戦後の日本の学界において、憲法の概念に関する最も詳細な考察を展開し、伝統的用語法を整理確認した憲法学者の代表としては、小嶋和司をあげることができる。その体系書の解説を引いておく（傍線は本稿筆者）。

「(ア)　constitution の語義さながらに、国家または政府の構造・組織の秩序をさして用いられる。秩序が成文であると不文であるとをとわずにもちいられ、『国家あるところ、憲法あり』といわれる場合の『憲法』はこの意味のものである。歴史家が『古代アテネの憲法』『古代ローマの憲法』という場合の『憲法』はこの意味で、法学者はこれを『本来的意味の憲法』または『実質的意味の憲法』とよんでいる。

(イ)　(ア)の意味での憲法の中、とくに立憲主義を内容とするものをさして『憲法』とされることがある。この場合も、その秩序が成文であるか不文であるかは問わない。『英国は憲法の母国である』という場合の憲法がこれで、学者はこれを『立憲的意味の憲法』とよんでいる。

(ウ)　国家構造・政府組織を規定する、ある種の制定法が『憲法』とよばれることがある。どのような制定法が『憲法』とされるか、その基準のとり方は一様ではなく、次のごときがある。

(a)　制定法の「表題」に着目するもの。……

(b)　制定法の「内容」に着目するもの。すなわち、『本来的意味の憲法』の概要の叙述を内容とする場合、当該制定法は『憲法』とよばれる。一九四九年の『ドイツ連邦共和国基本法（Grundgesetz）』は、実は意識的に『憲法（Verfassung）』の名称を避けての命名であったが、『西ドイツ憲法』とか『ボン憲法』と俗称されるのは、この例である。

(c)　制定法がもつ『法的権威』に着目するもの。すなわち、第三共和制フランスの政治組織の基本は複数の憲法的法律（lois constitutionelles）によって定められ、それらは通常の法律に優る法的権威をもつとされた。……

わが『大日本帝国憲法』『日本国憲法』は右のどの基準によっても『憲法』とされる。けれども、一八一四年のフランス『憲法』は(a)、(b)の意味では『憲法』であったが、(c)の意味ではそうではなかった。一八四八年のサルジニア憲法（一八六二年イタリア憲法とされる）は(b)の意味でのみ『憲法』で、(a)、(c)の意味ではそうではない。そのため、学者は右(a)、(b)、(c)いずれの基準によるかを明示した上で、これらによって『憲法』とする場合に

『形式的意味の憲法』とよんでいる」[12]。

⑽　日本国憲法の体系的解説書としては、最も詳細といってよい小嶋の以上の解説には、本稿冒頭の「テーゼ」①～⑤のうち①～③がすべて含まれている。

すなわち、第一に、成文・不文を問わず、「国家の構造・組織の秩序」に関する法規範が、「本来的意味の憲法または実質的意味の憲法」とよばれる。「本来的意味の憲法」は「固有の意味の憲法」と同じであるから、ここには「実質的意味の憲法」と「固有の意味の憲法」とは同義だという理解が示されている。

第二に、「実質的意味の憲法」（本来的意味＝固有の意味の憲法）のうち、「立憲主義を内容とするもの」が「立憲的意味の憲法」である。「立憲的意味の憲法」は、「固有の意味の憲法」の一種であり、下位概念である。

第三に、「形式的意味の憲法」とは、次の三つの要件を and/or で充足する制定法を意味する。すなわち、(i)「憲法」という標題をもつ、(ii)「実質的意味の憲法」を内容としている、(iii)（改正要件が加重されるなど）「特別の法的権威」をもつという三要件である。したがって、小嶋の理解を敷衍すれば、「実質的意味の憲法」と「形式的意味の憲法」は、一方は法形式の如何を問わず特定の内容の法規範、他方は特定の形式・内容の制定法という、異なる観点から選択された法規範の集合であって、対立概念ではない。

（3）　R. Zippelius/Th. Würtenberger, Deutsches Staatsrecht, 32. Aufl, 2008, S. 41f.
（4）　K. Stern, Staatsrecht des Bundesrepublik Deutschland Bd. I,2. Aufl, 1984, S. 72f.
（5）　W. Haller/A. Kölz, Allgemeine Staatsrecht, 3. Aufl, 2004, S. 97-99.
（6）　教科書類では、Ch. Degenhart, Staatsrecht I Staatsorganisationsrecht, 24. Aufl, 2008, S. 5; E. Stein/G. Frank, Staatsrecht, 18. Aufl, 2002, S.11f. も、「実質的意味の憲法」「形式的意味の憲法」について説明するが、「固有の意味の憲

法」という用語には触れていない。また、代表的な個別研究を例にとると、P. Badura, Verfassung, in: Evangelisches Staatelexikon, 3. Aufl. Bd. II, 1987, Sp. 3737ff. ; J. Isensee, Staat und Verfassung, in: HbStR II, 3. Aufl. 2004, S. 3ff. でも、「固有の意味の憲法」という用語は使用されていない。

（7）参照、赤坂正浩『立憲国家と憲法変遷』（信山社、二〇〇八年）二六―二八頁、七五頁、一二三―一三五頁。

（8）例外的に、マウンツの初版の憲法の分類には、「自由主義的意味の憲法」があげられている。これは、日本の学説にいう立憲的意味の憲法にあたる。Th. Maunz, Deutsches Staatsrecht, 1. Aufl. 1951, S.31.

（9）H. Kelsen, Wesen und Entwicklung der Staatsgerichtsbarkeit, 1929, in: WRS. S.1819. 菅野喜八郎『国権の限界問題』（木鐸社、一九七八年）七〇―七一頁、古野・前掲注（2）論文六二―六五頁参照。

（10）明治憲法下の憲法解説書でも、国家の組織・作用の基本法を広義の憲法、そのうちで立憲政体をとるものを狭義の憲法と称するとして、「立憲的意味の憲法」を「実質的意味の憲法」の一種と捉え、他方、成文憲法典を「形式的意味の憲法」とも呼ぶとして、伝統的用語法に忠実な説明をおこなうのが一般的だったように思われる。たとえば、穂積八束『憲法提要・上巻』（有斐閣書房、一九一〇年）一三六―一三七頁、市村光恵『憲法要論』（有斐閣書房、一九〇四年）一一七―一二〇頁、上杉慎吉『新稿憲法述義』（有斐閣、一九二三年）二三四―二三八頁、金森徳次郎『帝国憲法要綱』（巌松堂、一九二五年）五二頁。

日本国憲法の主要な解説書では、小嶋・概説のほかにも、たとえば、清宮四郎『憲法Ⅰ・第三版』（有斐閣、一九七九年）六―七頁、伊藤正己『憲法・第三版』（弘文堂、一九九五年）七―八頁が、「実質的意味の憲法」と「形式的意味の憲法」について伝統的な用語法に従った説明をしている。

（11）美濃部達吉『憲法撮要』（第五版第三刷）（有斐閣、一九三二年）七〇―七一頁。

（12）小嶋和司『憲法概説』（良書普及会一九八七年、信山社による復刻版二〇〇四年）二一―二三頁。

三　佐々木惣一説とその影響

(1)　以上のような用語法が、ドイツおよび日本の憲法学の伝統的な言葉遣いであるとすれば、「はじめに」であげた『憲法・第四版』に示された芦部説は、明らかに伝統的用語法とは異なる。この点をもう一度確認するために、憲法の概念についていっそう詳細な考察を展開している『憲法学Ｉ』もみておこう。そこには次のような記述がある。

「実質的憲法概念のうち、……国の統治の基本に関するルール（国家の基礎法）としての憲法を、通常『固有の意味の憲法』と呼ぶ」。「これに対して、実質的憲法概念のうち、……立憲的な（constitutional）諸制度に関するルールとしての憲法は、市民革命期に、政治権力を制限する規範体系・規範秩序として説かれた……」。「実質的憲法概念の①と②、すなわち、『すべての国に憲法は存する』という命題［固有の意味の憲法］と、『憲法は自由国家の基本法である』という命題［立憲的意味の憲法］は、論理的には結びつかないものである。それが同じ実質的憲法というカテゴリーに一括して分類されたのは、……法実証主義の憲法理論では、一般に、法の内容は法の概念に非本質的なものと考えられ、憲法の場合も、実質よりも成文ないし硬性……という形式こそが重視されたからである(13)」。

また『憲法学Ｉ』では、「『実質的意味の憲法』を『固有の意味の憲法』……に限定し、『近代的意味の憲法』……を実質的概念・形式的概念の区別とは別のカテゴリーの概念として説く学説も有力」だとして、佐々木惣一、清宮四郎、小嶋和司の著作があげられ、芦部自身はそれには従えないことも示唆されている(14)。

こうした理解は、ドイツの実証主義公法学が「固有の意味の憲法」と「立憲的意味の憲法」を「実質的意味の憲法」の下位概念と捉えているという認識においても、小嶋説が「立憲的意味の憲法」を「実質的意味の憲法」と独立の概念として位置づけているという認識においても、到底正確とはいえないだろう。私見によれば、むしろ芦部説こそ、その注であげられた佐々木惣一の用語法の影響を色濃く受けているように思われる。そこで次に佐々木惣一の見解をみてみることにしたい。

(2)　佐々木の明治憲法時代の体系的解説書『日本憲法要論』は、憲法の概念を以下のように整理していた。ここでも煩を厭わずに原文を引用する（漢字カタカナ混じり旧字体の原文を漢字ひらがな混じり新字体に改めた）。

「憲法の概念に就ては其の本来の概念と近代の国家論に於て用ゐらるる概念とを区別するを要す。今後者を前者に対して憲法の近代的概念と云ふ。

第一　憲法の本来の概念。憲法の本来の概念に就ても亦実質的概念と形式的概念とを区別するを要す。

一　憲法の実質的概念。実質的概念として、憲法とは国家の根本法即ち国家に関する根本規範を定むる法を謂ふ。之を実質憲法と名く。……

実質的概念たる憲法は国として之を有せざるはなし。但是れ国家前に成立して而して後に国家が必ず憲法を定むと云ふに非ず。国家の成立と共に必ず憲法あり。憲法なくして国家あるを得ざるなり。

二　憲法の形式的概念。形式的概念として、憲法とは憲法なりしとて制定発布せられたる法を謂ふ。之を形式憲法と名く。即ち、国家が特に其の法を以て国家に関する根本規範を定め他の法と区別することを示したるものなり。……

第二　憲法の近代的概念。近代の国家論に於て憲法と云ふときは、特殊の意義を有し、特に国家の根本法にして立憲政体を定むるもののみを指すの慣例とす。此の意義に於ける憲法は立憲国のみ之を有す。其の形式憲法即ち所謂成文憲法たると実質憲法即ち不文憲法たるとは問ふ所に非ざるなり[15]」。

(3)　他方、佐々木の日本国憲法の体系的解説書『日本国憲法論』では、以下のような説明になっている。

「法の中特に憲法と呼ばれる特別のものがある。憲法の概念についてはその概念を構成する場合の着眼点を定めなくてはならぬ。

第一　規定の性質に着眼する概念　これに本来の概念と近代的の概念との区別がある。

一　憲法の本来の概念　本来の概念として、憲法とは国家の根本法をいう。即ち根本的の見地で国家に関して規律する法をいう。……

かかる意味の憲法はいかなる国家においても存在する。憲法なき国家というものは論理的に考えられないのである。……

二　憲法の近代的概念　ここに憲法の近代的概念とは、憲法の概念として近代に至つて成立したものである。近代の国家論において憲法というときは、国家の根本法であつて立憲政体を定めるもののみを指していうの例である。……

第二　存在の形態に着眼する概念　これに実質的の概念と形式的の概念との区別がある。

一　憲法の実質的概念　実質的概念として、憲法とは国家の根本法たる性質を有する法を指して、国家がこれを根本法とする意思を表示すると否とに関せず、称する。略して実質憲法という。

二　憲法の形式的概念　形式的概念として、憲法とは国家が国家の根本法であるとして制定公布した法をいう。略して形式憲法という。……右の形式的概念としての憲法は、法そのものとしては、前述の本来的意味の憲法と一致する。併しこれを見る着眼点が異なる。然しながら、前述の近代的概念としての憲法とは一致しない。立憲政体を認めない根本法であつても、形式憲法たる根本法であることを妨げないからである」(16)。

(4)　このようにみてみると、佐々木の憲法概念論には、戦前と戦後で看過できない相違がある。そこでまず、戦前の憲法概念論の特色とその問題点をみておきたい。

戦前期佐々木説の第一の特色と（私見によれば）同時に問題点は、「憲法の本来の概念」と「憲法の近代的概念」とを、まず区別しなければならないとしている点である。もし、佐々木が、これによって、伝統的用語法と同じく「憲法の近代的概念」は「憲法の本来の概念」の一種であるという趣旨を述べたかったのだとすれば、両者を並列的に掲げてその区別を強調する表現形式はミスリードだということになるだろう。また、もし、佐々木が、「憲法の本来の概念」と「憲法の近代的概念」とを対置しているのであれば、佐々木のいう「憲法の近代的概念」とは、立憲政体をとる国家の根本法であるから、これと対置される「憲法の本来の概念」とは、「立憲政体をとらない国家の根本法」を意味することになるはずで、「憲法の本来の概念」のさらに下位区分とされる「憲法の実質的概念」が、立憲的たると非立憲的たるとを問わず「国家の根本法」の意味だとされていることと平仄が合わない。

戦前期佐々木説の第二の特色と問題点は、「憲法の本来の概念」と「憲法の実質的概念」を区別し、「憲法の本来の概念」を「憲法の実質的概念」および「憲法の形式的概念」の上位概念と位置づけていることである。引用した箇所を確認すればわかるように、この位置づけの結果、佐々木のいう「憲法の本来の概念」は、奇妙なことに定義を欠いたものとなっている。「憲法の本来の概念」は、その下位概念であるはずの「憲法の実質的概念」と実際は同義のようにもみえるし、また「憲法の近代的概念」との対置からすると、上述のように「非立憲的憲法」を指すようでもあって、はなはだ明確を欠く。

戦前期佐々木説の第三の特色と問題点は、「憲法の実質的概念」と「憲法の形式的概念」の区別の仕方、特に「憲法の実質的概念」の理解の仕方にある。佐々木のいう「憲法の本来の概念」が、さらに「憲法の実質的概念」と「憲法の形式的概念」とに区別されることから、「憲法の近代的概念」のほうも、それが「憲法の本来の概念」の下位概念であるにせよ、対立概念であるにせよ、「実質的概念」と「形式的概念」に区別されることになると思われる。現に佐々木は、「近代的意味の憲法」とは「特に国家の根本法にして立憲政体を定むるもののみを指すの慣例と」し、「其の形式憲法即ち所謂成文憲法たると実質憲法即ち不文憲法たるとは問ふ所に非ざるなり」としている（傍線は本稿筆者）。ここでは、「形式的意味の憲法」は成文憲法、「実質的意味の憲法」は不文憲法と等置され、「形式的意味の憲法」と「実質的意味の憲法」とが対立概念と考えられている。しかし、伝統的用語法では、「実質的意味の憲法」とは、その内容が国家の最高諸機関の種類・組織・権限の基本事項等に関する法規範のことであるから、それは不文憲法と同義ではない。憲法典にまとめられていても、複数の法的文書に分散していても、ある部分は法典化され、ある部分は不文の慣習であっても、そうした形式とはまったくかかわりなく、内容的に最高国家諸機関の種類・組織・権限の基本事項等に関する法規範であれば「憲法」とよぶ、という趣旨なのである。つまり、「実質的意味の憲法」と「形式的意味の憲法」は、法規範に関する異なる次元の分類基準なのであって、対立概念ではない。戦前期佐々木説には、この点の誤解があるように見受けられる。

(5)　憶測を逞しくすれば、これらの不都合に気づいたのか、戦後の佐々木説は、「性質」に着眼する分類と「存在の形態」に着眼する分類との区別という新たな観点を導入し、「憲法の本来の概念」と「憲法の近代的概念」を「性質」に着眼した分類、「憲法の実質的概念」と「憲法の形式的概念」を「存在の形態」に着限した分類と位置づけなおした。

「憲法の本来の概念」と「憲法の近代的概念」が対になるような書きぶりはなおミスリードではあるものの、この新たな構成の結果、「憲法の本来の概念」と「憲法の実質的概念」「憲法の形式的概念」とが切り離されることによって、「憲法の本来の概念」に「国家の根本法」という定義を与えることが可能になり、「憲法の近代的概念」が「憲法の本来の概念」の一種であること、すなわち、国家の根本法のうち、立憲政体をとるものが「憲法の近代的概念」であることが明確になった。

しかし、私見によれば、戦後の佐々木説も、「憲法の実質的概念」と「憲法の形式的概念」については、戦前期と同様の誤解を引きずっているように思われる。上述のように、「実質的意味の憲法」と「形式的意味の憲法」は、けっして対立概念ではない。たとえば、「存在の形態」といった、あるメルクマールを基準として、憲法規範が「形式的意味の憲法」か、でなければ「実質的意味の憲法」に択一的に分類されるわけではない。「実質的意味の憲法」「形式的意味の憲法」は、一国の法規範の分類の結果でもあるが、むしろそれ自体が分類の基準ともいうべきものである。すなわち、一国の法規範の全体から、内容（実質）を基準として取り出された憲法規範が「実質的意味の憲法」であり、形式を基準として取り出された憲法規範が「形式的意味の憲法」である。したがって、「実質的意味の憲法」の対立概念をあえて言語化すれば、それは「実質的意味の非憲法」（内容的にみて憲法とはいえない法規範）であり、同じく「形式的意味の憲法」の対立概念をあえて言語化すれば、それは「形式的意味の非憲法」（形式からみて憲法とはいえない法規範）である。これに対して、「存在の形態」という基準によって「憲法の実質的概念」と「憲法の形式的概念」とが区別されるとする戦後期佐々木説は、戦前期と同様、「実質的意味の憲法」＝不文憲法という誤解から脱していないように思われるのである。

(6)　こうした戦後期佐々木説を踏襲する代表的論者は佐藤幸治である。佐藤『憲法』の該当部分を引用する（傍線は本稿筆者）。

「(1)実質憲法と形式憲法　　既に述べたように、憲法は国家の根本法の意であるが、委細にいえば、憲法は様々な意味で用いられる。まず、憲法の存在様式に関連して、形式的意味における憲法ないし形式憲法と実質的意味における憲法ないし実質憲法との別が生ずる。前者の形式憲法とは、軟性・硬性を問わず憲法典という特別の形式で存在する憲法……または通常の法律よりも高い形式的効力をもつ法規範を指す。これに対して実質憲法とは、そのような成文形式で存在するか否かを問わず、およそ国家の構造・組織および作用の基本に関する規範一般を指す。実質憲法は、およそ国家あるところすべてに存在する。形式憲法の内容のすべてが必ずしも実質憲法とは限らず……、また、実質憲法がすべて形式憲法に取り込まれるとは限らない……。

(2)固有の意味の憲法と立憲的・近代的意味の憲法　上述のように、およそ国家は、その組織や構造の基本に関する法の存在を前提とするが、これを固有の意味での憲法ないし本来的意味での憲法という。この固有の意味での憲法と先の実質憲法とは、結局同一の事柄を指しているのであるが、固有の意味での憲法は事柄の性質に着眼してのものであり、実質憲法は事柄の存在様式に着眼してのものであって、着眼点の違いによるものである。

この固有の意味での憲法に対して、とくに権力保持者による権力濫用を意識的に阻止し、権力名宛人の利益保護を終局の目的とする憲法を立憲的意味における憲法といい、この種の憲法の体系的展開が近代国家に至ってみられるようになったことから近代的意味における憲法と呼ばれることが多い……。上述のように、近代的意味における憲法は一般に形式憲法として登場し存在しているが、イギリスのような例外……もある。なお、実質憲法について、広狭二義を区別し、広義においては『国家の根本法』を、狭義においては『立憲政の国家に於ける国家の根本法のみ』を意味すると解する立場もある（美濃部達吉）[17]」。

私見によれば、このような佐藤説も、戦後期佐々木説の問題点を継承していることになる。すなわち、「実質的意味の憲法」と「固有の意味の憲法」は、その定義がまったく同一でありながら、前者が憲法の存在様式にもとづき、後者が性質にもとづく次元の異なる分類であるとされていること、「固有の意味の憲法」と「立憲的意味の憲法」が対立概念と捉えられていることである。ただし、上述のように佐々木説が、「実質的意味の憲法」と「形式的意味の憲法」を不文憲法・成文憲法と同義の対立概念とみなしているのに対して、佐藤説はそうは理解していない。

(13) 芦部信喜『憲法学I』（有斐閣、一九九二年）九―一〇頁。
(14) 芦部・憲法学I五―六頁、八頁注（2）。「実質的意味の憲法を固有の意味の憲法に限定している」という批判の仕方にも、「固有の意味の憲法」と「立憲的意味の憲法」の二分法的発想が投影しているように思われる。
(15) 佐々木惣一『日本憲法要論（第二版）』（金刺芳流堂、一九三二年）一〇五―一〇九頁。
(16) 佐々木惣一『改訂日本国憲法論』（有斐閣、一九五二年）五九―六四頁。
(17) 佐藤幸治『憲法・第三版』（青林書院、一九九五年）一五―一六頁。上記『憲法』を全面的に改訂して公刊された新著、佐藤幸治『日本国憲法論』（成文堂、二〇一一年）一九―二〇頁の記述も旧著と同様である。

四　佐々木説・芦部説・佐藤説の問題点

(1)　以上、「実質的意味の憲法」「固有の意味（本来的意味）の憲法」「立憲的意味（近代的意味）の憲法」「形式的意味の憲法」という用語は、ドイツ・日本の伝統的用語法に従って使用するのが適切だというのが、本章の趣旨である。すなわち、「実質的意味の憲法」は法規範の内容にもとづく分類、「形式的意味の憲法」は法規範の（存在）形式にもとづく分類（制定法の種類）であるから、両者は分類の観点が異なるのであって、対立概念ではない。「実質的意味の憲法」と「固有の意味（本来的意味）の憲法」は同義である。「立憲的意味（近代的意味）の憲法」は「実質的意味の憲法」の一種である。このような伝統的用語法の立場に立った場合に生ずる佐々木説・芦部説・佐藤説に対する疑問を、もう一度以下にまとめておこう。

(2)　第一に、「実質的意味の憲法」と「形式的意味の憲法」は対概念ではあるが、けっして対立概念ではない。「実質的意味の憲法」の対立概念は「実質的意味の非憲法」（その内容上、憲法とはいえない法規範）であり、「形式的意味の憲法」の対立概念は「形式的意味の非憲法」（その形式上、憲法とはいえない法規範）である。いうまでもないことだが、日本国憲法は、形式的意味でも実質的意味でも憲法である。

(3)　第二に、戦前期佐々木説、戦後期佐々木説および佐藤説、芦部説は、概念相互の関係についてはそれぞれ異なる理解に立ちながら、いずれも「実質的意味の憲法」と「固有の意味の憲法」を別物と理解している点では共通しているが、私見によれば、三説ともこの区別を貫徹できていない。

すでに確認したように、戦前期佐々木説は、「固有の意味の憲法」(「憲法の本来の概念」)を「実質的意味の憲法」と「形式的意味の憲法」の上位概念と位置づけていながら、「固有の意味の憲法」自体には定義を与えることができなかった。

そこで、戦後期佐々木説(および佐藤説)は、「実質的意味の憲法」と「固有の意味の憲法」を、一方は「存在形態による区別」、他方は「性質による区別」だとして再構成している。しかし、その定義は、いずれも「国家の根本法」であってまったく同一である上に、「実質的意味の憲法」と「形式的意味の憲法」の対立という不適切な理解を伴ったり、「固有の意味の憲法」と「立憲的意味の憲法」の対立というこれも不適切な理解を伴っている。したがって、同一の定義をもつ一つの概念が、「性質」による区別と「存在形態」による区別という二つの異なる次元で対立概念をもつという、この技巧的な分類にも従うことができない。

また、本稿冒頭の『憲法・第四版』の引用から確認できるように、芦部説では、「実質的意味の憲法」は、「固有の意味の憲法」と「立憲的意味の憲法」の上位概念であるようにみえるが、「実質的意味の憲法」自体の定義はみあたらない。ちょうど、戦前期佐々木説に「憲法の実質的概念」と「憲法の形式的概念」の上位に置かれた「憲法の本来の概念」の定義がみあたらないのと同様である。

(4)　第三に、佐々木・芦部・佐藤の言説には、「固有の意味の憲法」と「立憲的意味の憲法」とを対立概念とする見解、あるいはそう誤読される表現形式が含まれているが、これにも従うことができない。

その理由の第一は、「固有の意味の憲法」と「立憲的意味の憲法」の対置は、二で確認した伝統的用語法と異なるということである。伝統的用語法では、「実質的意味の憲法」＝「固有の意味の憲法」＝「最高国家諸機関の種類・組織・権限の基本事項等に関する法規範」とされるので、「固有の意味の憲法」の対立概念は、「立憲的意味の憲法」ではなく、あえていえば「固有の意味の非憲法」である。また、「立憲的意味の憲法」とは、「立憲主義的な内容をもった最高国家諸機関の種類・組織・権限の基本事項等に関する法規範」であるから、その対立概念は「固有の意味の憲法」ではなく、あえていえば「非立憲的意味の憲法」である。誰でも伝統的用語法とは異なる用語法を選択する自由をもっているが、その場合には、少なくとも違いを明示する必要があるだろう。

理由の第二は、「固有の意味の憲法」と「立憲的意味の憲法」の対置が立憲主義憲法の誤解につながると思われることである。戦後期佐々木説・芦部説・佐藤説は、「固有の意味の憲法」を「国家の根本法」「国家統治の基本ルール」「国家の組織・構造の基本法」と定義する点では共通している。そこで、もし、「立憲的意味の憲法」が、この意味の「固有の意味の憲法」の対立物であって、もっぱら「専断的な権力を制限して広く国民の権利を保障する」[18]法規範のみを指すと理解されるのだとすれば、(ア)立憲民主主義思想に立脚しているはずの日本国憲法の条文が表明している法規範は、すべて「立憲的意味の憲法」であるから、そこには「固有の意味の憲法」は含まれていない、ということになるか、でなければ、(イ)日本国憲法の条文が表明している法規範には、内容的には「立憲的意味の憲法」の部分と「固有の意味の憲法」の部分とが存在する、ということになるだろう。

もし、前者と解するならば、日本国憲法は現在の日本国家の「根本法」「国家の組織・構造の基本法」ではないことになり、これこそ立憲民主主義思想とまったく相容れない見解といわざるをえない。また、後者のように解しても、憲法典の条文に表明されている法規範を「立憲的意味の憲法の部分」と「固有の意味の憲法の部分」に腑分けすることは、不可能であるとともに不必要だと思われる。たとえば、憲法四一条が表明する法規範は、国会を

「国権の最高機関」「国の唯一の立法機関」と定める国家組織の基本に関する法規範であり、その意味ではもちろん「固有の意味の憲法」規範であるが、同時に国会（議会）という立憲民主主義的国家機関を設置し、国会には行政権・司法権を付与しないことを含意する点では、専断的権力を制限する「立憲的意味の憲法」規範でもある。これは、日本国憲法の内容が、立憲主義的な実質的意味の憲法であることとの当然の表現である。

要するに、日本国憲法（の条文が表明する法規範）は、立憲民主主義の政治思想に立脚しており、国家権力機構を樹立すると同時に、人権保障を目的としてこれを制限する法規範でもあるという、ドイツ憲法についてツィペリウス＝ヴュルテンベルガーが述べているような常識論こそ、「立憲的意味の憲法」の適切な説明なのである。

(18)　芦部・憲法五頁。

五　日本国憲法の解釈論と「実質的意味の憲法」概念

(1)　このようにみてくると、そもそも、日本国憲法の解釈論にとっては、「実質的意味の憲法」（「固有の意味の憲法」）という概念は不要ではないかという思いに囚われる。

その理由をあげると、まず第一に、これまでの検討の流れから理解できる（と期待される）ように、日本国憲法下の学界をリードしてきた高名な憲法学者の言説によって、「実質的意味の憲法」「固有の意味の憲法」の用語法には、遺憾ながらはなはだしい混乱が生じていると思われるからである。

しかも、第二に、日本国憲法の解釈学と学習においては、（教科書冒頭の説明を除いて）「実質的意味の憲法」「固有の意味の憲法」の概念が、みずからの主張を根拠づけ結論を導く鍵概念とされた例は管見するかぎり存在せず、私見によれば（とりわけ学生が）難解で混乱した用語法につき合う必要もないと考えられるからである。

第三の、もう少し理論的な理由は、法令の違憲審査制度を伴う成文硬性憲法典が存在する現代日本のような国家では、形式上、憲法典の条文の意味として表示される法規範には他の法規範の合憲性を量る尺度という、実務上も重要な特殊な意義がある以上、かつて樋口陽一が説いたように[19]、憲法といえば日本国憲法を意味するという用語法には、制度上の合理性が存在するからである。

そして、第四の、さらに本質的な理由は、「実質的意味の憲法」(「固有の意味の憲法」)は、定義上、その外延を画することが困難なため、有用な解釈論的形象 Auslegungsfigur となることが難しいからである。「実質的意味の憲法」の外延を画することの困難は、古くからしばしば指摘されてきた[20]。その根本的な理由は、「実質的意味の憲法」(「固有の意味の憲法」)が、(最も一般的な定義によれば)「国家の組織と作用の」あるいは「最高国家諸機関の種類・組織・権限」の「基本的な」法規範とされることにある。「基本的」か否かは、論者の価値判断に依存する不確定な識別基準だからである。

(2)　現代日本の憲法学者のなかで、憲法解釈学が「実質的意味の憲法」を重視すべきことを力説するまれな論者は大石眞であろう。大石の趣旨は、憲法典に考察の視野を限局すると、近年の「憲法秩序」の大きな変動を正当に考慮することができなくなるという点にある。このこと自体は傾聴すべき見解であろう。しかし、私見によれば、大石も、考察対象とされるべき「憲法秩序」の範囲を理論的に提示したとはいえないように思われる。

大石は、「憲法秩序」と「実質的意味の憲法」とをほぼ同義に用い、「成文憲法体制の場合、憲法秩序は、通常、単一の憲法典に盛り込まれた各種の条規だけでなく、憲法典に準ずる効力を有する司法的先例又は憲法判例や、それらに劣位する通常の法令又は憲法附属法などから形づくられている」とした上で、「国家機関の組織・構成などに関する統治構造の分野については、主として憲法典と憲法附属法とが……重要となる」と述べて、憲法附属法重視論を展開する[21]。

では、「憲法附属法」とは何か。大石によれば、「内容からすると等しく国政の組織と運営に必要な基本的規範ではあるが、形式上は憲法典に盛り込まれることなく、むしろ通常の議会制定法その他の法令に委ねられたものを、とくに『憲法附属法』とよぶことができ」る（傍線は本稿筆者）。しかし、この論文における大石の実質的な考察は議会制定法に集中し、これに即して「憲法附属法」の理解にもすぐに変更が加えられている。すなわち、「憲法附属法とは、国政の組織と運営に必要な規範、すなわち実質的意味の憲法に属する法規範であって、憲法典を補充する意味をもつ規範又はそれを内容とする議会制定法をいう」[22]。先の定義と下線部が異なるこの変更は、私見によれば、「憲法附属法」概念を議会制定法に限定する趣旨と解されるので、けっして小さくない意味をもつ。いずれにせよ、ここでは「実質的意味の憲法」のうちで憲法典に盛り込まれていないもののなかから、さらに「国政の組織と運営に必要な」「議会制定法」が、「憲法附属法」として重視されるわけである。

さらに大石は、「憲法典の立案と並行して検討され、かつ憲法典の施行と同時に施行された」という事実を「主要な」憲法附属法の目安とし、明治憲法体制に関しては「議院法・衆議院議員選挙法・貴族院令・会計法」、日本国憲法体制に関しては「皇室典範・内閣法・財政法・裁判所法・地方自治法・国会法など」をこれにあげている（傍線は本稿筆者）[23]。

このように、「実質的意味の憲法」の理論的画定を棚上げして、「実質的意味の憲法」中、憲法典には盛り込まれていないもののなかから、考察の視野を「憲法附属法」＝「国政の組織と運営に必要な議会制定法」に限定し、「憲法典と並行して検討された」議会制定法をさらにその主要なものと捉えることは、考察の戦略としては実際的な合理性をもつであろう。しかし、「国政の組織と運営に必要」であるか否かをメルクマールとする「憲法附属法」も、外延を画定できない概念であることに変わりはない。「国政の組織と運営」の範囲に含まれるか否かの判断と、「必要」か否かの判断は、いずれも目分量的な解釈問題とならざるをえないからである。現に大石論文では、司法制度改革を「憲法改革」の一環と捉えた上で、関連法令として知的財産高等裁判所設置法・裁判員法・労働審判法をはじめ、行政事件訴訟法・民事訴訟法・刑事訴訟法の改正も掲げられている。[24] 大石の論旨では、司法制度改革は、憲法典の改正こそ伴わないものの、「実質的意味の憲法」の改革であり、したがって、これらの関連法律はすべて「実質的意味の憲法」の構成要素、あるいは「憲法附属法」の一部だということになると思われる。しかし、もしそうだとすれば、「憲法附属法」も容易にその範囲を画定できない無数の法律群からなることを、大石も認めていることになるだろう。

(3)　以上の考察を踏まえて本章では、日本国憲法の解釈学においては、「憲法」といえば「日本国憲法」のことを指すこととし、混乱を生ずる上に外延の画定も難しい「実質的意味の憲法」「固有の意味の憲法」という用語は使用せず、その代わりに「憲法関連法令」という概念を用いることを提唱したい。

「憲法関連法令」とは、文字どおり、日本国憲法と関連する法規範を指す。制定法が中心であることを想定しているので「法令」としておくが、もちろん慣習法は除外されるという趣旨ではない。日本の国内法は、すべて日本国憲法と関連する法令とみなすこともできるわけで、定義に含まれる「憲法と関連する」というメルクマールを理論的に確定することは困難なので、「憲法関連法令」も、「実質的意味の憲法」「固有の意味の憲法」「憲法附属法」と同様、その外延を画することは難しい。しかし、「憲法関連法令」の具体的なリストは、経験的にはじつはかなり明確である。近年出版され、版を重ねているような主な憲法解説書には、「事項索引」「判例索引」と別に「法令索引」が付されている例はないようだが、仮に「法令索引」を作成すれば、各種の憲法教科書に共通して掲げられることになる法令が、「憲法関連法令」である。

すなわち、「憲法関連法令」とは、日本国憲法の内容を学習し、研究し、あるいは、日本国憲法の内容をめぐって訴訟等で争う場合に、個々のテーマや問題ごとに自然に取り上げられることになるはずの現行日本法である。これには、日本国憲法との関係に応じて、二種類の法令が含まれる。一つは、日本国憲法との抵触が問題となる法令（いわば「逆接的関係」の憲法関連法令）、もう一つは、日本国憲法の内容の具体化と位置づけられる法令（いわば「順接的関係」の憲法関連法令）である。たとえば、刑法一七五条は、憲法二一条に違反しないかが争われてきた規定であるから前者にあたり、同じ刑法でも二三〇条の二は、表現と名誉という、いずれも憲法に由来する二つの法益を調整するための規定であると解され、違憲論もないようであるから、後者にあたる。このように、本稿が「憲法関連法令」という場合、必ずしも一本の制定法の全体が一つのユニットであるわけではなく、条項ごとに問題となる場合もある。

いま提案した用語法には、新奇な点はひとつもない。これまでも、日本国憲法の解釈の文脈で「憲法」といえば「日本国憲法」が念頭に置かれ、テーマや論点ごとに、関連する国内法令の諸規定が検討の対象とされてきた。この実態をそのまま受け入れて、これまでどおり研究し学習し議論すればよく、混乱に満ちた「実質的意味の憲法」「固有の意味の憲法」の概念を教科書の冒頭（だけ）で取り上げる必要はないというのが本章の提案である。

(19)　樋口陽一「『憲法学』の対象としての『憲法』」（初出一九八三年。のちに樋口『権力・個人・憲法学』学陽書房、一九八九年二〇〇頁以下に再録）。とりわけ同書二三〇頁以下、二三七頁注（10）参照。
(20)　たとえば、長谷部恭男『憲法・第四版』（新世社、二〇〇八年）三頁。
(21)　大石眞「憲法典と憲法附属法」（同『憲法秩序への展望』有斐閣、二〇〇八年所収）三頁、六―七頁。
(22)　大石・前掲注（21）六頁、九頁。
(23)　大石・前掲注（21）一四頁。
(24)　大石・前掲注（21）三〇頁。

六　日本憲法史・ドイツ憲法理論研究と「実質的意味の憲法」概念

(1)　では、憲法学にとって、「実質的意味の憲法」の概念がまったく不要かといえば、必ずしもそうではない。学問的営為にとって「実質的意味の憲法」概念が必要となる二つの領域として、日本憲法史の研究とドイツ憲法理論の研究があげられる。

(2)　日本憲法史の研究と叙述には、その時間的な記述範囲の設定の仕方によっては、事項的な記述対象を画定する上で「実質的意味の憲法」概念が不可欠となる。

もし、日本憲法史の叙述を前近代から説き起こすとするならば、すなわち、たとえば江戸時代の日本国家の憲法を記述対象としようとするならば、江戸時代の「実質的意味の憲法」を画定する作業、つまり、幕藩体制を基礎づける法規範を内容的に識別し、抽出し、体系立てて解説する作業が不可避となる。憲法学は伝統的に前近代を守備範囲外としてきたため、これまでこうした作業に頭を悩ます必要がなかっただけである。(25)

しかし、「実質的意味の憲法」の観念は、近代日本憲法史の叙述にも、じつは不可欠である。明治維新が起った一八六八年から大日本帝国憲法が施行される一八九〇年までの足かけ二三年間、日本には「形式的意味の憲法」は存在せず、立憲主義的体制も成立していなかった。しかし、近代日本の出発点は明治維新に求められるのが通常であるから、この二三年間は、本来、近代日本憲法史の研究・叙述の対象のはずである。したがって、一般に憲法教科書が、「日本憲法史」の章を設けながら、明治維新から第二次大戦の敗戦に至る七八年間のほぼ三〇%を占める期間の「憲法」に関する考察を欠いているのは、制定法主義の感覚にあまりにも慣れ親しんだ思考の盲点ということになるだろう。(26)

近代日本憲法史研究における明治前期二三年間の「憲法叙述の不在」に比べれば規模は小さいが、一九四五年八月一四日のポツダム宣言受諾から、一九四七年五月三日の日本国憲法施行まで、さらには一九五二年の占領解除までの日本国家の「憲法」についても同様の問題がある。通説的見解である八月革命説は、憲法改正限界説をとって、ポツダム宣言の受諾により主権原理が君主主権から国民主権に転換し、明治憲法のこれと矛盾する規定は失効したと主張する。しかし、ポツダム宣言受諾によって、明治憲法の改正では許されない主権原理の転換が生じたと解するのであれば、明治憲法はこれによって失効したとみなすほうが自然であろう。(27) そう解するならば、少なくとも日本国憲法の施行までの日本においては、明治憲法も日本国憲法も適用されていなかったことになり、その間の「実質的意味の憲法」を論ずることが、憲法史学の課題となるはずである。

(3)　「実質的意味の憲法」という発想は、ドイツ憲法理論の理解にとってもやはり不可欠であると考えられる。ドイツ基本法の解釈学では、Wirtschaftsverfassung、Finanzverfassung、Kulturverfassung、Bildungsverfassung、Religionsverfassung、Wehrverfassung といった用語がしばしば現れる。(28) これらを機械的に翻訳すれば、「経済憲法」「財政憲法」「文化憲法」「教育憲法」「宗教憲法」「防衛憲法」ということになるが、問題はその内容である。ここでは、こうした用例の嚆矢と考えられる Wirtschaftsverfassung の意味について、不十分ながらごく簡単な確認をしておきたい。

(4)　Wirtschaftsverwaltungsrecht（経済行政法）という法分野をドイツではじめて確立したとされるエルンスト・ルードルフ・フーバーによれば、(29) Wirtschaftsverfassung という用語はすでに一九世紀後半に一般化しているが、それは歴史学・経済学・社会学の領域で、一国の経済、一時代の経済または世界経済の事実的秩序構造全体を類型的に把握し表現するために、経済構造・経済体制といった言葉と同義に使用された。(30)

しかし、法的意味の経済憲法 Wirtschaftsverfassungsrecht は、こうした事実構造としての経済憲法とは区別され、フーバーによれば、「経済的な財貨・労働力・事業の全体連関に関する限りでの、国家として組織された団体の法的基本秩序である」。(31) 法的な経済憲法は「法的基本秩序に示された法命題・法制度の全体連関であり、政治的憲法にも『成長してきた』基本秩序と『制定された』基本秩序があるように、経済憲法にも長期にわたる『暗黙裡の』伝統によって形成されるものと、……自覚的な法定立の意思によって形成されるものがある」[32]。

他方、フーバーのいう経済行政法 Wirtschaftsverwaltungsrecht とは、「公行政が、行政的措置によって、私経済秩序に内容形成的な作用を及ぼすか（「行政に規定された私経済」）、みずからが経済的に活動する（「行政自身の経済活動」）ための、法制度および法的措置の総体」、別な表現では、「国家行政ないし自治行政が、それにもとづき、あるいはその助けを借り、あるいはその執行を通じて、私経済に内容形成的に介入するか、または直接経済的な活動をおこなう法規範・法制度・法行為の総体」である[33]。

法的意味の経済憲法が「経済的な財貨・労働力・事業の全体連関に関する……国家……の法的基本秩序」と定義されていること、また経済憲法には自然発生的なものと制定されたものがあるとされていること、そして経済憲法と対比され関連づけられる経済行政法が、法形式ではなく法内容によって識別されるもっぱら内容的な概念であること、これらの点から考えても、フーバーの経済憲法が「実質的概念」であることは疑いない。現にフーバー自身が「実質的意味の経済憲法」と「形式的意味の経済憲法」に言及している。

「実質的意味の経済憲法」について、フーバーはこう述べている。

「基本法的ランクにある規範の体系を、近代的なスタイルの憲法典によって創設され保障された法規の構造体と理解する必要はない。憲法規範が憲法典に統合されていない国家や、経済の基本秩序が既存の憲法典において規律されていない国家でも、経済生活の諸原則が、憲法のランクにある基本的な諸制定法によって規定されていることはありうる。換言すれば、法的意味の『経済憲法』について語ることができるか否かを確定しようとする場合に問題となるのは『形式的』憲法ではなく、『実質的』憲法なのである。

実質的経済的憲法とは、経済的な財貨・労働力・事業の秩序を、統一的な、あるいはいずれにせよお互い同士が相互に規定しあう最上級の法規によって、自覚的かつ明瞭に規律するひとつのシステムである。このようなシステムが形成されるのは、とりわけ、政治的・社会的有機体の内部で、経済の本来的・機能的意義が把握され、経済が合理的な格率に従う相対的には自律的なまとまりとして、一定の法的基本形態で規律づけられる場合である。こうした『経済国家』においては、所有権秩序、財貨の生産・分配システム、生産力・生産手段の投入システム、企業の経済的な処分能力の範囲・限界、経済的な集団および団体の種類・構造・有効性、従属労働に従事する人々の法的地位、経済活動に対する国家の作用の程度と限界といった諸事項が、実質的経済憲法でカバーされる本質的な領域である(34)」。

フーバーのいう「形式的意味の経済憲法」とは、以上のような「実質的意味の経済憲法」が「形式的意味の憲法」のなかに盛り込まれたもの、すなわち、憲法典中の経済原則に関する諸規定である。「憲法典が、経済的な財貨・労働力・事業の法的秩序を規定する諸原則を完全に受容すること、あるいはその主要なものを受容することはありうる。その場合には、それによって、形式的経済憲法が成立する(35)」。

(5)　法の内容に着目した「経済憲法」の観念は、今日のドイツの実定法学にも受け継がれている。その例示として、標準的な教科書の一つとして版を重ねているフロッチャーの『経済憲法および経済行政法・第五版』の冒頭部分にある概念の説明をみてみよう(36)。

フロッチャーによれば、出発点となる上位概念は「経済法」Wirtschaftsrecht である。『経済法は、経済過程の全体および個人の経済活動に直接作用する法規を包括する」。「経済法」は、さらに「公経済法」öffentliches Wirtschaftsrecht と「私経済法」privates Wirtschaftsrecht に分類される。そのうち「公経済法は、経済過程および個人の経済活動に直接作用を及ぼし、その際に、すべての人に対してではなく、高権的権力の担当者に対してのみ権利を付与し義務を課す法規を包括する」。フロッチャーによれば、「公経済法」には憲法と行政法が含まれること、すなわち、「公経済法」が「経済憲法」と「経済行政法」から構成されることには広く見解の一致がある。しかし、個別的にいかなる法素材が「経済憲法」に属し、いかなる法素材が「経済行政法」に属するのかを明確に識別することはできない。「他の多くの法分野とは異なって、経済憲法と経済行政法の基本知については、これまで両者の確固たる序列 Kanon が提示されることはなかった」。フロッチャー自身は、入門書の性質上、核心問題に焦点をしぼるとして、「経済憲法としては、国家と経済との関係、ならびに基本法とヨーロッパ共同体設立条約に規定された経済活動の保護を取り扱い、経済行政法としては、広義の営業法、ならびに（国内とヨーロッパの）補助金法を取り扱う」と述べている。

(6)　このように、「経済憲法」は、まずは内容によって他の法規範から識別される「実質的概念」である。しかし、ヴァイマル憲法は、「ドイツ人の基本権および基本義務」と題する憲法第二篇の第六章「経済生活」の章において、一五一条から一六五条まで、経済原則関係の諸規定に実に一五ヵ条を割いていたため(37)、ヴァイマル憲法時代に「経済憲法」として念頭に置かれていたのは、「形式的意味の憲法」に盛り込まれた「実質的意味の経済憲法」としてのヴァイマル憲法一五一条以下であった(38)。ドイツ基本法の場合にも、その制定当初は、そもそも基本法には「経済憲法」が含まれるかという問題提起がなされ、また今日では、基本法およびEU法の経済活動関係の諸条項が、「経済憲法」の名称で一括されるのが一般的なようである。

たとえば、上述のようにフロッチャーもそうであるが、シュミット・アスマンとシュッホを編者とする『行政法各論・第一四版』で「公経済法」の章を担当するペーター・ミヒャエル・フーバーも、次のように述べて、「経済憲法」とは、ドイツ基本法とEU法に含まれる経済原則に関する諸規範であるとしている（傍線は本稿筆者）。

「したがって、公権力の担当者に対して、経済生活を形成しこれに影響を及ぼす観点から、特別の権利義務を認める法律の総体を、公経済法とよぶことができる。これには、EUとドイツの経済憲法および経済行政法という部分領域が包括される。経済憲法と経済行政法を厳密に区別することはできないとしても、経済憲法が、EUの第一次法レベルまたはドイツ基本法レベルで、経済政策および経済行政の基盤を規律するものであるのに対して、経済行政法は、行政の任務と権限、および経済過程に参加する人の公法上の権利義務を設定し、制限し、廃棄することによって、公的機関が危険の防止や経済過程の分配・指導・促進を目的として作用を及ぼす諸法規を包括する(39)」。

このように、現代ドイツの法学では、「形式的意味の憲法」の一部分が「経済憲法」と理解されているといってよい。しかし、憲法典やEU法の諸規定のどれを「経済憲法」として識別し一括するかは、個々の条項の内容解釈抜きには定まらない。その意味では、「経済憲法」の概念は依然として「実質的」なのである(40)。

(25) これにたいして、ドイツの法学部の講義課目である「ドイツ憲法史」の叙述は、少なくとも一六四八年のウェストファリア条約による領邦絶対主義の確立期以降を対象とするから、「実質的意味の憲法」概念を不可避としている。ドイツ憲法史研究は、歴史学系の研究者のみならず、むしろ憲法学者によって遂行されてきたので、ドイツの憲法学者にとっては実際的な問題である。翻訳のあるものを例にとると、F. Hartung, Deutsche Verfassungsgeschichte vom 15. Jahrhundert bis zur Gegenwart, 9. Aufl., 1969. ハルトゥング／成瀬治・坂井栄八郎訳『ドイツ国制史』（岩波書店、一九八〇年）は、表題どおり一五世紀以降の「憲法史」を叙述対象とし、Ch. -F. Menger, Deutsche Verfassungsgeschichte der Neuzeit, 5. Aufl., 1986. メンガー／石川敏行他訳『ドイツ憲法思想史』（世界思想社、一九八八年）も同様である。

(26) 主要な憲法解説書は、明治維新から明治憲法制定までの期間を、まがりなりにも立憲主義的な成文憲法である明治憲法の制定前史と位置づけて、明治政府の動きや自由民権運動についてごく簡単にふれるのを通例としており、この期間の（実質的意味の）憲法を叙述するという発想には欠けている。芦部・憲法一八頁、伊藤正己『憲法・第三版』（弘文堂、一九九五年）三七―四〇頁、佐藤幸・憲法六五―六七頁、樋口陽一『憲法・第三版』（創文社、二〇〇七年）五一―五三頁、野中俊彦＝中村睦男＝高橋和之＝高見勝利『憲法Ⅰ・第四版』（有斐閣、二〇〇六年）四五―四六頁（高見）、戸波江二『憲法・新版』（ぎょうせい、一九九八年）一九―二一頁、辻村みよ子『憲法・第三版』（日本評論社、二〇〇九年）三三―三五頁、長谷部・前掲注（20）四七頁参照。

　これまでのところ日本憲法史を対象とする唯一の通史的叙述である大石眞『日本憲法史・第二版』（有斐閣、二〇〇五年）は、「実質的意味の憲法を中心とする日本憲法史」を構想するが（同書八頁）、全一〇章中、第一章から第六章までを占める明治憲法制定前の時期の叙述は、「憲法体制成立史」（同書六頁）の観点に立って明治憲法と附属法令の制定の経過を追うもので、やはり必ずしもこの時期の「実質的意味の憲法」を叙述するという発想には立っていないように思われる。ちなみに大石眞との対談のなかで山室信一は、中国には日本の明治維新から明治二三年までの期間について、「予備立憲期」という呼称があることを紹介している。大石眞／高見勝利／長尾龍一編『対談集・憲法史の面白さ』（信山社、一九九八年三八頁）。注（2）に掲げた堀内健志「『憲法』概念と憲法学（その二）」七二頁、八〇頁注（40）参照。

（27）森田寛二「宮澤俊義とケルゼン」（長尾龍一＝新正幸＝高橋広次＝土屋恵一郎編『新ケルゼン研究』木鐸社、一九八一年）二五七―二五八頁。

（28）基本権と国家組織の双方を一冊で取り扱ったドイツ基本法の定評ある教科書として長い寿命を保っている Zippelius/Würtenberger, Deutsches Staatsrecht, 32. Aufl., 2008と、P. Badura, Staatsrecht, 4. Aufl., 2010を例にとると、前者の事項索引には「経済憲法」「財政憲法」「文化憲法」「宗教憲法」「防衛憲法」が掲げられており、後者の事項索引にも「経済憲法」「財政憲法」「宗教憲法」「防衛憲法」の語があげられている。バドゥーラの国法の索引には Kulturverfassung はないが、Kulturstaat「文化国家」の語が掲げられている。

（29）P. Badura, Wirtschaftsverfassung und Wirtschaftsverwaltung, 3. Aufl., 2008, S. 6.

（30）Vgl. E. R. Huber, Wirtschaftsverwaltungsrecht, I, 2. Aufl., 1953, S. 21.

（31）E. R. Huber, aaO., S. 23.

（32）　E. R. Huber, aaO., S. 23f.
（33）　E. R. Huber, aaO, S. 18, S. 48.
（34）　E. R. Huber, aaO., S. 27f.
（35）　E. R. Huber, aaO., S. 28.
（36）　W. Frotscher/U. Kramer, Wirtschaftsverfassungs-und Wirtschaftsverwaltungsrecht, 5. Aufl., 2008, S. 1-5.
（37）　ヴァイマル憲法のテクストについては、E. R. Huber (Hrsg.), Dokumente zur deutschen Verfassungsgeschichte, Bd. 4, 3. Aufl., 1991, S. 151ff. 翻訳として、高田敏＝初宿正典編訳『ドイツ憲法集・第六版』（信山社、二〇一〇年）一一三頁以下参照。
（38）　Vgl. E. R. Huber, aaO., S. 29.
（39）　P. M. Huber, Öffentliches Wirtschaftsrecht, in:E. Schmidt-Assmann/F. Schoch (Hrsg.), Besonderes Verwaltungsrecht, 14. Aufl., 2008, S. 314.
（40）　たとえば、やはり代表的な教科書であるP. Badura, aaO., S. 12f. は、ヴァイマル憲法とは異なって、ボン基本法は経済体制の明示的な確定を断念しているが、一連の基本権規定や国家目標規定が「経済憲法的な射程」を有することは否定できないとして、基本法二条一項の「私的自治」「契約自由」の保障、一二条一項の「職業および企業の自由」、一四条の「所有権の保障」、九条の「結社の自由」、二〇条一項等の「社会国家原理」、一〇九条二項等の「経済全体の均衡」の要請、八八条二文の「価格安定」の要請、七四条一項一一号・一六号の経済法と経済権力の濫用防止に関する立法委託、二〇a条の「自然環境の保護」をあげている。このように、「形式的意味の憲法」のなかから「実質的意味の経済憲法」を抽出してくるのが、現代ドイツの学説に共通の発想であろう。

七　おわりに

本稿の「テーゼ」を繰り返すことで、むすびにかえたいと思う。

①　伝統的用語法では、「形式的意味の憲法」と「実質的意味の憲法」は、一国の法規範の全体から憲法規範を選び出すためのそれぞれ別個の基準であり、またこの選択の結果である。したがって、両者は法の「存在形態」に

もとづく区別ではなく、対立概念でもない。「形式的意味の憲法」の対立概念をあえて言語化すれば「形式的意味の非憲法」であり、「実質的意味の憲法」の対立概念は、あえていえば「実質的意味の非憲法」である。

② 伝統的用語法では、「実質的意味の憲法」と「固有の意味の憲法」は同義である。両者は異なるとする学説も、両者に異なる定義を与えてはいない。

③ 伝統的用語法では、「立憲的意味の憲法」は「固有の意味の憲法」（＝実質的意味の憲法）」の一種であり、下位概念である。したがって、「固有の意味の憲法」と「立憲的意味の憲法」は対概念ではなく、まして対立概念ではない。「固有の意味の憲法」の対立概念をあえて言語化すれば、それは上記のように「固有の意味の非憲法」（「実質的意味の非憲法」）であり、「立憲的意味の憲法」の対立概念は、あえていえば「非立憲的意味の憲法」である。日本国憲法は、立憲民主主義思想に立脚する国家組織・作用の基本的法規範を法典化したものであるから、形式的意味においても、実質的意味（固有の意味）においても、立憲的意味においても憲法である。

④ 日本国憲法の解釈にとって、「実質的意味の憲法」の概念は不要である。日本国憲法の解釈において考察対象となってきた憲法下位法を一括して表象するためには、「憲法関連法令」という発想と名称が実用的である。

⑤ 明治前半期の日本憲法の記述や、ドイツ憲法学における Wirtschaftsverfassung の概念理解のように、研究領域によっては「実質的意味の憲法」の概念が不可欠となる場合がある。

Ⅱ　憲法の規範力と国家活動に対する専門家の助言

一　はじめに

二〇一一年三月に起きた東京電力福島第一原子力発電所の巨大事故は、起こりうる地震・津波の規模や原子炉冷却電源の喪失に関する想定を完全に裏切るものだった。事故は、専門家の知見に対する信頼感も大きく揺るがすことになった。これまで日本の憲法学が、国家活動に対する専門家の助言の法的統制というテーマを自覚的・包括的に論ずることはほとんどなかった。しかし、東電福島第一原発の事故は、とりわけ各種の審議会等を通じた専門家の政策関与を、あらためて憲法学的考察の俎上に載せることを求める事態であるように思われる。(1) そこで、「憲法の規範力」を統一テーマとする共同研究に参加させていただく機会を利用して、専門家の助言と憲法という切り口から、ドイツの憲法学上の議論の一端を紹介したい。

二　憲法の規範力

(1)　「憲法の規範力」の意味

「憲法の規範力」という表現が、一九五九年に発表されたコンラート・ヘッセの論文の標題に由来することは周知の事実である。しかし、これまでこの言葉が、ヘッセの主張に即して意識的に使用されてきたとは必ずしもいえないように思われるので、(2) ここではあらためてヘッセ論文の趣旨を簡単に確認することからはじめることにしたい。

ヘッセ論文は、成文憲法はただの紙切れにすぎないという、フェルディナント・ラッサールの有名な言葉の紹介からはじまる。「ふつう憲法と称されている法的憲法 die rechtliche Verfassung は、ラッサールの言葉によれば、一枚の紙切れにすぎない。動機づけし規律づけする法的憲法の能力は、現実の憲法 die wirkliche Verfassung と一致するかぎりのものにすぎない」(3)。ここでラッサールがいう「現実の憲法」とは――ヘッセによれば――軍隊が体現する軍事力、大土地所有者が体現する社会的権力、大資本が体現する経済的権力、公衆の意識・教養に示される精神的権力など、国家内部に存在する事実的な諸権力の相互関係のことである。

このような、国家内部の事実的権力関係が成文憲法規範の現実化の可否および程度を一方的に決定するという、フェルディナント・ラッサール的、ゲオルク・イェリネック的発想に対するアンチテーゼとしてヘッセが提起したのが、「憲法の規範力」論である(4)。ヘッセによれば、「このような憲法法 Verfassungsrecht の否定と、そこに含まれる法学としての国法学の価値の否定は、法的憲法が実際にその時々の事実上の権力配置の表現にほかならないのだとすれば、正当なものである。［しかし、法的］憲法が、たとえ限定的ではあっても、国家生活を秩序づける固有の動機づけの力を内在させているとすれば、こうした否定には根拠がない」(5)。

ヘッセ論文には、「憲法の規範力」の定義は見あたらないが、上の引用からわかるように、ヘッセのいう「憲法の規範力」とは、「動機づけし規律づけする法的憲法の能力」、法的「憲法が国家生活を秩序づける固有の動機づけの力」を意味する。「その妥当要求を通じて、法的憲法の側が、政治的・社会的現実を秩序づけ、形成する。法的憲法は、政治的・社会的現実に規定されながら、同時に再びこれらを規定する……」(6)。

このように「憲法の規範力」とは、――政治家や官僚をはじめとして――国家生活を形成する人々に成文憲法規範を遵守させる成文憲法規範自身がもつ事実的な力、すなわち人々の心理を支配し、その行動を動機づける成文憲法規範の事実的な力である。

成文憲法規範のこのような事実的な支配力には、当然そのための事実的な条件が存在するはずである。ヘッセ論文は、「憲法の規範力を最適の程度に展開するための条件」を「ごく簡単に示唆」しておくとして、この点について概略以下のように述べている。(7)

(2)「憲法の規範力」の条件

第一に、「憲法の規範力の……本質的な条件」は、成文憲法の内容が「社会・政治・経済の諸法則を受容しているのみならず、とりわけその時代の精神状況を受容していること、そして公衆の意識によって、合理的で正当な秩序として肯定され、支持されていること」である。

ヘッセによれば、成文憲法規範が時代と社会の環境変化に適応しつつ、それらとは独立の変数として国家生活のアクターの行動を動機づけるためには、「憲法［の内容］は、純粋に組織的・技術的な諸規定は別として、可能であれば少数の基本的な諸原則に限定されなければならない。まさに今日では、社会的・政治的現実がつねに急激に変化しているので、憲法の具体化は、個別的にはその都度新たに、しかしこれらの本質的な諸原則の観点から、展開されることになる。これに対して、何らかの刹那的な利益や部分的な利益が、よく好まれる表現によれば、『憲法の効力をもって定錨される』ならば、憲法の頻繁な改正が不可避となり、憲法の規範力は切り下げられてしまう」（傍点部分は原文イタリック。以下の引用文でもすべて同じ）。

また、ヘッセは、成文憲法規範が、「政治的・社会的現実の変化のなかで生命力を保っていくためには、憲法は一面的な構造に基礎づけられたものであってはならない」という。「憲法が、その基本的な諸原則の規範力の維持を望むならば、憲法は構造的な対立物を慎重な衡量の上で取り込んでいなければならない」。たとえば、基本権とその制限、権力の統合と分立、連邦主義と統一主義といった対立物間のバランスに配慮した憲法であることが重要である。

第二に、ヘッセは、憲法の規範力の最適な展開は「憲法の実践」の問題だという。ここで、憲法の実践とは、じつは成文憲法規範を遵守する意思を指す。「法的憲法は、自分だけでは何も実現することができず、つねに課題を設定するだけである。しかし、この課題が人々によって理解され、人々に憲法で定められた秩序に従って自分の行動を決定する準備があり、刹那的な必要性の考慮にもとづく疑問や非難に抗して、憲法の定める秩序を貫徹する決意が存在する場合、つまり、公衆の意識、特に憲法生活に責任を追う者の意識のなかに、権力への意思だけでなく、とりわけ憲法への意思が生きている場合、法的憲法には活動力が備わることになる[8]」。

「憲法の規範力」を維持する憲法実践として、ヘッセはさらに二つの提言をおこなっている。一つは、憲法が頻繁に改正される傾向は、憲法の確実性に対する信頼を損なうので避けるべきだという憲法改正に関する提言であり、いま一つは、「所与の事実による具体的な制約のなかで、規範的規律の意味内容を最適な仕方で実現する解釈こそが求められている」という憲法解釈に関する提言である[9]。

(3)　「憲法の規範力」論の性格

もし、ヘッセがいうように、国民が現行憲法典を「合理的で正当」なものとして受け容れ、国家生活を形成するアクターが自分たちの行動を現行憲法典に従って律する決意を現にもっているのであれば、もちろん成文憲法規範は人々の行動に対して強い動機づけの力＝規範力を発揮するにちがいない。しかし、これは、ほとんどトートロジカルな主張であろう。どういう原因や条件によって、国民は（立憲民主主義的な）憲法典を肯定し支持するのか、また国家生活のアクターは憲法典に沿って自分の行動を律するようになるのか、これらの問題に関して、ヘッセ論文には、憲法典による社会的・経済的・政治的法則と時代精神の受容というきわめて抽象的な指摘があるのみで、詳細な考察は欠けているように見える。

ヘッセ門下のペーター・ヘーベルレが、ヘッセの主著『ドイツ連邦共和国憲法綱要』について、その受容の歴史は「この本がどれほどわが共和国の政治文化の一部となっているかを示している」と述べているように[10]、ヘッセは、少なくとも一九八〇年代までの（西）ドイツにおける時代精神の体現者の一人だったといってよいだろう[11]。連邦共和国成立一〇年目に発表された「規範力」論文もまた、左右の全体主義と対決するボン基本法のもとで、ようやく人々が安定と発展の入口に立てた当時の、（その後も続く）基本法オプティミズムの時代思潮のなかで、学界の広汎な支持を得たと推測することが許されよう。

ヘッセ論文自身も、「予想を超える経済発展と比較的安定的な政治関係という現象のなかで、ヴァイマル憲法とは異なって、基本法はいまのところ深刻な耐久テストを免れている」と評しているように[12]、ヘッセの「憲法の規範力」論は、激動の二〇世紀前半を経てようやく到来した、まさに立憲民主主義的な「憲法の規範力」が深刻な挑戦を受けない時代の預言と見るべき作品なのかもしれない。

三　法治国家原理と国家活動の合理性

(1)　基本法の法治国家原理

上述のように、「規範力」論文は、成文憲法が国家生活の担当者の行動を現実に動機づける力をもつためには、その内容が「少数の基本的諸原則」に限定されることが望ましいとしていた。「法治国家原理」が、ドイツ基本法のこうした「基本的諸原則」のなかに含まれることは言を俟たない。ヘッセ自身も、「規範力」論文の発表から三年後の一九六二年に、師であるルードルフ・スメントの八〇歳記念論集に寄稿した「基本法の憲法体制における法治国家」という論文において、このテーマを取り扱っている[13]。

この論文でヘッセは、法治国家一般の特色を、「法治国家においては、法が国家に対して、国家の活動に対して、国家内部の全生活に対して、基準と形式を与える」と表現している。[14] ヘッセは、基本法の法治国家は、法治国家のこの一般的性格を共有しているが、さらにその内容が拡充されている。ヘッセは、基本法の法治国家に特有の性格を、その形式面と実質面について、概略以下のように分説している。[15]

第一に、基本法の法治国家の形式面の特徴は、ヘッセによれば法の優位である。「基本法の法治国家においては、法の優位が妥当する」。「この原則は、法がすべてを規律し尽くすこと、法規範による欠缺のない拘束を要求するものではない。……しかし、法の規律が存在するところでは、法には他のあらゆる基準、なかんづく政治的基準に対する優位が認められる」。「基本法は、このように既存の法が破りえないことを、一般的には二〇条三項で実定化し、基本権に関しては一条三項で実定化した。基本法はこれらの規定によってすべての国家権力を拘束し、被支配者のみならず支配者に対する、少数者のみならず多数者に対する法の確固たる拘束を規定した。基本法は、この拘束を、憲法の優位の原則および法律の優位の原則を通じて実現し、裁判官によるほとんど無制限の審査を通じて保障する」。[16]

ヘッセによれば、基本法によって「ドイツ憲法史上はじめて、憲法の優位の原理に無制約の拘束力が付与された。……基本法は、憲法の優位を国民主権原理に対してさえ主張している……」。「ドイツにおける法治国家の新たな歴史にとって基本テーマである立法権および執行権に対する裁判官のコントロールは、基本法の法治国家の本質的なメルクマールのひとつである」。[17]

第二に、基本法の法治国家の実質面の特徴については、ヘッセは次のように述べている。「基本法の法治国家においては、法の優位は単に法というものによる拘束の意味で妥当するのではなく、特定の内容をもった法による拘束の意味で妥当する。基本法の法治国家は、単なる形式的法治国家であるにとどまらず、実質的な法治国家でもある。……基本法の秩序は、基本権という形で具体化された人間の尊厳、自由および平等という、この秩序の基盤と課題を定めた具体的な内容的基本原理を実定化することによってはじめて、実質的に法治国家的な秩序となるのである」[18]。

ヘッセによれば、「これに加えて、基本法の法治国家は『社会的』法治国家であり、まさにこのことが、基本法の法治国家の特徴を決定的に規定している」。

(2) 法治国家原理による国家活動の合理化

このような法治国家像に立ってヘッセは、基本法の法治国家を構成する諸要素が、基本法によって形成された国家の存続と特色にとって決定的な意義をもつ特別の作用を展開するという。すなわち、基本法の法治国家は、実質的要素の側面では新たな平等原則と自由観を帰結し、形式的要素の側面では社会的・政治的プレイヤーに対する法の役割の強化、秩序の安定性・継続性と並んで、国家活動の合理化をもたらす[19]。

これらの作用のうち、法治国家原理による国家活動の合理化については、ヘッセは次のように述べている。その説明を全訳しておこう。「法治国家の形式的要素は、公的状況全体の合理化をもたらす。形式的法治国家が高度な機能的合理性を可能にすることは、以前から知られていた。その際、国家活動の全面的な合理化には、二つの側面がある。国家活動の合理化は、国家の行為の計画的な組織化を意味し、これが国家の任務の可能な限り合目的的で有効な充足を保障する。他方、国家活動の合理化は、自分の行動を国家の行為に従わせるべき人々にとって国家の行為を予見可能なものにし、法的安定と交渉の安全を保障するという任務に役立つ。もとより、こうした解釈によって捉えられているのは、法治国家原理によって生ずる公的状況全体の合理化のうち、たしかに本質的なものではあるが、ほんの一部分にすぎない。

法治国家は、憲法および法律を通じて、国家活動に対して基準と形式を与え、すべての国家権力を法で拘束することによって、機能的な合理性のみならず、実質的な合理性も追求している。国家生活には、理解可能性、形式性、見通し可能性、明確性が備わっているべきである。国家生活は、熟慮を経た措置にもとづくべきで、無意識的なもの、不合理なもの、形式の整っていないもの、すなわち欲求、衝動、激情、感情によって支配されるべきではなく、意識的で形式化された、理性によって理解可能な準則・原則・思考によって支配されるべきである。その際、国家状況が理解可能であることは、単なる自己目的にとどまらず、同時に公的事項に対する意識的で、責任をもった、自分の判断にもとづく参加の基本的条件であり、したがって民主制における自由な政治的生活プロセスの基本的条件なのである」[20]。

四　国家活動の合理化と専門家の助言

(1)　国家活動の合理化要請と専門家の助言の必要性

国家活動の合理化に関する以上のようなヘッセの説明は、基本法の法治国家原理が実際上の効果として国家活動の合理化をもたらすという趣旨にも、基本法の法治国家原理は国家活動の合理化を規範的に要請するという趣旨にも読める。存在と当為の二元論という方法的立場をとらないヘッセにとっては、国家活動の合理化は法治国家原理の要請でもあり現実的効果でもあるということだろう。

しかし、その後のドイツの憲法学では、国家活動の合理化は、法治国家原理の内容ないし派生原理と理解されているといってよい。そしてここから、国家活動に対する専門家の助言の法問題というテーマが浮上する。アンドレアス・フォスクーレは、ヘッセ論文を引用しながら、国家活動の合理化を法治国家原理の規範的要請と捉えた上で、この憲法的要請に応えるために（も）、現代国家はその活動を展開するにあたって、ますます専門家の助言に依存することになるという。基本法の法治国家原理は、国家活動の合理化の要請というその派生原理を媒介として、国家活動に対する専門家の助言の必要性を憲法的に根拠づけるといってもよい。

「法治国家原理は、民主的憲法国家における国家の行為を合理性にもとづかせる。国家機関は、その活動に際して、机上の空論、形而上学、宗教、無反省の習慣に従うべきではなく、跡づけ可能で、矛盾のない、最も広い意味で合理的な、そしてそれ自体一般的な合意のある目的と価値の観念に組み込まれている考え方に従うべきである。法治国家的合理性を保障する第一の手段は、基準・形式・手続・制度を準備する法である。しかし、法の適用と同じく、法の定立もまた、それ自体合理性の要請によって義務づけられている。可能な限り『正しい』決定が目指されなければならない。この目標は、その時々に対象となっている専門領域に関して、入手できるすべての知識を集め考察する場合にはじめて、近似的に達成することができる。したがって、国家による決定の中心点には、情報の獲得・加工・伝達が位置している。……したがって、［立法・執行・裁判の］三権はすべて、みずからの任務を合理的に処理するために、学問的専門知識、技術的専門知識、その他の専門知識に甚だしく依存している」[21]。

(2)　専門家の助言というテーマの諸相

このようにドイツでは、国家活動に対する専門家の助言の法問題というテーマについて、一定の議論の蓄積がある[22]。そこで、ここではまず、フォスクーレ論文に依りながら専門家の助言というテーマの論点を概観しておきたい。

①内部の助言と外部の助言

国家組織の内部に、特定分野に関する高度の専門教育を受けた者を任用する職を設け、国家がその知識を活用する場合、このような職に就いた者による専門知識の提供が「内部の助言」とよばれる。

これに対して、国家機関が、正規の職員として任用されていない私人の専門家による専門知識の提供を受ける場合、こうした専門知識の提供が「外部の助言」である。国家活動に対する専門家の助言の法問題というテーマで考察されるのは後者である[23]。

②専門家と利益代表

外部の専門家による助言は、理念的には利益代表の主張と区別される。フォスクーレによれば、ドイツの実定法には専門家の定義規定は存在しないが、一般に専門家は、他人に従属せず自立的に活動できるだけの十分な職業教育を受け、専門性・独立性・非党派性によって特徴づけられるとされてきた。しかし、特定の企業や団体に所属する「専門家」の存在をいちがいに否定することはできず、こうした人々の発言がつねにあからさまな所属団体の利益の代弁だというわけでもないので、両者の区別は相対的である。専門家の助言の法的考察にあたっては、利益代表を構成員に含む審議会のような助言機関も、対象からはずすことはできない(24)。

③助言と決定

フォスクーレによれば、伝統的な公法学では、国家機関の決定―外部への意思表示―に考察が集中し、国家の決定担当者を法的に拘束しない「助言」の考察は等閑視されてきた。しかし、決定というアウトプットに対して、助言というプロセスがもつ実際上の意義は大きい。フォスクーレはブロームの次のような言葉を引用し、ドグマーティクはこの現実から目をそむけてはならないという(25)。「たとえば、法律の形式をとって国家を指導する決定は、一般的には長い時間のかかる決定プロセスを経て成立する。同じことは、行政の個別的決定にもしばしばあてはまる。このプロセスのなかで、諮問した国家機関と助言者は互いにコンタクトをとりあい、相互に影響を与えあう……。この点は、分析対象の確定、行為の選択肢からの選択と実行、目標の次元の設定とその変化にかかわる。この決定プロセスの全段階で、決定機構の考え方は、利害対立・相互作用・可能な諸行為・目標達成の程度についての専門家の指摘によって、刻々と精密化し変化する。法律の草案を作成する審議会の場合には、こうした対話的な意思形成プロセスがとりわけ明瞭に現れる。その限りで、このような審議会は、通常は官庁に『助言』するのではなく、官庁『とともに助言する』のである。助言者は決定に協働する。要するに、内容的にみれば、助言は共同決定なのである」。[26]

この洞察をふまえてフォスクーレは、助言と決定との関係を、次のような四つの類型に分類している。[27]

第一は、「国家の決定とは独立の助言」である。たとえば、「経済全体の発展の調査に関する専門家委員会」Sachverständigenrat zur Begutachtung der gesamtwirtschaftlichen Entwicklungや「環境問題に関する専門家委員会」Sachverständigenrat für Umweltfragenのような、専門家によって構成され、連邦政府から独立の常設的な助言機関が、定期的に報告書を公表するような場合がこれである。助言は国家の具体的な決定とは切り離されており、助言が決定に与える影響は小さい。

第二は、「国家の決定を事前に形成する助言」である。これは、国家機関担当者の側に専門家の助言を独自に吟味する能力が欠けるために、実質的には専門家の助言が国家機関担当者の決定を前もって形成する機能を営む場合である。フォスクーレによれば、ドイツの現行法にはこの機能を制度化した例がある。たとえば、連邦薬事法二五条六項三文によれば、特定医薬品の販売許可の権限官庁は、文書によって理由を示さない限り、医師会などの推薦にもとづいて連邦厚生大臣が任命した委員からなる許可委員会の投票結果に従わなければならない。専門家によって事前に示された判断を国家機関が受け容れない場合には、その説明責任は国家機関側が負うわけである。

第三は、「国家の決定を代行する助言」である。国家機関が助言機関の投票結果に法的に拘束されている場合や、専門家の会議に高権的決定権が付与されている場合がこれにあたる。フォスクーレも認めるように、「決定を代行する助言」は厳密にはもはや助言とはいえないが、国家に対する外部専門家の助言のいわば究極の形態として、このテーマの考察対象となるということであろう。

第四は、「国家の決定に協働するその他の助言」である。第一から第三類型に該当しない助言をフォスクーレは一括してこのように名づけている。

④助言主体の形態と助言の態様

フォスクーレによれば、助言の主体および態様に関しては、[28] 第一に国家機関が民間の個人や組織に対して個別テーマに関する助言をアドホックに求めるケースと、第二に国家機関が何らかの常設的な職ないし組織に対して助言を求めるケースとが区別される。第二のケースはさらに、国家がみずから設置した常設的な職ないし組織に対して助言を求める場合と、民間の常設的な活動主体の助言を求める場合とに区別される。

ドイツの連邦レベルの場合、国家によって設置された常設の助言主体として重要なのは、連邦各省が設置する顧問団 Beirat と独立の専門家委員会 Verselbständige Sachverständigengremien である。前者には、たとえば外務省の国際法学者顧問や経済省の学術顧問のように学者だけから構成されているものもあれば、経済省の消費者顧問のようにもっぱら消費者団体の代表から構成されているものもあるが、多くは学者・利益団体代表・実務エキスパート・官庁代表から構成される混合型審議会 gemischte Gremien である。後者の独立専門家委員会には、上述の「経済全体の発展の調査に関する専門家委員会」や「環境問題に関する専門家委員会」などがある。

他方、フォスクーレが、国家が助言を求める民間組織として特に念頭に置いているのは、たとえば、工業技術の分野における規格の作成に携わるドイツ規格作成機構 Deutsche Institut für Normung（DIN）のような、各種の技術的規格の作成団体である。法律や法規命令がこうした民間の規格作成団体の規則の参照を求めている場合は、国家機関が民間の専門家団体の助言を受容したケースと性格づけられる。

五　専門家の助言の合理性

(1)　国家活動の民主的統制

①専門家の助言の合理性の担保

法治国家原理が国家活動の合理性を要請し、国家活動の合理性の要請が国家活動に対する専門家の助言を要請するとするならば、専門家の助言自体の合理性はどのように担保されるのだろうか。事の性質上、助言を受ける国家機関が、助言者である専門家の知見に異を唱えることが困難であること、あるいは審議会のような助言機関がしばしば官僚の政策に対する「イチジクの葉」の機能を営むこと[29]、これらを想起するならば、国家活動の合理性を実現するためには、さらに専門家の助言の合理性を担保する工夫が求められる。この観点から特に重要なのは、専門家の助言活動の民主的統制である。

②国家活動の民主的正当化

そこでまず、ドイツの憲法学における国家権力の民主的正当化の一般論について簡単に触れておく。「民主制原理」も「法治国家原理」と並ぶドイツ基本法の「基本的諸原理」のひとつである。民主制原理は、国家権力行使の民主的正当化を要請する。この点について連邦憲法裁判所は、公務員の職員協議会の代表に対して人事などに関する広範な共同決定権を認めたシュレスヴィヒ・ホルシュタン州法を一部違憲とした一九九五年五月二四日の第二法廷決定において、次のように述べている。

「基本法二〇条二項一文は、国民主権の原則を形成している。この原則は、国民が、みずからが担い手である国家権力を、選挙と投票を別とすれば、立法、執行権および裁判の特別な機関を通じて行使することを定める。このことは、これらの機関による国家権力の行使に対して、国民が実効的な影響を及ぼすことを前提としている。これらの機関の行為は、国民の意思に還元され、国民に対して責任を負うものでなければならない。国民と国家支配のこうした帰責関係は、とりわけ議会の選挙、執行権の尺度として議会が制定する法律、政府の政策に対する議会の影響力、政府の指図による行政の原則的拘束によって樹立される[30]」。

基本法が、有権者から議会、議会から政府を経て、末端の行政機関に至る厳格な「民主的正当性の連鎖」を要請するという理解には、連邦憲法裁判官としてこの決定に関与したエルンスト‐ヴォルフガング・ベッケンフェルデの強い影響が見て取れるといわれる(31)。ベッケンフェルデの民主的正当化論はドイツの学界にも大きな影響を与え(32)、後述のように専門家の助言に関するフォスクーレ論文もこれを前提としているので、ここでその概要をあらためて確認しておくことにしたい(33)。

ベッケンフェルデによれば、「民主制は、国民が政治的支配権力の源泉であり、その究極の担い手であるのみならず、政治的支配権力を自分でも行使し、政治的支配権力を現実に保持し、保持すべきであることを意味する(34)」。「国民が国家権力の担い手であり保持者であるという命題は、積極的・構成的な意味では、国家権力の保持と行使は、国民から具体的に導かれなければならないという決定である。国家の任務の実施、国家の権限の行使は、国民自身に還元される正当化、または国民に由来する正当化（いわゆる途切れのない正当化の連鎖）を必要とする(35)」。

ここでベッケンフェルデのいう「国民Volk」とは国籍保有者のことである。「国家形態・統治形態としての民主制の人的結節点は、国民Staatsvolk、すなわち、政治的行動と作用の統一体として国家に結集し、国家を担っている人間の総体である。この総体は、国家の支配組織を担う結合への身分的所属性を内容とする国籍という法的な紐帯によって、規定されている(36)」。

基本法二〇条二項にもとづき、国家権力の行使はすべて、国籍保有者の総体からなる国民に由来するか、国民に還元されなければならない。ベッケンフェルデによれば、このような民主的正当化の形態には「作用的・制度的正当化」「組織的・人的正当化」「事項的・内容的正当化」の三つがある。

第一に、憲法制定者としての国民自身が、基本法二〇条二項によって、すべての国家権力が国民に由来し、国家権力は選挙および投票を通じて国民自身により、または立法・執行・裁判機関により行使されることを規定した。この憲法規定にもとづいて組織され行使される基本法上の国家権力は、民主的正当性を有する。これがベッケンフェルデのいう「作用的・制度的正当化」である。しかしながら、もとよりベッケンフェルデも、ある憲法が立憲民主主義的内容をもつというだけで、その憲法の下に成立する国家権力が十分に民主的に正当化されるとは考えていない。作用的・制度的正当化は、「機関担当者と……その行為の具体的な正当化を代替するものではない」[37]。国家権力の行使は、「組織的・人的正当化」と「事項的・内容的正当化」の組み合わせによって、その都度具体的に正当化されなければならない。

そこで、第二の形態が、「組織的・人的正当化」である[38]。「組織的・人的な民主的正当化とは、国家的事務の実施を委ねられた職務担当者について、国民に遡及する途切れのない正当化の連鎖が存在することである」。「正当化の『連鎖』という表現がすでに意味しているように、この正当化は、国民に直接遡及する必要はなく、……国民による直接的任命と間接的任命のどちらも許容される。重要なのは、民主的に正当化されていない機関ないし職務担当者……の介在によって、正当化の連鎖が切断されないことである」。「議院内閣制においては、国民代表機関としての議会が、民主的正当化のすべての連鎖における不可欠の構成要素である」。議会によって民主的に正当化され、議会に対して責任を負う大臣がさらに官吏を任命する場合のように、議会が直接正当性を提供していないこともあるが、「国民による直接選挙を別とすれば、正当化の媒介者としての議会を飛び越すような正当化の形態は存在しない」。

民主的正当化の第三の形態は「事項的・内容的正当化」である[39]。「事項的・内容的正当化」とは「国家権力行使の内容が国民から導かれる」ことである。ベッケンフェルデによれば、「事項的・内容的正当化」は、第一に国民から直接選挙された議会に立法権を与え、他のすべての国家機関が法律によって拘束されること、第二に任務の実施について、コントロールとサンクションをともなう責任が成立することによって達成される。議会は国民に責任を負い、この責任は定期的な選挙によってサンクションされている。政府および大臣は、自分自身の職務行為および自分の指揮監督に服する官庁の職務行為に関して、議会に対して責任を負う。この責任は議会によるコントロールと罷免権によってサンクションされている。

「組織的・人的正当化」と「事項的・内容的正当化」は相互に補完し協働する。「基本法が民主制原理に付与する具体的な形態は、ふつうは二つの正当化形態の協働作用を規定している」。たとえば、「執行部は、議会による連邦首相の選出（基本法六三条）、連邦首相による大臣の任命（基本法六四条）、所管の大臣による官吏の任命によって、一方では組織的・人的な正当化に服している。また、執行部は、法律による拘束（基本法二〇条三項）と、……政府および大臣の対議会責任（基本法六五条）によって、事項的・内容的正当化にも服している」(40)。

(2)　助言機関の民主的統制

①厳格な一元的正当化論

ベッケンフェルデとともに、基本法の民主制原理が要請する国家権力の民主的正当化を以上のように厳格に一元的に理解した場合、外部専門家の助言にはどのような組織構成や権限内容が求められることになるのだろうか。

この点については、ベッケンフェルデ論文自体のなかに手がかりとなる記述がある。彼は、「組織的・人的な民主的正当化」に関連して、決定権を有する合議制の国家機関の場合、決定に参与する構成員全員の民主的正当化が必要だとする見解を紹介し、次のように述べている。この見解をとると、「……〔上位機関の〕指図を少なからず免れ、決定権を与えられている行政分野の委員会は、〔大臣の〕任命行為を通じて民主的に正当化された官吏だけがもっぱら〔委員を〕占めているのではなく、官吏と並んで特定の職業団体やその他の団体から派遣され、または拘束力をともなって提案された代表者も加わっている場合には、組織的・人的な民主的正当化に抵触することになる」。これに対して、「もうひとつの見解は、ある合議制機関の構成員の多数が個別に民主的正当化を受けており、それによってこの機関の決定自体が民主的正当性を獲得するならば、それで十分だと考える」。ベッケンフェルデ自身は第二説で十分だとしている[41]。

いずれにせよ、ベッケンフェルデの理解では、外部専門家を含む合議制の独立的機関に決定権が付与されている場合には、当該機関は、国民→議会→大臣→官吏という「組織的・人的な民主的正当化」の連鎖に組み込まれている官吏が構成員の過半数を占めていなければ、基本法の民主制原理の要請に反し、違憲だということになる。「これに対して、決定に参与するわけではなく、単に決定の準備に仕えるだけの純粋に助言的な活動（たとえば、顧問団 Beiräte）や、そのような［決定］行為の単なる補助作用にすぎない技術的・道具的な業務は、［民主的正当化から］除外されてもよい[42]」。

②緩和的正当化論

外部専門家の助言に関するフォスクーレの考察も、ベッケンフェルデ的な民主的正当化論を出発点とする。「この議論の出発点にあるのは、代表議会民主制の指導理念に厳格に従う連邦憲法裁判所の裁判である。それによれば、国家の決定はすべて、国民の意思に還元されなければならず、国民に対して責任を負わなければならない。……一般的には、民主的正当化の三つの基本形態を区別することができる。すなわち、作用的・制度的正当化、組織的・人的正当化、事項的・内容的正当化の三つである。こうした異なる正当化の形態が組み合わされてはじめて、国民と国家権力の正当化関係の実効性が保障される[43]」。

(ア)「国家の決定を代行する助言」

このような厳格な一元的正当化の観点に立つと、「助言と決定」の項で紹介したフォスクーレの第三類型「国家の決定を代行する助言」機関については、それらが通常は外部の指図を受けず、議会も行政も決定に影響を与えることができない点で、「事項的・内容的正当化」が不十分であり、構成員に関連団体の代表者が派遣されているような場合には、「組織的・人的正当化」も不十分なことになる。そこで、通説によれば、この種の助言機関が違憲性を回避するためには、民主的正当性を有する構成員、すなわち官吏の決定権が確保されるような構成・評決方法が選択されなければならない。

しかし、フォスクーレによれば、構成員の過半数を官吏が占めるような組織構造をとることによって、本来「意図されていた多元性や合理性の効果が急速に失われることも見逃せない」。そこで、フォスクーレは、こうした厳格な民主的正当化論を緩和する学説に親近感を示すのである。(44)「したがって、一部の学説が、行政組織の形成に際して、たとえば効率性、参加、正しい決定といったその他の正当化の要素もともに考慮することを立法者に求める開かれた正当化モデルに立って、少なくとも根本の民主的正当性が保障されている場合には、また、その限りで、伝統的な議会中心の民主制のコンセプトを相対化することに賛成しているのは意外ではない」。フォスクーレ自身は、国家の決定を代行する助言機関の「組織的・人的正当性」の欠損は、民主的立法者がこうした助言機関の権限を精密に定め、当該助言機関に利害関係が適切に反映するように配慮する「事項的・内容的正当化」によって補填されるべきだとする。(45)

(イ)「国家の決定を事前に形成する助言」「国家の決定に協働するその他の助言」

フォスクーレの第二類型「国家の決定を事前に形成する助言」と第四類型「国家の決定に協働するその他の助言」が基本法の民主制原理の要請を満たす条件は、いっそう不明確である。上述のように、ベッケンフェルデは、決定権自体は形式上国家機関の側に留保されている場合には、外部の助言にはそもそも民主的正当化の要請は適用されないと考えている。しかし、フォスクーレは、第二・第四類型の民主的正当化についても考察し、大要以下のように述べる。

これらの類型においては、最終的な決定権は形式上は国家機関に留保されているが、「官職担当者は、私人の専門家の発言内容の正しさを吟味するのに必要な知識も、人的・時間的リソースも自由にできないことがしばしばである」。そこで、私的アクターに内容・組織・手続に関する義務を課す必要が出てくるが、それをあまり追求しすぎると「期待されている社会的行為の合理性」、すなわち相対的に自由な立場の外部専門家に助言を求める意義が失われてしまう。そこで、一般論としては、「決定の内容を事実上支配できなくなっていることを、これに応じた安全上の予防措置によって適切に調整する憲法上の義務」が立法者に課せられるのである(46)。

六　外部専門家の助言機関の制度設計

(1)　助言機関の組織に関する憲法的要請

フォスクーレ論文は、「私人による国家への専門的助言の法的位置づけ」を論ずる最終章の最後の項目を、「専門家法 Sachverständigenrecht の一般的ドグマーティクの礎石」と題して、外部専門家の助言制度の設計上、憲法の観点から問題となる論点をスケッチ風に列挙している。言及されているのは、「立法者の規律責任」「私人の専門家の助言の補充性」「助言者の選任と審議会の構成」「助言の透明性と公表」「助言の手続」「助言関係における権利義務」「監督」「損害賠償責任」の八項目であるが、ここではこれを逐一紹介するのではなく、私なりに再構成して概観しておくことにしたい。

①立法者の規律責任

上述のように、フォスクーレによれば、外部専門家の助言制度はその趣旨からして、多かれ少なかれ通常の人的・組織的民主的正当化、事項的・内容的民主的正当化の例外となるものであるから、それだけになおのこと「国家の任務の実施に際して私人の専門家が協働する態様については、その本質的な原則が立法によって規律される必要がある」。国家の決定を「事前および事後に正当化する国家の責任と、これに伴って生ずる国家の制度創設義務

Strukturschaffungspflicht からは、内容決定に対する［国家の］事実上の支配力が欠ける場合には、これに対応した規律枠組みによって適切な調整をおこなう立法者の憲法上の義務が導かれる」[47]。

②組織上の考慮要素

フォスクーレによれば、外部専門家の政策的助言のような「国家と社会」の交錯領域については、伝統的な憲法規範は十分な「指示力」を有していないので、立法者の裁量権は大きなものになる。しかし、政策の合理性確保に対する法治国家原理の要請が、外部専門家の助言を仰ぐ憲法上の根拠であるから、立法者には当然のことながら、制度の合理性を確保するための工夫が求められる。この点に関連してフォスクーレが考慮要素としてあげるのは、①公的な資格認定などによる専門家の質の確保、②見解が対立する専門家への委託などの予防措置、③助言契約締結の場合、「助言市場」における外部専門家の公正・透明な競争の保障、④「利害を適切に反映し、バランスのとれた構成」という合議制機関に関する要請、⑤外部助言者の基本権の保障といった諸点である[48]。

(2)　助言手続の構築

助言手続の制度構築については、フォスクーレ論文は論点を素描するにとどまり、その憲法的位置づけも必ずしも明確ではないが、そこではたとえば次のような点があげられている。①議長の選任、審議会としての意思形成、手続参加者の発言・反対意見表明・質問権などの手続の整備、②自由な意見表明を確保するための審議の非公開原則、③助言者の結論の公表義務、④報酬や守秘義務など助言者の権利義務の法的規律、などである[49]。

七　おわりに

以上、国家活動に対する外部専門家の助言というテーマについて、ドイツ憲法学の議論の一端を粗描した。同様の問題と日本国憲法との関係の理解にとって示唆的と思われる点をあげることで、本稿のしめくくりとしたい。

ドイツの憲法学は、基本法の法治国家原理が国家活動の合理性を要請し、国家活動の合理性の要請が外部専門家への適宜の諮問を要請すると理解している。公権力行使に対する外部専門家の関与について、抽象的なレベルではあるが憲法に根拠と枠を見出す発想は、これまで日本では一般的でない憲法ドグマーティクのあり方として興味を惹かれる。

ドイツの憲法学によれば、基本法の民主制原理は、外部専門家の助言制度についても他のすべての公権力の行使と同様、民主的正当化を要請する。外部専門家による助言内容自体の合理性を確保するためにも、その民主的統制は欠かすことができない。有権者から議会を経て政府から行政官僚制に至る選任関係の途切れのない連鎖を、基本法の民主制原理の要請として重視する多数説的立場からは、決定権を有する委員会・審議会は、この連鎖のなかに位置する行政官僚が過半数を占めるように構成されなければならないとされる。これは、およそ日本の学説・実務には馴染みのない発想として興味深い。しかし、ドイツでも「緩和説」が主張されているように、外部専門家の知見を公権力の行使に活かすという制度趣旨を考慮すれば、こうした「厳格な民主的正当化」の要求には与することができないだろう。とはいえ、「助言行政」の制度設計に対して議会が充分に関与することが民主制原理の要請だというドイツの感覚には傾聴すべきものがある[50]。

日本の憲法学は、明治憲法との対比という視点に立って、日本国憲法は「法律の留保」を否定したと説明する傾向をもつが[51]、これはミスリードな誇張であって、日本国憲法も（もちろん法律「丸投げ」ではないが）権利制限等の広範な領域を法律の決定に委ねている。助言機関の制度設計のような行政組織法的領域についても、法治国家的合理性の担保と民主的正当性の担保の両面を考慮するならば、議会関与の必要性が再評価されてしかるべきであろう。

議会が助言機関の制度設計をおこなうにあたっては、アウトプットの合理性を担保するためのプロセスの合理性を確保する必要がある。ドイツ基本法と同じく立憲主義と民主主義を基本原則とする日本国憲法のもとにおいても、専門的助言機関の構成および審議手続における合理性の確保が憲法問題の意味をもつこと、とりわけ外部専門家の助言活動が憲法上の諸権利の保護を受けることは、もっと意識されてよいように思われる。

ヘッセのいう「憲法の規範力」が、国家生活の形成者に対する成文憲法規範の事実上の心理的支配力を意味するとすれば、立法者や行政官僚が、外部専門家の助言制度の構築と運用に際して、憲法上の法治国家原理・民主制原理を考慮しなければならないという意識、さらには助言者の憲法上の権利に配慮しなければならないという意識をもつことは、まさに日本国憲法の「規範力」の強化に仕える所以であろう。

（1）　原発事故そのものに関する憲法学者の考察としては、たとえば新正幸「原子力災害対処にかかわる我が国の現行法の問題点」浜谷英博＝松浦一夫編著『災害と住民保護』（三和書籍、二〇一二年）三三―六四頁、愛敬浩二「原発問題における学問の自由と知る権利」森英樹＝白藤博行＝愛敬浩二編著『三・一一と憲法』（日本評論社、二〇一二年）一四八―一五九頁、愛敬浩二「原子力行政の課題」駒村圭吾＝中島徹編『三・一一で考える日本社会と国家の現在』（日本評論社、二〇一二年）九六―一〇四頁、松平徳仁「そして悲劇は続く――『原子力緊急事態』・緊急権と避難」同書一一九―一二三頁、蟻川恒正「『原子力発電所』としての日本社会」同書一六〇―一八一頁、鈴木秀美「リスク・コミュニケーションの課題――福島第一原発事故への政府対応を中心に」ジュリスト一四二七号（二〇一一年）五八―六三頁がある。

（2）　「憲法の規範力」という言葉は人口に膾炙しているが、ヘッセ論文のまとまった紹介検討は必ずしも多くない。管見に属する限りでは、小林直樹「コンラード、ヘッセ『憲法の規範力』」国家学会雑誌七三巻五号（一九六〇年）八七―九八頁、佐藤立夫「コンラード・ヘッセ著『憲法の規範力』」早稲田政治経済学雑誌二一四号（一九六八年）七五―七八頁がある。また、栗城壽夫「憲法の規範力(1)―(4)」名城ロースクール・レビュー三号（二〇〇六年）二九―四〇頁、同五号（二〇〇七年）一七九―二〇〇頁、同六号（二〇〇七年）一三三―一五五頁、同八号（二〇〇八年）八九―一一四頁は、イェリネックを含めた「規範力」の観念に関する包括的研究である。さらに、栗城壽夫「ヘッセの『憲法の規範力』論とイェリネックの『事実的なものの規範力』論」ドイツ憲法判例研究会編『規範力の観念と条件』（信山社、二〇一三年）三五―九六頁。そのほか「憲法の規範力」を鍵概念として憲法規範と現実の関係分析を試みる近年の研究として、北村貴「日本国憲法の勤労権規定に対する憲法政策的含意――憲法規範力比較の観点から」比較憲法学研究二一号（二〇〇九年）一三七―一六一頁がある。なお、ドイツ憲法判例研究会編『規範力の観念と条件』に古野豊秋教授による全訳が掲載されている（第一章）。

（3） Konrad Hesse, Die normative Kraft der Verfassung, 1959, in: ders., Ausgewählte Schriften, 1984, S. 3.

（4） イェリネックの「事実の規範力」論については、G. Jellinek, Allgemeine Staatslehre, 3. Aufl., 1960, S. 337-344（芦部信喜ほか訳『一般国家学』〔学陽書房、一九七四年〕二七六―二八一頁）。イェリネックのいう normative Kraft が「事実が規範となる力」であり、ヘッセのいう normative Kraft が「規範が事実となる力」であるとすれば、両者の「規範力」の意味は異なることになるだろう。

（5） Hesse, Die normative Kraft, in: a. a. O., S. 5.

（6） Hesse, Die normative Kraft, in: a. a. O., S. 7. ちなみに Hesse, Grundzüge des Verfassungsrechts der Bundesrepublik Deutschland, 20. Aufl., 1999, S. 16-19（初宿正典・赤坂幸一訳『ドイツ憲法の基本的特質』成文堂、二〇〇六年二三～二八頁）の叙述も、「憲法の規範力」が現実の人間行動に対する動機づけの力を意味すること示していると解される。

ちなみに、ドイツ憲法の標準的な教科書のひとつである Zippelius/Würtenberger, Deutsches Staatsrecht, 32. Aufl., 2008, S. 43も、ヘッセの『綱要』のこの箇所の参照を求めながら次のように述べて、「憲法の規範力」を事実上の動機づけの力と捉えている（ゴチックは原文）。「憲法が死文にとどまるべきでないとするならば、憲法は規範力を展開しなければならない。憲法は政治生活を形成し指導すべきものである。このことは、憲法生活に参与するすべての人の意思に対して、憲法の内容を尊重し、それを政治の現実のなかに移し替えることを要請する。こうした規範力を枠づける条件となるのは、ひとつは憲法コンセンサス、つまり、すべての人が、あるいは少なくとも多数の人が、憲法秩序を信頼できる、そして原則的には正しい政治的基本秩序として承認していることである。いまひとつは、憲法の番人としての憲法裁判権が、政治的プロセスにおける憲法の実現を確保していることである。」

（7） 以下は Hesse, Die normative Kraft, in: a. a. O., S. 10-12.

（8）Hesse, Die normative Kraft, in: a. a. O., S. 9 f.

（9）Hesse, Die normative Kraft, in: a. a. O., S. 11 f. クリストフ・デーゲンハルトは、ヘッセに由来するこうした憲法解釈態度のことを「憲法の規範力の原理」とよんでいる。「基本法の憲法法は、とりわけ基本権については、実在のなかで有効に現実化されるように解釈され、このことが法の定立と適用の実践を条件づける。実践的整合の原理もそれを目指している、この憲法の規範力の原理、憲法の最適の作用力の原理は、憲法の発展のなかで、指導的な解釈指針であることが示された」。Christoph Degenhart, Realitätsprägung durch Verfassungsrecht-Verfassungsinterpretation und reale Veränderungen, in: Realitätsprägung durch Verfassungsrecht ― Kolloquium aus Anlass des 80. Geburtstages von Peter Lerche, 2008, S. 91 f. ここでは、「憲法の規範力」は、成文憲法の事実上の力ではなく、憲法規範そのもの、ないし憲法規範から派生する規範と捉えられている。特定の憲法解釈態度を憲法原理とする主張には意味があるが、「憲法の規範力」を事実上の能力ではなく法原理と見なすとすれば、「憲法の規範力」の観念は「憲法は法である」「憲法は法的拘束力をもつ」というトートロジーになるように思われる。

（10）Peter Häberle, Zum Tod von Konrad Hesse. AöR130（2005）, S. 290.

（11）Häberle, a. a. O., S. 292によると、ヘッセは一九九二年五月一一日付のヘーベルレ宛の私信で、ヨーロッパ統合の進展に対する危惧を表明したという。『憲法綱要』も、一九九五年の第二〇版を最後として、本人はもとより、ドイツでふつうに見かけるような門下生による改訂もおこなわれずに、すでに「古典」と位置づけられている（vgl. Werner Heun, Die Verfassungsordnung der Bundesrepublik Deutschland, 2012, S. 9の文献リスト）。一九九〇年代にヘッセは静かに時代の表舞台から fade out していったということではないだろうか。

（12）Hesse, Die normative Kraft, in: a. a. O., S. 17.

（13）Hesse, Der Rechtsstaat im Verfassungssystem des Grundgesetzes. 以下の引用は、「規範力」論文と同様、Hesse, Ausgewählte Schriften による。

（14）Hesse, Der Rechtsstaat, in: ders., Ausgewählte Schriften, 1984, S. 96.

（15）基本法の法治国家原理を、このように「実質的法治国家」と理解することは、現代ドイツ憲法学の通念といってもよいだろう。筆者もかつて、ウルリヒ・ショイナー、クラウス・シュテルン、エーベルハルト・シュミット＝アスマン、カタリーナ・ゾボタの法治国家理解を例にして、ドイツの実質的法治国家観を簡単に紹介したことがある。赤坂

正浩『立憲国家と憲法変遷』（信山社、二〇〇八年）一三〇―一三五頁。

（16）Hesse, Der Rechtsstaat, in: a. a. O., S. 97 f.

（17）Hesse, Der Rechtsstaat, in: a. a. O., S. 98.

（18）Hesse, Der Rechtsstaat, in: a. a. O., S. 99 f.

（19）Hesse, Der Rechtsstaat, in: a. a. O., S. 102-108.

（20）Hesse, Der Rechtsstaat, in: a. a. O., S. 104 f. ヘッセは、ここにいう「合理性」とは、カール・マンハイムのいう意味だとしている。Hesse, Der Rechtsstaat, in: a. a. O., S. 104, Anm. 38. ヘッセが引用している K. Mannheim, Mensch und Gesellschaft im Zeitalter des Umbaus, Neudruck 1958, S. 61 ff. は参照することができなかった。マンハイムは、一九三五年に初版が出版されたこの本の英語増補版 Man and Society in an Age of Reconstruction を一九四〇年に公刊している。英語版の翻訳であるカール・マンハイム（福永直訳）『変革期における人間と社会』（みすず書房、一九六二年）六〇―六八頁によると、マンハイムは「合理性」の観念を、およそ次のように説明している。社会学者は、合理性という言葉を、「実質的合理性」と「機能的合理性」という二つの意味で使用してきた。「所与の状況における諸事象の相互関係を洞察し明示する思考活動は、実質的に合理的」である。すなわち、思考とその所産が「合理的」と形容され、これに対して「本能、衝動、欲求、感情等」思考活動でないものとその所産が「非合理的」と形容される。これがマンハイムのいう「実質的合理性」の意味である。他方、たとえば産業や官僚機構が「合理化」されるという場合の合理性は、「人が思惟活動や認識活動をおこなっているという事実では決してなく、むしろ、一連の行動があらかじめ定められた目標に到達するように組織され従ってかかる行動の各要素に機能的な位置や役割が与えられているという事実」を指す。これがマンハイムのいう「機能的合理性」である。ヘッセをはじめ、法治国家原理が国家活動の合理性を要請すると述べる論者は、この二重の合理性を念頭に置いていると考えられる。すなわち、国家活動の合理性とは、国家活動は衝動や感情で左右されてはならず、目標達成のために組織や手続が機能的に編成されなければならないという規範的要請を意味することになる。こうした「合理性」の意味理解と憲法規範としての位置づけは、日本の学説・判例がアメリカ法経由で認めてきた人権規制法の「合理性」審査の憲法的意味づけにとっても示唆的であろう。

（21）Andreas Voßkuhle, Sachverständige Beratung des Staates, in: J. Isensee/P. Kirchhof (Hrsg.), Handbuch des Staatsrechts der Bundesrepublik Deutschland, Bd. III, 3. A. Aufl., 2005（以下 HStR Ⅲと略称）, S. 426. この頁の Anm. 1で、フォスクーレが引用するシュルツェ＝フィーリツの論文も、国家活動の合理性を法治国家原理の規範的要請と理解して、次のように述べている。「基本法二〇条二項および三項の憲法上の法治国家原理は、『国家の任務を可能な限り合目的的かつ有効に処理するための計画的な組織化』という意味での『公的状況全体の合理化』を要請する。ここからさらに、たとえば以下のような部分的要請を導き出すことは難しくない。たとえば、行政組織と、複雑な層をなすその下部組織が、その義務である国家任務を有効に果たすことができるような、高度に専門化されたユニットによって構成されなければならないという意味での、組織の合理性の命令である。任務を果たすための目的合理的組織［を形成すること］は、機能的に適切な行政の組織構造を要請する法治国家的合理性の命令である。それゆえ、たとえば、公開性と分節的構造によって、行政が社会に対して刷新の能力をもち続けるように組織することは、合理的な決定のための命令である。こうして、立法者が、自律的で正当な行政の決定がなされるための諸形式を規定する条件となる基準も、立法者に与えられることになるだろう。すなわち、合理性の原理は、［行政］組織を形成する立法者の裁量権行使の態様に対する指導概念となるだろう」。Helmuth Schulze-Fielitz, Rationalität als rechtsstaatliches Prinzip für den Organisationsgesetzgeber, in: Festschrift für Klaus Vogel zum 70. Geburtstag, 2000, S. 322 f.

同じくフォスクーレが引用する Eberhard Schmidt-Aßmann,Das allgemeine Verwaltungsrecht als Ordnungsidee, 2. Aufl., 2004, S. 86-86（エバーハルト・シュミット＝アスマン（太田匡彦・大橋洋一・山本隆司訳）『行政法理論の基礎と課題』（東京大学出版会、二〇〇六年八五—八七頁）も、法治国家が目指す「公的全体状況の合理化」について触れ、そこから、基本権保護のための行政組織・手続の整備の要請、計画策定の要請、財政コントロールの要請を導き出している。

（22）　国家活動に対する専門家の助言というテーマを、公法上の法問題としてはじめて正面から論じたのは、おそらく Winfried Brohm, Sachverständige und Politik — Rechtsfragen der Beratung in der Wirtschafts- und Sozialpolitik der BRD, in: Festschrift für Ernst Forsthoff zum 70. Geburtstag, 1972, S. 37 ff. であろう。J. Isensee/P. Kirchhof (Hrsg.), Handbuch des Staatsrechts の Sachverständige Beratung des Staates の項も、一九八七年の初版と一九九八年の第二版ではブロームが担当した。同書の第三版は全一三巻のうち第一二巻までが出版され、ここまでで二八三章から構成されているので、「国家に対する専門家の助言」というテーマは、現代ドイツ憲法学の主要な三〇〇テーマの一つと位置づけられていることになる。

（23）Voßkuhle, Sachverständige Beratung, HStR Ⅲ, S. 435 [Rn. 14 f].

（24）Voßkuhle, Sachverständige Beratung, HStR Ⅲ, S. 439 [Rn. 20].

（25）Voßkuhle, Sachverständige Beratung, HStR Ⅲ, S. 440f [Rn. 22 f].

（26）Brohm, Sachverständige Beratung, HStR Ⅲ（1. Aufl., 1987）, S. 229.

（27）Voßkuhle, Sachverständige Beratung, HStR Ⅲ, S. 451-453 [Rn. 45-49].

（28）以下はVoßkuhle, Sachverständige Beratung, HStR Ⅲ, S. 447-450 [Rn. 37-43].

（29）この点は、当然ながらドイツでも指摘される。たとえば、ブロームは審議会が設置される理由の一つは「世間では学問に対する信頼が高いので、人気のない決定を擁護できる専門知識の盾を政治家に与えるため」だとして、Helmut Schelsky を引用してこれを専門家の助言の「お飾り的・イチジクの葉的機能 Dekor-und Feigenblattfunktion」とよんでいる。Winfried Brohm, Sachverständige und Politik, in: FS für Forsthoff, S. 41.

　フォスクーレも、専門家の助言には、官僚が世論などに対して自分の立場を強化する機能、専門家の調査に委ねることで政策決定を遅延させる機能、政治責任を専門家に転嫁する機能、政治的批判に対して免罪化を図る機能があるとして、これらを助言の「隠蔽化機能」とよんでいる。

　他方でフォスクーレは、外部専門家の助言の効用として、国家活動が開かれた議論の対象となることによる「明確化機能」をあげている。ここでフォスクーレがいう「明確化機能」とは、多元的構成をもつ審議会の審議やヒヤリングによっておこなわれる対立する利益の調整・統合機能、外部委託による国家のコストの削減機能、外部専門家による国家活動への警告機能、審議会による国家活動のコントロール機能という、多様な効用の総称である。Voßkuhle, Sachverständige Beratung, HStR Ⅲ, S. 441 f [Rn. 24-26].

（30）BVerfGE 93, 37 (66). 毛利透「民主主義と行政組織のヒエラルヒー」法学論叢一五二巻三号（二〇〇二年）三―四頁。

（31）毛利・前掲注（30）論文七頁。

（32）W. Heun, a. a. O.,（Anm. 10）, S.58の文献リストは、ベッケンフェルデのこの論文を einflussreich と形容している。

（33）Ernst-Wolfgang Böckenförde, Demokratie als Verfassungsprinzip, in: Isensee/Kirchhof（Hrsg.）, Handbuch des Staatsrechts der Bundesrepublik Deutschland. ここでは一九八七年出版の初版第一巻から引用する（以下 HStR, 1A,

Iと略記)。この論文は現在では第三版第二巻四二九頁以下に収録されている。ベッケンフェルデの民主的正当化論とこれをめぐるドイツの論議については、毛利・前掲注(30)論文七一—二二頁、同じく毛利透「行政権民主化論の諸相」樋口陽一＝森英樹＝高見勝利＝辻村みよ子＝長谷部恭男編『国家と自由・再論』(日本評論社、二〇一二年)三三一—三三六頁、日野田浩行「民主制原理と機能的自治」曽我部真裕＝赤坂幸一編『憲法改革の理念と展開(上巻)大石眞先生還暦記念』(信山社、二〇一二年)三一九—三三五頁、高橋雅人「ドイツにおける行政の民主的正当化論の一断面」早稲田法学会雑誌五九巻一号(二〇〇八年)二九五頁以下参照。私自身も、ベッケンフェルデの議論を簡単に紹介したことがある。赤坂・前掲注(15)一三七—一三九頁(初出論文二〇〇三年)。

(34)　Böckenförde, Demokratie als Verfassungsprinzip, in: HStR, 1A, I, S. 892 [Rn. 8].
(35)　Böckenförde, Demokratie als Verfassungsprinzip, in: HStR, 1A, I, S. 894 [Rn. 11].
(36)　Böckenförde, Demokratie als Verfassungsprinzip, in: HStR, 1A, I, S. 902 [Rn. 24].
(37)　Böckenförde, Demokratie als Verfassungsprinzip, in: HStR, 1A, I, S. 896 [Rn. 15].
(38)　Böckenförde, Demokratie als Verfassungsprinzip, in: HStR, 1A, I, S. 896f [Rn. 16].
(39)　Böckenförde, Demokratie als Verfassungsprinzip, in: HStR, 1A, I, S. 900 [Rn. 21].
(40)　Böckenförde, Demokratie als Verfassungsprinzip, in: HStR, 1A, I, S. 902 [Rn. 24].
(41)　Böckenförde, Demokratie als Verfassungsprinzip, in: HStR, 1A, I, S. 898f [Rn. 18 f.].
(42)　Böckenförde, Demokratie als Verfassungsprinzip, in: HStR, 1A, I, S. 895 [Rn. 13].
(43)　Voßkuhle, Sachverständige Beratung, HStR Ⅲ, S. 458 [Rn. 58]. 民主的正当化の三形態については、ベッケンフェルデ論文が引用されている。ebd., Anm. 201.
(44)　民主的正当化の緩和説については、毛利・前掲注(30)論文一二一—一二二頁、日野田・前掲注(33)論文三三〇—三三五頁、高橋・前掲注(33)論文三一三—三一七頁参照。
(45)　Voßkuhle, Sachverständige Beratung, HStR Ⅲ, S. 460 f [Rn. 60].
(46)　Voßkuhle, Sachverständige Beratung, HStR Ⅲ, S. 462 f [Rn. 61].
(47)　Voßkuhle, Sachverständige Beratung, HStR Ⅲ, S. 466 [Rn. 66]. 金子正史「審議会行政論」雄川一郎＝塩野宏＝園部逸夫編『現代行政法体系七行政組織』有斐閣一九八五年一一八—一三〇頁によると、日本の場合、一九四八年に制

定された国家行政組織法八条は、法律の根拠がなければ審議会の設置は許されないとする「審議会法律主義」を採用した。しかし、一九八二年の臨時行政調査会「行政改革に関する第三次答申」が行政組織規制の弾力化を求めたことを受けて、一九八三年に改正された現行の国家行政組織法八条では、政令で審議会を設置することが認められた。なお、金子のいう審議会とは「一般に国あるいは地方公共団体において行政庁に従属しなんらかのかたちで行政庁の意思決定に参加する学識経験者等によって構成される合議制の行政機関」である（同論文一一五頁）。

(48)　Voßkuhle, Sachverständige Beratung, HStR Ⅲ, S. 466-469 [Rn. 67-72]. ③に関連して、毛利・前掲注（33）論文三四一頁によれば、日本でも、地方公共団体レベルでは、「審議会委員の一部に公募制を取り入れることが急速に広まりつつある」という。毛利は、公募制は審議会の専門性確保・利害調整機能との関係が不明確だという豊島明子の批判を紹介しつつ、誰がテーマに関連する人物なのかはつねに不明確なので、その選任をいわば市場に委ねることにも一定の合理性があるという趣旨の評価をしている。⑤の外部助言者の基本権保障について、フォスクーレ論文は、外部機関の助言を有償で求める場合を想定して、こうした外部機関の職業の自由に触れるにとどまるが（Voßkuhle, Sachverständige Beratung, HStR Ⅲ, S. 465 [Rn. 64].）、審議会委員等に任命された外部助言者の学問の自由・表現の自由等の保障の問題がより重要であろう。

(49)　Voßkuhle, Sachverständige Beratung, HStR Ⅲ, S. 470-472 [Rn. 74-79].

(50)　先ごろ早世された弁護士の日隅一雄氏は、審議会制度の改革の必要性を主張して、大臣による特殊法人役員などの任命行為を監視するイギリスの「公職任命コミッショナー」制度を紹介して注目される。日隅一雄編訳『審議会革命――英国の公職任命コミッショナー制度に学ぶ』（現代書館、二〇〇九年）。

(51)　芦部信喜（高橋和之補訂）『憲法（第五版）』（岩波書店、二〇一一年）一九―二〇頁、八六頁参照。

〔補遺〕　二〇一三年一〇月に立命館大学で開催された日本公法学会総会二日目、「大規模災害と統治のあり方」という共通テーマによる第一部会において、松本和彦会員がおこなった「統治と専門性――憲法の視点から」という報告は、本章と共通の問題関心に立ち、福島原発事故を踏まえて原子力行政を憲法学の視点から分析した労作である。公法研究七六号（二〇一四年）一二二頁以下、同じく松本和彦「原子力政策と行政組織――憲法の視点から」鈴木庸夫編『大規模災害と行政活動』（日本評論社、二〇一五年）二〇七頁以下参照。

Ⅲ　日本国憲法の発展──判例による憲法変遷(一)

一　成文憲法の発展

歴史上のある時点で成文憲法が制定されたのち、その条文に示された規範の内容理解は、その後の時間的経過の中で変化していき、場合によっては条文自体の改正もおこなわれる。ここでは、これらの現象を「成文憲法の発展」とよんでおきたい。「発展」という日本語はポジティヴなニュアンスをもつが、こうした現象に対する評価は人によって異なることを前提にして、「発展」という言葉をニュートラルな意味で使う。

(1)　**「成文憲法の発展」にかかわる五つのファクター**

①憲法改正による直接的発展

成文憲法に示された規範は、いろいろな態様で発展していく。一番はっきりした形は、正規の手続を経た憲法条文の改正である。理屈の上では、条文の改正は全面改正と部分改正の双方を含むが、手続規定に従った改正としてふつう念頭に置かれているのは、当然部分改正である。部分改正には、成文憲法の条文の追加・削除・修正が含まれる。日本国憲法九六条によれば、憲法改正の主体となるのは国会と有権者である。

②最高裁判所の解釈による成文憲法の直接的発展

憲法の条文は改正されなくても、条文の内容理解は解釈を通じて具体化され、補充され、変化すると見なすことができる。日本国憲法は、最高裁判所を最終的な違憲審査機関と定めている。つまり最高裁判所は、終局的な憲法解釈権をもつ国家機関である。裁判の土俵にのるためには一定の要件が満たされなければならないから、憲法の条文理解をめぐるすべての問題について、最高裁判所の判断が示されるわけではない。しかし、いったん憲法上の争点が取り上げられれば、最高裁判所の憲法解釈が判決文の中で直接に示されることになる。下級裁判所を含む他の国家機関の憲法解釈も、最高裁判所の解釈の変化に大なり小なり連動する。憲法条文そのものの改正とはもちろん異なるが、ここではこれも成文憲法の直接的発展と呼んでおく。

③法律の制定改廃による成文憲法の間接的発展

条文改正を経ない成文憲法の発展のもうひとつの態様が、法律の制定改廃による間接的発展である。法律は憲法の条文解釈を目的として制定されるわけではなく、法律の条文の中で憲法の解釈が直接おこなわれることはない。しかし、法律の制定改廃は、多くの場合何らかの形で憲法の条文に示された憲法規範の具体化としての意味ももっている。だから国会による法律の制定改廃によって、間接的には成文憲法の発展が生じると見なすことが許されるだろう。

そういう見方をとるならば、一九九九年の第一四五国会は、中央省庁改編法・地方分権法・周辺事態法・国旗国歌法・国会活性化法・憲法調査会を設置する国会法改正・情報公開法・通信傍受法・住民基本台帳法改正などを一挙に制定したことで、成文憲法の重大かつ広範な間接的発展をもたらした。もちろん、それぞれの法律の内容をどう評価するかは、別問題である。

④内閣法制局の特殊な役割

成文憲法の発展を生じさせる第四のファクターとして、内閣法制局の特殊な役割にもふれておく必要がある。国会が制定する法律のほぼ八〇パーセントを占める内閣提出法案は、閣議決定前にすべて内閣法制局の審査を受けるため、内閣法制局は大多数の法律について、実質的には法案段階における事前の違憲審査機関としての機能も果たしている。たとえば、公衆浴場の新設を許可する場合、付近に既存の浴場がないことを条件とする距離制限を導入しようという法案に対して、内閣法制局の前身である法務府法制意見局が違憲の疑いがあるとしたため、内閣が法案提出を見送った例が思い出される。結局この法律改正は、議員提出法案の形でおこなわれ、改正法にもとづいて起訴された無許可業者が、憲法違反を争う事件も起きた。最高裁の有名な合憲判決がある（最大判昭和三〇・一・二六刑集九巻一号八九頁）。

また、内閣法制局は、議員の質問に対する政府統一見解の作成にも中心的な役割を果たし、政権の交替にもかかわらず、一貫した憲法解釈によって歴代政権を事実上拘束してきた。最近では、集団的自衛権の行使を憲法九条違反とする法制局見解に対して、自由党の小沢党首が反発して注目されたように、内閣法制局のこうした活動に対しては異論もある。いずれにせよ内閣法制局は、地味な黒子的存在であるにもかかわらず、法律制定を媒介とした成文憲法の間接的発展にとっても、条文解釈を通じた成文憲法の直接的発展にとっても、重要な役割を果たしている国家機関なのである。

⑤成文憲法の発展にかかわりをもつ私的な主体

このように、成文憲法の規範内容は、第一に国会と有権者による正規の改正によって、第二に最高裁判所の解釈によって、それぞれ直接的に発展し、第三に国会による法律制定を通じて間接的に発展する。第四に、憲法解釈と法律制定には内閣法制局も重要な機能を営んでいる。他方で、マス・メディア、政党、市民団体などによる憲法理解や憲法立法の提言も、世論形成の上できわめて重要な役割と責任を担っていることは明らかだ。これらを成文憲法の発展を促す第五のファクターと位置づけることができるだろう。ただし、第五のファクターの憲法理解は、あくまで私的なものである点が、国会や最高裁判所などの国家機関の場合とは決定的に異なっている。

成文憲法の発展にかかわる私的な主体としては、憲法学者もあげなければならない。憲法学者の憲法解釈＝学説は、あくまで私的な見解である点ではマス・メディアや政党の場合と同様だ。しかし、憲法学者は、憲法解釈それ自体を専門職としていることでは他の私的ファクターと異なっており、成文憲法を含む制定法の解釈に関して、法律学の中で伝統的に形成されてきた一定の約束事に職業倫理上縛られているという意味では、むしろ裁判官と共通する面をもっている。学説は、政党や社会集団のなまの政治的主張を憲法解釈論的な言説へと転換する機能や、国会・裁判所などの国家機関にアドバイスをおこなう機能を担っている。以下では、「成文憲法の発展」にかかわる第五のファクターの中から、とくに学説を取り上げたい。

(2)　「対立と協調」

成文憲法を発展させる主体および態様として以上のようなものが考えられることは、おおざっぱに言えば多くの立憲国家で同じである。もちろん、違憲審査制度の有無や内容に応じて、裁判所の役割には国によって大きな違いがあるし、日本の内閣法制局にも特殊性があることは留保しておかなければならない。その上で、成文憲法の発展をめぐるファクター相互の一般的な関係を一言で言えば、どこの国の場合にも「対立と協調」と表現できることになるだろう。

第二次大戦後の日本の場合はどうだろうか。憲法九条の改正や解釈をめぐる論議に典型的に見られるように、議会多数派と最高裁判所とが高い協調関係を維持してきたこと、これに対して議会多数派・最高裁判所と学説多数派との間に鋭い対立関係が続いていること、これが誰の目にも明らかな特徴と考えられてきた。しかし、実際には、テーマや時期によっては議会多数派と最高裁多数派とが激しく対立したこともあるし（一九六六年から一九七三年にかけての労働公安事件判例）、あとで述べるように最高裁判例と多数説とが協調関係に立っている場合も実は多いように思われる。

憲法というとすぐ九条を思い浮かべるのが世間の常だが、もちろん九条だけが憲法ではない。ここでは、先に述べた「成文憲法の直接的発展」という考え方を一応の前提として、最高裁判所の解釈による日本国憲法の発展と学説との関係を、むしろ九条以外のいくつかのテーマに即して確認してみたい。

二　最高裁判所の解釈による人権総則の発展と学説

最高裁判所の条文解釈による成文憲法の直接的発展と憲法学説との関係を見ると、そこには複雑な協調と対立の歴史があることがわかる。まず、最高裁判所による直接的憲法発展の主要な領域のひとつと考えられる人権総則の分野について見てみたい。人権総則とは、表現の自由とか生存権の保障などの個別の人権規定全体に、横断的に共通する諸準則のことだ。どこの国の成文憲法にも、こうした人権総則的な規定はあまり含まれていない。日本国憲法も例外ではない。そこでこの分野では、最高裁判所の憲法解釈が重要な役割を果たしてきた。

(1)　日本国憲法が保障しているのは誰の権利か

人権規定全体にかかわる人権総則的なテーマのひとつは、人権の享有主体、つまり日本国憲法が保障している権利は誰の権利かという問題である。この点について最高裁判所は、過去いくつかの判決で重要な憲法解釈を示してきた。ここでは、学界ではどれも有名な三つの判決を取り上げておく。

第一は、マクリーン事件判決（最大判昭和五三・一〇・四民集三二巻七号一二二三頁）である。日本に滞在居住している外国人には日本国憲法上の人権は保障されるのか。憲法には、この点についての明確な規定は存在しない。しかし、最高裁は、この判決で次のように述べて、外国人の人権享有主体性を原則的に認めている。

「憲法第三章の諸規定による基本的人権の保障は、権利の性質上日本国民のみをその対象としていると考えられるものを除き、わが国に在留する外国人に対しても等しく及ぶものと解すべき」である。

第二は、外国人地方選挙権判決（最判平成七・二・二八民集四九巻二号六三九頁）である。一九八〇年代以降、在

日韓国・朝鮮系の人々を中心に、外国人にもとくに地方選挙権を付与せよという要求が高まってきた。しかし、外国人にも地方選挙権を認めることは憲法上許されるのか。この点についても憲法には明確な規定がない。考え方としては、憲法が宣言する国民主権の原則（国家の独立性）と外国人の選挙権とは矛盾するという立場と、憲法九三条にいう「住民」は必ずしも「国民」と同一に理解しなくてもよいから、憲法は外国人への地方選挙権の付与を禁止していないという立場とがあった。この最高裁判決は、理由づけには不明確な点が多いが、結論として一定の外国人に地方選挙権を与えることは憲法違反ではないとはっきり認めた。

「我が国に在留する外国人のうちでも永住者等であってその居住する区域の地方公共団体と特段に緊密な関係を持つに至ったと認められるものについて［中略］、法律をもって、地方公共団体の長、その議会の議員等に対する選挙権を付与する措置を講ずることは、憲法上禁止されているものではない。」

第三に取り上げておきたいのは、八幡製鉄事件判決（最大判昭和四五・六・二四民集二四巻六号六二五頁）である。民法・商法・その他の特別法など、法律レベルで設立が認められているさまざまな法人が、われわれの社会生活で重要な役割を営んでいることはいうまでもない。法人のこうした重要性に鑑みて、たとえば、現行ドイツ憲法のように、法人が憲法上の権利の主体でもあることを明文で認めた例もある。この考え方に立てば、たとえばマス・メディアの報道の自由は、単に法律で定められた枠内のものではなく、憲法上の人権だということになる。日本国憲法には法人の地位についてのこうした明文規定はないが、最高裁判所のこの判決は、法人も憲法上の人権の主体であることを認めた。

「憲法第三章に定める国民の権利および義務の各条項は、性質上可能なかぎり、内国の法人にも適用されるものと解すべきである［後略］。」

マクリーン事件判決・八幡製鉄事件判決は、国会が外国人や法人の活動を規制する法律を制定した場合、その内容によっては、それらは最高裁判所によって憲法違反と判断される場合がありうることを意味する。また、将来、たとえば永住外国人に地方選挙権を認める公職選挙法の改正がおこなわれても、それに対する違憲論は、一九九五（平成七）年の最高裁判決によってあらかじめ封じられた格好である。つまり、最高裁判所によるこれらの憲法解釈は、「外国人は原則としてこの憲法の権利主体である」「法律により、永住外国人等に地方選挙権を付与することができる」「内国法人は原則としてこの憲法の権利主体である」という条文を日本国憲法に書き加えたのと、機能的には等価だとも言えるのである。

外国人の人権享有主体性、法人の人権享有主体性についての最高裁判所の憲法解釈は、それ以前から唱えられていた学説の多数説とまったく軌を一にするものである（外国人の人権主体性を認める早い時期の学説としては、一九五三年の法学協会『註解日本国憲法・上』有斐閣一九八頁、法人の憲法上の権利主体性は、すでに戦前の美濃部達吉『逐条憲法精義』有斐閣、一九三一年初版六刷一三七頁）。また、外国人の地方選挙権に関する最高裁判決以後、学説でもいわゆる「許容説」が多数説となったと考えられる（例、戸波江二『憲法・新版』ぎょうせい、一九九八年一三八頁）。つまり、人権の主体の問題については（もちろん具体的な事案に関する判決の結論には批判も多いが）、学説の憲法解釈と最高裁判所のそれとの間に基本的には協調関係が存在してきた。

(2)　目的手段審査による憲法判断

最高裁判例と学説との部分的には協調、部分的には対立の複雑な関係によって発展してきた人権総則的な規範としては、違憲審査の準則をあげることができる。

憲法八一条は裁判所に違憲審査権を明文で付与しているが、人権規制法律の合憲性が裁判で争われた場合に、裁判所がどのように違憲審査を行うべきかについて、憲法には特段の規定が見当たらない。そこで、昭和二〇〜三〇年代の最高裁判所は、憲法一二条・一三条を手がかりとして、争われている法律が「公共の福祉」のために必要ならば合憲という判断手法をとった。結果的にこの時期の最高裁判所が、合憲性に疑問の提起された法律をほぼすべて合憲と判断したこともあって、昭和三〇年代半ば頃から学説の批判が高まり、学界ではアメリカ最高裁の判例理論の紹介分析が本格化していく。

昭和四〇年代以降、最高裁判所もこうした学説動向に部分的には同調して、違憲審査手法の精緻化の傾向を見せ始める。最高裁判例と学説との一定の協調関係の出現である。ここでは、その一番顕著な例として、最高裁判所による「目的手段審査論」の採用を取り上げておく。目的手段審査とは、われわれの行動に何らかの規制を加えている法律規定が、憲法の人権条項に違反しないかどうかを審査する場合に、その法律規定が制定された目的と、この目的を実現するために法律が具体的に選択した手段とを審査するという考え方である。昭和四〇年代後半以降、さまざまな人権分野について最高裁判所はこの審査手法を取り入れるようになり、判決の結論は別として、こうした審査の枠組み自体は学説からもほとんど自明視されている。有名な判例を三つあげよう。

① 尊属殺重罰事件判決（最大判昭和四八・四・四刑集二七巻三号二六五頁）

これは、一九九五年の改正で削除された刑法二〇〇条の尊属殺重罰規定を、法の下の平等を定めた憲法一四条に反すると判断した判決である。最高裁判所の裁判史上、特定の法律規定を正面から違憲と宣言した初めての判決として有名だが、目的手段審査の枠組みを明示的に採用した最も早い時期の判決でもある。多数意見は、刑法二〇〇条の立法目的を、尊属殺人を「強く禁圧」しようとしたものだと認定し、尊属に対する尊重報恩は普遍的倫理と言えるので、尊属殺人の防止という立法目的には合理性があるとした。しかし、尊属殺防止の手段としてこの規定が採用した死刑・無期懲役刑という刑罰は、「立法目的達成の手段としては甚だしく均衡を失し」ている点で平等違反だと判断した。多数説は、審査の枠組みと結論には賛成しつつ、刑法二〇〇条の人間像自体が儒教的・家制度的で日本国憲法には合致しないという理解に立って、最高裁判所の立法目的認定には批判的である。

② 猿払事件判決（最大判昭和四九・一一・六刑集二八巻九号三九三頁）

これは、国家公務員の政治活動を規制する国家公務員法一〇二条と人事院規則一四―七が憲法二一条等に反しないかが争われた事件だ。最高裁判所は、規制の目的の合理性、目的達成手段と目的との合理的関連性、規制によって得られる利益と失われる利益との均衡という三つのハードルをクリアすれば、規制法律は合憲だという審査基準を提起した。多数説からは、合憲という最高裁判所の結論に対する批判だけでなく、表現の自由を規制する法律の合憲性審査の場面では、この三基準が緩やか過ぎるという批判も提起されている。

③ 薬局距離制限事件判決（最大判昭和五〇・四・三〇民集二九巻四号五七二頁）

薬局を新規に開設する場合には、薬事法によって都道府県知事の営業許可を受けることが義務づけられている。この事件では、薬事法と条例が、こうした許可条件のひとつとして距離制限を定めていたことが、憲法二二条の職業選択の自由を侵害するかどうかが争われた。最高裁判所は、許可制という強い手段によって営業への参入を規制する法律の合憲性については、規制の目的が社会経済政策的な積極目的か、警察的な消極目的かによって判断を変えるべきだとして、消極目的規制と認定されれば、許可制よりももっと緩やかな手段が可能な場合、許可制の導入は違憲となるという考え方に立った。この基準をあてはめて、薬局開設の距離制限は違憲と判断された。学界は当初、この判決を好意的に迎えたが、その後の最高裁判決の動揺もあって、近年ではこうした目的二分論へのさまざまな疑問が提起されている。

要するに、昭和四十年代後半以降の最高裁判所は、法の下の平等・表現の自由・経済的自由といった種々の人権の規制について、目的手段審査による憲法判断を基本的な枠組みとしてきたわけである。こうした最高裁判所の違憲審査手法に根拠を与えるような条文は、日本国憲法には存在しないと言ってよいだろう。むしろ最高裁判例によって、「規制法律の目的が合理的であり、法律の選択した手段が合理的で必要最小限と見なされる場合には、この憲法が保障する権利を法律で規制することが許される」といった趣旨の規定が、日本国憲法に追加されたのと同様の状況となっている。学説も、憲法条文上の根拠はいわば不問に付して、アメリカ最高裁の判例理論を積極的に輸入してきた。目的手段審査の手法は、学説からも広く支持されている。その土俵の上で、最高裁判所と学説多数派とが鋭い対立を見せているのは、目的手段審査の具体的基準をどのように類型化し、それをいかなる種類の人権のいかなる規制に適用するのか、という点についてである。

三　最高裁判所の解釈による個別人権の発展と学説

個別の人権規定の解釈については、もちろん実に多様な論点があり、最高裁判例と学説との間にも論点ごとに一致や対立がある。また、憲法に明文規定のない新しい権利も、市民団体（例、尊厳死）・法曹界（例、環境権）・学界（例、さまざまないわゆる「自己決定権」）から、主に憲法一三条の幸福追求権規定を根拠としていろいろ主張され、今のところごくわずかだが、プライバシー関連の権利のように最高裁判所によって憲法上の権利として認知されたものもある。

(1)　憲法二五条の生存権理解の枠組み――「抽象的権利」

このような個別の人権理解の中から、憲法二五条の生存権理解に関して最高裁判所と多数説との共通の枠組みとなった考え方である「抽象的権利」という観念を取り上げてみる。

昭和二〇年代には、学界でも、憲法二五条は法的意味を持たない政治指針の宣言にすぎないと理解されていた。いわゆるプログラム規定説である。これに対して、日本も次第に戦後の混乱を脱して経済成長軌道に乗り始めた社会的背景のもとで、有名な朝日訴訟の下級審判決がひとつの契機となって、昭和三十年代以後、学説の支持を集めるようになったのが抽象的権利説だ（一九五九年の橋本公亘『憲法原論』、一九六〇年の池田政章「プログラム規定における消極性と積極性」がその皮切りである）。

周知のように、抽象的権利説とは、憲法二五条は権利を保障しているが、個人が訴訟を起こして具体的な給付を国家から受けるためには、給付の要件・手続・内容などを具体化する法令の制定が必要で、こうした法令がなければ個人の請求は認容されないという説である。これでは、憲法二五条が権利を保障しているといっても、意味がないようにみえるかもしれない。

しかし、第一に、二五条は抽象的には権利を保障した規定だと理解することで、裁判所が法令の規定に不備があると判断した場合には、その法令を憲法二五条違反と認定できる理屈となること。同時に第二に、憲法二五条だけを根拠とした訴えに対しては、請求を棄却することで、社会保障制度の展開を基本的には国会の柔軟な政策的判断に委ねる意味を持つこと。つまり、社会保障政策を国会による立法に任せながら、いざとなれば裁判所の介入も可能にする理論構成である点に、抽象的権利というコンセプトの知恵があるように思われる。

最高裁判所が抽象的権利説の枠組みを採用した判決として、堀木訴訟判決（最大判昭和五七・七・七民集三六巻七号一二三五頁）をあげることができる。これは、ほぼ全盲の視力障害者で、子どもを一人で育てていた女性が、国民年金法にもとづく障害福祉年金に加えて、児童扶養手当の支給も申請したところ、当時の児童扶養手当法には他の年金・手当類との併給禁止規定があったため、県知事によって申請を却下されて訴え出た事件だ。

最高裁判所は、併給禁止規定が憲法二五条等に違反するというこの人の主張を認めなかった。最高裁判所によれば「憲法二五条の規定の趣旨にこたえて具体的にどのような立法措置を講ずるかの選択決定は立法府の広い裁量にゆだねられており、それが著しく合理性を欠き明らかに裁量の逸脱・濫用と見ざるをえないような場合をのぞき」

司法審査の対象外となる。逆に言えば、法律規定が裁判所の目から見て著しく不合理な場合には、憲法二五条違反になるわけだから、この判決は抽象的権利説の理論構成に立ったものと理解することができるだろう。学説多数派との実質的な対立点は、多数説から見れば、最高裁判所が国会の政策的裁量の幅をあまりにも広く認め過ぎる点にある。

(2) 議員定数不均衡をめぐるコンセンサスと緊張関係

個別人権規定に関する憲法の発展と理解できる例を、もう一つだけ拾っておこう。憲法一四条、四四条但書は、平等選挙つまり一人一票の原則も含む規定だと読まれてきた。しかし、昭和三〇年代半ばになると、これらの規定は形式的な一人一票に加えて、投票価値の平等も保障しており、選挙区ごとの人口と議員定数との比率の不均衡は平等権侵害だという主張が現れた（芦部信喜『憲法訴訟の理論』有斐閣、一九七三年一九五頁によると、一九五九（昭和三十四）年の「文藝春秋」二月号所収の清水馨八郎「選挙権は不平等だ」が契機だという。またアメリカ最高裁が一九六二年の Baker v. Carr で議員定数不均衡の司法審査を認めた影響もある）。

この問題に対する最高裁判所・国会・学説の態度を簡単に確認するとすれば、次のようになるだろう。まず最高裁判所は、投票価値の平等が憲法上の原則であることを認めた上で、較差がおおむね三対一を超え、しかも是正措置が八年程度とられていない場合には、不均衡は違憲だとしてきた。しかし、再選挙の混乱を回避するという理由で、選挙そのものを無効とすることは避けてきた。これに対して国会は、最高裁判決を前提としながらも、公職選挙法の改正を結果的にはサボタージュすることが多かった。一九八五（昭和六〇）年七月一七日の最高裁大法廷判決（民集三九巻五号一一〇〇頁）が、一九七六（昭和五一）年四月一四日判決（民集三〇巻三号二二三頁）に続いて、衆議院の議員定数不均衡について二度目の違憲判断を示したため、翌一九八六（昭和六一）年に、初めて定数削減区を設ける公選法改正が成立した。しかし、これも一時しのぎにすぎず、衆議院議員定数不均衡問題の解決が、選挙制度改革のひとつの推進力となった。他方で多数説は、一人一票の趣旨を生かす観点から、憲法上較差が許容される限度を二対一未満と主張し、また将来に向けて選挙を無効と宣言することで、国会に法改正を促す「将来効」判決も可能だと主張してきた。

こうしてみると、人口と議員定数との比率の較差が許される限界や、法改正へのスタンスについては、最高裁判所・国会・学説の間に鋭い緊張関係が続いてきたと言うことができるだろう。しかし、この問題でも、投票価値の平等を憲法上の原則と解釈する点では、三者間に基本的なコンセンサスがある。その意味で、憲法四四条但書は、投票価値平等の要請が明確になるような字句修正を施されたのと実質的には等しいわけである。

四　憲法を改正すれば社会問題が一挙に解決されるわけではない

最後に本章の論旨を三点にまとめておきたい。

①まず第一点は、今回取り上げた例だけを見ても、最高裁判所の判決に示された憲法解釈によって、日本国憲法には次のような条文が追加されたのと同様の効果が生じているということだ。

(ア)たとえば、国民の要件を定めた憲法一〇条に、第二項として、「この憲法が定める諸権利は、性質上可能なかぎり、在留外国人にも保障される」という規定

(イ)同じく、たとえば憲法一〇条第三項として、「この憲法が定める諸権利は、性質上可能なかぎり、内国の法人にも保障される」という規定

(ウ)憲法九三条に第三項として、「法律により、地方公共団体と特に緊密な関係に立つ在留外国人に、地方公共団体の長、議員等の選挙権を付与することができる」という規定

(エ)憲法一三条に第二項として、「この憲法が保障する基本的人権は、規制法律の目的が合理的で、法律の選択した手段が合理的かつ必要最小限のものである場合には、法律によってこれを制限することができる」という趣旨の規定

(オ)憲法二五条一項に「この権利にもとづく給付請求権の内容は、法律でこれを定める」といった類の規定

(カ)憲法四四条但書に、たとえば「選挙区ごとの人口と議員定数との比率は、可能なかぎり平等でなければならない」という規定

最高裁判所は、いつでも自分の判例を変更する権限を持つ（判例変更の許容性については学説上の対立があるが）。だから、最高裁判所の憲法解釈によって導入されたこれらの準則が、同じく最高裁判決によって今後廃棄または修正される可能性もある。最高裁判所の解釈による憲法の発展と、正規の改正による憲法規定の削除や追加との間には、やはり基本的な性質の違いがあることは、もちろん無視できない。

とはいえ、日本国憲法は過去五〇年間一度も改正されておらず、いろいろな点で時代にそぐわなくなってきたというイメージばかりを強調する政党・メディア・評論家などの言説が目立つように見えることを考えると、最高裁判所の解釈を通じて日本国憲法が時代の変化に適応してきた側面にも、改めて注目してよいのではないかと思われる。

②憲法制定五〇年を総括した憲法学界の論調には、閉塞感がかなり色濃くただよっており、とくに最高裁判所が学説の提言に十分応えていないという危機感がある（芦部信喜・公法研究五九号、一九九七年一七～二〇頁）。憲法裁判所設置の提言（伊藤正己『裁判官と学者の間』有斐閣、一九九三年一三三～一三七頁）の背後にも、こうした失望感が存在する。たしかに個々の判決による事案の処理や、その前提とされた理由づけ、とりわけ最高裁判所が採用す

る具体的な違憲審査基準については、例外なくと言ってよいほど学説からの厳しい批判が加えられてきた。その意味では、最高裁判例と学説との亀裂は大変大きい。

しかし、最高裁判所の憲法解釈と学説の憲法解釈との間には、いろいろな場面で、かなりの程度、共通の土俵が形成されていることも見逃してはならないだろう。これが指摘しておきたい第二点目である。このような両者の協調関係には、外国法の研究を中心とした学説側の努力も相当貢献していると思われる。個別の判決の結論に対してさまざまな評価があるのは当然だが、裁判所と学界との対話を通じた憲法の発展という一般的な現象自体は、過去五〇年間、実はそれなりに充実したものだったと評価したいところである。

③そこで第三点目は、憲法解釈の役割、さらには法解釈一般の役割にも、より積極的な意義を認める感覚が、メディアや市民の中でもっと一般化してもよいのではなかろうか、ということだ。戦後の日本では、憲法九条をめぐる厳しい対立が原因となって、解釈は憲法をゆがめるものだという意識が、人々の間に広く流布しているように思われる。政治や報道や市民運動の中で普通に使われ、憲法学者もときにその言い回しを用いる「解釈改憲」という言葉が、そのような「解釈悪人説」を象徴的に示している。

しかし、そもそも条文の文字記号がルールなのではなく、条文の文字記号の意味こそがルールである以上、制定法の条文はすべて、大なり小なりその意味の探求、つまり解釈を必要とする。しかも、条文の文章表現の仕方や、その条文が対象にしようとしている現象の複雑さなどによって、解釈の幅はときとして大変広い。政治秩序の大枠を規定することを任務とする憲法が、とくにこうした傾向を強くもつことは宿命とも言える。したがって、実務や学説によって憲法がさまざまに解釈されることはむしろ正常な事態だと言ってもよい。こうした対話を通じて憲法は国家機関の行動をコントロールしつつ、時代の変化を超えて生き延びていけるのだと考えたほうがよいだろう。解釈の行き過ぎの有無は、条文が解釈されることは当然だという共通前提に立った上で判断されなければならない。

そう考えると、時代の変化に合わせるために憲法改正が必要だとする論調には、慎重な対応が必要だ。憲法改正によって、問題が一挙に解決するような幻想がふりまかれてはならないだろう。たとえば、人権ばかり重視したために行き過ぎた自由の弊害が目立つから、公共の福祉と国民の義務をもっと強調する憲法改正をおこなうべきだという見解がある。しかし、過去の裁判実務の中では、公共の福祉はむしろ過度と言えるほど尊重されてきたのであり、憲法を改正することで人々の日常の行動様式をより道徳的なものに変えることはできない。法はたしかに人間の社会生活のために存在する道具だが、道具は愛情をもって使うかどうかで大きな違いをもたらすものでもある。仮に日本国憲法の改正を考える場合でも、どういう心理がその背景となっているかによって、改正の内容も効果も随分異なったものになるだろう。

〔参考文献〕

憲法の発展という考え方については、B-O. Bryde, Verfassungsentwicklung, 1982.

日本国憲法の五十年の回顧と展望については、樋口陽一ほか編『憲法理論の50年』（日本評論社、一九九六年）、佐藤＝初宿＝大石編『憲法五十年の展望ⅠⅡ』（有斐閣、一九九八年）

〔補遺〕　本文で言及したような内閣法制局の役割に関する法学的研究としては、初出論文公表後、佐藤岩夫「違憲審査制と内閣法制局」社会科学研究（東京大学社会科学研究所）五六巻五・六合併号（二〇〇五年）八一頁以下、大石眞「内閣法制局の国政秩序形成機能」公共政策研究六号（二〇〇六年）七頁以下に接した。前者は、事前の違憲審査機関としての内閣法制局の機能が、裁判所による事後的違憲審査の消極性を正当化するとは必ずしも言えないことを指摘し、後者は、違憲審査機能を含む内閣法制局の審査事務・意見事務の「国政秩序形成機能」を積極的に評価する。

ほかにも仲野武志「内閣法制局の印象と公法学の課題」北大法学論集六一巻六号（二〇一一年）一八三頁以下、長谷部恭男「比較の中の内閣法制局」（同『憲法の円環』岩波書店、二〇一三年一三三頁以下）、笹田栄司ほか『トピックからはじめる統治制度』（有斐閣、二〇一五年）一三四頁以下〔笹田執事〕参照。

いずれにせよ、安倍内閣が、二〇一四年七月一日の閣議決定によって、憲法九条に関する数十年来の政府見解（＝内閣法制局見解）を政治主導で変更し、事情の変更を周到綿密に説明することもなく、憲法九条が個別的自衛権のみならず（限定的な）集団的自衛権の行使も容認すると宣言したことで、本文で述べたような憲法発展のアクターとしての内閣法制局の機能は根本的に変化したと言わざるをえないだろう。内閣の法令案の既存法令との整合性や憲法適合性の審査事務は一応従来どおりだとしても、議員質問に対する政府統一見解の作成場面における内閣法制局の主導的地位は失われたからである。内閣法制局が、内閣の指揮監督を受ける一行政機関であって、特殊な憲法解釈機関としての地位を法的に保障されているわけではないことの当然の帰結とも言えるが、政治権力の自制的行使という観点からは、失われたものもまた大きいように思われる。

いわゆる安保法制をめぐる安倍内閣の動きに対しては、歴代内閣法制局長官ＯＢが異例とも言える批判的な反応を示している。たとえば、阪田雅裕『政府の憲法解釈』（有斐閣、二〇一三年）、対談：長谷部恭男・大森政輔「安保法制諸法案が含む憲法上の諸論点」ジュリスト二〇一五年七月号二頁以下参照。

Ⅳ　最高裁判所の違憲審査六〇年――判例による憲法変遷(二)

一　はじめに

一九四六年一一月三日に制定され、一九四七年五月三日に施行された日本国憲法は、七六条一項において、最高裁判所とその他の下級裁判所が司法権を行使することを規定し、七六条三項において、裁判官の独立を保障している。さらに八一条では、最高裁判所は違憲審査権を有する終審の裁判所だとされている。

このような憲法の規定に従って、一九四七年八月四日に最高裁判所が設立された。最高裁判所は、長官一人、その他の裁判官一四人の合計一五人で構成される。一四人の最高裁判所裁判官は内閣によって任命され、長官は内閣の指名にもとづいて形式的には天皇によって任命される。最高裁判所裁判官には任期は存在しないが、七〇歳で定年退官する。

一五人の裁判官は、五人一組で第一小法廷、第二小法廷、第三小法廷の三つに分かれる。小法廷には事件の種類による分担がないため、最高裁判所が受理したすべての訴訟は、どれかの小法廷に順番にわりふられる。重要な事件については、担当する小法廷が、一五人全員で構成する大法廷へ回付する手続をとる。回付が決定されると、それ以後その事件は大法廷が担当する。裁判所法一〇条によれば、法令等の合憲または違憲の判断、および判例変更は大法廷の管轄であるが、以前の大法廷の合憲判断を維持する場合には、小法廷でも憲法判断をおこなうことが可能である。

裁判所による違憲審査の制度は、日本国憲法によってはじめて導入された。しかも憲法は八一条で簡単な規定を置くにすぎないため、日本国憲法の制定直後には、違憲審査権の内容について学説上の対立があった。しかし、最高裁判所は早い段階で、違憲審査権は民事・行政・刑事の具体的な訴訟を解決するために必要な限度で行使され、最高裁判所だけではなく、すべての裁判所が違憲審査権を行使できるという憲法解釈を示した。そのため、日本の違憲審査制は、過去六六年間にわたって、このアメリカ的な付随的審査制のやりかたで運用されて今日に至っている。

本章では、日本の最高裁判所の違憲審査の特徴を、便宜上三つの時期に区分して紹介した上で（二）、その構造的な問題点について検討することにしたい（三）。

二　日本の最高裁判所の違憲審査の特徴

(1)　時　期　区　分

日本の最高裁判所は、設立以来の六六年間で、九件の法令違憲判決と、一〇件の個別行為の違憲判決をくだしている。(1) 韓国の憲法裁判所が、一九八八年の設立以来二〇一一年までの二三年間で、限定違憲を含めて六二〇件を超える違憲決定をくだしてきたこととは、(2) まったく比較にならない少なさである。このように違憲判決が少ない理由はいろいろ考えられるが、そこに最高裁判所の違憲審査の方針と手法が反映していることはいうまでもない。とはいえ、最高裁判所の六六年間の違憲審査の歴史は、けっして単調なものではなく、違憲審査の手法に着目して観察すると、それを大きく三つの時期に区分することができるように思われる。

第一期は、一九四七年から一九六六年までの約二〇年間である。この時期の最高裁判所は、国家機関の個別の行為について五件の違憲判断を示しているが、法令違憲判断は一つもおこなっていない。最高裁判所は、国会制定法の違憲の主張に対しては、簡単な理由づけで、常に合憲の判断を示した。

第二期は、一九六六年から二〇〇〇年までである。この時期以降の最高裁判所は、憲法判断について比較的詳しい理由づけをおこなうようになった。そこには、一九五〇年代末以来、学説が推奨してきたアメリカ合衆国最高裁判所の判例法理の影響も、ある程度看取することができる。一九七三年にくだされた最初の法令違憲判決から、一九八七年までの一四年間に、九件中五件の法令違憲判決が出された。従来から争われてきた憲法問題に関する大法廷の判断は、第二期の前半までに出そろった観があり、第二期の後半（一九九〇年代）には、第二期前半までの大法廷判決が踏襲される傾向が強かった。

第三期は、二〇〇〇年以降である。最近一〇年ほど、最高裁判所は、再び第二期前期のように憲法判断に積極的に取り組んでいるようにみえる。法令違憲判決も、二〇〇五年から二〇一三年までの八年間に九件中の四件がくだされている。これは、おそらく、最高裁判所の違憲判断消極主義に対して、その恩恵を受けているはずの国会からさえも、疑問が提起されたことをきっかけとするものと思われる。

そこで次に、三つの時期の違憲審査の手法について、例をあげながら説明しよう。

(2)　第一期の違憲審査の特徴

①「公共の福祉三段論法」による合憲判断

設立直後からの約二〇年間、最高裁判所は、日本国憲法一二条・一三条が憲法上の権利は「公共の福祉」に反しないかぎり国民に保障されると規定していることを根拠として、違憲の非難を受けた法律は「公共の福祉」のための法律だという簡単な理由づけで、合憲の判断を示すのを常とした。例として、労働基本権の規制法が問題となった裁判と、職業の自由の規制法が問題となった裁判をあげておこう。

(ア)「政令二〇一号事件」判決。[3] 一九四八年に、内閣は、第二次大戦終了後いったん解禁された公務員の争議行為を、占領軍の指示を受けて再び一律に全面禁止する占領期の特例法である「政令二〇一号」を制定した。この政令違反で起訴された公務員が、政令二〇一号自体の違憲性を理由に無罪を主張した刑事裁判において、最高裁判所は次のように述べてその合憲性を承認した。

「国民の権利はすべて公共の福祉に反しない限りにおいて立法その他の国政の上で最大の尊重をすることを必要とするものであるから、憲法二八条が保障する勤労者の団結する権利及び団体交渉その他の団体行動をする権利も公共の福祉のために制限を受けるのはやむをえない」。ことに国家公務員は、国民全体の奉仕者であるから（憲法一五条）、憲法二八条の労働基本権についても、「一般の勤労者とは違って特別の取扱を受けることがあるのは当然である」。

(イ)「公衆浴場距離制限事件」判決。[4] 公衆浴場法は、公衆浴場の営業許可要件として距離制限を規定している。これが憲法二二条の職業の自由を侵害しないかどうかが問題となった刑事裁判でも、最高裁判所は次のようにその合憲性を承認している。

公衆浴場の過当競争は衛生設備の低下などの国民保健・環境衛生上の悪影響を生じさせるから、公衆浴場に距離制限を設けず、「その偏在ないし乱立を来すに至るがごときことは、公共の福祉に反するものであって、この理由により公衆浴場の許可を与えないことができる旨の規定を設けることは、憲法二二条に違反するものとは認められない」。

② 「公共の福祉三段論法」の原因と学界の反応

このように初期の最高裁判所が、「公共の福祉のためならば憲法上の権利を合憲的に制限できる。問題の法令は公共の福祉のための法令であるから合憲である」という形式論理（いわゆる「公共の福祉三段論法」）で合憲判決を繰り返した原因は、次の点に求められるだろう。すなわち、第一に、第二次大戦前に法律家としての訓練を受けた初期の最高裁判所裁判官の国家秩序重視の感覚、第二に、違憲審査制に対する無理解と不慣れ、また第三に、公務員の権利制限のように、テーマによっては、東西冷戦下での保守政権の擁護である。(5)

憲法学界では、一九五〇年代末ごろから、こうした最高裁判所の姿勢に対する不満が高まっていった。当時若手の憲法学者であった伊藤正己や芦部信喜が、あいついでアメリカに留学し、アメリカ合衆国最高裁判所の判例理論を日本に輸入する動きを示した背景には、このような最高裁判所への不満があった。(6)

(3)　第二期の違憲審査の特徴

①比較衡量による判断──公務員の争議行為禁止の合憲性

最高裁判所は、公務員の労働基本権制限の合憲性に関する一九六六年一〇月二六日の「全逓東京中郵事件」判決において、「公共の福祉三段論法」とは明らかに異なる丁寧な比較衡量論（利益衡量論）を展開した。(7)これ以降、最高裁判所は、合憲・違憲いずれの判断をおこなうにせよ、形式主義的な「公共の福祉三段論法」をとることはなくなり、人権規制によって得られる利益と失われる利益のバランスを考える「比較衡量」を違憲審査の基本的手法とするようになった。違憲審査を合理化しようとする学説の長年の努力が、この時期になってようやく最高裁判所にも一定の影響を与えたものと考えられる。そこで本章では、この判決以降を第二期ととらえる。

「全逓東京中郵事件」は、郵便局職員が結成していた有力な公務員労働組合である「全逓信労働組合（全逓）」が、東京中央郵便局（東京中郵）の施設内で勤務時間中に実施した職場集会の主催者が、郵便法違反で起訴された刑事事件である。最高裁判所は、「政令二〇一号事件」判決と同様、公務員の争議行為の禁止自体は合憲と判断した。しかし、公務員の労働基本権制限は「合理性の認められる必要最小限度のもの」でなければならないとして、その判断のために「労働基本権を尊重確保する必要と国民生活全体の利益を維持増進する必要とを比較衡量」するという方針を示した。その上で、判決は、労働条件の維持・改善を目的とする争議行為のような、正当な目的のための単純不作為の場合には公務員の争議行為も保護され、刑罰は原則として違憲となるという新解釈を打ち出して注目された。

このあと一九六九年の判決において最高裁判所は、公務員の争議行為を煽動した者の処罰を規定した国家公務員法・地方公務員法を合憲限定解釈し、公務員の争議行為にいっそう理解を示す態度をとった(8)。しかし、これは、当時の自由民主党政権の強い反発を生み、最高裁判所内部にも深刻な対立を生んだ。一九六九年から七三年までの裁判官人事によって、この問題に関する最高裁判所内部の多数派が入れ替わり、一九七三年に判例が劇的に変更されて(9)、公務員の争議行為禁止と煽動の処罰は再び全面的に合憲と判断されて現在に至っている。

②目的手段審査による判断——平等　経済的自由権　公務員の政治的表現の自由

第二期以降の最高裁判所の違憲審査の基本的な手法は、上述のように「比較衡量」である。しかし、事案によっては「目的手段審査」の手法も採用されるようになった。目的手段審査も、学説がアメリカ合衆国最高裁判所の判例理論から取り入れたもので、合憲性が争われている法令の制定目的と目的達成手段の双方を審査する方法である。さらに、学説は、規制されている人権の種類や規制の方法に応じて、裁判所は目的手段審査の厳しさを変えるべきだと主張してきた。学説によれば、表現の自由などの規制については、規制目的がきわめて重要な公益と評価できるか、および手段が目的実現にとって実際に必要最小限度と評価できるかが確認されるべきである。これに対して、経済的自由の規制では、規制目的は正当なものと評価できるか、および手段は目的と合理的関連性を有すると評価できるかが確認されれば十分だというのである(10)。

最高裁判所も、最初の法令違憲判決である一九七三年の「尊属殺重罰」判決において、はじめて目的手段審査を採用した[11]。その後、二つ目の法令違憲判決である一九七五年の「薬局距離制限事件」判決[12]、五つ目の法令違憲判決である一九八七年の「森林法共有分割制限規定」判決[13]、公務員の政治活動規制法を合憲と判断した一九七四年の「猿払事件」判決[14]などでも、目的手段審査の手法をとっている[15]。

「尊属殺重罰事件」は、自分または配偶者の直系尊属を殺した人に死刑または無期懲役刑を科す刑法二〇〇条が、法の下の平等を規定する憲法一四条に違反しないかが問題となった刑事事件である。最高裁判所は、普通殺と尊属殺を別の犯罪とする目的は合理的だが、刑法二〇〇条の刑罰が普通殺の刑罰とくらべて重すぎる点が差別にあたると判断した。

「薬局距離制限事件」は、薬局開設の許可要件として距離制限を定めた薬事法と広島県条例の規定が、憲法二二条の職業の自由を侵害するのではないかが争われた行政訴訟である。同様の規制が問題となった上述の「公衆浴場距離制限事件」判決とはまったく異なって、この判決で最高裁判所は、許可制は「……職業の自由に対する強力な制限であるから、その合憲性を肯定しうるためには、原則として、重要な公共の利益のために必要かつ合理的な措置であることを要し、また、それが……消極的、警察的措置である場合には、許可制に比べて……よりゆるやかな制限……によっては右目的を十分に達成することができないと認められることを要する……」という、かなり厳しい目的手段審査をおこなって、手段の違憲判断を導いた。

「森林法共有分割制限規定」判決は、共有持分二分の一以下の共有者が単独所有に移行することを禁止した森林法一八六条が憲法二九条の財産権を侵害すると認めたもので、この判決でも「薬局距離制限事件」判決とほぼ同様の厳しい違憲審査がおこなわれた。

「猿払事件」は、衆議院議員選挙期間中に、郵便局の職員が、所属する労働組合の支持政党である日本社会党の公認候補者のポスターを配布した行為が、国家公務員法と人事院規則の禁止する政治的行為にあたるとして起訴された刑事事件である。裁判では、これらの法令が憲法二一条の表現の自由などを侵害しないかが問題となった。最高裁判所は、規制の目的の合理性、手段の合理的関連性、規制によって得られる利益と失われる利益の均衡を審査するゆるやかな目的手段審査をおこなった。判決は、国家公務員法・人事院規則による規制は行政公務員の政治的中立性と行政に対する国民の信頼を確保するという目的のための合理的手段だとして、公務員の職種・権限、勤務時間の内外、職場の施設利用の有無などによって、禁止される政治的行為や制裁方法を区別していない現行法を、全面的に合憲と判断した。この判決は、ゆるやかな目的手段審査で、表現の自由の規制法を合憲と判断したことで、学説の批判を受けてきた(16)。

③第二期後半の動向

もちろん、一九六六年から一九八七年までの二一年間も、数としては「猿払事件」判決のような合憲判決が多かったわけだが、一九八七年の「森林法共有分割制限規定」判決ののち、二〇〇二年の「郵便法」判決までの一五年間、最高裁判所の法令違憲判決はまったく存在しない。この時期には、第一期、そしてとりわけ第二期の一九六六年から一九七〇年代までにほぼ固まった違憲審査の方針が、そのまま踏襲されている領域が多いように思われる。そこで本章では、一九八七年判決以降二〇〇〇年までを、第二期の後半と位置づける。

第二期前半の方針が踏襲された領域の代表例としては、議員定数不均衡問題をあげることができる。最高裁判所は、一九七六年と一九八五年の二回の判決で(17)、公職選挙法の衆議院議員定数配分規定があまりにも人口過疎地域を優遇し、議員一人あたりの人口を選挙区相互間で比較すると三対一を超えるような較差があり、おおむね五年以上も法改正がおこなわれていない場合には、選挙制度に関して憲法が国会に与えた広い立法裁量権を考慮しても、議員定数配分規定は憲法違反になるとした。これが、第二期前半に出された三つ目と四つ目の違憲判決である。学説は、較差二対一以上になると、特定の有権者だけが計算上一人二票分を認められたことになるので違憲だと主張したが[18]、最高裁判所は一九七六年・八五年判決の方針を維持し、較差が二対一以上でも合憲の判断をくだしている[19]。

ところで第二期後半にも、法令ではなく個別行為の違憲判決が一件存在する。すなわち、一九九七年に、最高裁判所は、愛媛県知事が県の公費から靖国神社等に「玉串料」などを支出した個別の行為を、憲法二〇条三項が禁止する国家の「宗教的活動」にあたると認めて大きな注目をあびた（「愛媛玉串料訴訟」判決[20]）。しかし、この判決も、判断の枠組み自体は、一九七七年の「津地鎮祭事件」判決[21]の「目的効果基準」をそのまま踏襲するものであった。「津地鎮祭事件」判決は、三重県の津市が市立体育館の起工式に際して神社神道式の地鎮祭を挙行した行為を、憲法二〇条三項の「宗教的活動」にあたらないとした判決である。

なお、第二期の後半になって新たに提起された憲法問題については、「当裁判所大法廷判決の趣旨に徴して」合憲性は明らかだとして小法廷で合憲判決をくだすことが多く、大法廷に回付しても違憲判断には至っていない。前者の例として、たとえば定住外国人に地方選挙権を認めていない公職選挙法の規定を合憲とした一九九五年の第三小法廷判決をあげることができる[22]。また後者の例としては、非嫡出子の相続分を嫡出子の二分の一とする民法九〇〇条四号の平等違反が問題となった一九九五年大法廷決定がある[23]。この決定では、厳しい目的手段審査をおこなって違憲を主張した裁判官と、ゆるやかな目的手段審査をおこなって合憲の判断を示した裁判官が鋭く対立したが、違憲派は五人にとどまり（反対意見）、一〇人の裁判官が合憲の法廷意見を形成したのである。

(4)　第三期の違憲審査の特徴

①政治部門による批判の衝撃

日本国憲法制定五〇年にあたる一九九六年ごろから、政界では憲法の内容を再検討すべきだという機運が高まり、二〇〇〇年一月に国会の衆参両院にそれぞれ憲法調査会が設置されて、五年間さまざまな調査がおこなわれた。最高裁判所による違憲審査の状況も調査の対象となり、皮肉なことに立法府のなかから違憲審査制の活性化や憲法裁判所の設置を求める声があがった。五年間の調査終了後、二〇〇五年四月に公表された『衆議院憲法調査会報告書』では、調査会委員となった衆議院議員たちの違憲審査制に関する発言が、次のように要約されている。「最高裁判所の法令違憲の判決の件数が少ないなど司法が憲法判断に消極的であり（いわゆる『司法消極主義』）、司法に委ねられた憲法保障に係る役割を十分果たしていないのではないかとする意見が多く述べられた」（報告書四〇六頁）。「憲法裁判所の設置の是非については、設置すべきであるとする意見が多く述べられたが、設置すべきではないとする意見もあった」（報告書四〇七頁）。

憲法改正論議とリンクした政治部門のこの動きが最高裁判所に大きな衝撃を与え、最高裁判所の危機感をあおったことは想像に難くない。上述のように、二〇〇二年の「郵便法」違憲判決以降、四件の違憲判決を含めて重要な憲法判断があいつぎ、最高裁判所の違憲審査が再び活性化するようになったのは、もちろん、訴訟において重要な憲法問題が新たに提起されたことによるわけだが、政治の動きも大きな誘引となったと考えてよいだろう。そこで本章では、国会に憲法調査会が設置された二〇〇〇年以降を第三期と位置づけた。第三期では、選挙権と平等権に関する厳格な違憲審査が特徴的である。

②選挙権の制限に関する厳格な審査傾向

二〇〇五年の「在外国民選挙権訴訟」判決(24)は、外国在住の日本国民が国会議員選挙において投票できる制度が存在しなかったこと、一九九八年の改正公職選挙法も在外国民の投票を比例代表選挙に限定し、衆議院小選挙区選挙と参議院選挙区選挙での投票を認めていないこと、これらの点を憲法一五条（参政権）・四四条（平等選挙権）等に違反するとした。

この判決は、「国民の選挙権又はその行使を制限することは原則として許されず、……制限するためには、……

やむを得ないと認められる事由がなければならない」という厳しい審査方針を示して違憲判断をくだした。さらに、「国民に憲法上保障されている権利行使の機会を確保するために所要の立法措置を執ることが必要不可欠であり、それが明白であるにもかかわらず、国会が正当な理由なく長期にわたってこれを怠る場合」には、例外的に国会の行為を原因とする国家賠償責任が成立することも認めた。

このように、選挙権行使にかかわる法律について、これまでにない厳格な違憲審査の方針を示したこの判決の前後から、一票の較差問題に対する最高裁判所の態度も変化をみせはじめた。最高裁判所は、第二期と同様、議員一人あたり人口の選挙区間比率の平等だけを絶対視しているわけではない。しかし、第二期では比較的広く認めていた選挙制度に関する国会の裁量権を狭めるようになり、二〇一一年の判決では、三〇〇の衆議院小選挙区について、まず四七都道府県に一選挙区を設けたのち、残りの選挙区を人口比例配分するいわゆる「一人別枠方式」を、この制度では較差二対一未満の達成は不可能だという理由で違憲状態と判断するに至った(25)。

③平等保障の領域における厳格な審査傾向

平等権も、第三期の最高裁判所が、これまで以上に厳しい態度を示している領域である。国籍法によれば、日本国籍をもつ父が外国籍の母の妊娠中に認知した子は、父と母が婚姻関係になくても出生と同時に日本国籍を取得できるのに対して、日本国籍をもつ父が生後認知した子は、父と外国籍の母が婚姻しなければ日本国籍を取得できなかった。しかし、最高裁判所は、二〇〇八年の判決で(26)、国籍法三条一項のうち、父母の婚姻を要件とする部分を憲法一四条違反と判断し、一審原告の日本国籍を認めた。

さらに今年［二〇一三年］になって最高裁判所は、非嫡出子の相続分を嫡出子の二分の一とする民法九〇〇条四号の規定についても、遅くとも二〇〇一年七月以降、憲法一四条に反するものとなったと判断するに至った(27)。この決定は、一九九五年時点では民法九〇〇条四号は合憲だったという理解に立って、第二期後半の説明で紹介した一九九五年大法廷決定を変更しないで法令違憲判断をくだした点に特徴がある。

④第三期のその他の動向

近年の最高裁判所は、上に述べた選挙権・平等権の領域以外に、政教分離原則や公務員の政治活動規制に関しても、従来の判例をみなおす動きを示している。(28) その結論は、学界からおおむね好意的に迎えられているといえよう。しかし、これらの判決では、従来の判例が明示的に変更されたわけではないため、判例の射程の理解には困難が生じている面もある。

他方で、最高裁判所が、政治部門の多数派と行政の政策を尊重して、秩序維持の傾向を強く示している領域も存在する。その代表例は、「君が代訴訟」であろう。一九九九年に「君が代」を国歌、「日の丸」を国旗とする国歌・国旗法が制定されて以来、文部科学省は、普通教育（小学校・中学校・高等学校）において、国旗掲揚と国歌斉唱を徹底させる行政指導を強化してきた。現場の教師のなかには、日本の侵略戦争において「君が代」「日の丸」が演じた意味に対する批判から、「君が代」斉唱に反発する動きがあり、こうした教師の卒業式等における「君が代」斉唱の伴奏拒否、起立斉唱拒否が、懲戒処分の対象となって訴訟で争われてきた。憲法一九条の思想・良心の自由にかかわるこれらの訴訟で、最高裁判所は、当該教師の意見が憲法上の思想・良心に含まれることを認めつつ、公務員としての職務上の義務を優先して、懲戒処分の違法性を否定する判決をくだしている。(29)

以上、二〇〇〇年以降の最高裁判所の違憲審査に変化をみいだし、これを第三期と位置づけて、その主たる動向を概観した。最高裁判所の今後の動きについて、ここで不確実な予測をおこなうことは慎むことにして、次に日本の最高裁判所による違憲審査の構造的な問題を考察することにしたい。

三　違憲審査機関としての日本の最高裁判所の構造的な問題点

(1)　民・刑事の最上級裁判所と憲法裁判所の兼任

不十分ながら二で概観したように、六〇年を超える日本の最高裁判所の違憲審査は、ときには政治部門（国会・内閣）に対して厳しい注文をつけてきたが、全体としてみると、必ずしも十分に「人権の砦」として憲法保障の機能を果たしてきたとはいえない。

ここでは、その原因と思われることがらのうち、制度的・構造的な要因について、若干の考察をおこないたい。泉徳治元最高裁判所裁判官が、「違憲審査機能と一般法令違反審査機能の双方を一五人の裁判官で担う我が国の最高裁には、そもそも制度的に無理な面があるのではないか」と指摘するように、[30]一五人の裁判官から構成された最高裁判所が、民事・刑事の最上級裁判所と憲法裁判所の役割を兼ね備える制度を採用したことで、違憲審査権行使について二つの構造的な問題が生じたように思われる。第一は、最高裁判所裁判官の極端な過重負担の問題であり、第二は、最高裁判所裁判官の憲法裁判官としての資質の問題である。以下、それぞれについて説明したい。

(2)　最高裁判所の過重負担と違憲審査

①過重負担の現実

第二次大戦前の日本の最上級裁判所であった大審院は、違憲審査権をもたず、もっぱら民・刑事の最上級審であったが、一九四〇年当時をみると、院長一人、部長八人、判事三七人の計四六人から構成され、民事五部・刑事四部に分かれて裁判を担当していた。[31]この陣容にくらべて、最高裁判所の一五人の裁判官、三つの小法廷という構成は、たしかにかなり小規模である。最高裁判所の設立時に、国会・内閣とともに、名実ともに三権の一角をになう新最高裁判所裁判官は、内閣構成員たる大臣と同等だという議論があり、それが一五人という人数に反映された

ようである。(32)

この結果、最高裁判所裁判官は、常に極端な過重負担をしいられることになった。たとえば、二〇一一年に最高裁判所に提起された訴訟事件は民事三六七九件、刑事二三〇一件で、合計五九八〇件、同年の処理件数は五三六一件とのことである。長官は原則として訴訟に関与しないので、訴訟数を一四人で割ると、裁判官一人あたり年間約四二七件の訴訟を主任事件として割り当てられ、約三八三件を主任として処理したことになる。これ以外に手続問題や家庭裁判所事件などの下級審決定に対する抗告事件も約二〇〇〇件受理されている。前年までの積み残し分を含めた二〇一一年の未処理訴訟件数は二三三五件だったという。(33)

②小法廷による違憲審査の弊害

こうした過重負担は、小法廷が大法廷回付を敬遠する心理を生み出しているといわれる。(34)きわめて多忙な一五人の裁判官全員を、一つの事件に拘束することになるからである。冒頭で述べたように、裁判所法は、大法廷の過去の合憲判決にしたがう場合には、小法廷による憲法判断を認めているので、大法廷回付の回避は、とりもなおさず違憲判断の回避を意味する。

このように、過去の大法廷の合憲判決を前提として、小法廷で事案を処理することから生ずる違憲審査上の具体的な弊害として、ここでは、第一に、先例として引用されている大法廷判決と当該事件との関係が不明確な判決がみられること、第二に、実質的には判例変更と解釈することも可能なため、その射程が不明確な判決が現れること、この二点を指摘しておきたい。

第一について。最高裁判所判決による先例引用の趣旨が不明確に思われることは、憲法研究者のしばしば経験するところだが、この点は、最高裁判所裁判官経験者も指摘している。すなわち、泉元裁判官によれば、たとえば二〇〇七年の「君が代伴奏拒否事件」判決（注28参照）が事案を小法廷で処理したことには疑問があり、この判決が先例として引用している四件の大法廷判決は、いずれも「君が代」問題とは無関係で、思想・良心の自由に関する判決も四件中一件にすぎない。(35) ここには、本来は大法廷で審理すべき事案を、大法廷判決の趣旨の拡大解釈によって、無理に小法廷レベルで処理する弊害が現れているのではないだろうか。

第二について。たとえば「堀越事件」判決(注27参照)は、小法廷判決であるにもかかわらず、実質的には大法廷判例の変更を意味するのではないかが論じられている顕著な例である。上述のように、先例である「猿払事件」大法廷判決(注14参照)は、国家公務員法・人事院規則が公務員の職種・権限、勤務時間の内外、職場の施設利用の有無などによって、禁止される政治的行為・制裁方法を区別していないにもかかわらず、これを全面的に合憲と判断していた。これに対して「堀越事件」第二小法廷判決は、国家公務員法・人事院規則が禁止しているのは「公務員の職務の遂行の政治的中立性を損なうおそれが、……現実的に起こり得るものとして実質的に認められるものを」指すという限定解釈をおこなった。判決は、この実質性の認定にあたって、当該公務員の地位、裁量権の有無、勤務時間の内外、施設利用や地位利用の有無、公務員団体(労働組合)としての活動の有無、公務員の活動と認識される行動の有無等を総合考慮すべきだとした上で、事案については控訴審の無罪判決を維持した。

「堀越事件」判決によれば、「猿払事件」は公務員労働組合活動の一環であった点、公務員が特定政党の候補者を支持していることが容易に認識できた点で、本件とは異なるとされる。しかし、両事件を事実関係の違いで区別できるかは相当に疑問であり、両判決の相互関係と、それぞれの判決の射程はけっして明確ではない。判決内容からみれば、むしろ大法廷を開いて明示的な判例変更をおこなうべき事案だったといえる。(36) ここにも、大法廷回付を回避する傾向から生まれる「ゆがみ」が現れているといえるのではなかろうか。

(3) 最高裁判所裁判官の資質と違憲審査

①最高裁判所裁判官の資質

冒頭で述べたように、最高裁判所の一四人の裁判官は内閣によって任命され、長官は内閣の指名にもとづいて天皇によって任命される。しかし、最高裁判所裁判官の構成については、裁判官出身者六人、弁護士出身者四人、その他五人（検察官出身者三人、行政官出身者一人、学者出身者一人）という枠が慣行上固まっており、基本的には最高裁判所が人選の主導権を握っている。設立から今日まで在職した合計一六六人の最高裁判所裁判官のうち、大学教授出身者は一二人、そのなかで公法学者は河村又介・横田喜三郎・田中二郎・伊藤正己・園部逸夫・藤田宙靖の六人、憲法学者は河村又介と伊藤正己の二人だけである。(37)

このような人的構成からも推測がつくことだが、大半の最高裁判所裁判官にとって、憲法事件は身近なものではなく、通常の法令解釈とくらべてどこか漠然とした胡散臭いものに感じられているという。しかも、上告事件の多くは実質的には議論に値する憲法問題を含んでいないともいわれる。(38) つまり、裁判官たちの自己意識においては、最高裁判所は何よりも民・刑事の最上級裁判所なのである。

②最高裁判所の違憲審査の質

このように最高裁判所裁判官の人選と意識が、最高裁判所の憲法裁判機能に必ずしもふさわしいとはいえないとすれば、(39) そのことが日本の最高裁判所の違憲審査の質にも影響をおよぼしている可能性がある。

この点でも、泉元裁判官が、最高裁判所による違憲審査権行使の問題点の一つとして、「立法府・行政府の裁量権の行使が合憲であるか否かを審査する違憲審査基準が確立されていないこと」を率直にあげていることは注目される。(40) たしかに、一九五〇年代末以降、伊藤正己・芦部信喜などの先駆者が、アメリカ合衆国最高裁判所の判例理論の輸入検討につとめたにもかかわらず、最高裁判所によるその受容はきわめてアド・ホック ad hoc なものにとどまってきた。泉元裁判官の指摘をまつまでもなく、日本の最高裁判所の違憲審査権行使が、問題となる憲法上の権利の種類・性質、規制の態様と軽重、対立利益の種類などの要素を考慮した上で、透明度の高い判断基準の類型を明確化してきたとは到底いい難いのである。

これまで最高裁判所は、自分の違憲審査の一般的方針を明示したことはないが、「堀越事件」判決の千葉勝美裁判官補足意見は、本章の第二期以降を念頭に置いて、最高裁判所の違憲審査手法全般を次のように要約していて興味深い。

「近年の最高裁大法廷の判例においては、基本的人権を規制する規定等の合憲性を審査するに当たっては、多くの場合、それを明示するかどうかは別にして、一定の利益を確保しようとする目的のために制限が必要とされる程度と、制限される自由の内容及び性質、これに加えられる具体的制限の態様及び程度等を具体的に比較衡量するという『利益衡量』の判断手法を採ってきており、その際の判断の指標として、事案に応じて一定の厳格な基準（明白かつ現在の危険の原則、不明確ゆえに無効の原則、必要最小限度の原則、ＬＲＡの原則、目的・手段における必要かつ合理性の原則など）ないしはその精神を併せ考慮したものがみられる」(41)。

しかしながら、最高裁判所の違憲審査手法について、めずらしくいわば手の内をあかしたこの説示でも、比較衡量の厳格な基準として雑多な審査手法がかかげられているにとどまり、その相互関係や、規制される権利・規制態様と審査手法との関係についての説明はみあたらない。

さらに千葉補足意見は、「猿払事件」大法廷判決について、「政治的行為を禁止することによって得られる利益と……失われる利益の均衡」を問題にしたり、政治的行為の禁止は「合理的でやむを得ない制限である」と述べていることをあげて、「厳格な審査基準の採用をうかがわせるものがある」という。しかし、このように、いわゆる「猿払基準」を厳格な審査基準とみなす理解は、「猿払基準」をゆるやかな合理性審査基準とみなす学説の評価と大きくへだたったものであり、表現の自由の規制法に関して学説が提案してきた違憲審査手法を意図的に曲解するものとさえ評したくなる。

六〇年以上にわたる違憲審査権行使の経験があるにもかかわらず、透明度の低いアド・ホックな審査手法からなかなか抜け出すことができず、むしろそれを正当化していることに、日本の最高裁判所による違憲審査権行使の最大の問題点がひそんでいるように思われる。

四　おわりに

こうした最高裁判所による違憲審査権行使に対しては、とりわけ九〇年代のなかば以降、さまざまな主体によってさまざまな処方箋が提案されてきた。

たとえば、一九九三年に伊藤正己元最高裁判所裁判官は、回想録のなかで最高裁判所の「司法消極主義」の原因を詳細に述べた上で、その根本的な解決策としてドイツ的な憲法裁判所の設置を提唱して、学界に衝撃を与えた(42)。また、一九九四年に読売新聞社が公表した憲法改正試案も、ドイツをモデルとした憲法裁判所の設置を提案している(43)。

他方、学説でも、憲法調査会が発足した二〇〇〇年ごろに、憲法を改正せずに違憲審査権を通常裁判から切り離す裁判所の機構改革案が提案された(44)。たとえば、畑尻剛は、裁判所法を改正して新たに「最高裁判所憲法部」を設置し、従来の最高裁判所を通常裁判の上告審機能だけを担当する「最高裁判所上告部」に改編すること、憲法上の司法権に関する「個別紛争の法的解決作用」という伝統的理解に配慮して、「最高裁判所憲法部」にはいわゆる具体的規範統制の権限のみを付与することを提案した。また、笹田栄司は、現在の高等裁判所と最高裁判所の中間に「特別高等裁判所」を設置して、これに民・刑事の最上級裁判所の機能を移し、最高裁判所を one bench に改組し

て、その権限を「特別高等裁判所」からの移送にもとづく違憲審査に専門化する改革案を提唱した。(45)

これらの提案には傾聴すべき点が多く含まれているが、現在の日本の政治・経済・社会情勢から判断すると、最高裁判所の憲法裁判機能を強化するための制度改革は、近い将来にその実現が期待できる状況にはないように思われる。(46)

(1)　元最高裁判所裁判官である泉徳治の回顧録『私の最高裁判所論』（日本評論社、二〇一三年）一五四―一五五頁の一覧表参照。この本の出版後、最高裁判所は、平成二五（二〇一三）年九月四日に、さらに一件の法令違憲判断をくだした（注26の事件）。

(2)　鄭柱白「韓国の違憲審査制度」（國分典子・申平・戸波江二編『日韓憲法学の対話Ⅰ』尚学社、二〇一二年）二一三頁。

(3)　昭和二八（一九五三）年四月八日最高裁判所大法廷判決（最高裁判所刑事判例集七巻四号七七五頁以下）。以下では、判決の引用は最大判昭和二八（一九五三）・四・八刑集七巻四号七七五頁というように略記する。

(4)　最大判昭和三〇（一九五五）・一・二六刑集九巻一号八九頁。

(5)　泉・前掲書（注1）七七―八八頁は、最高裁判所発足時の状況をふりかえり、国家秩序重視のグループが最高裁判所初代裁判官人事を支配したとみている。他方、渡辺治「戦後史の各『時代』と憲法」（石村修・浦田一郎・芹沢斉編著『時代を刻んだ憲法判例』尚学社、二〇一二年）三九八頁以下は、資本主義体制の維持、保守政治への支援という観点から、最高裁判所の行動を解釈する。

(6)　伊藤正己『言論・出版の自由』（岩波書店、一九五九年）、芦部信喜の三部作『憲法訴訟の理論』（有斐閣、一九七三年）、『現代人権論』（有斐閣、一九七四年）、『憲法訴訟の現代的展開』（有斐閣、一九八一年）所収の諸論文がその代表作である。

(7)　最大判昭和四一（一九六六）・一〇・二六刑集二〇巻八号九〇一頁。

(8)　「都教組事件」判決（最大判昭和四四（一九六九）・四・二刑集二三巻五号三〇五頁）、「全司法仙台事件」判決（最大判昭和四四（一九六九）・四・二刑集二三巻五号六八五頁）。

(9)　「全農林警職法事件」判決（最大判昭和四八（一九七三）・四・二五刑集二七巻四号五四七頁）。
(10)　学説の提案については、さしあたり赤坂正浩『憲法講義（人権）』（信山社、二〇一一年）二二一―二九頁参照。
(11)　最大判昭和四八（一九七三）・四・四刑集二七巻三号二六五頁。
(12)　最大判昭和五〇（一九七五）・四・三〇民集二九巻四号五七二頁。
(13)　最大判昭和六二（一九八七）・四・二二民集四一巻三号四〇八頁。
(14)　最大判昭和四九（一九七四）・一一・六刑集二八巻九号三九三頁。
(15)　しかし、いかなる場合に目的手段審査をおこなうのかについて、最高裁判所の方針は明確ではない。
(16)　たとえば、芦部信喜「公務員の政治活動の自由の規制と『合理的関連性』基準――猿払事件最高裁判決の問題点」（芦部『憲法訴訟の現代的展開』有斐閣、一九八一年）二二五頁以下。
(17)　最大判昭和五一（一九七六）・四・一四民集三〇巻三号二二三頁、最大判昭和六〇（一九八五）・七・一七民集三九巻五号一一〇〇頁。
(18)　代表的なものとして、芦部信喜「議員定数不均衡の違憲審査の基準と方法」（芦部『憲法訴訟の現代的展開』有斐閣、一九八一年）三〇五頁以下、特に三二二頁。
(19)　衆議院に関する最大判平成五（一九九三）・一・二〇民集四七巻一号六七頁、最大判平成七（一九九五）・六・八民集四九巻六号一四四三頁、衆議院の選挙制度が中選挙区制から小選挙区・比例代表並立制に改正されたのちの最初の選挙に関する最大判平成一一（一九九九）・一一・一〇民集五三巻八号一四四一頁参照。
(20)　最大判平成九（一九九七）・四・二民集五一巻四号一六七三頁。一九五五年の結党以来、一貫して政権を担ってきた自由民主党が、内部分裂の末一九九三年の衆議院選挙で敗北し、細川護熙を首相とする非自民八党連立政権が成立した。同種の問題について同じ基準の審査がおこなわれたにもかかわらず、「津地鎮祭事件」判決では合憲、「愛媛玉串料訴訟」判決では違憲と、結論が分かれたのは、後者には細川内閣が任命した九人の最高裁判所裁判官が関与したからだという政治的解釈もある。百地章『政権分離とは何か』（成文堂、一九九七年）二二七頁参照。
(21)　最大判昭和五二（一九七七）・七・一三民集三一巻四号五三三頁。
(22)　「外国人選挙権訴訟」判決。最三小判平成七（一九九五）・二・二八民集四九巻二号六三九頁。
(23)　「非嫡出子相続分格差訴訟」決定。最大決平成七（一九九五）・七・五民集四九巻七号一七八九頁。

(24)　最大判平成一七（二〇〇五）・九・一四民集五九巻七号二〇八七頁。赤坂正浩・判例評釈（判例評論五七二号法律時報社、二〇〇六年一七〇―一七八頁、本書二三九頁以下）。
(25)　最大判平成二三（二〇一一）・三・二三民集六五巻二号七五五頁。ただし、この制度を合憲と判断した二〇〇七年判決からまだまもないという理由で、判決主文では違憲宣言をおこなわなかった。赤坂正浩・判例評釈（判例セレクト二〇一一［Ⅰ］有斐閣、二〇一二年三頁）。さらに、最高裁判所は、二〇一三年一一月二〇日の大法廷判決において、二〇一二年一二月の衆議院議員選挙時に存在した二・四三対一の較差を違憲状態と判断したが、較差是正に向けた国会の努力を一定程度評価して、二〇一一年判決と同様、判決主文では違憲宣言をおこなわなかった。赤坂正浩・判例評釈（平成二五年度重要判例解説・有斐閣、二〇一四年八―一〇頁）。
(26)　最大判平成二〇（二〇〇八）・六・四民集六二巻六号一三六七頁。
(27)　最高裁判所のウェブサイト http://www.courts.go.jp/hanrei/pdf/20130904154932.pdf
(28)　二〇一〇年の「空知太神社訴訟」判決（最大判平成二二（二〇一〇）・一・二〇民集六四巻一号一頁）は、長期にわたって神社に敷地を無償貸与してきた市の行為を、国家の宗教的中立性を害すると判断した。この判決は、第二期後期でとりあげた「愛媛玉串料訴訟」判決以来、政教分離原則に関する二度目の違憲判決であるが、その際、第二期前期の「津地鎮祭事件」判決以降定着していた「目的効果基準」による審査をおこなわなかったため、先例との関係が問題となっている。また、昨年の「堀越事件」判決（最二小判平成二四（二〇一二）・一二・七刑集六六巻一二号一三三七頁）は、第二期前期で紹介した「猿払事件」判決の事案と同種の事案について、国家公務員法・人事院規則の限定解釈をおこなった上で、控訴審の無罪判決を維持した。この判決も、後述のように、先例である「猿払事件」判決との関係が問題となる。
(29)　「君が代伴奏拒否事件」判決（最三小判平成一九（二〇〇七）・二・二七民集六一巻一号二九一頁）、「君が代起立斉唱拒否事件」判決（最一小判平成二四（二〇一二）・一・一六判例時報二一四七号一二七頁）など。
(30)　泉・前掲書（注1）一一九頁。
(31)　泉・前掲書（注1）九頁。
(32)　滝井元最高裁判所裁判官による。滝井繁男『最高裁判所は変わったか』（岩波書店、二〇〇九年）一五頁。
(33)　泉・前掲書（注1）一一五―一一六頁、藤田宙靖『最高裁回顧録』（有斐閣、二〇一二年）四三―四四頁を参照。

(34) 伊藤元最高裁判所裁判官による。伊藤正己『裁判官と学者の間』(有斐閣、一九九三年)一二九―一三二頁。
(35) 泉・前掲書(注1)一五三頁。一七六―一八〇頁。
(36) この判決に関する憲法学者の解釈も分かれている。実質的には判例変更だとする解釈として、大久保史郎「憲法裁判としての国公法二事件上告審判決」(法律時報八五巻五号、二〇一三年)六〇頁。反対に、「猿払事件」判決とこの判決には矛盾はないという読み方の試みとして、蟻川恒正「国公法二事件最高裁判決を読む」(法学セミナー六九七号、二〇一三年)二六頁。
(37) 長谷部恭男＝石川健治＝宍戸常寿編『憲法判例百選Ⅱ・第六版』(有斐閣、二〇一三年)四五九―四六三頁のリストにもとづいて判断した。
(38) 伊藤前掲書(注33)一二三―一二九頁。
(39) 滝井元裁判官もこの点を指摘している。滝井・前掲書(注31)五三―五六頁。阿部泰隆「憲法問題に学識をもち、かつ通常事件に見識のある最高裁判事選出の方策と裁判官補佐体制(調査官)のあり方」(ドイツ憲法判例研究会編『憲法の規範力と憲法裁判』信山社、二〇一三年)二五七頁もこの問題をとりあつかっている。
(40) 泉・前掲書(注1)一五一頁。
(41) 刑集六六巻一二号一三四九―一三五一頁。
(42) 伊藤前掲書(注33)一一六―一三七頁。
(43) 読売新聞社編『憲法　二一世紀に向けて』(読売新聞社一九九四年)一一二―一一三頁は、現行憲法八一条に代わって「憲法裁判所は、一切の条約、法律、命令、規則又は処分が憲法に適合するかしないかを決定する権限を有する唯一の裁判所である」という規定を置くことを提案している。
(44) 日本国憲法八一条は、最高裁判所を違憲審査権を有する終審裁判所と規定しているため、最高裁判所とは別に憲法裁判所を設置するためには憲法改正が必要になる。
(45) 畑尻剛「憲法裁判所設置問題も含めた機構改革の問題」(公法研究六三号、二〇〇一年)一二一頁。笹田栄司「最高裁判所改革による違憲審査の活性化」(初出二〇〇〇年。のちに笹田『司法の変容と憲法』有斐閣、二〇〇八年)一六一―一九頁。二〇一三年に公表された産経新聞社の憲法改正案も、その一一三条一項で「憲法の最高法規性を保障するため、最高裁判所の中に、憲法判断を専門に行う憲法裁判部を設置する」として、畑尻教授の提案に近い制度の導入を求めている。産経新聞社『国民の憲法』（産経新聞出版、二〇一三年）二五八―二五九頁。

(46)　二〇一二年末に就任した安倍晋三首相は、再び憲法の全面改正に意欲を示しているが、二〇一二年に自由民主党が公表した憲法改正案は、読売新聞社試案・産経新聞社試案とは異なって、憲法裁判所の導入案をいっさい含んでおらず、憲法裁判所に関する自民党内の空気は憲法調査会の時代とはまったく異なっていることがうかがわれる。https://www.jimin.jp/policy/pamphlet/pdf/kenpou_qa.pdf の五七―五九頁。泉・前掲書（注1）一二七―一二八頁も、韓国型の憲法裁判所が望ましいとしながら、現状では実現は困難だと判断している。

［参考文献］

1．最高裁判所裁判官経験者の回想録

伊藤正己『裁判官と学者の間』（有斐閣、一九九三年）

滝井繁男『最高裁判所は変わったか』（岩波書店、二〇〇九年）

藤田宙靖『最高裁回顧録』（有斐閣、二〇一二年）

泉徳治『私の最高裁判所論』（日本評論社、二〇一三年）

2．最高裁判所の動向分析

山本祐司『最高裁物語・上下』（日本評論社、一九九四年）

山口進・宮地ゆう『最高裁の暗闘』（朝日新書、二〇一一年）

渡辺治「戦後史の各『時代』と憲法」（石村修・浦田一郎・芦沢斉編著『時代を刻んだ憲法判例』尚学社、二〇一二年）

3．最高裁判所の組織改革・憲法改正提案

読売新聞社編『憲法二一世紀に向けて』（読売新聞社、一九九四年）

畑尻剛「憲法裁判所設置問題も含めた機構改革の問題」（公法研究六三号、二〇〇一年）

笹田栄司「最高裁判所改革による違憲審査の活性化」（初出二〇〇〇年。のちに笹田『司法の変容と憲法』有斐閣、二〇〇八年）

自由民主党　https://www.jimin.jp/policy/pamphlet/pdf/kenpou_qa.pdf
産経新聞社　『国民の憲法』（産経新聞出版、二〇一三年）

4．憲法判例の概観

芦部信喜　『憲法訴訟の現代的展開』（有斐閣、一九八一年）
赤坂正浩　『憲法講義（人権）』（信山社、二〇一一年）
長谷部恭男・石川健治・宍戸常寿編　『憲法判例百選Ⅰ Ⅱ・第六版』（有斐閣、二〇一三年）

〔補遺〕　初出論文は、二〇一三年一二月一四日に、韓国国立・江原大学校・比較法学研究所が開催した「東北亜三国における司法制度の現況と発展方向」という国際シンポジウムでの報告原稿である。このシンポジウムの企画者の一人であるキム・ハクスン（金学成）江原大学校教授とは、一九九五年に、偶然同時にドイツ・ケルン大学のシュテルン教授のもとで在外研究に従事したことで知遇を得た。報告の機会を与えていただいた金教授と、私の日本語原稿を韓国語に翻訳し、当日の質疑をはじめ、滞在中の通訳の労もお取りいただいた江原大学校・比較法学研究所研究員のパク・ヨンスク（朴容淑）さんのご厚意に心から御礼を申し上げたい。

一五年近い時を隔てて、いずれも主として最高裁判例の動向を検討した第Ⅲ章と第Ⅳ章には、本書収録にあたって「判例による憲法変遷」という共通の副題を付して第三部に含めた。一九〇八年に美濃部達吉がゲオルク・イェリネックの講演を紹介して以来、日本の憲法学は「憲法変遷」という法的観念を知ることになったが、第二次大戦後の日本の憲法学では、一般に、憲法変遷とは、憲法違反の実務によって成文憲法の条項の意味が変化する現象と理解されている。戦後（西）ドイツの憲法学界でも、憲法変遷が、さまざまな国家機関の解釈を通じた成文憲法の条項の意味変化と解されている点は、日本の学界と同様である。しかし、ドイツの憲法学では、成文憲法の改正のみならず変遷にも、成文憲法の法理上の限界があるとされており、限界を超える改正も変遷も、違憲無効と考えられている。したがって、戦後ドイツの場合、成文憲法の文言理解の可能性の枠内における意味変化だけが、憲法変遷とよばれる（赤坂正浩『立憲国家と憲法変遷』信山社、二〇〇八年、第XIV章・第XV章参照）。

日本の憲法学は、最高裁の憲法判例の多くに批判を加えてきたが、その際、最高裁の憲法解釈が「違憲の憲法解釈」だという理論的前提をとってきたわけではなく、ありうべき複数の解釈の一つであることを暗黙の前提としながら、より良い解釈を求めてきたと言えるだろう。第Ⅲ章と第Ⅳ章は、そういう前提に立って、現代ドイツ流の憲法変遷理解と同様、日本国憲法の文言理解の可能性の枠内で、最高裁がその判例を通じて憲法の意味を良かれ悪しかれ変遷ないし発展させてきたという視点から、判例動向を検討したものである。「判例による憲法変遷」という副題を付して第三部に置いた所以と、日本の学界における憲法変遷の捉え方との相違をご理解いただけるとありがたいと思う。

V　憲法改正の限界と日本国憲法の基本原理

一　はじめに

本章の課題は、戦後憲法理論史の一局面として、憲法改正限界の問題、すなわち日本国憲法の改正には法的な限界が存在するのかという問題について、これまでの議論を跡づけることである。本章では、主として憲法の教科書・注釈書を素材として、憲法改正限界の問題がどのように解説されてきたのかを改めて確認したいと思う。この作業を通じて、いわば学界世論の鳥瞰図を得ることができると考えるからである。手順として、まず第一に憲法改正の概念の問題、第二に憲法改正限界の根拠と範囲の問題、第三に改正限界の効果の問題という三つの論点を順次取り上げて、若干の考察を試みようと思う。

二　憲法改正の概念

第一の論点として、憲法改正概念の理解を確認しておく。憲法改正限界の法理論的研究の草分けでもある清宮四郎教授は、『憲法Ⅰ』では憲法改正行為を次のように定義している。「憲法改正とは、成典憲法中の条項の修正、削除及び追加をなし（狭義の改正）、あるいは、別に条項を設けて、もとの憲法典を増補すること（狭義の増補）によって、憲法に意識的に変改を加える行為をいう」(1)。私が調べたほぼすべての教科書類が、これとほとんど同一の定義を採用しているが、いわゆる全面改正ないし全部改正を含めるか否かという点では、改正概念の理解に論者間の相違がある。教科書叙述には、この論点に触れないものもあるが、言及している教科書・注釈書では、全面改正も九六条の予定する改正に含まれるとする理解のほうがはるかに多い。

たとえば宮澤俊義教授の『全訂日本国憲法』は次のように述べている。「改正には全面改正と一部改正とがあるが、改正に限界があるとすれば、全面改正でも一部改正でも問題となる。全面改正か一部改正かは、体裁による区別であるから、それほど重きを置く必要はない(2)」。この種の叙述は、佐藤功教授・小林直樹教授・芦部信喜教授・阿部照哉教授・樋口陽一教授・野中俊彦教授・戸波江二教授・辻村みよ子教授などの教科書・注釈書にも見られる(3)。

これに対して、全面改正を九六条の改正概念から除外するまれな例は、佐藤幸治教授の『憲法』である。そこにはおおよそ以下のような説明がある。「憲法改正とは、憲法所定の手続に従い、憲法典中の個別条項につき、修正・削除・追加を行うことにより、または新条項を加えて増補することにより、意識的・形式的に憲法の変改をなすことをいう。このように憲法改正は、憲法典の存続を前提としてその個々の条項に変改を加えることを意味し(部分改正)、もとの憲法典を廃して新しい憲法典にとってかえる行為を含まないのを原則とする。ただ、憲法の中には「一八七四年スイス憲法のように」新しい憲法典にとってかえる行為をも改正として捉え、これを明記するものの」もあるが、こうした全部改正は、「日本国憲法として予想していないとみられる(4)」。私が見たかぎりでは、全面改正除外説をとるもうひとつの例外は、伊藤正己教授の『憲法』である(5)。

それぞれの論者が何を念頭に置いて全面改正といい部分改正というのか、必ずしも明瞭ではない面もあるが、改正の定義のレベルで、全面改正を明示的に排除する教科書がきわめて少ないことは確認しておくことができる。

三　憲法改正限界の根拠と範囲

(1)　改正無限界論と改正限界論

このように教科書レベルでは、改正の内容に法的な限界が存在すると考えるべきか、いかなる内容の改正が限界を越える改正なのかが、改正概念それ自体には限定を加えずに論じられてきた。しかし、改正手続に従いさえすれば、どんな内容の改正も法的に可能だとする憲法改正無限界論を実際に支持する著述は従来から非常に少なく、ふつうは佐々木惣一教授の戦前・戦後の論文、大石義雄教授・結城光太郎教授の論文があげられるのを常とする(6)。これに対して、日本国憲法の教科書・注釈書で著者自身が無限界論をとるものは、戦後五〇年以上ほとんど絶無に近いといってもおおげさではないと思う。私が調べた範囲では、阪本昌成教授の『憲法理論Ⅰ』と、おそらく阿部照哉教授の『憲法』が、無限界論をとるごくまれな例外である(7)。

阪本教授の『憲法理論Ⅰ』は、憲法制定権力の主体としての国民は観念的存在だが、憲法改正権者としての国民は実在であり、実在の主権者国民が権力を行使するのは憲法改正の場面だとする。そして、改正規定は、一定の手続的統制の下に、この実在の国民に実体的権力を付与するルールであるから、「改正権は、全面的改正や制憲権の所在などの事項にも及びうる」と主張し、「無限界説に立つ以上、権力主体としての国民は、国民投票を不要にするなどの改正手続の改正も承認することができる」とも述べている。

(2)　限界論の四つのタイプと限界の範囲

しかし、どの教科書でも指摘されるとおり、日本国憲法の下では、憲法改正限界論が一貫して通説的とよばれるにふさわしい地位を占めてきた。もちろん、ひとくちに限界論といっても、その根拠とそこから導かれる改正限界の範囲についてはさまざまな考え方がある。この改正限界の根拠と範囲という問題が、取り上げておきたい第二の、そして主要な論点である。

憲法改正限界論は、論文集『国権の限界問題』（本鐸社、一九七八年）に収録されている菅野喜八郎教授の諸論文以降、「自然法論的限界論」と「法実証主義的限界論」に大別されるのが一般的であるが、本章ではこの区別を基礎としながらも、実際の教科書叙述に即して、以下の四つのタイプの限界論に分類してみたい。

①制憲権説

戦後日本の教科書叙述における限界論は、シエースやカール・シュミットを下敷きとして、憲法制定権力と憲法改正権の質的相違を立論のひとつの柱とするのが通常である。これらの学説のなかには、憲法典の条項中に憲法改正権を規定したのは憲法制定権力（以下、制憲権とよぶ）であるから、改正権が自分の存立根拠である制憲権を変更することは背理だ。したがって、改正権が、制憲権の所在を示す憲法条項を改正することは法的に許されない、とする説がある。ここでは、これを仮に「制憲権説」とよんでおきたい。この説の教科書としては、小嶋和司教授の『憲法概説』と松井茂記教授の『日本国憲法』があげられる。

松井教授が明確に述べているように、この説の特色は、憲法改正の限界の範囲がきわめて狭く、基本的には前文と一条の国民主権を宣言した箇所にかぎられることにある。もっとも松井教授自身は、制度化された制憲権として主権原理と結びついている九六条の改正規定も改正を許されないとしている(8)。他方、小嶋説は、主権原理が改正権の限界をなすという点を、限界論と無限界論がともに受け入れるべき共通前提と見なしていることが大変独特である。この前提に立てば、主権原理以外に改正限界を認めない小嶋教授自身は、主観的には無限界論者ということになるのかもしれない(9)。

②基本原理説

制憲権説に対して、限界論中の多数説は、制憲権と改正権の質的区別を前提としながらも、改正権が制憲権によって創設されたことを改正限界の直接の根拠とするのではなく、改正権も制憲権の行使によって制定された憲法典のなかに創設された権限であること、したがって憲法典の同一性・継続性を前提とする権限であること、この点を改正限界を肯定する主要な根拠としている。ここから、日本国憲法の基本原理の否定は法的には不可能だという主張が導かれるのである。ここでは、この考え方を、仮に「基本原理説」とよんでおく。一九五〇年代半ばに出版された法学協会編『註解日本国憲法』、宮澤『日本国憲法』、鵜飼信成『全書憲法』が、すでにこの考え方を明示しており(10)、こうした多数説の背後には、憲法典中の諸規範に、憲法の基本原理を定めた規範→憲法改正権を創設した規範→その他の憲法規範という効力の段階構造を認める考え方が存在している。

基本原理説に立った場合、当然のことながら、具体的には何が日本国憲法の基本原理であるのかを判断する必要が生じる。この点については、宮澤教授のように基本原理説の論理をとりつつ、改正限界の範囲を狭く限定する見解もある。宮澤教授は、「法は、そもそも時とともに変わるべきものであり、その意味で、憲法改正権に対して認められる限界は、もっとも根元的な原理にかぎられなくてはならない」として、具体的には国民主権原理と人権尊重原理の二つだけを改正の法的限界と見なしている(11)。

これに対して、改正の限界となる基本原理は国民主権主義・基本的人権尊重主義・平和主義の三つであり、憲法改正手続規定も改正権の直接の根拠であるから改正の限界をなすとするのが、周知のように基本原理説中の多数説である。たとえば、佐藤功教授・伊藤正己教授・小林直樹教授・杉原泰雄教授・野中俊彦教授・戸波江二教授の教科書・注釈書がこの理解に立っている。また、あとで述べるように根拠づけの仕方は違うが、清宮四郎教授・芦部信喜教授の教科書も、三原理プラス改正規定を改正限界と考える点では同様である(12)。

「三原理プラス改正規定説」は、改正限界の根拠づけと限界の範囲の大枠では共通するのだが、限界の範囲の細部では理解に相違がある。その一つは、九条二項の戦力不保持原則が改正不能かどうかという点である。九条二項の改正不能性を明確に主張する教科書類は、私の見た範囲では、佐藤功教授の『ポケット註釈全書・憲法』と吉田善明教授の『日本国憲法論』である。[13] これに対して、九条二項の改正を法的には可能と考える典型は小林直樹教授の『憲法講義』で、そこでは「前文・九条の平和主義も憲法の基本原理として確定しているから、その否認・削除は許されないが、手段としての九条二項を改正・削除しても民主憲法の同一性は失われない」とされている。[14] ほかに改正可能説を明示する教科書・注釈書には、法協の『註解日本国憲法』、戸波教授の『憲法』、辻村教授の『憲法』などがあり、限界の根拠づけが異なる芦部教授も、九条二項に関してはやはり改正可能説の立場を明示していて、九条二項改正可能説が多数説である。[15]

いま一つ、九六条の改正規定についても、それが制度化された制憲権としての改正権にとって唯一の手続準則であることを理由に、少なくとも国民投票制は改正限界だとする伊藤正己・小林直樹・佐藤幸治教授などの多数説と、改正手続の改正は憲法の同一性を害するとはいえないとする法協『註解』や吉田教授の少数説とが対立している。[16] こうした対立は、日本国憲法の基本原理を改正の法的限界と考える基本原理説の理論構成からすれば、いわば議論の構造上の宿命ともいえよう。

③自然法説

限界論の三番目のタイプは、芦部教授の自然法説である。自然法説は、改正限界の範囲については多数説をリードしてきたが、根拠づけの点で多数説の支持を得られなかった。改正権だけではなくて制憲権も一定の規範に内容的に拘束されると考える点で、自然法説は基本原理説とは異なる。芦部教授は、論文「憲法制定権力」では、「民主法治国家の基本価値を内容とする根本規範」が、憲法制定権力の活動さえも「拘束する内在的な制約原理」であるとしており、同じく論文「憲法改正の限界」では、「制憲権をも拘束する超実定法的実定法としての根本規範の概念を構成し、この面から改正の限界を論証する」自分の説は、「結論的には、基本的人権尊重の原理、国民主権の原理および平和主義が改正の限界だとみる点で、通説と一致するが、根本規範・制憲権に対する」考え方が「必ずしも同じでない」と書いている[17]。同じく清宮教授の根本規範論とそれにもとづく改正限界論も、実質的には自然法説と目すべきものだと思われる[18]。

④授権規範説

さて、改正限界の根拠と範囲に関する教科書叙述の四番目のタイプとして、最後に長谷部恭男教授の『憲法』を取り上げておきたい。長谷部教授によれば、法が自分の存立根拠を自分で与えること、すなわち自己授権をおこなうことは論理的に不可能なので、憲法改正機関は自らの権限の根拠である授権規範を変更することができないことになる。こうした授権規範として長谷部教授は、改正権者と改正手続を定めた九六条、そして前文・一一条・九七条に含まれる実体的な改正禁止条項をあげている[19]。この見解は、第一に、制憲権と改正権との区別を前提せず、もっぱら、自己授権の論理的不可能性から改正限界論を導き出す根拠づけの仕方に特色があり、第二に、九六条の改正手続規定をまったく改正不能とする点が、基本原理説と比較した場合に特徴的である。

四　限界論・無限界論の評価

(1)　限界論・無限界論に対する批判

以上、大変おおざっぱではあるが、憲法改正限界論の根拠と範囲の問題について、教科書叙述の鳥瞰を得たことにして、これを前提に、限界論・無限界論について一応の評価を試みておきたい。

憲法改正限界論と無限界論のいろいろなヴァリエーションに対しては、それぞれ難点を指摘することができるし、現に指摘されてきた。すなわち、自然法説に対しては、はたして普遍妥当の自然法が存在するのか、存在するとしても有限な人間に認識できるのかという疑問が法実証主義の側から提起される。また、制憲権説や基本原理説に対しては、憲法制定権力という概念は、事実としての実力から憲法典の法的妥当性を導く方法的混乱の産物ではないか、あるいは、制憲権を法的概念と認めるためには、憲法制定権者を特定する規範が実定憲法に先立って存在すると考えざるをえず、それは一種の自然法論なのではないかという疑問が方法二元論の立場から提起される。基本原理説に対しては、基本原理とされるものは、いわば匙加減で決まる主張者の思考の産物ではないかという疑問が無限界論者から提起され、授権規範説の場合も、実体的改正禁止規定の理解については、基本原理説と同様ではないかという疑問が提起できる。

しかし、他方で無限界論に対しても、憲法典の諸規定相互に上下関係は認められないとしながら、改正規定だけを絶対視する矛盾を犯しているのではないか、改正権者を「すべての憲法規定の自由な処分者」とするのは、改正手続規定の法規範性を否定するものであるから、憲法典によって設置された改正権を、結局憲法典の外部にある事実的実力と見なすことにならないかといった疑問が限界論の側から提起されてきた(20)。

これらの疑問は、それぞれの学説の基本前提や議論の構造にかかわる根本的なものである。つまり、皮肉ないいかたをすれば、いずれの説も批判者の目から見れば受け入れがたい難点を抱えているという消極的な意味において互いに等価であり、決定的な理論的優位性を主張できないということになるのではないだろうか。

(2)　選択の視点

九六条の手続に従った憲法改正には法的な限界はあるのかという問いが存在し、それに対する答えも出揃った観があるのに、どの解答にも批判者には受け入れがたい理論的な弱点があり、さりとて解答しないで済ますこともできないのだとすれば、答えを選択するための別な視点が必要となるだろう。そこで本章では、試みに次のように考えてみたい。

そもそも、憲法典のなかに憲法改正権が創設されたのは何のためか。芦部教授のいうように、憲法改正規定の目的は、憲法の安定と可変性とのバランスをとることにあると考えられる(21)。すなわち、かつて小嶋教授が岸崎昌＝中村孝『国法学』（一九〇〇年）を引用して述べたように、憲法改正権の創設そのものが憲法を変化に適応させつつ維持するという意味で、憲法保障の一環だと考えられる。[22] ここにいう憲法保障とは、憲法の基本構造の保護という意味である。

このような憲法保障の具体的な含意は、当該憲法の内容に応じて異なるので、改正限界論の含意も、対象となる憲法の基本構造如何によって変わってくる。戦前・戦後を通じて一貫していた清宮教授の改正限界論が、明治憲法の下では天皇主権という国体改正不能論の意味をもったことは、この点をよく示していると思う。しかしながら通説に従って、日本国憲法の基本構造は立憲民主制であると要約することができるならば、日本国憲法の改正規定は、立憲民主制の維持・発展のための手段だと見なすことが可能だろう。[23] そうだとした場合、改正の法的可能性についてどう考えることが、立憲民主制の維持・発展という改正規定創設の目的に適うのかという視点、すなわち、改正権の創設目的にふさわしいように改正権の性格を解釈するという視点から、学説の選択を考えるという発想もありうるのではないかと思われる。

そこで、日本国憲法の立憲民主制を立憲主義と民主主義の複合体と理解した上で、その民主主義的側面を重視する立場をとると、九六条の改正手続に従って国民意思が表明されれば、内容的にはどんな改正も可能だとする無限界論が改正規定の目的に適合的だとも考えられる。この立場をさらに押し進めると、改正手続規定に反して実施された国民投票で、大統領直接公選制を導入した一九六二年のフランス憲法改正のようなケースも、法的に許容されることになるかもしれない。[24] しかし、民主主義もそれが維持され続けるためには、一定のいわば内在的制約に服するという考え方をとるならば、むしろ国民主権原理と、民主主義自体をささえる複数政党制・政治的表現の自由などの民主的基本権のコアを、憲法改正の法的限界と見なすような改正限界論も成り立つと思われる。

他方、多数決の妥当範囲にも限界を設定する立憲民主制の立憲主義的側面を重視する立場をとれば、その時々の有権者意思に対しても憲法の基本構造を保護しようとする改正限界論が、憲法改正権創設の制度目的にとってより適合的ということになるのではないか。立憲民主制の立憲主義的側面として一般に学説が念頭に置くのは、人権保障とそのための法治主義である。(25) したがって、この立場からは、人権尊重原理が憲法改正の第一次的な法的限界をなすという理解に基本原理説を組み替えることが、改正権の創設目的にとって一層適合的だということになる。

五　改正限界論の効果

さて、以上概観してきた憲法改正の概念の問題と、改正限界の根拠および範囲の問題につづいて、最後に取り上げておきたいのは、憲法改正限界論をとった場合の効果の問題である。これについては、二つの点に触れたいと思う。すなわち、一つは改正限界の踰越の有無をどう判断するのかという点、もう一つは改正限界の踰越の有無を誰が判断し、それがどういう効果を発生させるのかという点である。

(1)　踰越の判断方法

仮に憲法改正案がフォーマルなテーブルに載った場合、改正限界論の立場から見て具体的な提案が改正限界の踰越にあたるかどうかは、いかにして判断されるのか。

この点で、一つの形式的な判断基準を提示しているのは、佐藤幸治教授の全面改正不能説である。すでに見たようにこの説は、憲法典の条文を全部書き改める改正をおこなうことは、その内容如何にかかわらず、九六条の手続では法的に不可能で、それは九六条の手続に従っていても新憲法の制定だと見なすからである。

もう一つの明確な判断方法は、特定の条文の削除を改正限界の踰越と見なす考え方であろう。たとえば、前文の「主権が国民に存することを宣言し」とか一条の「主権の存する日本国民」という文言や、九条一項、あるいは基本的人権の永久・不可侵性を謳う一一条・九七条、そして九六条一項の「国民に提案してその承認を経なければならない」以下の文言を削除する改正は、法的には不可能だとする考え方である。実際に、制憲権説・基本原理説・自然法説・授権規範説のいずれにも、それぞれ具体的な箇所には違いはあるが、このような理解が含まれている。

しかし、これらの文言の削除さえおこなわれなければ、いかなる改正も憲法改正の法的限界を越えるものではないのかというと、必ずしもそうではない。とりわけ基本原理説や授権規範説に立つ場合には、具体的な改正提案がいまあげたような条文の削除を含まなくても、それにもかかわらず、内容上日本国憲法の基本原理や授権制限規定と抵触しないかがつねに問題となる。(26)特にこの点は、人権規定の改正に際しては複雑な解釈問題を引き起こす可能性がある。人権規定の改正限界について、教科書レベルでは小林直樹教授が、一四条の平等原則・二〇条の信教の自由・二一条の言論の自由等の削除は法的に不可能だが、三三条以下の刑事手続的人権は法的には削除可能であるとするなど、やや踏み込んだ解説をおこなっている。(27)しかしこれは例外に属し、結局具体的な判断は、具体的な改正提案がテーブルに載るような政治状況が生じた場合に、その状況に対処しつつなされざるをえないことになるだろう。

(2)　踰越の判断者とその効果

それでは、法的限界を越える改正かどうかの判断は誰がおこなうのか。憲法上、第一次的な判断権は国民投票をおこなう有権者団にある。では、国民投票で過半数の支持を得て改正が成立し、天皇の公布を経たのち、裁判所は違憲の憲法改正か否かについて事後的審査権をもつのか。これまで、この論点に触れた教科書・注釈書はそれほど多くないが、触れているものはいずれも裁判所の審査権に否定的である。その主要な根拠は次の二点に要約することができるだろう。

違憲審査権は憲法を前提とするので、九六条の手続に従って憲法改正が公布されれば、今度はそれが違憲審査権の基準となる。したがって、裁判所は成立した憲法改正の内容に関する審査権をもたない。(28)これが理由の第一点である。この見解は、文言の削除や修正によって消滅してしまった憲法規範を基準として違憲審査をおこなうことは、論理的に不可能だという発想に立つ。これに対して、違憲の憲法改正か否かについての裁判統制を認めるドイツの議論は、改正されていない既存の憲法規定、具体的には基本法七九条三項の改正禁止条項を基準として、裁判所は成立した改正の内容が基本法七九条三項に反していないかを審査することができるという前提に立っている。(29)

日本国憲法についても、その全面改正は内容如何にかかわらず、法的には新憲法の制定と評価されるべきだろう。その場合、裁判所は、新憲法によって新たに設置され、新憲法を存立根拠とすることになるので、新憲法が旧憲法に反するかどうかの審査権をいわば論理的にもたない。しかし、部分改正の場合には、基本原理説を前提とすれば、第一に、改正によって基本原理そのものが変更されたと解され、したがってやはり新憲法の制定と評価されるべきケース、第二に、基本原理そのものは維持されており、改正の内容が基本原理に触れるため、違憲の憲法改正と見なされうるケース、そして第三に、改正が基本原理に触れないケースの三つを想定することが可能なように思われる。そして後二者については、裁判統制も理論的には可能だと考えられる。

しかし、理由の第二点として学説は、制度化された制憲権としての国民の決定は終局的であって、これについては違憲審査権は及ばないという論拠をあげてきた。(30)しかしながら、制憲権をも拘束する超実定法規範を承認する自然法説に立てば、菅野教授が指摘するように、限界踰越の改正が実効性を獲得した場合でも、裁判所はこの超実定法規範に照らして改正を無効と宣言することができるはずであるし、(31)九六条によって憲法改正機関として設置された国民＝有権者団は、あくまで憲法上の国家機関なのであって、制憲者としての国民とは異なると考えれば、やはり裁判所による事後統制が一概に排除されることにはならないだろう。

しかし、どのタイプの限界論も、そこまで徹底した主張をおこなってきたわけではない。こうして、改正限界の根拠と範囲についてはさまざまなヴァリエーションを見せる憲法改正限界論も、その法的効果の理解については、

「完全な」と評してもよい見解の一致を見せている。すなわち、「限界突破の改正行為は、それが実効性をもっても、改正として元の憲法から効力を受けつぐものではなく、法的連続性のない法律的意味での革命とみるべき」だというのである。(32) 限界論をとれば、改正限界踰越の改正は、憲法改正ではなく新憲法の制定と評価されることになる。

改正の法的効果に関するこうした理解からもわかるように、憲法の改正に法的限界が存在するかどうかという問題は、憲法改正がおこなわれるべきかどうかという憲法政策論的な争点とは次元を異にするあくまで理論的な問題であり、戦後憲法学においても、むしろ最もメタ憲法学的に取り扱われてきたテーマである。しかし、事実的な効果の観点から見れば、憲法改正限界論は、改正手続を借りた立憲民主制の破壊に対して警鐘を鳴らすアラーム機能を営むとはいえるだろう。

六　おわりに

本章の論旨は、第一に、戦後憲法学で提示されてきたいろいろなタイプの憲法改正限界論・無限界論は、いずれも学説内在的に見れば一定の一貫性をもっているが、基本的な前提が批判者から見れば受け入れがたい難点をもつという意味で、理論的には等価ではないかということ。その上で、第二に、日本国憲法における憲法改正権創設の目的を立憲民主制の維持発展と理解すれば、この目的に適合的かどうかという観点からの学説選択もありうるのではないかということ。そして第三に、限界論をとった場合、限界を越える改正かどうかの裁判統制が理論上は可能なケースもあると思われるが、戦後憲法学はそこまで踏み込んだ議論を展開してこなかったということ。したがって第四に、限界論それ自体は、あくまで法的効力の連続性の有無という理論的な問題への解答にすぎないが、改正手続を踏んだ憲法破壊に警鐘を鳴らす警告機能は期待できるのではないかということ。この四点であった。

(1) 清宮四郎『憲法Ｉ・第三版』(有斐閣、一九七九年) 三八六頁。
(2) 宮澤俊義『全訂日本国憲法』(日本評論社、一九七八年) 七八五頁。
(3) 佐藤功『ポケット註釈全書憲法・新版・下』(有斐閣、一九八三年) 一二五五―一二五六頁、小林直樹『新版　憲法講義・下』(東京大学出版会、一九八一年) 五三五―五三六頁、芦部信喜『憲法学Ｉ』(有斐閣、一九九二年) 七八―七九頁、阿部照哉『憲法・改訂版』(青林書院、一九九一年) 二八四頁、樋口陽一『憲法Ｉ』(青林書院、一九九八年) 三七七頁、野中俊彦＝中村睦男＝高橋和之＝高見勝利『憲法Ⅱ・第三版』(有斐閣、二〇〇一年) 三八三頁 (野中執筆)、戸波江二『憲法・新版』(ぎょうせい、一九九八年) 五〇一頁、辻村みよ子『憲法』(日本評論社、二〇〇〇年) 五六〇頁。
(4) 佐藤幸治『憲法・第三版』(青林書院、一九九六年) 三四頁、三七―三八頁。
(5) 伊藤正己『憲法・第三版』(弘文堂、一九九五年) 六五一頁。なお、清宮四郎教授は、一九三八年の論文「憲法改正作用」同『国家作用の理論』(有斐閣、一九六八年) 一四七頁では、「広く憲法改正行為というときは、既存の憲法典についてその条項の変更・削除・追加等をなす行為 (狭義の改正) と従来の憲法典とは別に新たな法典を創定する行為とを包含し得るが、ここでは主として前者、即ち、狭義の改正について論ずる」として、全面改正を概念的には憲法改正と見なしていた。しかし、戦後の体系書『憲法Ｉ』では、本文で確認したように、全面改正を慎重に定義から除外している。
(6) 佐々木惣一「憲法を改正する国家作用の法理」法学論叢六〇巻一・二号 (一九五四年) 一頁以下、大石義雄「憲法改正とその限界」公法研究八号 (一九五三年) 一〇頁以下、結城光太郎「憲法改正無限界の理論」山形大学紀要三巻三号 (一九五六年) 二八一頁以下。
(7) 阪本昌成『憲法理論Ｉ・補訂第三版』(成文堂、二〇〇〇年) 一二六―一二七頁、阿部・前掲注 (3) 二八八―二八九頁。
(8) 松井教授は、『日本国憲法』(有斐閣、一九九九年) 七五頁では、「限界は、主権原理そのものについてのみ認められる」としていたので、本稿では「制憲権説」に分類した。しかし、『日本国憲法・第二版』(有斐閣、二〇〇二年) 七六頁では、「限界は、主権原理そのものとそれに結びついた国民の権利についてのみ認められる」と修正された。

本稿の枠組みからすると、一種の「基本原理説」への改説ということになるのだろうか。

(9) 小嶋和司『憲法概説』(良書普及会、一九八七年)一二二一―一二二三頁。樋口陽一教授も、「憲法の基本原理、すなわち、ひとつの憲法のアイデンティティをかたちづくる基本決定とひとくちにいっても、決定する主体を指定する原理(日本国憲法でいえば国民主権)と、決定された内容(基本的人権と平和主義)とでは、その法論理的身分がちがう」と指摘している(樋口・前掲注(3)書三八一頁)。もっとも樋口教授自身は「制憲権説」というわけではない。

(10) 法学協会編『註解日本国憲法・下』(有斐閣、一九五四年)一四二七―一四二九頁、宮澤・前掲注(2)七八六―七八七頁、鵜飼信成『憲法』(岩波全書、一九五六年)二四―二五頁。

(11) 宮澤・前掲注(2)七八七―七八九頁。

(12) 佐藤功・前掲注(3)一二五三―一二五四頁、伊藤・前掲注(5)六五八頁、小林・前掲注(3)五五八―五六三頁、杉原泰雄『憲法Ⅱ』(有斐閣、一九八九年)五一七―五一八頁、野中ほか・前掲注(3)三八七頁、戸波・前掲注(3)五〇二頁、清宮四郎・前掲注(1)四一〇―四一二頁、芦部信喜『憲法・新版補訂版』(岩波書店、一九九九年)三五六―三五八頁。

(13) 佐藤功・前掲注(3)一二五四頁、吉田善明『日本国憲法論・新版』(三省堂、一九九五年)四六七―四六八頁。

(14) 小林・前掲注(3)五六一頁。

(15) 法学協会編・前掲注(10)一四二八頁、戸波・前掲注(3)五〇二頁、辻村・前掲注(3)五六四頁、芦部・前掲注(12)頁三五八頁。

(16) 伊藤・前掲注(5)六五八頁、小林・前掲注(3)五六三頁、佐藤(幸)・前掲注(4)四〇頁、法学協会・前掲注(10)一四二九―一四三〇頁、吉田・前掲注(13)四六八頁。

(17) 芦部信喜『憲法制定権力』(東京大学出版会、一九八三年)四二頁、一〇八―一〇九頁。

(18) 清宮四郎・前掲注(1)三〇―三五頁参照。

(19) 長谷部恭男『憲法・第二版』(新世社、二〇〇一年)三九―四〇頁。なお、二〇〇二年一〇月一一日に開催された全国憲法研究会秋季研究集会で本章のもととなる報告をおこなった際、長谷部教授から以上の説は教授自身の見解ではなく、ありうべき一つの考え方の紹介である旨のコメントをいただいた。

(20) 以上のような限界論・無限界論の諸類型に対する批判については、菅野喜八郎「憲法改正行為の限界」同『続・国権の限界問題』（木鐸社、一九八八年）一八―二一頁の整理がきわめて簡潔明快である。あわせて尾吹善人「憲法改正限界論の迷路」比較憲法学研究二号（一九九〇年）三一頁以下参照。

(21)　芦部・前掲注（3）六八―六九頁。

(22)　小嶋和司『憲法学講話』（有斐閣、一九八二年）二九〇頁。

(23)　日本国憲法の基本構造に関する通説的理解として芦部・前掲注（3）五〇―五三頁。改正規定の趣旨に関するGHQ内部の理解については、高柳賢三＝大友一郎＝田中英夫『日本国憲法制定の過程Ⅱ』（有斐閣、一九七八年）二七四頁参照。

(24)　一九六二年のフランス憲法改正については、樋口陽一『比較憲法・全訂第三版』（青林書院、一九九二年）二四七頁参照。

(25)　芦部・前掲注（3）、大石眞『立憲民主制』（信山社、一九九六年）三七頁。

(26)　菅野喜八郎『国権の限界問題』（木鐸社、一九七八年）二三四頁注（2）も次のように指摘する。「基本原理が憲法改正の限界になるというのは、当然のことながら、基本原理を直接に表明している憲法の部分のみが不可変ということではない。国権行使の基本的な形式的・実質的条件を規定する憲法諸規範の改正であっても、基本原理それ自体の変更とみられることもありうる」。

(27)　小林・前掲注（3）五六〇―五六二頁。

(28)　法学協会・前掲注（10）一四三〇頁、田上穣治『日本国憲法原論』（青林書院、一九八〇年）二九三頁、樋口・前掲注（3）三八一頁。この点についてのやや踏み込んだ考察としては、尾吹・前掲注（20）論文三八―四〇頁。

(29)　ドイツ基本法七九条三項は、「この基本法の改正によって、連邦がラントによって構成されること、立法に対するラントの原則的協力、または一条および二〇条に掲げられた基本原則に触れることはできない」と規定している。ちなみに一条は「人間の尊厳」「人権の不可譲性」「基本権の直接的効力」を定め、二〇条は「連邦制」「共和制」「民主制」「法治国家」「社会国家」原理の宣言である。高田敏＝初宿正典編訳『ドイツ憲法集・第三版』（信山社、二〇〇一年）二一〇頁、二一九頁、二四七―二四八頁参照。

連邦憲法裁判所が、基本法改正の合憲性を七九条三項に照らして審査した例としては、一九七〇年一二月一五日の「盗聴判決」が有名である。一九六八年にいわゆる「非常事態憲法」が基本法に追加され、その一環として新設の基本法一〇条二項二文によって、公権力による盗聴の要件が緩和された。連邦憲法裁判所は七九条三項を緩やかに解釈して、この改正の違憲性の主張を斥けた。BVerfGE30,1,24. この判決については、石村修『憲法の保障』（尚学社、一九八七年）二四〇―二四四頁、西浦公「通信の秘密とその制限」ドイツ憲法判例研究会編『ドイツの憲法判例』（信山社、一九九六年）二一二―二一六頁参照。最近では、庇護権の規定を大幅に改正した基本法一六a条が七九条三項に反しないとした一九九六年五月一四日判決（BVerfGE94,49,103）がある。この判決でも、連邦憲法裁判所は次のように述べて緩やかな解釈を維持している。「基本法七九条三項は、そこに掲げられた諸原則が侵されないことを要求しているにすぎない。これに対して憲法改正立法者が、合理的な理由から、これらの諸原理の実定法上の具体的形態を変更することは禁止されていない」。

(30) 尾吹・前掲注（20）論文三九―四〇頁、伊藤・前掲注（5）書六五八頁。

(31) 菅野・前掲注（26）書二三九頁。

(32) 尾吹善人『日本憲法』（木鐸社、一九九〇年）五八頁。

Ⅵ　憲法改正の限界と全面改正

一　憲法典の同一性を侵害する改正

(1)　**憲法改正限界論**

憲法改正作用にはどのような法的な限界が存在するのか。この問題は、現実政治レベルでの「改憲論」の動向と関連しながらも、独立の学問的なテーマとして多くの学術論文によって取り上げられ、すでに語り尽くされた感がある。(1)

明治憲法下においても現行憲法下においても、憲法学界の通説は、憲法改正限界論である。(2)つまり、改正規定に従っておこなわれる憲法典の改正には、その内容からみて憲法上許される改正と許されない改正（違憲の改正）とがあるということだ。確認しておかなければならないのは、第一に、こうした憲法改正限界論の根拠と、具体的な憲法改正限界の範囲については、学説上さまざまな考え方があるという点、第二に、いくら憲法改正限界論が学界の通説であっても、現実には「違憲の憲法改正」も起こりうるわけで、それは限界論の立場からは法的にみて革命、憲法破壊ということになるが、新秩序が安定すれば新憲法の制定として再解釈され正当化されるのが普通だという点である。

(2)　**基本原理の改正不能性**

限界論に立った場合、どういう改正が限界を踏み越えた改正、すなわち違憲の改正なのか。これを一言で表現すれば、憲法典の同一性を害する改正ということになる。憲法典の同一性を害する改正とは何かと問われれば、多くの学説は、それは憲法典の定める基本原理を変更する改正だと答えてきた。

では、日本国憲法の基本原理とは何か。「国民主権主義」、「基本的人権尊重主義」、「平和主義」の三原理を挙げるのが多数説である。しかし、憲法典によって設定された権力にすぎない「憲法改正権者」が、憲法典を制定した権力（「憲法制定権」）を変更することは法的には不可能なはずで、改正権にとっての限界はこれだけだという理由から、国民主権主義のみが憲法改正の限界をなすという考え方もあるし、(3) 改正規定は改正可能かという点でも学説は分かれている。(4)

仮に、三原理の変更は改正の限界を踏み越えるものだという立場に立った場合でも、では日本国憲法の条文をどう改正すれば、三原理を変更したことになるのか。この点は必ずしも明確ではない。「国民主権原理」（前文・一条）や「平和主義原理」（前文・九条）のように、それを規定している文言が特定可能な場合には、その文言を削除して、天皇の主権とか国防軍の創設と徴兵制といった規定に置き換えれば、基本原理の変更は明らかだということになろう。しかし、たとえば九条二項に関しては、その改正は法的には不可能だとする少数説と、改正の仕方によっては改正の限界内だとする多数説とが対立しているし、(5)「基本的人権尊重主義」については、個別人権規定のどのような改正が基本原理の変更にあたるのかという、困難な解釈問題に行き当たることになる。

しかし、本章では、これらの論点をもう一度正面から取り上げるのではなく、改正の態様の相違、つまり「全面改正」と「部分改正」の区別という別の角度から、憲法の同一性と改正の限界について、甚だ不十分ながら考察を試みてみたい。この問題は、これまであまり論じられていないように見受けられるからである。

二　「全面改正」と「部分改正」の概念

(1)　スイス憲法上の「全面改正」と「部分改正」

改正規定を遵守すれば、憲法典の全面改正をおこなうことも法的に可能であろうか。この問題についても学説は割れている。しかし、その点に触れる前に、まず全面改正・部分改正とはどんな改正を指すのか。その意味を確認しておこう。

全面改正と部分改正とを区別した上で、そのどちらも法的に可能であることを明示して、それぞれの手続を定めた憲法として有名なのは、一八七四年と一九九九年のスイス連邦憲法である。一八七四年憲法一一八条は、「連邦憲法は、何時でも、その全部または一部を改正することができる」と定め、一二〇条で全面改正の手続、一二一条で部分改正の手続を規定していた。この一二〇条の全面改正の手続によって成立した一九九九年の現行スイス憲法も、一九二条に一八七四年憲法一一八条と同文の規定を設け、一九三条で全面改正の手続、一九四条で部分改正の手続を定めている。(6) このようにスイスでは、全面改正 Totalrevision、部分改正 Partialrevision は実定憲法上の概念であるから、その理解はすぐれて憲法解釈問題だということになる。

一八七四年憲法・一九九九年憲法に関するスイスの憲法学者の解説書をみてみると、全面改正・部分改正の区別には、形式的意味と実質的意味とがあるとされている。「形式的全面改正」とは、憲法典所定の手続に従って、現行憲法典の全体が新たな憲法典によって置き換えられることを意味し、「形式的部分改正」とは、憲法典所定の手続に従って、現行憲法典の一つないし複数の個別条項が修正・削除・追加されることを意味する。これに対して、「実質的全面改正」とは、現行憲法典の一つまたは複数の基本原理を変更する改正を指し、「実質的部分改正」とは、現行憲法典の基本原理を維持しつつ個別の細部についておこなわれる改正を指すとされる。(7)

こうした概念論で興味深い点の一つは、憲法典の基本原理を変更する改正も「全面改正」と捉えられていることである。上述のように、スイス憲法では全面改正と部分改正の手続が異なるので、実質的全面改正の概念を承認する場合、一個または数個の個別条項の改正提案が実質的全面改正にあたるか否かの判断は、改正手続を選択するための前提問題としての意味をもつことになる。しかし、現実には、個別条項の修正・削除・追加の提案は、その内容如何にかかわらず、部分改正として取り扱われているのが実態のようである(8)。

(2)　日本の学説

もう一つ興味深い点は、形式的全面改正の理解である。日本の憲法解説書にも、スイスの学説がいう形式的意味のレベルでの全面改正と部分改正の区別を意識していると思われるものはある。しかし、この点に関する説明を改めて見てみると、そこには意外にバラつきがある。

第一説は、①現行憲法典の一つまたは複数の条文（の文言）の修正・削除・追加、および新条項の増補、②現行憲法典の全体にわたる「全面的な書き直し」、③現行憲法典の廃止と新憲法典の制定の三つを区別し、①と②を改正に含める見解である(9)。

これに対して第二説は、①現行憲法典の条文の修正・削除・追加、および新条項の増補と、②現行憲法典所定の手続に従って現行憲法典を新たな憲法典でそっくり置き換えることとを区別して、②を全面改正と見なす立場である(10)。

そして、第三説は、条文の修正・削除・追加が現行憲法典の一部にとどまるにせよ「全体にわたる」にせよ、所定の手続を踏めば改正だとして、部分改正と全面改正の概念的区別を否定するように見える説である(11)。

第一説と第二説では、前者が新憲法の制定と現行憲法の全面改正とを区別するのに対して、後者はこの区別に触れない点が異なり、第一説・第二説と第三説では、第三説が、憲法典のすべての条項を再検討しそのほとんどすべてを書き改めるような改正も、複数の条文の修正・削除・追加という意味で、部分改正と異ならないと見なす点が、前二者とは異なっている。三つの考え方の中では、第二の説明をとる佐藤幸治がスイス憲法に明示的に言及していることにも象徴されるように、第二説がスイス的ということになるだろう。

三　全面改正の法的許容性

(1)　明文による対応

ここでは、憲法典の部分改正と全面改正とでは、やはり改正の態様が異なるという前提に立って、全面改正とは、現行憲法典所定の改正手続を利用して、実質的には新憲法を制定する行為を意味すると考えよう。全面的な書き直しも視野に入れて、現行憲法典のすべての条文を再検討する作業は、結果として改正憲法中に旧憲法の複数の条文がそのまま存置されても、全面改正行為といえるだろう(12)。

それでは、憲法典所定の手続を踏めば、当該憲法典のこうした全面改正も法的に可能か。この問いに対して憲法典自身が明文規定を置く場合がある。肯定的な解答を与えた例が上述のスイス憲法であるとすれば、憲法典自身が否定的な解答を与えたとも読めるのが明治憲法である。

明治憲法の「上諭」は憲法本文と同様の効力をもち、憲法典の一部として扱われたが、その第五段は次のように宣言している。「将来若此ノ憲法ノ或ル條章ヲ改定スルノ必要ナル事宜ヲ見ルニ至ラハ朕及朕カ継統ノ子孫ハ発議ノ権ヲ執リ之ヲ議会ニ付シ議会ハ此ノ憲法ニ定メタル要件ニ依リ之ヲ議決スルノ外朕カ子孫及臣民ハ敢テ之カ紛更ヲ試ミルコトヲ得サルヘシ」。また、改正手続を定めた明治憲法七三条は、「将来此ノ憲法ノ條項ヲ改正スルノ必要アルトキハ勅命ヲ以テ議案ヲ帝国議会ノ議ニ付スヘシ」と規定していた。

明治憲法下の多数説を形成したわけではないようだが、有賀長雄と美濃部達吉は、このように上諭が「或ル條章ヲ改定スルノ必要」と表現し、七三条が「此ノ憲法ノ條項ヲ改正スルノ必要」と規定する趣旨を、七三条の手続を踏んでも明治憲法全体の変更・停止・廃止は許されないという意味に解釈していた(13)。この解釈に立てば、明治憲法は明文の全面改正禁止規定を含む憲法典ということになる。

(2) 日本国憲法の場合

日本国憲法の場合、憲法改正が成立すれば「天皇は、国民の名で、この憲法と一体を成すものとして、直ちにこれを公布する」と定める九六条二項が、全面改正の禁止規定と解される余地をもっている。しかし、従来の有力な学説は、こうした解釈を否定してきた。たとえば、宮澤俊義は次のように述べている。「憲法改正に限界があるとする説をとれば、そうした限界は、全面改正の場合でも、一部改正の場合でも、同じように問題となるのであり、全面改正の場合だけが問題になるのではない。全面改正と一部改正との区別は、そうした限界とは関係なく、もっぱらその体裁による区別であるから、その区別にそれほど重きをおく必要はない」。「『この憲法と一体を成すものとして』とは、……憲法改正がこの憲法（日本国憲法）と同じ形式的効力を有する国法形式であるとして、というほどの意味である。憲法改正の体裁のいかん――全面改正・一部改正または増補――は、この点に関係がない(14)」。

これに対して、現在の学説で、日本国憲法九六条の規定に従った全面改正は法的には不可能であると明言するのは、管見に属するかぎり、佐藤幸治のみのようである。佐藤はいう。「憲法の改正は、もとの憲法典の存続を前提としてのことであって、したがって憲法典自体にとくに全部改正を認める規定がない限り（但し、その場合でも憲法制定権力の所在の変動などは不可能と解される）、新しい憲法典にとってかえるとか、もとの憲法典との同一性を失わせるようなものは、法的な改正行為としては不可能と解される(15)」。

宮澤をはじめ、全面改正可能説に立つ論者は、同時に憲法改正限界論をとるのが普通であるから、日本の憲法改正限界論の主流は、改正内容の評価を限界踰越の判断の主戦場と想定してきたわけである。しかし、多数説のように、憲法制定権力と憲法改正権とを質的に区別して、憲法典によって設定され憲法典の継続性と同一性を前提とする権限としての憲法改正権には法的な限界が存在すると考えるならば、全面改正（＝現行憲法典の改正手続を利用した新たな憲法典の制定）は、改正権の法的限界を踏み越える行為だという結論も充分に導出可能であろう。全面改正は、実質的には憲法制定権力の発動と見なすこともできるからである。

一八七四年スイス憲法は、形式的全面改正と形式的部分改正とを条文上区別して、前者の手続を後者に比べて加重していた。この仕組みは、現行一九九九年憲法にも引き継がれている。このように、憲法改正権がいわば「全面改正権」と「部分改正権」との二段階構成になっていることについて、形式的全面改正は、単なる量の問題ではなく、憲法の基本原理を変更する可能性が高いので、手続が加重されたのだという指摘があることは示唆的である。(16)形式的全面改正は、実質的全面改正の一つの徴候でもあるのだ。

日本国憲法の改正を求める意見の中には、たとえばドイツ基本法が制定以来すでに五一回に及ぶ改正を経験してきたことなど、外国の「数字」を引証するものがある。しかし、過去におこなわれたドイツ基本法の改正は、当然だがすべて部分改正であり、憲法改正権者の愛情深いメンテナンスの証左ともいえるものだ。改正の回数の多さに意味を見出す人々が、仮に全面改正論者でもあるとすれば、それはあたかも施行業者に建物のメンテナンスと新築を同時に依頼する施主のようなものではないだろうか。(17)

（1）　代表的な研究書として、菅野喜八郎『国権の限界問題』（木鐸社、一九七八年）。学説の整理分析として、菅野喜八郎「憲法改正行為の限界」小嶋和司編『憲法の争点〔新版〕』（一九八五年）二七七頁、尾吹善人「憲法改正限界論の迷路」比較憲法学研究二号（一九九〇年）三一頁、芹沢斉「憲法改正行為の限界」高橋和之＝大石眞編『憲法の争点〔第三版〕』（一九九八年）二九〇頁参照。

（2）　明治憲法に関する学説については、小嶋和司『憲法学講話』（有斐閣、一九八二年）二八八頁、長尾龍一「憲法改正限界問題私記」日本法学六五巻二号（一九九九年）一八一―二九頁参照。日本国憲法下の学説については、赤坂正浩

「戦後憲法学における憲法改正限界論」憲法問題一四号（二〇〇三年）一二一頁〔本書四一一頁〕以下参照。

（3）小嶋和司『憲法概説』（良書普及会、一九八七年、復刻版・信山社、二〇〇四年）一二二―一二三頁。松井茂記『日本国憲法』（有斐閣、一九九九年）七五頁。ちなみに二〇〇二年出版の第二版七六頁の叙述には修正が加えられている。

（4）改正規定の改正は法的には不可能だと明記する解説書には、たとえば伊藤正己『憲法・第三版』（弘文堂、一九九五年）六五八頁、小林直樹『新版・憲法講義・下』（東京大学出版会、一九八一年）五六三頁、佐藤幸治『憲法・第三版』（青林書院、一九九五年）四〇頁。可能だと明記する解説書には、たとえば法学協会『註解日本国憲法・下』（有斐閣、一九五四年）一四二九―一四三〇頁。

（5）改正可能説を明示する解説書としては、小林・前掲書注（4）五六一頁、戸波江二『憲法・新版』（ぎょうせい、一九九八年）五〇二頁、辻村みよ子『憲法・第二版』（日本評論社、二〇〇三年）五七〇頁など。改正不能説を明示する解説書としては、佐藤功『ポケット註釈憲法・下』（有斐閣、一九八三年）一二五四頁など。

（6）一八七四年スイス憲法の翻訳として、樋口陽一＝吉田善明編『解説世界憲法集』（三省堂、一九八八年）九七頁以下〔小林武担当〕、一九九九年スイス憲法の翻訳として、小林武「スイス新連邦憲法・試訳」南山法学二三巻四号（二〇〇〇年）三七頁以下参照。

（7）Fleiner=Giacometti, Schweizerisches Bundesstaatsrecht, 1949, S. 703f.; Auer=Malinverni=Hottelier, Droit constitutionnel Suisse, vol. I, 2000, p. 480-481; Haefelin=Haller, Schweizerisches Bundesstaatsrecht, 5. Aufl., 2001, S. 512f.

（8）たとえば、Haefelin=Haller, S. 512は、形式的基準が重視されてきた証左として、一九四七年に部分改正の手続で「新経済条項」が憲法典に追加された例を挙げている。Haefelin=Haller の理解では、「新経済条項」の追加は、形式的には部分改正だが、実質的には憲法の基本原理の変更であって、全面改正だったということになる。

（9）佐藤功・前掲書注（5）一二五五頁、野中＝中村＝高橋＝高見『憲法Ⅱ・第三版』（有斐閣、二〇〇一年）三八三頁〔野中俊彦〕、辻村みよ子・前掲書注（5）五六六頁。

（10）芦部信喜『憲法学Ⅰ』（有斐閣、一九九二年）七八―七九頁、佐藤幸治・前掲書注（4）三四頁。

（11）小林直樹・前掲書注（4）五三五―五三六頁、樋口陽一『憲法Ⅰ』（青林書院、一九九八年）三七七頁。

（12）Haefelin=Haller, aaO. 前掲注（7）S. 512.

（13）　有賀長雄『帝国憲法講義』（明治法律学校講法会、一八九八年）七頁、美濃部達吉『逐条憲法精義』（有斐閣、一九二七年）六二頁、七二三頁。長尾龍一・前掲論文注（2）一八頁、二三頁から教示を得た。なお、小嶋和司「憲法改正の限界」法学教室一五号（一九八一年）二二頁は、七三条の起草者のひとり井上毅の意図に触れている。

（14）　宮澤俊義著・芦部信喜補訂『全訂日本国憲法』（日本評論社、一九七八年）七八五頁、七九六頁。芦部信喜『憲法制定権力』（東京大学出版会、一九八三年）二四五―二四六頁も参照。

（15）　佐藤幸治・前掲書注（4）四〇頁。

（16）　Fleiner=Giacometti, aaO. 前掲注（7）S. 704f.

（17）　一九九〇年代以降の憲法改正論が、再び全面改正論への傾斜を示していることについて、渡辺治編著『憲法改正の争点』（旬報社、二〇〇二年）四五頁参照。

〔補遺〕　二〇〇〇年一月、衆参両院にそれぞれ憲法調査会が設置され、以後五年間にわたって、改正も視野に入れた調査がおこなわれた。二〇〇二年の全国憲法研究会・秋季研究総会の報告原稿である第V章と、やはり全国憲法研究会が編集して二〇〇五年に出版された『憲法改正問題』（日本評論社）の分担原稿である本章は、政治のこの動きに対する学界の反応の産物である。

明治憲法の手続に従って明治憲法を全面改正した行為には、法理的には疑問があっておかしくない。その意味で、「押しつけ憲法論」の主張者が、日本国憲法の改正手続によって日本国憲法の全面改正（「自主憲法」の制定）を意図することは、自分たちが忌み嫌うGHQ的手法の模倣という意味で、歴史の皮肉である。やはり全面改正と部分改正の相違に触れる数少ない近年の研究としては、毛利透「憲法改正論議への比較法的視座―ドイツ憲法学の視点より」法学論叢（京都大学）一六一巻四号（二〇〇七年）一頁以下（のちに毛利透『統治構造の憲法論』岩波書店、二〇一四年一七頁以下に再録）がある。

〈初出・原題一覧〉

◆第一部◆ 統治機構の変容

◇Ⅰ◇「憲法からみる〝公共サービスの民間委託〟」……法学セミナー六一九号（二〇〇六年七月）一七―二一頁

◇Ⅱ◇「強いリーダーをわれわれの手で⁉―内閣機能の強化と首相公選論」……法学教室二七七号（二〇〇三年一〇月）四七―五四頁

◇Ⅲ◇「立法の概念」……公法研究六七号（二〇〇五年一〇月）一四八―一五九頁

◇Ⅳ◇「民の声は神の声―代表民主制と国民投票・住民投票」……法学教室二八一号（二〇〇四年二月）四九―五六頁

◇Ⅴ◇「地方自治体の政策決定における住民投票―憲法論と政策論」……法学教室二一二号（一九九八年五月）八―一二頁

◇Ⅵ◇「皇位の継承（女帝問題、継承資格）」……小嶋和司編『憲法の争点・新版』（有斐閣、一九八五年九月）三九―四〇頁

◇Ⅶ◇「女系による王位継承と同等性原則」……『日本大学創立百周年記念論文集・第一巻』（一九八九年一一月）三一三―三五三頁

◆第二部◆ 人権問題の諸相

◇Ⅰ◇「青い地球は誰のもの？――環境問題と憲法」……法学教室二六九号（二〇〇三年二月）八一―八七頁
◇Ⅱ◇「ドリーの教訓？――先端生命科学技術と学問の自由」……法学教室二七三号（二〇〇三年六月）四八―五四頁
◇Ⅲ◇「必要なのは子ども扱い？大人扱い？――子どもの人権」……法学教室二六五号（二〇〇二年一〇月）四九―五五頁
◇Ⅳ◇「公務員と人権――最高裁判例小史の視点から」……法学教室三七〇号（二〇一一年七月）一三―二〇頁
◇Ⅴ◇「公務員の政治的中立性と全体の奉仕者」……比較憲法学研究二〇号（二〇〇八年一〇月）八一―一〇二頁

◇Ⅵ◇「日本国憲法下の集会規制と平和的な集会」
……………………The 1st International Conference, Toward Peaceful Mass Demonstration & Public Protection, Nov. 8, 2006, 一三二―一四五頁

◇Ⅶ◇「在外国民選挙権訴訟上告審判決」
……………………判例評論五七二号（二〇〇六年一〇月）一七一―一七八頁

◇Ⅷ◇「愛知県議会議員定数不均衡訴訟上告審判決」
……………………判例評論四三三号（一九九五年三月）一九九―二〇七頁

◇Ⅸ◇「平成二四年衆議院議員選挙と『一票の較差』違憲訴訟」
……………………『平成二五年度重要判例解説』（有斐閣、二〇一四年四月）八―一〇頁

◇Ⅹ◇「人権と制度保障の理論」
……………………大石眞＝石川健治編『憲法の争点』（有斐閣、二〇〇八年一二月）七〇―七一頁

◆第三部◆　憲法の概念・規範力・変遷・改正

◇Ⅰ◇「憲法の概念について」……………………………立教法学八二号（二〇一一年四月）七四―一〇九頁

◇Ⅱ◇「憲法の規範力と国家活動に対する専門家の助言」……………ドイツ憲法判例研究会編〔代表　鈴木秀美〕（編集代表　古野豊秋＝三宅雄彦）『規範力の観念と条件』（信山社、二〇一三年八月）一七一―一九四頁

◇Ⅲ◇「日本国憲法はどう『発展』してきたか」………紙谷雅子編『日本国憲法を読み直す』（日本経済新聞社、二〇〇〇年四月）一三一―一四七頁

◇Ⅳ◇「日本の最高裁判所の違憲審査六〇年」…………大韓民国・江原大学校比較法学研究所編・江原法学四一巻（二〇一四年六月）一―二三頁

◇Ⅴ◇「戦後憲法学における憲法改正限界論」……………………憲法問題一四号（二〇〇三年五月）一二一―一三七頁

◇Ⅵ◇「憲法の同一性と憲法改正の限界」………全国憲法研究会編『憲法改正問題』（日本評論社、二〇〇五年五月）一一七―一二〇頁

こ

さ

事項索引

〈著者紹介〉
赤 坂 正 浩（あかさか　まさひろ）
1956年　東京都に生まれる
1979年　東北大学法学部卒業
1984年　東北大学大学院法学研究科博士後期課程満期退学
　　　　日本大学，神戸大学勤務を経て
現　在　立教大学法学部教授

〈主要著作〉
『立憲国家と憲法変遷』（信山社，2008年）
『憲法講義（人権）』（信山社，2011年）
『基本的人権の事件簿』（共著，有斐閣，初版・1997年，第５版・2015年）
『憲法１人権』（共著，有斐閣，初版・2000年，第５版・2013年）
『憲法２統治』（共著，有斐閣，初版・2000年，第５版・2013年）
『ケースブック憲法』（共著，弘文堂，初版・2004年，第４版・2013年）
『プロセス演習憲法』（共著，信山社，初版・2004年，第４版・2011年）
『ファーストステップ憲法』（共著，有斐閣，2005年）
『Law Practice 憲法』（共著，商事法務，初版・2009年，第２版・2014年）
『シュテルン・ドイツ憲法Ｉ』（共訳，信山社，2009年）

学術選書
101
憲　法

世紀転換期の憲法論

2015（平成27）年11月15日　第１版第１刷発行

著　者　赤　坂　正　浩

発行者　今井 貴 稲葉文子
発行所　株式会社 信 山 社
〒113-0033　東京都文京区本郷6-2-9-102
Tel 03-3818-1019　Fax 03-3818-0344
info@shinzansha.co.jp
笠間才木支店　〒309-1611　茨城県笠間市笠間515－3
Tel 0296-71-9081　Fax 0296-71-9082
笠間来栖支店　〒309-1625　茨城県笠間市来栖2345－1
Tel 0296-71-0215　Fax 0296-72-5410
出版契約2015-6701-3-01011　Printed in Japan

印刷・製本／亜細亜印刷・牧製本
ISBN978-4-7972-6701-3 C3332 分類 323.340-b011 憲法
6701-01011：P464 ￥9200E 012-035-005